古代研究的史料問題
五十年甲骨文發現的總結
五十年甲骨學論著目
殷墟發掘

胡厚宣 著
胡振宇 編

復旦大學出版社

胡厚宣先生(1911—1995)

"百年大事　多育人才　一九八九年三月
復旦大學文博學院成立紀念　胡厚宣"

胡厚宣先生手跡

凡　例

一、"復旦百年經典文庫"旨在收錄復旦大學建校以來長期任教於此、在其各自專業領域有精深學問並蜚聲學界的學人所撰著的經典學術著作,以彰顯作爲百年名校的復旦精神,以及復旦人在一個多世紀歲月長河中的學術追求。入選的著作以具有代表性的專著爲主,並酌情選錄論文名篇。

二、所收著作和論文,均約請相關領域的專家整理編訂並撰寫導讀,另附著者小傳及學術年表等,系統介紹著者的學術成就及該著作的成書背景、主要內容和學術價值。

三、所收著作,均選取版本優良的足本、精本爲底本,並盡可能參考著者手稿及校訂本,正其訛誤。

四、所收著作,一般採取簡體橫排;凡較多牽涉古典文獻徵引及考證者,則採用繁體橫排。

五、考慮到文庫收錄著述的時間跨度較大,對於著者在一定時代背景下的用語風格、文字習慣、注釋體例及寫作時的通用說法,一般予以保留,不強求統一。對於確係作者筆誤及原書排印訛誤之處,則予以徑改。對於異體字、古體字等,一般改爲通行的正體字。原作中缺少標點或僅有舊式標點者,統一補改新式標點,專名號從略。

六、各書卷首,酌選著者照片、手跡,以更好展現前輩學人的風采。

總 目

古代研究的史料問題 …………………………………………………… 1
五十年甲骨文發現的總結 ……………………………………………… 51
五十年甲骨學論著目 …………………………………………………… 105
殷墟發掘 ………………………………………………………………… 257

附錄 ……………………………………………………………………… 473
　承先以啟後,繼往爲開來
　　——胡厚宣先生學術生涯述略 ………………………… 胡振宇　475
　胡厚宣先生學術小傳 ………………………………………… 胡振宇　487

古代研究的史料問題

目　錄

一　三十年來中國的新史學 …………………………………… 4
二　新史學的新時代 ………………………………………………… 7
三　史料和史觀 ……………………………………………………… 8
四　典籍史料的真偽和年代 ……………………………………… 10
五　考古史料的徵引和解說 ……………………………………… 14
六　甲骨文不同的解釋 …………………………………………… 20
七　甲骨文錯誤的學說 …………………………………………… 25
八　甲骨文被揚棄了的論斷 ……………………………………… 30
九　甲骨文成語和單字的研究 …………………………………… 32
十　粗心的援引 …………………………………………………… 34
十一　非法的推論 ………………………………………………… 36
十二　不要太忽略了材料的問題 ………………………………… 38
附註 ………………………………………………………………… 41

一　三十年來中國的新史學

中國的文化革命,發生在最近三十年。大略可以分作五個時期。第一,從一九一九年到一九二一年,是五四運動時期。第二,從一九二一年到一九二七年,是革命北伐時期。第三,從一九二七年到一九三六年,是人民革命時期。第四,從一九三七年到一九四五年,是抗日戰爭時期。(註一)第五,從一九四五年到現在的一九四九年,是解放戰爭時期。從一九五〇年以後,解放事業完成,就應當走上新的文化建設的大路了。

中國的新史學,如所謂疑古,考古,釋古三大潮流,也是最近三十年的事。(註二)疑古考古偏重史料。疑古是舊史料的鑒定,考古是新史料的開發。釋古偏重史觀,旨在應用馬列主義的經濟觀點,以說明歷史發展的意義。其中尤以最後釋古一系,是歷史學的真正目的,也是近三十年來最新最盛而且最重要的一大潮流。(註三)

三十年來,以唯物史觀作中國社會經濟歷史的探討,所謂釋古之學,可以分為六個階段。

第一是草創的階段。因為時代文化的啓發,首先應用經濟史觀作中國史的嘗試研究。這可以《新潮雜誌》上李守常的《物質變動與精神變動》一文,與《建設雜誌》上胡漢民的《中國哲學史之唯物的研究》、《孟子與社會主義》、《唯物史觀批評之批評》諸文,(註四)和他同胡適、廖仲愷、朱執信、季融五、呂思勉等討論井田制度的許多文章(註五)作代表。

第二是概說的階段。採用唯物史觀,對中國的社會經濟,作一通論式的史的分析。這可以陶希聖的《中國社會之史的分析》、《中國封建社會史》、《中國社會與中國革命》、《中國社會之回顧與展望》,周谷城的《中國社會之結構》、《中國社會之變化》,熊得山的《中國社會史研究》,吳貫因的《中國經濟史眼》以及散見於《新生命》、《雙十》、《前進》、《讀者》、《先導》、《革命評論》、《理論與批判》等刊物上梅思平、梁園東、朱伯康、公孫愈之、朱鏡我、王學文、吳黎平等的文章作代表。

第三是研究的階段。由通論概說,進而作一較深的探討。可以引作代表的,有郭沫若的《中國古代社會研究》,嚴靈峯的《中國經濟問題研究》,任曙的《中國經濟研究》和馬札亞爾的《中國農村經濟研究》。尤以郭氏之書,在學術界曾發生了極大的影響。

第四是論戰的階段。由於各家通論說法之不同,研究結果之或異,就產生了一個熱鬧的論戰階段。先有《新思潮》派和《動力》派的對壘。後有《讀書雜誌》的《中國社會史論戰》四個特輯。其他散見於《文化雜誌》、《文化批判》、《綜合雜誌》、《現代史學》、《二十世紀》、《社會科學》、《歷史科學》等刊物上的文章,也有很多。戰興最濃的腳色,先有朱其華和嚴靈峯,後有李季和王宜昌。他如王禮錫、胡秋原、杜畏之、陳邦國、孫倬章、劉鏡園、王伯平、王亞南、張橫、戴行軺、周紹溱、劉夢雲、劉蘇華、劉興唐、王興瑞、丁迪豪、任曙等,也都是常顯身手的英勇戰士。

第五是搜討的階段。經過一場熱烈的論戰之後,人家多感覺"空洞的爭辯,反而得不到正確的結果","豐富的材料,纔是犀利的戰具","現在誰都感到缺乏材料的毛病"(註六)。於是偃旗息鼓,返回頭來,從新再作史料的搜集與研究。代表這一種風氣的,在南方有《中國經濟》,出了兩大本《中國經濟史專號》,號召說"一分見解,一分材料;一分材料,一分見解"(註七)。在北方有《食貨半月刊》,"創刊的任務,主要偏重史料之蒐集"。編者說,"有些史料,非預先有正確的理論和方法,不能認識,不能評定,不能活用;也有些理論和方法,非先得到充分的史料,不能證實,不能精緻,甚至於不能產生。"(註八)

此外主要的學者,像郭沫若,自從發表了他的《中國古代社會研究》之後,就專在甲骨金文方面作研究。先後作有《甲骨文字研究》、《殷周青銅器銘文研究》、《卜辭通纂》、《殷契粹編》、《兩周金文辭大系》、《兩周金文辭大系圖錄》、《兩周金文辭大系考釋》、《金文叢考》、《金文餘釋之餘》、《古代銘刻彙考》正續編等書。馬乘風的《中國經濟史》,呂振羽的《史前期中國社會研究》和《殷周時代的中國社會》,也是儘量利用舊籍和地下的豐富材料,來作的研究。(註九)

第六是沉寂的階段。自從一九三七年,發生了抗日民族戰爭,一九四五年,日本投降之後,隨着又發生了人民解放戰爭。前後十四年的時光,被這偉大的兩大革命戰爭佔去了。蓬蓬勃勃方興未艾的中國新史學,遂不能不暫時成了寧靜的狀態。

在這長長的十四年中,不像從前那樣活躍了,慢慢的僅有一些整理的研究,主要的像郭沫若的《十批判書》、《青銅時代》、《今昔蒲劍》、《屈原研究》;翦伯贊的

《中國史綱》、《中國史論集》、《歷史哲學綱要》；呂振羽的《簡明中國通史》、《中國原始社會史》、《中國社會史綱》、《中國社會史諸問題》；侯外廬的《中國古典社會史》、《中國古代社會史》、《中國古代學説思想史》、《中國近代學説思想史》、《中國思想通史》；吳澤的《中國原始社會史》、《中國社會簡史》、《中國歷史簡編》、《古代史》；陶希聖的《中國社會史》、《中國政治思想史》；周谷城的《中國通史》；鄧初民的《中國社會史教程》；朱伯康的《中國經濟史綱》；余精一的《中國社會經濟史論》；和范文瀾主編的《中國通史簡編》。以及此外散見在各雜誌上的論文。

　　這長長的十四年，如果不是戰爭，那，中國新史學的進步，一定決不止此。在努力搜討研究之後，一定會有更燦爛的果實。

二　新史學的新時代

　　但,這不過是暫時的沉默而已。我們看,今年,中華人民共和國已經成立。明年,一九五〇年,解放事業就要全部完成。眼前是一個極光明的偉大時代。國家的一切,都要走上和平的建設。中國的新史學,也就要進入一個劃時代的時期了。

　　今後的新史學,馬列主義的唯物觀點,將要更明朗而正確。歷史社會發展的主要因素,是生產方式的變更。生產方式的變更,首先是從生產工具的變更和發展上開始。這一切都不會再有問題。從今以後,只有應用馬克斯的辯證唯物主義與歷史唯物主義來研究中國歷史,才是唯一正確的立場與方法。(註一〇) 舊的唯心的形而上的歷史方法,將要逐漸的被揚棄。

三　史料和史觀

固然,在史觀方面,近年來,我們是有了極大的進步,今後,因爲偉大時代的啓示,將要更明朗而確實。

不過,有一種偏向,必須避免,那就是過度的忽略了材料的問題。

史料與史觀是史學的兩個方面,並不是對立的兩種學說。史料與史觀,必須共同相輔,才能成爲史學。史料與史觀,是一件東西的兩種成分,任何一種是不能脫離了另外一種而獨立了的。

史學若是房屋,那麼,史觀是工程師,史料是木材磚瓦。只有工程師而沒有木材磚瓦,和只有木材磚瓦而沒有工程師,是同樣蓋不成房子的。只有正確的史觀,沒有正確的史料,和只有正確的史料,沒有正確的史觀,是同樣寫不出正確的歷史來的。

馬克斯和恩格斯的許多學說,都是科學的真理。他們是根據了豐富的正確的材料,所得的偉大發明。我們把他們的學說引用到中國,如果不能有充實精當的材料作印證,只把它當作空洞的公式和教條,那便犯了錯誤。

毛主席說:"馬列主義是科學,科學是老老實實的學問。科學的態度,就是實事求是的態度。而要這樣做,就須不憑主觀想像,不憑熱情,不憑書本,而憑客觀存在的事實,詳細佔有材料,從這些事實中材料中引出正確的結論。這種結論,不是甲乙丙丁的現象羅列,也不是誇誇其談的濫調文章,而是科學的結論。"(註一一)

蔡元培說:"研究史學,首當以材料爲尚。""史學,亦即史料學。"(註一二)又有人說:"近代歐洲的歷史學,也可以說只是史料學。"又說:"一分材料,出一分貨,十分材料,出十分貨,沒有材料,卻不能烏煙瘴氣的亂說。"(註一三)這話說的也許稍微過火了一點。

但"史學雖不是史料的單純的排列,史學卻離不開史料。理論雖不是史料的單純排列可以產生,理論並不是儘原形一擺,就算成功了的。方法雖不是單純把

材料排列,方法卻不能離開史料獨立的發揮功用的。""把方法當結論,不獨不是正確的結論,並且不是正確的方法。"(註一四)

三十年來釋古的新史學派,由草創,概說,研究,論戰,終於又走到搜討的時期。最重要的學者,像郭沫若,自從出版了《中國古代社會研究》之後,終又從事於甲骨金文等史料的專題研究。都說明了儘管有正確的觀點和方法,如果引用的材料不正確,一樣是枉費功夫,得不到正確的結論。

儘管釋古學是三十年來最重要的一大潮流,但疑古學和考古學,關於史料的鑒定和開發,也有極大的成就。說疑古考古並非史學的最終目的,可以。說史學的探討,可以不經過疑古考古的基礎和訓練,或者不需要使用疑古考古的成就和方法,那就錯了。

四　典籍史料的真偽和年代

談到古書的辨偽，不能不追溯到孔子一個名叫子貢的學生，他說："紂之不善，不如是之甚也。是以君子惡居下流，天下之惡，皆歸焉。"(註一五)先秦諸子，像墨子、孟子、荀子、韓非子、淮南子，大體都曾辨過堯、舜、禹、湯、儒、墨禪讓傳說之不可全信。(註一六)在漢代最富於疑古精神的，前有司馬遷，後有王充。唐代有柳宗元、劉知幾。北宋有司馬光、歐陽修、蘇軾、王安石。南宋有鄭樵、程大昌、朱熹、葉適、洪邁、唐仲友、趙汝談、高似孫、晁公武、黃震、吳棫、陳振孫、王柏、王應麟、趙汝楳。元有吳澄。明有宋濂、方孝儒、梅鷟、焦竑、王世貞、胡應麟。清有閻若璩、惠棟、胡渭、萬斯同、萬斯大、孫志祖、范家相、劉逢祿、魏源、姚際恒、崔述。現代則有康有為、崔適、夏曾祐、梁啟超。到胡適、錢玄同、傅斯年以至顧頡剛的《古史辨》，才有了更大的成績。

現代疑古學最大的貢獻，一個是康有為的"託古改制的古史觀"，一個是顧頡剛的"層累造成的古史觀"。疑古學說，固然也有一些偏向。但這一條追求真理的科學道路是不錯的。(註一七)

疑古的潮流，遠在十多年以前，早就成了尾聲了。雖然現在我們不必再專朝那條路上走，但前人所作大部分的成績，我們必須批判的接受和學習。

辨偽的階段，現在已經進到"古籍的新證"和"疑古的糾矯"了。過去疑古學者不但辨出了偽書，並且真書的時代，也往往懷疑，而儘量拉後。現在則從甲骨金文與以證明，考出有的材料，時代並不太晚。像王國維的《古史新證》，唐蘭的《古籍新證》，和于省吾的《尚書新證》、《詩經新證》、《易經新證》、《諸子新證》，都是這方面的好書。《尚書·堯典》一篇，過去顧頡剛以為作於漢武帝時，(註一八)現在則據竺可楨的研究，《堯典》裏的"四仲中星"實為周初的現象。(註一九) 唐蘭(註二〇)、董作賓(註二一)都以為《堯典》紀日方法，和殷卜辭相同。胡厚宣更以為《堯典》星名、祭名不特和殷卜辭相合，而且《堯典》有整套的四方風名，亦見於殷卜辭和《山海經》中。(註二二)

四 典籍史料的真偽和年代

辨偽的現階段,已經由辨別偽書,進到鑒定真書的著作時期,又由時代的過晚,進到其中也有早期的成分。如果我們到今天還不知道中國古代史料,有所謂真偽之分,真書之中,撰著時代也有先後之別,那就未免落後了。

譬如古文《尚書》,經過了宋,元,明,清四個朝代許多學者的考證,證明是齊、梁之間才出來的偽書,這已早就不成問題。但,在解放後出版的古史研究著作,有的還在大量的引用偽古文《尚書》、《武成》、《泰誓》等篇,以論證商代的歷史。

"紂之不善,不如是之甚",兩千五百年以前的子貢,就這樣說了。顧頡剛在一九二四年發表《紂惡七十事的發生次第》一文,(註二三)證明紂的罪惡,在真的周人的今文《尚書》中,不過極普通的六點,戰國的書中,增加了二十七事,西漢的書中增加了二十三事,東漢時增加了一事,東晉時又增加了十三事,於是商紂就變成一個亘古未有的殘忍暴君了。惟這種"層累造成"、"後來居上"的誇大的偽說,究竟不可憑信。所以近來有很多學者若明義士、(註二四)郭沫若、(註二五)董作賓、(註二六)吳其昌(註二七)等,反而說商紂不但不是那樣的荒唐墮落,並且終不失為一個英武的君王。但在有的書中,為了證明商紂這個"歷史上天字第一號的專制魔王"和"黑心腸的狐狸精女妖怪妲己"的慘酷不人道的暴行,卻大批引用起這些漢代及漢以後的靠不住的史料。

關於《周易》,有《卦辭》、《爻辭》和《十翼》之分。其纂著時代,前人討論的已經很多,主要的俱見一九三一年顧頡剛編的《古史辨》第三冊。一九三四年郭沫若又作《周易之構成時代》,先在日本寫成,繼在商務印書館出版,又收入他的《今昔集》、《今昔蒲劍》和《青銅時代》各書。他定《卦辭》、《爻辭》是戰國初年楚人馯臂子弓所作,《十翼》則成於秦始皇三十四年焚書以後荀子門徒楚國人之手。但,有一些研究新史學的朋友,講商代的歷史,主要的材料,卻根據《易經》,甚至大量的引用《易繫辭》。有的還相信八卦是伏羲所畫,《繫辭》作於文王、周公。甚至說"八卦是殷代物質多元論的本體論思想",說"八卦是殷代的樸素的自然哲學"。不知《易十翼》非孔子所作,在宋朝的歐陽修(註二八)和趙汝談、(註二九)葉適(註三〇)早已辨別明白了。

《史記》紀年,始於周厲王時的共和元年,即公元前八四一年。這也就是中國歷史上的紀年之始。在這年以前,直到今天,因為材料的所限,還不能夠解決。所以周代總共的年數,普通有八二八、八六七、八〇二、八六一、七九六、八一〇、八一一、七七五等八種說法。共和以前西周的年數,有二四二、二八一、二一六、二七五、二一〇、二二四、二二五、一八九等八種說法。商代總共的年數,普通有六〇〇、四九六、四五八、六二九、五七六、六〇〇餘、五〇〇餘等七種學說。盤庚遷殷到紂辛的亡國，年數有二五一、二六五、二二六、二七五、七七三、二七三等六種學說。二七五、七七三實爲二七三之字誤，除去了，也有四種學說。周武王克殷的年代，也有公元前一一三〇、一一二三、一一二二、一一一七、一一一六、一一一一、一〇七八、一〇六七、一〇六六、一〇五一、一〇五〇、一〇四七等十二種說法。至於商、周兩代每一個王的年數，更各有很多不同的學說。(註三一) 談到現代關於商、周史的研究，除了奴隸社會封建社會的論戰之外，爭論得最厲害的，要算年曆的問題了。參加辯難的有董作賓、劉朝陽、孫海波、魯實先、陳子展、章用、岑仲勉、楊憲益、莫非斯、吳其昌、郭沫若、丁山、章鴻釗、竺可楨、錢寶琮、高平子、高魯、雷海宗、陳遵媯、胡厚宣、德效騫等二十多人。(註三二) 尤以董作賓和劉朝陽及魯實先，(註三三) 衝突的更是針鋒相對。孰是孰非，迄今不決。

但我們看，在上海解放後出版一本商代史的專著，好像全不曉得這一場爭論的問題。他根據章欽在一九一四年作的《中華通史》，說："禹受舜禪之年，爲紀元前二千二百三十七年"，"湯滅夏之年，是紀元前一千七百六十六年的事"。"武王滅紂至共和之年，共歷二百八十一年。可見武王滅殷之年在紀元前一千一百二十二年(二八一加八四一年)。""殷代自商湯滅夏，至紂之亡，共歷六百四十四年"。並且以爲"這是無問題的"。章書作於三十五年之前，那時辨偽疑古之學，尚未大倡，環境所限，尚有可原。但在一九四九年寫爲專書，反而引用他的不可憑信之說，那就不可以了。

那一本商代史的專著中，又定殷代各王在位年數，湯十三年，外丙二年，中壬四年，大甲三十三年，沃丁二十九年，大庚二十五年，小甲十七年，雍己十二年，大戊七十五年，中丁十三年，外壬十五年，河亶甲九年，祖乙十九年，祖辛十六年，沃甲二十五年，祖丁三十二年，南庚二十五年，陽甲七年，盤庚二十八年，小辛二十一年，小乙二十八年，武丁五十九年，祖庚七年，祖甲三十三年，廩辛六年，康丁三十一年，武乙四年，文丁三年，帝乙三十七年，帝辛三十三年。又說："上述殷代的年數，是根據《殷本紀》推算成的。"又說："《殷本紀》所記年數，可信無疑。"又說："余意《殷本紀》所記殷代年數，最爲可信。"

但查《史記・殷本紀》並沒有全把每個殷王的年代，通通記出。只言外丙二年，仲壬四年，是根據的《孟子》。此外都沒有記明，因爲在司馬遷那時，已不曉得，所以於三代紀其世，曰《三代世表》，於十二諸侯紀其年，曰《十二諸侯年表》。所謂"根據《殷本紀》推算成的"，不知如何推算方法？恐怕又是鈔自《中華通史》

一類靠不住的成書。而那本成書的說法,最多不過根據宋朝的《太平御覽》(成於九八三年)、《皇極經世》(成於一〇一一年至一〇七七年)、《通鑑外紀》(成於一〇七八年)及明朝人鈔輯的今本《竹書紀年》等拼錄而成。

又"自成湯建國至紂亡國止,歷時六百四十四年"之說,係本邵雍的《皇極經世》。而把各王的年代加起來,則有六百六十一年。若除去河亶甲和陽甲未滿的二年,亦有六百五十九年。都與六百四十四年不合。

同書又說:"諸書記載殷代年數的長短,有下列四說:一,《集解》引《汲冢紀年》曰,湯滅夏以至於紂,二十九王,用歲四百九十六年。二,今本《竹書紀年》載殷人年祀二百二十五年。三,《正義》引古本《竹書紀年》云,自盤庚徙殷至紂之滅,七百七十三年。四,董作賓氏著《甲骨文斷代研究例》引朱輯《竹書紀年》云,自盤庚徙殷至紂之滅,二百七十三年。"但我們遍翻今本《竹書紀年》,並沒有像第二這樣一條二百二十五年之說。第三第四實爲一條,"七百七十三年",據朱右曾,王國維校訂,係"二百七十五年"之字誤。(註三四)又第一條係言殷商整個的年代,而第三,四條,是說的盤庚遷殷以後的年代,並不能相提並論,更不能說有四種說法。

此外還有一些研究的論著,往往從《太平御覽》、《圖書集成》裏雜鈔一些魏晉時代的方士讖緯、神話小說,以考證商、周及其以前的歷史。唐、宋以後的荒誕不經的古史,以及後世雜鈔僞撰的古文《尚書》、《尚書序》、孔安國《傳》和今本《竹書紀年》,都看成寶貴的史料。根據明、清《一統志》,以考證古代的民族地理。這都是不可以的事情。

五　考古史料的徵引和解說

考古學也是近三十年來新發達的一種科學。從舊石器時代的周口店猿人文化、河套文化、山頂洞文化、新石器時代的細石器文化、仰韶文化、龍山文化，以至於青銅器時代的殷墟文化，發現頗爲不少。據前幾年我們的統計，中國舊石器時代的發現十七處，佔十二省份。新石器時代的發現一百八十一處，佔二十二省份。中央研究院發掘殷墟共十五次。若連殷墟以外的發掘，則有六十四處，佔五個省份。至於考古調查，則多至二百六十七處，佔十三個省份。(註三五)

因爲發現的非常零碎，所以學說也特別複雜。材料一天一天不斷的出土，學說也就一天一天不斷的改正。因此如果引用考古學方面的證據，必先曉得那個是最後的材料和最後的學說。

譬如關於周口店猿人的研究，在一九三一年左右，有好些專家學者若步日耶裴文中都以爲中國猿人曾製作骨器和角器，到一九三七年以後，據裴文中進一步的認識，以爲從前的學說，實在是一個錯誤。(註三六)

又如安特生關於中國新石器時代仰韶文化的研究，在一九二三年，出版《中華遠古之文化》(註三七)和《奉天錦西縣沙鍋屯洞穴層》，完成了他的初步的學說。到一九二五年又出版《甘肅考古記》一書，對最初的學說加以訂正，將仰韶文化分爲六個時期。一九三八年出版《黃土地帶》一書，(註三八)對以前的學說，又略有修改。到一九四三年出版《中國史前人類之研究》，(註三九)對以前的學說，又作了第三次的修訂。

尤其關於仰韶文化的時代，安特生往返考訂，改正不只再三。最初以爲應屬於中國商，周以前的史前時期，也就是尚未使用銅器的新石器時代。(註四〇)後來將它分爲六期，以爲前三期屬於新石器時代的末期，後三期屬於銅器時代。(註四一)繼而以爲甘，青的彩陶文化，可以延展到鐵器時代。(註四二)最後又以爲到銅器時代。(註四三)

但據劉燿的《龍山文化與仰韶文化的分析》，(註四四)安氏所說仰韶遺址中，也含有龍山文化的遺存,像不召寨,根本是龍山文化遺址,不應混入仰韶文化裏邊。還有齊家期是否早於仰韶期,也大有問題。梁思永的《龍山文化》(註四五)和吳金鼎的《中國史前陶器》,(註四六)也都有差不多的學説。裴文中的《中國之彩陶文化》(註四七)等文,則又以齊家遺址,"實爲彩陶與細石器之混合文化"。比林阿堤爾(註四八)、白哈霍夫(註四九)也都以爲仰韶文化,當較齊家文化爲早。最近夏鼐齊家期墓葬發掘簡報發表,(註五○)齊家期晚於仰韶期,更與以地下的確證。

所以即使是最後的學説,在專家學者自己,也並不認爲就是絕對的定論。裴文中在《中國史前人類生活之狀況》一文中(註五一)再三聲明,"文中所述史前人類生活之情形,皆係就已知之事實,而加以解説。此種解説,亦皆有民俗學上之根據。當代學者,若見此滿篇推測之文字,或不免譏爲空談"。又説:"上述中國猿人及山頂洞中之古人類,其生活狀況,吾人所知者,實甚簡略。若由社會學之眼光視之,實覺吾人所知者甚少。"又説:"因吾人所知之事實有限,故其解説,自不能過多。且推想亦不可過於理想,更不能想入非非,尤不可無中生有。"又説:"在未有新發見之前,讀者萬勿就著者之言,加以附會,有如指謂與中國古代傳説相脗合等。苟如此,則恐失於言之過多也。"科學家説話之謹慎,有如此者。

本來,考古發掘所得,是古代真實的直接史料。古史傳説,是很晚很晚,"後來居上""層累造成"的好事者之徒,對於古代的一種想像之辭。根本就是兩回事。

如果一定説"燧人氏,伏羲氏時代,是爲舊石器時代","神農,堯,舜時代,是爲新石器時代,"甚至説周口店猿人的頭骨,就是盤古氏的腦袋,那就未免"言之過多",可以説是大膽的"附會"了。

有的朋友,在一九四九年,引了安特生六期仰韶文化的年代:

齊家期:公元前三千五百年至三千二百年;
仰韶期:公元前三千二百年至二千九百年;
馬廠期:公元前二千九百年至二千六百年;
辛店期:公元前二千六百年至二千三百年;
寺窪期:公元前二千三百年至二千年;
沙井期:公元前二千年至一千七百年。

説:

　　　　神農黃帝時代相當於齊家期文化；
　　　　堯舜時代相當於仰韶馬廠期文化；
　　　　禹時相當於辛店期文化；
　　　　夏代相當於寺窪沙井期文化；

不曉得安氏在一九二九年就把沙井期的年代，推晚一兩千年，重訂爲公元前六百年至一百年。一九四三年，在《中國史前人類之研究》文中，又把年代修正如下：

　　　　齊家期——紀元前二五〇〇——二二〇〇
　　　　仰韶期——紀元前二二〇〇——一七〇〇
　　　　馬廠期——紀元前一七〇〇——一三〇〇
　　　　（以上爲新石器時代晚期）
　　　　辛店期——紀元前一三〇〇——一〇〇〇
　　　　寺窪期——紀元前一〇〇〇——七〇〇
　　　　沙井期——紀元前七〇〇——五〇〇
　　　　（以上爲銅器時代）

照安氏最後的學說，馬廠期已相當於中國商代的後半期，辛店期及其後，則已相當於周代。若照裴文中氏《中國之彩陶文化》，"沙井期之文化，其時代或相當於我國之秦，漢或以後"。那麼神農，黃帝，堯，舜之學說，豈不就枉費功夫了麼？

　　徐中舒在一九三〇年作《再論小屯與仰韶》一文，(註五二)說"仰韶似爲虞夏民族的遺址"。雖然也舉出了證據不少，然終不過是一個假說。

　　關於仰韶彩陶文化的起源，最初安特生氏以爲，係由中央亞細亞傳佈，先至甘肅，後至河南。(註五三)最後於一九四三年又對其說稍行懷疑，認爲彩陶文化，起源於甘肅，也有可能。(註五四)李濟、(註五五)梁思永(註五六)等則以爲中國之彩陶文化，爲中國土著，起源於豫北，漸及他處。最近裴文中則又以爲"新疆之彩陶文化，實較黃河流域爲晚，故由中央亞細亞傳佈而來之說，似有修正之必要。豫北之彩陶文化，吾人亦認爲晚期者，且有退化之象徵，故起源於豫北之說，似亦當再加考慮。甘肅與豫西之彩陶文化，何者較古，何者較新，此問題尚待研究。是以吾人以爲中國彩陶文化起源之問題，尚待今後之研究，始克解決。"(註五七)至於夏，這一個朝代，即使在中國歷史上，沒有問題，但這一民族，有的以爲起源於現在的山西,⁽註五八⁾有的以爲起源於河南中原,⁽註五九⁾有的以爲起源於西方的陝西,⁽註六〇⁾有的以爲也起源於東方的山東,⁽註六一⁾也還有人以爲夏民族實與南方有關,禹爲南方民族傳說中的人物,⁽註六二⁾那麼夏民族是否就是來自西北的"胡化民族",也大有問題存在。而且仰韶文化和夏的年代問題,都還不能解決,也不可能就完全密合。

徐氏在二十年前,立此假說,猶嫌稍過。所以他自己早就不再這樣講了。但在解放前後出的很多古代史書,卻把這個早被揚棄了的二十年前的推測假說,看成毫無問題的定論。談到堯、舜、禹時代的文化藝術,索性講起甘肅出土的彩陶來。我們覺得這是很可以再檢討的。

殷商是青銅器時代,這在今日已經不成什麼問題。只要看殷墟發掘出土的青銅器,氣魄的雄偉,製作的精緻,種類的繁複,數量的衆多,就可以知道殷商不但是青銅器時代,而且已經是青銅技術發展到最高峯的時期。⁽註六三⁾梅原末治有《古銅器形態之考古學的研究》⁽註六四⁾一書,李濟有《記小屯出土的青銅器》⁽註六五⁾一文。他們在那裏,對殷商的青銅器,都在作極精細的形態學的研究了,你還能懷疑殷商尚未達到青銅器時代麼?

如果要證明這一個問題,當然是根據中央研究院、河南博物館發掘所得,和中央博物院、安陽古物保存會所藏,以及古今中外著錄銅器書中,注明出自安陽殷墟,據標準器物定爲沒有問題的東西。⁽註六六⁾倘以這樣作並不容易,那麼,有現成的書,像黃濬的《鄴中片羽》初二三集(初集上冊第一葉之鐘除外),梅原末治的《河南安陽遺寶》、《河南安陽遺物之研究》,以及梅原《支那考古學論考》、《東亞考古學論考》、《東洋考古學論考》中關於殷墟的部分,和李濟、石璋如等在《安陽發掘報告》、《中國考古學報》等刊物中發表關於殷墟發掘的論文。這裏邊有很多殷代的標準青銅器。

但,我們看在解放前甚至解放後很多關於古史的著作,他們證明殷爲青銅器時代,並不引用前面所舉的材料,卻根據二十年前羅振玉的《殷文存》。羅書編於一九一七年,後來在一九三五年還有一位王辰仿它作了《續殷文存》一書。他們斷定殷器的標準是以干支爲人名。其實這一習慣,保持到周之中葉,還很流行。並不能作爲殷器的根據。郭沫若在一九三二年於《金文叢考》、《諱不始於周人辨》中,早已指出,但迄今仍有人犯着這個錯誤。

又有人一再根據了董作賓的《歸矛說》,⁽註六七⁾說:"武丁時代,僅在一個短時內,頒發之銅矛,有數可計者,共有四百零五支。"又說:"而且這僅僅是武丁時代所鑄造的兵器之一小部份中,而又矛數有記載可稽者,當時武功之盛,便可以想見一般。無數可稽者尚不在此數。"又說:"矛在當時殆爲最有威力之軍器,其製造在當時,必係比較的手術最複雜,工作最繁難,因而才特別慎重其事的記載於骨刻,並設專人司其事。然此已足概見其生產量之相當龐大。依此推測,其他銅製兵器之生產,當更屬大量無疑,其他銅器之生產量,殆亦可想而知。因而當時銅的總生產量之大,蓋可想見。"最後結論說:"因而就現有實物考究,殷代之爲青銅器時代,便能得到確認。"

不知董氏《歸矛說》之歸既非歸,矛亦非矛,與殷代的銅製兵器,實在是風馬牛不相及。董氏的學說,早在一九三四年被郭沫若《骨臼刻辭之一考察》(註六八)一文所推翻。關於這種刻辭的意義,先後曾有幾次新的解釋,最後胡厚宣以爲是記載採集牛骨的刻辭。(註六九)現在若引《歸矛說》,證殷爲青銅器時代,那就錯了。

一九三〇年李濟發表《民國十八年秋季發掘殷墟之經過》(註七〇)一文,記一九二九年新發現的一件石器說:"在這些石器中最新穎的是一個半截抱腿而坐的人像,膀腿均刻有花紋,圖案與花骨刻紋一致,獨惜上半截沒找着,不能斷定它是什麽面孔。"並附有照片,"身後有槽,腳已失去"。後來一九三四、一九三五兩年,中央研究院作殷墟第十至十二次發掘,發掘侯家莊的殷代皇陵,發現了一些完整的同樣東西。大家才都曉得這就是用以鑲砌在柱子下面的大理石饕餮。(註七一)

中央研究院的侯家莊正式發掘報告,雖然還沒有出版,但簡單的情形,關於這類饕餮的發現,曾發表在民國二十三、四年度的《中央研究院總報告》。饕餮的照片,又曾發表於梅原末治的《河南安陽遺寶》、《河南安陽遺物之研究》、《支那考古學論考》、《東亞考古學論考》等書,和《河南安陽與金村之古墓》、(註七二)《河南安陽發現之遺物》(註七三)等文。又《倫敦畫報》懷履光、(註七四)伯希和(註七五)和田柏烈(註七六)的文章裏,也都有刊載。

但迄今還有古史專書,引用一九二九年發現的那一件殘破的石器,仍從李氏舊說,稱爲"人像"。以爲石礎而刻人像,"似乎在表示着支配與被支配之抽象的命意"。意思說,你就"永遠這樣的被壓迫着吧"!甚至有人因爲那"人像"身上刻有花紋,就想到春秋戰國時代,"越人斷髮文身",因而推論商民族是來自南方,所以也有"文身"的習慣。這種大膽的馳騁幻念,我們覺得在基本上很成問題。

又有的書上說,"近來考古學家,在易水流域的易州,又發現了三種句兵。從其所刻文字辭句上看,確知其爲殷時句兵,可見易水流域與安陽殷墟小屯村是同時候同區域的文化"。這種推論,也很有問題。三句兵,並不是考古學家親自發掘所得。乃是羅振玉自古董商人買來。古董商人説出自易州。又説出在保定城南。⁽註七七⁾商人唯利是圖,説話並不可據。譬如甲骨文明明出自安陽小屯,他卻騙人説出自湯陰。明明是殷墟的東西,他卻騙人説出自山西離石。⁽註七八⁾如果我們只根據商人的傳説,就證明"易水流域與安陽殷墟小屯村是同時候同區域的文化",那就未免"言之過多"了。

董作賓《甲骨文斷代研究例》⁽註七九⁾曾説殷墟第四次發掘,發現一坑,內有刻着"戊戌王蒿田……文武丁,祄……王來征……"的鹿頭刻辭,刻着"王來正人方"的牛胛骨卜辭,和鯨魚胛骨,象下顎骨各一塊。有的書上,卻引作"殷墟第四次發掘出土一片來自海濱的鯨魚胛骨卜辭,刻着征人方三字"。差之絲毫,謬以千里。商朝人用來自海濱的鯨魚胛骨,占事刻辭,這豈不是笑話了麼?

至於有的古史專書,有三四處都説明義士在山東龍山鎮城子崖發現新石器時代的陶器和甲骨,把中央研究院的工作,⁽註八〇⁾白白的送給了外國人。還有一本書上,有十幾處,都把作《中國史綱》的張蔭麟⁽註八一⁾寫作楊蔭麟,把作《殷代的羌與蜀》的董作賓,⁽註八二⁾錯成商承祚。這不像是手民之偶誤。應該是作者的粗心。這種好像是極小的毛疵錯誤,在幾十萬字的大書上,實在太多了。

六　甲骨文不同的解釋

目前關於古代史尤其是商代史的研究，主要的都根據甲骨文字。這是我們近代學者僥倖勝過前人的地方。也是古代史學所以特別發達和進步的緣故。但引用甲骨文，必須具備一個先決的條件。就是我們必先懂得甲骨文，我們必先認識一些字，至少關於甲骨文的一些常識，我們必須曉得。甲骨文是近五十年來新興的一種科學，材料一天一天的不斷出土，論著一天一天的不斷增加，往往一個學說成立不久，就被新的材料和學說推翻。十六七萬片的甲骨，如不能全面探尋，近千種的論著，如不曉得其中發明揚棄，新陳代謝的踪跡，則每每不會得到正確的結論。(註八三)

現在通行的一些古史著作中，我們覺得有的並沒有具備這一個最低限度的基礎。有的真是連甲骨文的一些常識都不夠。東鈔西鈔，雜亂拼湊，結果就陷於"以不狂爲狂，以狂爲不狂"，荒謬錯誤，矛盾抵觸，而不能自圓其說。

我們姑以解放後出版的《中國歷史大系古代史》一書爲例，這樣的錯誤，就多至不可勝舉。

譬如武丁時甲骨文中，有一個極常見的國名，叫🔲方。(註八四)🔲字，孫詒讓釋昌，(註八五)葉玉森、(註八六)、董作賓、(註八七)許敬參(註八八)釋苦，林義光、(註八九)于省吾、(註九〇)、傅東華(註九一)釋鬼，唐蘭、(註九二)陳夢家、(註九三)胡厚宣釋吾，(註九四)郭沫若最初在《中國古代社會研究》一書釋呂，後來在《卜辭通纂》、《殷契粹編》等書，又缺而不釋。

《古代史》"殷鬼，殷土，殷呂，殷苦與殷人戰爭"一節，說："武丁時殷鬼之戰外，西土北土的呂方，苦方，土方亦不時入侵，引起幾次大戰爭。"四五六頁舉關於殷苦的"甲骨記事"說：

　　"癸巳卜，䧢貞：旬亡𡆥，王固曰，'㞢求，其㞢來嬉，三至。'五日丁酉，允㞢來嬉自西沚戛告曰：'土方征於我東鄙，戈二邑，苦方亦牧我西鄙田。'"

（菁二）

同節隔一頁，即四五八頁，引關於"殷，呂的戰爭"的甲骨文又說：

癸巳卜，貞敵：旬亡囚，王固曰：出希（祟，宣案應作祟，或係手民之誤）其有來偫三至，至（宣案應作五，或爲手民之誤）日丁酉，允出來媸自西，沚戛告曰：土方征於我東鄙，戈二邑，呂方亦牧我西鄙田。"（菁二）

在同一小節文章裏邊，在相隔一面的地位，同引《殷虛書契菁華》第二片的同一卜辭，標點句讀不同；希字一釋祟，一釋求；媸字一釋媸，一釋偫；出字或釋有，或不釋，這且不說。呂方的呂，一從郭沫若已經放棄的學說釋"呂"，一從葉玉森等的學說釋"苦"，認爲是兩個國家。此外在二八、三〇、三四、一五〇、三一六、三七九、三八三、四〇二、四〇九、四四七、四五一、四五四、四五七、四六二、四六三、四七八等頁屢稱苦方。在三六、三九〇、三九一、四〇二、四一〇等頁屢稱呂方。在二九、三五、四六、四七、四一七、四一八、四五五等頁，又屢次把苦方和呂方並舉。在四三三頁又屢稱呂方。同一個字，同一個方國，有時同是一片卜辭，因爲亂鈔別人的引證，自己不能分別，就把它認成是兩個字或三個字，兩個方國或三個方國，以至在標題中都説起"殷呂，殷苦與殷人戰爭"，"殷呂，殷苦戰爭"，這就成了笑話了。

又如甲骨文有 字，亦作 。孫詒讓、(註九五) 董作賓(註九六) 釋羌。羅振玉、(註九七) 王國維(註九八) 釋羊。郭沫若釋芍，謂即狗之初文。(註九九) 唐蘭先從羅説，後從郭説。(註一〇〇) 惟普通則以從孫董釋羌者爲多。

古代史三三頁説：

卜辭云"在易牧，隻（獲）羌"。"在易牧，隻芍。"芍即蜀。

五六頁註二七説：

商水（宣案當作承，或係手民之誤。）祚殷代的羌與蜀一文中引一卜辭曰"甲戌卜，貞在易牧，隻羌。"郭沫若氏《卜辭通纂》四六二片卜辭曰："甲戌卜，賓貞在易牧隻芍。"

不知道這四條也是一條卜辭。易牧地名,是卜辭常見"易白痰""鬼方易"之易,並不是易。(註一○一)《殷代的羌與蜀》一文,刊一九四二年八月十五日在重慶出版的《說文月刊》三卷七期《巴蜀文化專號》,是董作賓所作。不知爲什麼此書在三○二、三一八、三一九、三二一、三二七、三二九、三三八等頁,都錯成商承祚。董文"甲戌卜"和"貞"字之間,原也有"賓"字,著者鈔書時漏掉,就好像和郭書一片不同。因爲誤以兩條卜辭不同,於是把芍附會成蜀,而說殷的西北,有羌方同蜀方。其實這四條卜辭,都是郭沫若《卜辭通纂》第四六二片那一條。羌芍同爲字,普通以爲應該釋羌。絕對不是蜀,甲骨文自另有蜀字。

《古代史》四五三頁引卜辭又云：

　　王叀次令五族伐羌方。(後下四二,六)
　　王□□毋令五族□伐𢀩方。(後下四,二)

不知這兩條也只是一條卜辭,原片見《殷虛書契後編》卷下四十二葉第六片,又見《卜辭通纂》第五三一片。著者後一條當本郭沫若書。括號裏的出處鈔錯了。前一條,不知本的什麼書,"叀次"當作"毋"。這條卜辭應該釋作

　　王毋令五族伐羌方。

著者分頭鈔錄,不辨其本爲一辭,誤認成兩國。同前兩條是一樣的錯誤。

　　同是一個字,在五七五頁,既從唐蘭、(註一○二)胡厚宣(註一○三)說釋莫,即旱熯之熯;在三七一、四三○、四三三、五四九等頁又從郭沫若、(註一○四)董作賓(註一○五)說釋堇,即饑饉之饉。(註一○六)
　　同是一個字,在二四四、四二四頁既從胡厚宣釋死;(註一○七)在四八四頁又從葉玉森、(註一○八)商承祚、(註一○九)郭沫若(註一一○)說釋囚。(註一一一)
　　同是一個字,在一八四頁,既釋相,又釋省。(註一一二)
　　同是一個民字,在二九一頁既從郭沫若說"民字是橫目形而帶刺"。在三六六頁又說"民字從母","由女而繁殖者,或由母而生出之族衆之意","故民由母字起源"。關於"民"的身份,在二九一頁既說"臣是奴,民亦是奴"。在三九五,四六八頁又說"民"是"畜民",是"自由民的稱名(宣案應作名稱,或係手民之誤)"。以爲"殷代社會是由帝王貴族奴隸和自由民所構成","貴族與奴隸之間,存有自

由民"。

　　同是一個伐字,在二九六頁既説"伐,羅振玉氏釋爲執干戈以舞之武舞,郭沫若氏更釋爲干舞。足知殷代戰爭俘虜的奴隸,也和羅馬一樣,是供貴族們在娛樂技藝場中作武舞及歌舞的白粉勞動的"。在三○一頁既引金一九一"甲午卜,后祖乙伐,十羌又五,五十羌"。(宣案五十羌爲另一辭,著者誤兩辭爲一辭,而以十五羌,五十羌加起來爲六十五羌,殊誤。)説"祭后祖乙舉行伐祭,用六十五個羌奴去武舞"。但在四四八頁又從胡厚宣説,(註一一三)以爲伐字像以戈斫伐人頭之狀。

　　同是一個公字,在三七七、四〇九頁既從胡厚宣説,(註一一四)以爲"早期卜辭無公字,公字始見於武乙,文丁時之卜辭。辭意爲言祭祀先祖非封建諸侯也"。在四七七頁又説"甲骨文中公字用作諸侯之稱"。又甲骨文中之"三公",在三七七頁既從胡厚宣説(註一一五)"三公者疑即指武丁、祖庚、祖甲而言"。在四七七頁又説"甲骨文中雖有公字,用作諸侯之稱,並未見有三公字樣。西伯昌、鄂侯、鬼侯之稱爲公與否,史文亦無此紀録。維(宣案書中有數十處惟字皆誤作維)當時的周族鬼方、鄂方爲殷末西土之三大從服異族,勢力甚大,故稱三公,似有可能。"先説公字非諸侯,後説公字是諸侯;先説甲骨有三公,後説甲骨無三公;先説三公是先祖,後説三公是異族。

　　同是一個"登人",在四五四頁既説"登人當即家人之意",在四五八頁又説"登,説文解字上車也,登人,當時車戰之兵,即車兵。"(註一一六)

　　《殷虛書契菁華》第一、二版,係一牛胛骨之正反兩面,(註一一七)(宣案郭沫若《卜辭通纂》第五一二、五一三片注言菁二菁五,係根據翻印本,與初印本次序不同。)共有三辭,言:

　　　　舌方亦㞢我西鄙田。(菁一)
　　　　舌方出,牧我示𡘾田七十人五。(菁一)
　　　　土方㞢我田十人。(菁二)

㞢牧一字,舊釋牧,唐蘭、(註一一八)胡厚宣(註一一九)釋侵。《古代史》六一三頁既本胡厚宣説,釋爲"苦方亦侵我西鄙田",以㞢爲侵。但在二九五、二九六、三八九、四四七頁又釋爲牧。並且在二九五頁説"牧爲從事畜牧勞動的奴隸,甲骨卜辭中很多人方牧(宣案甲骨卜辭中絶無言人方牧者,此條更誤),土方牧,吕方牧(宣案舌字在四四七、六一三頁釋苦,此處又釋吕)等,便是與土方、人方、吕方作戰俘虜來的俘虜。"二九六頁說"故人方俘來的用於牧畜,曰人方牧,土方俘來的用於牧畜,便稱土方牧。"三八九頁說"牧是畜牧勞動奴隸,甲骨文中有人方牧,土方牧等記載,當即為人方,土方俘慮來的畜牧奴隸。"四四七頁說"異族中之強者,不僅反抗進貢制的壓迫榨取,甚而向殷帝國境地內入侵,掠奪牧地,劫掠農業財富,如卜辭中時常有土方牧我西啚(宣案啚為鄙字,非圖)田,苦方牧我主幾(宣案稱主幾二字,大誤)田,等記辭。"先說牧是畜牧的奴隸,後又說牧是遊牧的掠奪。先以為名詞,後又以為動辭。先以牧字屬上讀,言土方牧、人方牧、苦方牧;後又以牧字屬下讀,言牧我西圖田,牧我主幾田。

同是一個臣,先說是奴隸。如二九一頁說,"臣也是奴隸",二九四頁說,"臣亦奴隸",三九〇頁說,"臣亦奴",三九一頁說,"臣是奴隸之一種",三九八頁說,"臣是奴隸的名稱"。但四七八頁又說臣是官,如言"臣之為官名,是無疑問的。臣為屬下對於其上級之統稱,非特定的官職"。在三七四頁又說臣是貴族,如言"所謂世俗貴族,在甲骨文字中稱為……臣、小臣……等"。小臣又說是諸侯,如三一一頁說"小臣中,小臣从等原為小臣,後為殷貴族諸侯,他們分封在四土,負責向殷貢納"。三八八頁解釋卜辭"乙酉,小臣俞癸"說"這片記事是說乙酉那天小臣俞覲見殷王也"。"像後來周代那樣諸侯對天子的朝覲祭祀的一些規矩"。(註一二〇)

同是《鐵雲藏龜》一〇五葉三片的一片卜辭,在五三頁本郭沫若《卜辭通纂》五四六片稱作"貞吳弗其戈羌蜀",在三二八頁又本董作賓(誤作商承祚)《殷代的羌與蜀》一〇五頁釋作"貞吳弗其戈羌龍"。(註一二一)

同是殷代的形聲文字,在六〇五頁說"殷虛出土之甲骨貞卜文字,大半還是象形文字,形聲字非常之少"。但在六〇七頁,又說"甲骨文字中,形聲字很多"(註一二二)。

像這樣本身矛盾不可通的地方,實在太多了。

七　甲骨文錯誤的學説

其次因爲古代史著者對於甲骨文字的修養不夠，所以引用別人的著作，並不能辨別是非。別人錯了，也就將錯就錯。若再加以引申，就更會走入歧途。

如一九八頁引羅振玉《殷商貞卜文字考》説："《殷商貞卜文字考》且引一卜辭云'癸未，王囗貞：有馬在行，其在射獲。'此馬是用以田獵射獲的。是騎的？還是駕車的？文詞不明，大概不乘車，單身騎馬以遊敗往來，當時普遍甚行的。"以卜辭"有馬在行，其在射獲"爲"此馬是用以田獵射獲的"，因而證明"殷代人知道，騎在馬上，騎射田獵"。

除《古代史》外，《中國社會史綱》二四八頁也引用羅書這一條卜辭，以證明"馬也和牛同樣的被使用在交通或運輸勞動中"。

查羅振玉《殷商貞卜文字考》作於一九一〇年，作成了後，連他自己都"已而漸覺其一二違失，於舊所知外亦別有啓發"（註一二三）。所以後來在一九一五年就擴大改寫成《殷虛書契考釋》。《殷商貞卜文字考》作於四十年前，今日看來，錯誤太多，已經很少有人引用。

即如前引一辭，據我們查考，實爲《殷虛書契前編》三卷三一葉一片，原文是：

癸未卜，王曰，貞又（有）豚在行，其左射，獲？

舊釋遺一"卜"字，王下一字未釋，實爲"曰"，馬字當釋"豚"，在字當釋"左"。意思是説："癸未這天占卜，國王説，問一問在太行山麓發現了一隻豚，從左邊也就是東邊去射它，能夠射得着麽？"根本與馬無關。並不是説馬在行走，也不是説騎在馬身上行走着射獲。如果舉這條卜辭證明商代已知騎射或用馬匹運輸，那就白費工夫了。

又如《殷虛書契前編》四卷，三二葉一片，又見《殷虛書契續編》六卷七葉一一片，郭沫若氏選入《卜辭通纂》五三七片，釋成：

　　　　癸未□令斿族寇周,古王事。

有很多學者和專書都曾經引用。別的事暫時不説,《古代史》五五、四四五、四四六、四八一、四八七、四八八等頁都引用郭釋。並用引申説:"殷族的祖先是契,傳説契是子姓,故稱子族亦即斿族,殷代國家是由斿族所創建的,所以他是貴族民族,統治民族。"(見四七五頁)"子族即斿族"。(見四八八頁)"殷代是斿族的國家種族"。(見四八七頁)"殷族本族即斿族"。(見四八一頁)又説"甲骨文中有多斿族,(宣案甲骨文絶無稱多斿族者,此處似應爲多子族。著者、手民,不知係誰人之誤)即許多斿族之意。"

但查卜辭原文,細細審視,應該釋作:

　　　　癸未□□□令勯□□□族寇周叶□事。

勯字又見《前編》七卷三一葉四片,這片雖略有殘缺,但很清楚並不和斿字相同。且字之非斿,葉玉森在《殷虛書契前編集釋》一書已經説明,惟葉氏釋旅,亦不對。(註一二四)

著者因爲不曉得這一個斿字實在是釋錯了,將錯就錯的引用來,並加引申,説斿族即是子族,子就是商姓,因謂斿族即是殷族,錯得就更遠了。

《古代史》二三頁又引卜辭"其又於古,叀雚,用卅。"(録三六,五三九)"貞其 𠦪 雚賓,十二月"(録三七,五四八)解釋説,"一次用卅雚祭祀,爲數不能算少,用鳥祭祀,是通常的事。"以雚爲鳥,説這是用三十個雚鳥祭祀的卜辭。兩辭釋文,是照鈔的孫海波,(註一二五)孫海波釋錯了,卻不知道。據我們看,第一辭應該釋:

　　　　其又于□,叀舊柵用,卅□。

明義士所藏甲骨文字(註一二六)有辭言"□子卜叀舊柵用"與此句法相同。《殷虛文字甲編》七二六片言"叀新柵用"。與此"叀舊柵用",相對而言。第二辭應該釋:

　　　　貞其 𠦪 舊宗,十二月。

《戰後京滬新獲甲骨集》八片言"祖甲舊宗",和這辭言"舊宗"句法差不多,《甲骨文錄》三七二片言"貞勿于新宗酒,八月"。《殷契佚存》一三三片、二一七片,並言"新宗",新即新的繁文,新宗即新宗。宗就是廟,(註一二七)新宗就是新廟。舊宗就是舊廟。新宗舊宗也是相對而言。兩個萑字,都應該釋新舊的舊字,根本與鳥祭無關。孫海波錯了,《古代史》引來,不能分辨,也就隨着錯了。

《古代史》一八四頁引卜辭"帚井萑(觀)黍"(前二六,九)"其萑(觀)黍,不帚妌。"(後二、四〇)解釋說"井為古井國,'帚井萑黍',是帝王令帚井去視察黍稷農耕情形的。'其萑黍,不帚妌,'就是說這次觀察黍情不命帚妌去擔任。"

按此兩條實鈔自吳其昌《甲骨金文中所見的殷代農稼情況》(註一二八)一文三五〇頁。惟改歸為帚而已。出處鈔錯,前一條應該是"後二、六、九",後一條應該是"後二、四〇、一五"吳其昌以《後編》卷下為"二"。

但吳其昌這兩條卜辭讀錯了,著者卻不曉得。據我們看這兩條卜辭,應該讀作:

帚井黍萑。
帚妌黍不其萑。

萑的意思是茂盛,這是占卜帚妌的黍子,茂盛不茂盛的卜辭。(註一二九)吳氏於第二辭的自左而右,誤讀為自右而左,於第二辭的黍萑兩字,誤讀顛倒,就不通了。

吳氏錯,《古代史》囫圇引來,也就錯了。

《古代史》三八六頁說"《新獲卜辭》有一片記載'子卿''生卿'的記錄,文曰'叀(傳)多子卿,叀多生卿'(新一九三片)'多子卿'即許多子族之侯,'多生卿'即許多異族之侯。"

此條大約本的《殷周時代的中國社會》或《中國社會史綱》。《中國社會史綱》二四一頁,說"《新獲卜辭》一九三片有'叀多子卿,叀多生卿'……兩個'卿'字,前者是殷族同族的各'侯'後者是被征服諸族的各'侯'。"

但查《新獲卜辭》寫本(註一三〇)一九七片,實為:

叀多子□。
叀多生鄉。

兩條卜辭。兩書俱誤為一九三片,俱誤為一辭,俱誤添一卿字。鄉字本古饗字。

董作賓《新獲卜辭寫本後記》雖然沒有解釋，但郭沫若《卜辭通纂別錄之一》轉錄此片，即已清楚講明。兩書把這個卿字，讀爲"卿大夫""卿相"的"卿"字，解釋爲"侯"，那就錯得遠了。

《古代史》四四五頁又引卜辭"繫馬孚取，王弗每。"（新一五七）"□摯孚歸，克，卿王史，其摯"（新二六）讀孚爲俘，說這"是出外戰爭掠取俘虜的記錄"。

這大約也是本的《殷周時代的中國社會》或《中國社會史綱》等書。《中國社會史綱》三〇二頁說："殷代……每次的戰爭，照甲骨文字所載，一方面以能否掠取着俘虜，被視爲最重大的事件。例如……'繫馬孚取，王弗每。'（新一五七）'□摯歸孚，克，卿王史，其摯'（新二六）《易》卦爻辭所載每次的戰爭殆皆以'有孚'或'罔孚'爲占，掠取俘虜在戰爭上所占的意義，可以概見。"

但我們看這兩片卜辭，實在應該釋作：

恵（唯）馬乎（呼）取，王弗每（悔）。（新一五七，甲三五四）
弜（弗）摯，乎（呼）歸，克鄉（饗）王史（事）。
其摯。（新二六〇，甲四二七）

第二片兩辭，兩書同誤爲一辭，"新二六〇"，同誤作"新二六"，又同誤从"克"字斷句。第二辭"弜"同未釋。第一辭"恵"同誤釋作繫。這倒不要緊，把"乎"字誤稱爲"孚"，以爲是打仗掠取俘虜，就未免近於笑談了。

《古代史》四六六頁說："尼羅皇帝最喜歡令奴隸和奴隸，奴隸和獅虎等猛獸格鬥，欣賞被打敗的奴隸的慘狀，欣賞奴隸被猛獸傷害將死時轉輾搖搦的慘狀，這種殘酷無人道的享樂，可說是絕滅人性的暴行。中國的殷代末代皇帝帝辛也作台以觀奴隸互相毆鬥，甲骨卜辭有云'貞臣在鬥'，（前二、九）當即是奴隸角鬥之事。並且卜辭鬥字象二人徒手相搏之狀，葉玉森氏說，鬥字象怒髮徒手相搏。誰在鬥呢？'臣在鬥'，臣是奴，奴在鬥也。"

這條大約也是根據《殷周時代的中國社會》或《中國社會史綱》等書演論而成。《中國社會史綱》二八四頁說，"甲骨文字中還有這樣的一條記載'卜貞臣在鬥'（前二，九）這是否是在說明奴隸們的'角鬥'爲戲以娛目，在沒有其他的材料來確證前，我還不敢作決然的解釋"。不過《中國社會史綱》"還不敢作決然的解釋"，《古代史》卻決然的作了演義式的描寫。

但我們看前編二卷九葉三片原辭說：

乙巳卜,争,貞尞于河五牛,沈十牛,十月,在鬥。
□□卜貞□□臣……

鬥字明明是一個地名。郭沫若選入《卜辭通纂》三七八片,以"在鬥"屬於第二辭,當係偶然之誤,但仍釋爲地名。《中國社會史綱》等書根據郭氏釋文,不曉得還有缺文,遂讀爲"卜貞臣在鬥"或"貞臣在鬥",又忘記鬥是地名,遂產生了上面的新奇怪異的學説。

這些舉不完的例子,都是不辨是非,輾轉鈔録,産生的將錯就錯的結果。

八　甲骨文被揚棄了的論斷

其次關於甲骨文的學說,因爲逐年進步的發展,有很多都漸被揚棄,而有了正確的解釋。如果看書不多,也往往會有誤引已被揚棄掉的學說的危險。

譬如《新獲卜辭寫本》第三五八片有

戊戌卜,又伐🌱。

一辭。🌱字董作賓《新獲卜辭寫本後記》(註一三一)釋羋,謂即楚之先世姓羋的羋。傅斯年因爲這一個羋字的啓發,也寫了一篇《新獲卜辭寫本後記跋》,(註一三二)大講起"楚之先世"。

但這字乃是🌱之省文,説見葉玉森的《殷虛書契前編集釋》,(註一三三)和于省吾的《殷契駢枝》三編。(註一三四)此字孫詒讓釋岳,(註一三五)羅振玉釋羔,(註一三六)郭沫若釋華。(註一三七)最近于省吾釋芙,以爲先公名,謂即冥。(註一三八)朱芳圃謂當是昌若。(註一三九)在今日看來,苗字乃是一個先公的名字,這不成問題。不過究竟是那一個先公,還沒有成爲定論。但,無論如何,釋爲楚姓的羋的學說,在二十七年以前,早就被揚棄了。

《古代史》四〇頁,仍本一九二九年董氏的學說,以羋爲楚姓之國,就犯了這個錯誤。

又如葉玉森在《殷契鉤沈》(註一四〇)裏提出了甲骨文有"春夏秋冬"等四時的文字。董作賓作《卜辭中所見之殷曆》(註一四一)一文,本葉氏立說,提出了商朝紀時的方法。

但這個學說到一九三二年商承祚作《殷商無四時考》,(註一四二)就被推翻了。甲骨文有春秋,無夏冬。春秋也不見得就當春季秋季的春秋講。到一九三四年唐蘭作《殷虛文字記》,一九四〇年胡厚宣作《殷代年歲稱謂考》,(註一四三)都說春秋二字,乃年歲之稱。今春來春,今秋來秋,猶言今年來年。

《古代史》一七一頁,仍本葉董的學說,那就錯了。

又如《古代史》一九九頁引甲骨文⿰字,釋爲馭,以爲"馭即御,馭御古同,均爲駕御車馬之人"。又説字"从又从馬,象用手牽馬。馬旁加冫,即水滴,用水洗馬也",以證明商朝"怎樣養馬"的事情。

按釋⿰爲馭,實本董作賓《釋馭㚔》一文。(註一四四)但這學說也早被揚棄了。⿰乃辥字,説見商承祚《殷契佚存考釋》(註一四五)及于省吾《釋辥㚔》。(註一四六)根本與馬無關。

又如甲骨文有⿰字,自從羅振玉以下,大家多釋奴,很多人都引這一個字,證明商朝是奴隸社會。但這個字並不是奴,乃是一個嘉字。詳見郭沫若《骨臼刻辭之一考察》,(註一四七)和聞一多《楚辭校補》,(註一四八)胡厚宣的《殷非奴隸社會論》(註一四九)和《殷代婚姻家族宗法生育制度考》(註一五〇)也有詳細説明。(註一五一)

最後出的《古代史》,卻仍繼續引用着這一個錯誤的舊説。在二九〇、三八九頁舉商朝的奴隸,仍舉"奴"字,説"卜辭奴字,象一人反綁兩手,曲膝跪地,俘虜之狀",又説,"奴是奴隸的通稱"。四八五頁引卜辭"帚㚔奴"、"貞其㚔奴",説這是"埋奴隸的記載",説㚔字正"象雙手將人送入地牢土坑中來的樣子,所謂㚔奴,其㚔奴,就是活埋奴隸之意"。不知㚔字當釋冥,借爲娩。這是占卜一個女人生產時嘉不嘉的卜辭。(註一五二)奴和㚔奴的錯誤學説,早就被推翻了。(註一五三)

又如甲骨文常以"受黍年"和"受⿰年"並貞,⿰字羅振玉釋酉,(註一五四)學者靡然從之。葉玉森又據《禮記‧月令注》説"酒熟曰酉"。(註一五五)吳其昌又説酉字實象釀酒時米麴西澤之形。(註一五六)其實這字乃是一個稻字。商朝主要的農產是黍稻,所以甲骨文常以"受黍年"和"受稻年"並貞。詳見唐蘭《殷虛文字記》和胡厚宣《卜辭中所見之殷代農業》(註一五七)和《氣候變遷與殷代氣候之檢討》(註一五八)兩文。

釋酉的學説,早就被揚棄了,但《古代史》一七八頁,仍然本的是吳其昌的舊説。

又如甲骨文有一⿰字,羅振玉(註一五九)、王襄(註一六〇)都釋馬,董作賓釋麟(註一六一),葉玉森釋駮。(註一六二)其實乃是兕字,詳見唐蘭《獲白兕考》(註一六三)一文。

釋馬的學説,也早就被推翻了。但《古代史》二一一頁還引獲兕的卜辭,説"當時也有野馬存在,故卜辭中也有獲馬記載。"

九　甲骨文成語和單字的研究

此外有很多成語和單字,早有了新的正確的解釋,著者全不曉得,只是斷章取義望文生解的亂猜。

譬如祖庚、祖甲以後之卜辭中,有一常用的成語,"兹用",也省稱"用",又有"兹不用",也省稱"不用",又有"兹毋用"。到帝乙、帝辛時,除兹用之外,又有"兹御"一辭,兹即茲,意思是此,御的意思是用,用的意思是施行。"兹御"即"用此",意思說"就照這卦所占的事去施行"。胡厚宣《釋兹用兹御》,(註一六四)對此有極詳細的考證。

但《古代史》一九九頁卻說:"卜辭中常常寫有兹御字樣,可見殷王是駕獵車去狩獵的。"

甲骨文又常見一個成語,說"自不巸""自亡巸"或"兹邑不巸","某邑不巸",巸,即㱃,即震,意思是潰動告警的意思,"自不巸""自亡巸""兹邑亡巸""某邑不巸",即占卜軍隊城邑會不會告警。郭沫若、(註一六五)葉玉森、(註一六六)唐蘭、(註一六七)董作賓、(註一六八)胡厚宣(註一六九)對此都有解釋,屈萬里且有"自不㱃解"一文專講這一個成語。(註一七○)

但《古代史》二一五頁卻說:"前編二、一三(宣案應作前編二、一三、二)亦謂'甲戌卜,(宣案卜下遺一在字)㱃貞,叉邑今夕弗滺,在十月又一,''弗滺'亦即弗下雨之意。"

又如王字本象一人端拱而坐或端拱而立之形,詳見徐中舒《士王皇三字之探原》。(註一七一)但《古代史》三七○頁卻說"王字从大一,大一均有至大唯一之意,大一合書,似象徵王的權力意志。"

又殷代關於年歲的稱謂,據胡厚宣《殷代年歲稱謂考》一文(註一七二)所考,有年、歲、春、秋、祀(亦作巳司)及以事紀年等。但《古代史》五九八頁卻說:"卜辭中年字,不是作年歲之年的解釋,稱年自周始也。"

妾字本象女子頭戴高冠,或即鳳冠之形。(註一七三)但《古代史》二九一頁卻說

"妾从半辛,从女,女字頭上有半個辛,妾爲床上奴隸,黥刑較少,女奴隸也。"

胡厚宣《武丁時五種記事刻辭考》(註一七四)所引石毀斷耳銘文"小臣𢆶入罕(禽)",罕即禽,實即擒獲之擒字。但《古代史》三〇八頁引來卻説是"小臣𢆶入貢禽鳥"。

雞字本來是从隹,奚聲。但《古代史》一九三頁卻説:"雞从隹从奚,隹爲禽,奚从爪从幺。雞爲羽類,訓爲家禽,初必用繩束拘繫,或翦短其羽毛,繫囚一時,始能馴服,故雞字从爪从奚,即縛服之義也。"又説:"奚爲縛執之意。从爪从奚,鳥而被奚,當爲家禽,鷄家禽也。"

獸,古狩字,从犬从單,單與干同,乃獵具,字从獵具獵犬,示狩獵之意。(註一七五)但《古代史》二二四頁卻説:"獸字,从犬从䍃,像一犬捉着一獸狀。"

至《古代史》一三〇頁解釋辰字,説"辰與斧形制相近",一三一頁又説"辰即類似斧形的銅製耕具"。二八〇頁解釋朋友字説:"朋字像兩串貝,就是擔了許多貝去作生意買賣的。友字象甲乙兩人,交付東西,做買賣之意。朋友二字合起來,就是以其所有,易其所無,互助合作之意。可見原來朋友是从商業買賣行爲中產生的"。更近於"馳騁幻想"。

十　粗心的援引

還有《古代史》一書，引書或鈔錄，也有很多太不細心的地方。

譬如胡厚宣《甲骨學商史論叢》初集第三册《武丁時五種記事刻辭考》一文第五一葉舉民國二十四年春中央研究院於安陽侯家莊西北岡 HPKM 1003 號大墓中發現石殷斷耳銘文，説"辛丑，小臣茲入坙，俎，在車，目殷"，辭末有附註記號（六〇），文後附註説"此銘已發表於拙著《論殷代的記事文字》一文"。又舉同年在 HPKM 1001 號大墓發現骨笄銘文，説"昌入二"，辭末有附註記號（六一），文後附註説"此銘已發表於拙著《論殷代的記事文字》及《中央研究院殷墟出土展品參觀記》一文"。

但《古代史》三〇八、三二七等頁引用這兩條銘文，卻連那兩條附註的記號都鈔下，以爲如同別的甲骨文見於某書幾卷幾頁幾片的出處一樣，那就錯了。

又如《古代史》二八〇頁説："《殷虛書契前編》卷一第二六頁十五片亦云'癸酉貞：帝，五朋，其三小牢'即是用五朋之貝貨來祭祀也。"

但據我們所查，此辭實見《殷虛書契後編》卷上，並不是《前編》卷一。又原辭應釋：

癸酉，貞帝五工其三牢。

並無"小"字，是"帝五工"，並不是"五朋"，根本與貝貨之意無關。

又胡厚宣《甲骨學商史論叢》初集第二册《論五方觀念及中國稱謂之起源》一文第一葉引郭沫若《殷契粹編》第九〇七片文曰：

己巳，王卜，貞□（今）歲商受□（年）王㫃曰吉。
東土受年。
南土受年。

西土受年。
　　北土受年。

以證明殷代確有東南西北中五方之觀念。
　　但《古代史》二五頁，引用這一片甲骨，則説是"劉鐵雲藏片有一刻辭"云云，不知《殷契粹編》所收的甲骨，全是廬江劉體智晦之善齋所藏，與劉鐵雲無關。原辭又鈔成：

　　己巳王卜貞□商受□王囧曰吉。
　　東土受年。吉。
　　南土受年。吉。
　　西土受年。吉。
　　北土受年。吉。

憑空裏添出了四個"吉"字，而説"今歲商地之年豐，貞卜結果，得兆吉"，"四土年歲，亦均豐盛吉"。那就又錯了。
　　又《古代史》二二七頁，曾引胡厚宣《殷代焚田説》(註一七六)一文，摹錄原甲，並且把這塊甲片，印在美麗的封面上。字摹的不好，這倒不説，"五"字摹成了玉字，"隻"字摹成了不是字，懂得甲骨文的人，如果不翻看原片，一定以這片為後世贋品。但我們卻曉得，這是轉錄的人摹寫的錯誤。
　　《古代史》一九六頁又引石璋如《小屯後五次發掘的重要發現》(註一七七)一文，説殷代車馬的發現，"是在 Mao 的一個坑中"。Mao 是什麼？Mao 的一個坑中又是什麼？引石氏原文，這樣隨便一説，是不可以的。我們翻看石氏原書，才知道這個車馬坑是 M20，M 代表墓葬，這個車馬墓葬的編號是二十，所以稱這個墓坑為 M20。《古代史》把 M20 錯鈔成 Mao，又誤認車馬是出在 Mao 的一個坑中，那就錯遠了。
　　以及如前所舉，把《殷代的羌與蜀》的作者，寫成商承祚，把《中國史綱》的作者，寫成楊蔭麟，也都屬於引書太不細心的錯誤。

十一　非法的推論

　　以上幾節，是以《古代史》一書爲例，說明甲骨文字的引用問題。
　　此外，在《古代史》尤其是商代史的研究中，還有一個常被使用的方法，就是因甲骨文中有一些什麼字，所以商代應該是一個什麼社會的問題。
　　譬如說，甲骨文有奴、婢、臣、妾、婐、姘、好、嬞等字，所以商代應該是奴隸社會。因甲骨文有漁、魰、田、獸等字，所以商代應該是漁獵社會。因甲骨文有牧字，所以商朝人應該是營着游牧生活。因甲骨文有焚字，所以商代農業應該還很幼稚，商朝人還在使用着原始的燒田耕作法。又以甲骨文有買、賣、資、貨、財、貸等字，所以商代已有商業交易的行爲。又以甲骨文有父母、祖妣、妻妾、嬪妃、兄弟、姊妹、兒子、姪孫等字，所以商代已有宗法家族的稱謂。
　　我們應該首先加以批判，這種方法，在根本上是大成問題。
　　奴字、焚字在周代的金文和漢代的《說文解字》中，也是有的，你能說周代、漢代也是奴隸社會和使用着原始的燒田耕作法麼？隋唐的《廣韻》（編按：《廣韻》乃宋代官修，受隋陸法言《切韻》的增訂本。），宋代的《集韻》以及清朝的《康熙字典》，現在的字典字彙，也都有奴字焚字，你能說隋、唐、宋代、清朝和現代還是奴隸社會和原始燒田耕作法的農業社會麼？
　　甲骨文字，在今日發現的材料中，是時代最早的中國文字。但若以甲骨文就是中國的原始文字，說中國的文字，發生創造於商朝，那就錯了。商代文化之高，甲骨文字之進步，今日學者多能言之。以甲骨文中象形字的固定化行款化，和形聲字假借字數量的繁多，就可以證明甲骨文決不是原始的文字。關於甲骨文以前中國文字發展的歷史，有人說至少也在千年以上，(註一七八)有人說至少也在夏以前。(註一七九)倘以造字時的社會背景，來說明商朝的社會，那是一個很大的錯誤。(註一八〇)
　　更何況有些字，在認識上，根本就成問題。
　　如前面所說的奴字，那根本不是一個奴隸的奴字，那字應該釋嘉，商朝人貞卜女人生產,常常問嘉不嘉?嘉的意思是吉祥。就是問吉祥不吉祥?^(註一八一)娸、妌、好、嬯都是人名,是殷高宗武丁的后妃。並不是女奴。^(註一八二)嬯字也並不是僕豎的豎字,那字應該釋艱,意思是有外寇來侵犯。^(註一八三)臣是官名,地位相當高。^(註一八四)妾的意思,和妻母奭等相同,指的配偶。也不是"女爲人妾"和妻妾的妾。^(註一八五)這些字,在好些年以前就有人講過了,但至今還有人根據它來說明商朝是奴隸社會。

漁字在甲骨文用作人名,武丁有一個兒子,名叫子漁。^(註一八六)敎字在甲骨文用作地名,常說"在敎"。^(註一八七)田獸在甲骨文固然用作打獵。但帝王打獵,是游樂習戰的性質,並不是以打獵爲主要生產。^(註一八八)但有的人卻據此說商朝是漁獵社會。

很多學者所常引用"舌方亦牧我西鄙田","舌方出,牧我示甕田七十人五","土方牧我田十人"的牧字,其實乃是一個侵犯的侵字。^(註一八九)還有"在易牧隻羌",易牧乃是一個地名,都和畜牧無關。^(註一九○)不能據此說商朝人還營着游牧生活。

甲骨文固然屢見焚字,但焚是商朝人打獵的一種方法,有完整的田獵卜辭可證。說文,"焚,燒田也。"燒田的意思,是"燒宿草以田獵",也不是種田。^(註一九一)但很多人卻據此說商朝人是使用燒田耕作法的。

甲骨文有一個買字,但殘缺過甚,含意不明。^(註一九二)惟賣、資、貨、財、貸等字,在甲骨文裏,就找不出。有人根據這些字,講商代的商業行爲,倘若不是杜撰,那便是識錯了字。說買賣就是作生意,資是資本,貨是貨物,財是錢財,貸是高利借貸,都未免言之過多,近於幻想。

甲骨文並無姊、弟二字。妾的意思是配偶,並不是妻妾之妾。已見前論。兒字是地名。^(註一九三)妃姪是人名。嬪是祭名。並不是家族的稱謂。倘以此與父母、祖妣、子孫等並舉,說商朝已經備具宗法社會的名稱,那就錯了。

此外還有人釋甲骨文裏的帚字爲歸,說歸就是"帝乙歸妹"、"之子于歸"之歸,因而大講起"殷卜辭婚嫁考""卜辭所見之殷代家族制度"來。不知這字乃是婦字,婦某人名,是武丁的后妃。^(註一九四)那麼,婚嫁的學說,就又全錯了。

諸如此類的例子,是舉不勝舉。

這種望文生解,斷章取義的考證之學,必須嚴格的加以糾正。

十二　不要太忽略了材料的問題

以上拉拉雜雜的說了不少。現在讓我們引一段郭沫若的話，作個結束。郭沫若在《古代研究的自我批判》一文(註一九五)說：

> 新史學家們對於史料的徵引，首先便沒有經過嚴密的批判。《易經》仍被視爲殷末周初的古書，《書經》甚至引用到梅賾的僞古文，《詩經》則一本毛傳。對於舊文獻的批判，根本沒有做夠，不僅《古史辨》派的階段，沒有充分達到，甚至有時比康有爲、閻百詩都要落後，這樣怎麼能夠揚棄舊史學呢？實在是應該成爲問題的。有好些朋友又愛馳騁幻想，對於神話傳說之被信史化了的也往往無批判地視爲信史。對於甲骨文的引用和解釋也太隨便。甲骨文字的研究，是方興未艾的一種學問，前人的成說每每不久便被推翻，我們如不去全面追蹤或過於輕信，便每每以不狂爲狂，以狂爲不狂。例如愛被新史學家們徵引的"羍奴"說，早就被揚棄了。"羍"是娩字，"奴"是嘉字。又例如同樣愛被徵引的"歸矛"說，也早就被揚棄了，"歸"爲婦字，"矛"是包字。然而新史學家們至今都還在引用來著書立說。"帚姪"是人名，而說爲子姪之姪。"臣在鬥"的鬥字是地名，而認爲奴隸用於角鬥。其它錯誤，不遑枚舉。關於金文，《殷文存》仍全被視爲殷文。周代的彝器則攏統活脫地被使用着，不肯從分別時代上着眼。這些作風，不能不說是在基本上就頗成問題的。

我們完全同意郭氏的說法。(註一九六)

奇怪的是，有很多新史學的著作，在序言裏一再說，寫這部書是深深的受了郭氏這篇文章的啟發，也有的說"我把郭先生這部大著細讀了三遍"。但書裏面卻仍然多量的沿用着郭氏所特別指出的明顯錯誤。有的書，增訂出版，序言說："因爲細心考慮了郭先生的高見後，便更決心要把自己過去的全部見解，深入的去檢討一番。"但書裏,關於郭氏所明顯指出的重大錯誤,仍然原封不動。這都是不無遺憾的地方。

郭氏檢討他自己在一九三〇年出版的《中國古代社會研究》一書説:

> 其中有好些未成熟的甚至錯誤的判斷,一直到現在還留下相當深刻的影響。

又説:

> 有的朋友,迄今還沿用着我的錯誤;有的則沿用着我的錯誤的徵引而又引到另一錯誤的判斷。因此關於古代的面貌,引起了許多新的混亂。

這種虛懷若谷的治學態度,實在值得我們敬仰。

不明白的是在郭氏《古代研究的自我批判》發表了很久,以直到今天,還有很多新史學的著作,仍在引用着郭氏《中國古代社會研究》裏好多早被揚棄掉的學説。那過錯就不怨別人了。

總之,研究中國古代史,關於材料的引用,實在是一個重要的問題。

只有史料,沒有正確的史觀,那只是一些瑣碎的竹頭木屑,不能成爲歷史。只有史觀,沒有正確的史料,那只是沒有根據的一種空想,也不能成其爲歷史科學。

三十年來,馬列主義的唯物史觀,在中國已經有了很快的進步發展,今後因爲偉大時代的啓示,將要更明朗而確實。在史觀方面,我們將逐漸把握着正確的方向了。

但今後的新史學,也應該設法避免一種偏向,就是也不要太忽略了材料的問題。

這是我寫這篇文章的純正動機。

因爲要舉例説明,所以頗有涉及時賢著作的地方。尤其像《中國歷史大系》、《古代史》,因爲是解放後所出唯一的一大部古史著作,所以舉例尤多。但我只是舉例説明材料的引用,是一個重要的問題。決沒有存心要批評那一家。即批評,也完全出於善意。我希望我沒有説錯了話。我希望我説的話,不但不會使得時賢們介意,反而因此會引起自我批評相互批評,集體學習集體商討的興趣來,那就是更可慶幸的盛事了。

錯誤的地方,千萬希望讀者多賜指教!

附　註

（註一）參看毛澤東《新民主主義論》十三，《四個時期》。

（註二）看馮友蘭，《中國近年研究史學之新趨勢》，刊一九三五年五月十四日北平《世界日報》，又收入《中國哲學史補》一書。同人馬乘風《中國經濟史序》。周予同《讖緯中的皇與帝》，刊《暨南學報》一卷一期。同人《五十年來之中國新史學》，刊《學林》第四輯。又錢穆《國史大綱引論》。陶希聖《疑古與釋古》，刊《食貨半月刊》三卷一期。劉興唐《疑古與釋古的申說》，刊《食貨半月刊》三卷五期。吳流《疑古考古與釋古》，刊一九四六年十一月二十八日上海《東南日報》《文史》二十期。

（註三）馮友蘭《中國經濟史序》說："我曾說過，中國現在史學，有信古、疑古、釋古三種趨勢。就中釋古一種，應係史學的真正目的，而亦是現在中國史學之最新的趨勢。"

（註四）三文又曾由中國文化服務社出版為單行本，名叫《中國哲學史之唯物的研究》。

（註五）諸文又曾以《井田制度有無的研究》為題，由華通書局出版為一單行本。諸文又見《胡適文存·井田辨》。又曾收入岑紀譯《古代社會附錄》題為《井田制度的論戰》。又曾由黃昌穀編為《唯物史觀與倫理之研究》一書。

（註六）陶希聖語，見李秉衡《方法與材料》，《食貨半月刊》一卷九期。

（註七）見《中國經濟中國經濟史專號》下冊。

（註八）見《食貨半月刊》創刊號《編輯的話》。

（註九）嵇文甫《中國經濟史序》說："據我所知，中國社會經濟之史的研究，在這短短六七年間，約略經歷了三個階段：第一概說時期，第二論戰時期，第三搜討時期。"可以參看。

（註一〇）看吳玉章《中國歷史教程緒論》二，《研究中國歷史的方法》。

（註一一）毛澤東《改造我們的學習》。

（註一二）見《明清史料》序言。

（註一三）見國立中央研究院《歷史語言研究所集刊》一本一分《歷史語言研究所工作之旨趣》。

（註一四）《食貨半月刊》創刊號《編輯的話》。

（註一五）《論語·子張篇》。

（註一六）看顧頡剛《戰國秦漢間人的造偽與辨偽》，刊《史學年報》二卷二期，又《古史辨》第七冊上編。

（註一七）看顧頡剛、羅根澤、呂思勉、童書業等《古史辨》一至七册。梁啓超《古書真偽及其年代》，周予同《五十年來中國之新史學》，刊《學林》第四輯。顧頡剛《當代中國史學》。

（註一八）看顧頡剛《從地理上證今本堯典爲漢人作》，刊《禹貢半月刊》二卷五期。

（註一九）看竺可楨《論以歲差定尚書堯典四仲中星之年代》，刊《科學》十一卷十二期。

（註二〇）看唐蘭《卜辭時代的文學和卜辭文學》，刊《清華學報》十一卷三期。

（註二一）看董作賓《秖三百有六旬有六日新考》，刊華西大學《中國文化研究所集刊》第一集。

（註二二）看胡厚宣《甲骨文四方風名考證》，刊《甲骨學商史論叢》初集第二册。又《責善半月刊》二卷十九期及二十二期。

（註二三）刊《語絲》二至三期，又《古史辨》第二册。

（註二四）看明義士《表較新舊版殷虛書契前編並記所得之新材料》，刊《齊大季刊》第二期。

（註二五）看郭沫若《古代研究的自我批判》，刊《羣衆》九卷二十期。又收入《十批判書》中。

（註二六）看董作賓《甲骨文斷代研究例》，刊《慶祝蔡元培先生六十五歲論文集》上册。又《殷曆譜》。

（註二七）看吳其昌《叢瓿甲骨金文中所涵殷曆推證》，刊中央研究院《歷史語言研究所集刊》四本三分。

（註二八）歐陽修有《易童子問》，根本否認《繫辭》、《文言》、《說卦》、《序卦》、《雜卦》等爲孔子所作。

（註二九）趙汝談有《南塘易說》，辨《十翼》非孔子所作，比歐陽修更徹底。

（註三〇）葉適有《習學記言》，其第四卷斷定《繫辭》以下，不是孔子作的。

（註三一）參看雷海宗《殷周年代考》，刊武漢大學《文哲季刊》二卷一期。高魯《殷周年代質疑》，刊《申報月刊》一卷五期。董作賓《殷商疑年》，刊中央研究院《歷史語言研究所集刊》七本一分。又《殷曆譜》。

（註三二）各家論著，請查看胡厚宣《五十年甲骨學論著目》一書，中華書局出版。

（註三三）魯實先有《殷曆譜糾譑》一書，脫稿已久，聞即可付印出版。

（註三四）郭沫若《卜辭通纂序》也有說明。

（註三五）詳見另文。

（註三六）看 H. Breuil, Bone and Antler Industry of the Choukoutien Sinanthropus Site. Pal. Sin., New Ser. D., No. 6, 1939. 裴文中，《周口店骨器之幾種》，刊《中國地質學會誌》十二卷一期。又《近年來中國史前考古學之進展》，收入所著《中國史前時期之研究》）。

（註三七）刊《地質彙報》五號一期。

（註三八）Children of the Yellow Earth, London, 1938.

（註三九）Researches into the Prehistory of the Chinese. Museum of Far Eastern Antiquities, Bull. No. 15, 1943.

（註四〇）見所著《中華遠古之文化》，刊《地質彙報》五號一期。

（註四一）見所著《甘肅考古記》。

（註四二）見所著 Der Weg über die Steppen. Museum of Far Eastern Antiquities, Bull. No. 1, 1929.

（註四三）見所著《中國史前人類之研究》，刊見註三九。

（註四四）刊《中國考古學報》第二冊。

（註四五）The Lung-Shan Culture: The Prehistoric Phase of Chinese Civilization. Quarterly Bull. Chinese Bibliography, U. S. vol. 1, No. 3, 1940.

（註四六）Prehistorie Pottery in China. London, 1938.

（註四七）刊瀋陽博物館《歷史與考古》第一號。又收入所著《中國史前時期之研究》。

（註四八）Bylin-Althin, The Site of Ch'i Chia P'ing and Lo Han T'ang. Museum of Far Eastern Antiquities. Bull. No. 18, 1946.

（註四九）L. Bachhoper, Zur Fruhgeschichte Chinas. Die Welt aus Geschichte.

（註五〇）見所著《齊家期墓葬的新發現及其年代的改訂》，刊《中國考古學報》第三冊。

（註五一）刊《中國學報》一卷一期。又收入所著《中國史前時期之研究》。

（註五二）刊《安陽發掘報告》第三期。

（註五三）見所著《甘肅考古記》。

（註五四）見所著《中國史前人類之研究》，刊見註三九。

（註五五）見所著《小屯與仰韶》，刊《安陽發掘報告》第二期。

（註五六）見所著《小屯龍山與仰韶》，刊《慶祝蔡元培先生六十五歲論文集》下冊。

（註五七）見所著《中國之彩陶文化》，刊見註四七。

（註五八）如陸懋德《中國上古史》，謂夏民族起源於今之山西。

（註五九）如錢穆《國史大綱》第一編第一章《中原華夏文化之發祥》，謂"夏人起於今河南省中部，正是所謂中原華夏之地"。

（註六〇）看徐中舒《再論小屯與仰韶》，刊《安陽發掘報告》第三期。又傅斯年《夷夏東西說》，刊《慶祝蔡元培先生六十五歲論文集》下冊。又程憬《夏民族考》，刊《大陸雜誌》一卷五期。

（註六一）看楊向奎《夏民族起於東方考》，刊《禹貢半月刊》七卷六，七期《古代地理專號》。

（註六二）看顧頡剛《古史辨》第一冊中編《討論古史答劉胡二先生》。

（註六三）看梁思永《國立中央研究院參加教育部第二次全國美術展覽會出品說明》。胡厚宣《中央研究院殷墟出土展品參觀記》，刊一九三七年四月二十八日至三十日南京《中央日報》專刊；又《中國藝術論叢》。徐中舒《關於銅器之藝術》，刊《中國藝術論叢》。《國立中央研究院二十三，四年度總報告》。《中央研究院安陽田野工作之經過及重要發現》，刊《燕京學報》十七期《國內學術消息》。石璋如《安陽最近之重要發現附論小屯地層》，刊《六同別錄》卷上，又《中國考古學報》第二冊。李濟《記小屯出土之青銅器》，刊《中國考古學報》第三、四冊，尚未完。梅原末治《河南安陽遺寶》及《河南安陽遺物之研究》。又《河南安陽與金村之古墓》，刊《史學雜誌》四十七卷九號，又收入所著《支那考古學論考》。又《河南安陽發現之遺物》，刊《東方學報》京都第七册，又收入所著《東亞考古學論考》。又《支那青銅器時代再論》，刊《史林》二十七卷四號，又收入所著《東亞考古學論考》。Bishop White, The Richest Archaeological Site in China, Illustrated London News, March 23, 1935. H. J. Timperley, The Awakening of China in Archaeology, Illustrated London News, April 4, 1935. H. G. Creel, On the Origins of the Manufacture and Decoration of Bronze in the Shang Period, Monumenta Serica. vol. 1, No. 1.

（註六四）京都東方文化研究所《研究報告》第十五册。其原書概要又有《支那古銅器形態之考古學的研究》一文，刊《考古學》十一卷八號，又收入所著《東亞考古學論考》。

（註六五）上篇刊《中國考古學報》第三册，中篇刊《中國考古學報》第四册，下篇尚未刊。

（註六六）看胡厚宣《中央研究院殷墟出土展品參觀記》，刊見註六三。徐中舒《殷代銅器足徵說兼論鄴中片羽》，刊《考古社刊》第二期。

（註六七）刊《安陽發掘報告》第四期。

（註六八）收入所著《古代銘刻彙考續編》。

（註六九）見所著《武丁時五種記事刻辭考》，收入所著《甲骨學商史論叢》初集第三册。

（註七〇）刊《安陽發掘報告》第二期。

（註七一）看《中央研究院二十三，四年度總報告》。又梁思永《國立中央研究院參加教育部第二次全國美術展覽會出品說明》。又胡厚宣《中央研究院殷墟出土展品參觀記》，刊見註六三。

（註七二）刊《史學雜誌》四十七卷九號，又收入所著《支那考古學論考》。

（註七三）刊《東方學報》京都第七册，又收入所著《東亞考古學論考》。

（註七四）Bishop White, The Richest Archaeological Site in China, Illustrated London News, March 23, 1935.

（註七五）一九三五年一月六日 Paul Pelliot 曾在倫敦 Burlington House 講演 The Royal Tombs of An-yang 使用幻燈，介紹發掘品之一斑，事見 H. J. Timperley, The Awakening of China in Archaeology, 一文，及 Burlington Magazine, Dec. 1935.

（註七六）H. J. Timperley, The Awakening of China in Archaeology, Illustrated London News, April 4, 1935.

（註七七）看羅振玉王國維《商句兵題跋》，刊《王靜安先生遺書》卷首《鐘鼎題跋遺墨》。又《國學月報》二卷八、九、十期合刊，《王靜安先生專號紀事》。

（註七八）看胡厚宣《甲骨文發現之歷史及其材料之統計》，收入《甲骨學商史論叢》初集第四册。又《甲骨學緒論》收入所著《甲骨學商史論叢》二集第二册。又《甲骨學提綱》，刊一九四七年一月八日天津《大公報文史周刊》十三期，又一九四七年一月十五日上海《大公報文史週刊》十三期。

（註七九）刊見註二六。

（註八〇）國立中央研究院歷史語言研究所《中國考古報告集》之一《城子崖》，李濟、董作賓、梁思永、吳金鼎等合著。

（註八一）張蔭麟《中國史綱》，浙江大學《史地教育研究室叢刊》之一。又青年書店本。又正中書局本。

（註八二）董作賓《殷代的羌與蜀》，《説文月刊》三卷七期，《巴蜀文化專號》，一九四二年八月十五日重慶出版。

（註八三）郭沫若《古代研究的自我批判》一文説："甲骨文字的研究，是方興未艾的一種學問，前人的成説，每每不久，便被推翻，我們如不去全面追蹤，或過於輕信，便每每以不狂爲狂，以狂爲不狂。"郭文刊見註二五。

（註八四）看胡厚宣《殷代舌方考》，收入所著《甲骨學商史論叢》初集第二册。

（註八五）見所著《契文舉例》上卷三二葉。

（註八六）見所著《殷契鉤沈》，刊《學衡》二十四期。又《殷虚書契前編集釋》一卷九五葉。

（註八七）見所著《甲骨文斷代研究例》，刊見註二六。

（註八八）見所著《殷虚文字存真第一集考釋》。

（註八九）見所著《鬼方黎國並見卜辭説》，刊中國大學《國學叢編》一期二册。

（註九〇）見所著《釋呂方》，收入所著《雙劍誃殷契駢枝》三編。

（註九一）見所著《鬼方埍見卜辭説》，刊《羣雅》第一集第三卷，又《羣雅叢書》單行本。

（註九二）見所著《天壤閣甲骨文存考釋》五四葉。

（註九三）見所著《古文字中之商周祭祀》，刊《燕京學報》十九期，九八頁註八。

（註九四）見所著《殷代舌方考》，刊見註八四。

（註九五）見所著《契文舉例》。

（註九六）見所著《獲白麟解》下篇《釋羌》，刊《安陽發掘報告》第二期。

（註九七）見所著《殷虚書契考釋》增訂本卷上第四葉。

（註九八）見所著《殷卜辭所見先公先王考》，收入所著《觀堂集林》卷九，又《學術叢書》本。

（註九九）見所著《卜辭通纂考釋》三四葉。又《申論芍甲》，收入所著《古代銘刻彙考》。

（註一〇〇）見所著《天壤閣甲骨文存考釋》三〇葉。又于省吾《釋羌甲》，收入所著《雙劍誃殷契駢枝》。

（註一〇一）看胡厚宣《殷代封建制度考》二二葉。收入所著《甲骨學商史論叢》初集第一册。

（註一〇二）見所著《釋羑羕》，收入所著《殷虚文字記》。

（註一〇三）見所著《殷代之天神崇拜》，收入所著《甲骨學商史論叢》初集第二册。

（註一〇四）見所著《卜辭通纂考釋》三七一片。又《先秦天道觀之進展》，收入所著《今昔集》，《今昔蒲劍》，《青銅時代》，又單行本。

（註一〇五）見所著《説堇》，刊《考古社刊》第四期。

（註一〇六）按此字仍以釋爲旱熯之熯字爲是。

（註一〇七）見所著《釋丮》，收入所著《甲骨學商史論叢》初集第四册。

（註一〇八）見所著《殷虚書契前編集釋》一卷一二一葉。

(註一〇九) 見所著《殷虛文字類編》六卷六葉。

(註一一〇) 見所著《卜辭通纂考釋》一〇一葉。

(註一一一) 案此字仍當釋死。

(註一一二) 案字當以釋省者爲是。參考聞一多《釋省𧯦》，刊《語言與文學》，又收入所著《聞一多全集》。

(註一一三) 見所著《殷非奴隸社會論》，收入所著《甲骨學商史論叢》初集第一册。

(註一一四) 見所著《殷代封建制度考》三三葉，刊見註一〇一。

(註一一五) 見所著《殷代封建制度考》三四葉，刊見註一〇一。

(註一一六) 登字唐蘭《天壤閣甲骨文存考釋》謂"蓋供給之義"。楊樹達《古文字學研究》謂登人猶言徵人。胡厚宣《殷非奴隸社會論》謂登有召集之義。皆可通。

(註一一七) 參看胡厚宣《卜辭雜例》，刊中央研究院《歷史語言研究所集刊》八本四分。

(註一一八) 見所著《釋𢆶𢆶》，收入所著《殷虛文字記》。

(註一一九) 見所著《卜辭中所見之殷代農業》，收入所著《甲骨學商史論叢》二集第一册。又《殷代舌方考》，收入所著《甲骨學商史論叢》初集第二册。

(註一二〇) 臣是官名，見胡厚宣《殷非奴隸社會論》，刊見註一一三。

(註一二一) 案董作賓釋"羌龍"不錯，郭沫若釋"羌蜀"，當是"智者千慮"之偶然的錯誤。參看胡厚宣《卜辭中所見之殷代農業》，刊見註一一九。

(註一二二) 參看唐蘭《古文字學導論》，《中國文字學》及《殷契佚存序》。胡厚宣《武丁時五種紀事刻辭考》，刊見註六九。又《論殷代的紀事文字》，刊一九三七年六至八月天津《益世報人文周刊》二十五至三十一期。

(註一二三) 見羅振玉《殷虛書契前編自序》。

(註一二四) 看葉玉森《殷虛書契前編集釋》卷四葉四〇。𤔔字商承祚釋旃，見所著《殷虛文字類編》七卷四葉。

(註一二五) 見所著《甲骨文錄釋文》三五葉。

(註一二六) 據于省吾所藏拓本。今歸清華大學。

(註一二七) 看胡厚宣《殷代婚姻家族宗法生育制度考》，收入所著《甲骨學商史論叢》初集一册。又丁山《宗法考源》，刊中央研究院《歷史語言研究所集刊》四本四分。

(註一二八) 刊商務印書館《張菊生先生七十生日紀念論文集》。

(註一二九) 看胡厚宣《卜辭中所見的殷代農業》，刊見註一一九。

(註一三〇) 刊《安陽發掘報告》第一期。

(註一三一) 刊《安陽發掘報告》第一期。

(註一三二) 刊《安陽發掘報告》第二期。

(註一三三) 葉玉森《殷虛書契前編集釋》卷一葉一百三十四。

(註一三四) 于省吾《殷契駢枝》三編七葉《釋汅斐》。

（註一三五）孫詒讓《契文舉例》卷上葉二十。
（註一三六）羅振玉《殷虛書契考釋》增訂本卷中第二十八葉。
（註一三七）郭沫若《卜辭通纂考釋》九四葉。
（註一三八）看同註一三四。
（註一三九）朱芳圃《殷卜辭中所見先公先王再續考》，刊《新中華》復刊五卷四期。
（註一四〇）刊《學衡》二十四期。
（註一四一）刊《安陽發掘報告》第三期。
（註一四二）刊《清華周刊》三十七卷九，十號合刊《文史專號》。
（註一四三）刊《中國文化研究彙刊》第二卷，又收入所著《甲骨學商史論叢》初集第二冊。
（註一四四）刊《安陽發掘報告》第四期。
（註一四五）商承祚《殷契佚存考釋》三九葉二五五片。
（註一四六）收入所著《雙劍誃殷契駢枝》四八葉。
（註一四七）收入所著《古代銘刻彙考續編》。
（註一四八）刊《清華學報》十一卷四期。又國民圖書出版社單行本，又收入《聞一多全集》。
（註一四九）收入所著《甲骨學商史論叢》初集第一冊。
（註一五〇）收入同前。
（註一五一）參看郭沫若《古代研究的自我批判》，刊見前註二五。
（註一五二）看胡厚宣《殷代婚姻家族宗法生育制度考》，收入見前註一二七。
（註一五三）參看郭沫若《古代研究的自我批判》，刊見前註二五。
（註一五四）見所著《殷虛書契考釋》增訂本中卷七二葉。
（註一五五）見所著《挈契枝譚》，刊《學衡》三十一期，又單行本。
（註一五六）見所著《甲骨金文中所見的殷代農稼情況》，刊商務館《張菊生先生七十生日紀念論文集》。
（註一五七）收入所著《甲骨學商史論叢》二集第一冊。
（註一五八）刊《中國文化研究彙刊》四卷上冊，又收入所著《甲骨學商史論叢》二集第二冊。
（註一五九）羅振玉《殷虛書契考釋》增訂本中卷二九葉。商承祚《殷虛文字類編》從之，見卷十葉一。
（註一六〇）王襄《簠室殷契類纂》卷十。
（註一六一）董作賓《獲白麟解》，刊《安陽發掘報告》第二期。
（註一六二）葉玉森《殷虛書契前編集釋》二卷十二葉。
（註一六三）唐蘭《獲白兕考》，刊燕京大學《史學年報》第四期。
（註一六四）胡厚宣《釋𢆶用𢆶御》，刊中央研究院《歷史語言研究所集刊》八本四分。
（註一六五）郭沫若《卜辭通纂考釋》一三三葉。
（註一六六）葉玉森《殷虛書契前編集釋》二卷二六葉。

(註一六七）見《殷契卜辭釋文》十九葉。

(註一六八）董作賓《殷曆譜》。

(註一六九）胡厚宣《殷非奴隸社會論》，收入見前註一一三。

(註一七〇）屈萬里《自不疎解》，刊《六同別錄》中冊，又中央研究院《歷史語言研究所集刊》十三本。

(註一七一）徐中舒《士王皇三字之探原》，刊中央研究院《歷史語言研究所集刊》四本四分。

(註一七二）刊見註一四三。

(註一七三）看胡厚宣《中央研究院殷墟出土展品參觀記》，刊見前註六三。

(註一七四）刊見註六九。

(註一七五）參看陳夢家《史家新釋》，刊《考古社刊》第五期。

(註一七六）胡厚宣《殷代焚田說》，收入所著《甲骨學商史論叢》初集第一冊。

(註一七七）石璋如《小屯後五次的重要發現》，刊《六同別錄》上冊。又《殷墟最近之重要發現》，刊《中國考古學報》第二冊。

(註一七八）看傅斯年《性命古訓辨證》卷中葉二十。

(註一七九）看唐蘭《中國文字學》，《文字的發生》八《關於中國文字起源的傳說》節。又《古文字學導論》上編二乙《中國文字的起源》節。又《殷契佚存序》。

(註一八〇）參看胡厚宣《論殷代的記事文字》、《武丁時五種記事刻辭考》及《中央研究院殷墟出土展品參觀記》，刊見前註一二二、六九、六三。董作賓《殷虛文字甲編序》，又刊《中國考古學報》第四冊。

(註一八一）看郭沫若《骨臼刻辭之一考案》，刊見前註一四七。聞一多《楚辭斠補》，刊見前註一四八。胡厚宣《殷代婚姻家族宗法生育制度考》及《殷非奴隸社會論》，刊見前註一二七、一一三。

(註一八二）看郭沫若《骨臼刻辭之一考案》，刊見前註一四七。胡厚宣《殷代婚姻家族宗法生育制度考》及《殷非奴隸社會論》，刊見前註一二七及一一三。

(註一八三）看唐蘭《殷虛文字記》《釋艱》。胡厚宣《殷非奴隸社會論》，刊見前註一一三。

(註一八四）看胡厚宣《殷非奴隸社會論》及《卜辭中所見之殷代農業》，刊見前註二五及一一九。

(註一八五）看胡厚宣《殷代婚姻家族宗法生育制度考》、《殷非奴隸社會論》及《中央研究院殷墟出土展品參觀記》，刊見前註一二七、一一三及六三。

(註一八六）看董作賓《甲骨文斷代研究例》，刊見前註二六。胡厚宣《殷代婚姻家族宗法制度考》，刊見前註一二七。又《卜辭中所見之殷代農業》，刊見前註一一九。

(註一八七）看胡厚宣《卜辭中所見之殷代農業》，刊見前註一一九。

(註一八八）看胡厚宣《卜辭中所見之殷代農業》，刊見前註一一九。又《殷代的田獵生活》，待刊。

(註一八九）看唐蘭《殷虛文字記》，《釋帚𡥀》。胡厚宣《卜辭中所見之殷代農業》，刊見前註一一九。

（註一九〇）看胡厚宣《殷代舌方考》及《卜辭中所見之殷代農業》，刊前註一一九。

（註一九一）看胡厚宣《殷代焚田說》，收入所著《甲骨學商史論叢》初集第一冊。

（註一九二）即商承祚《殷契佚存》第四六二片，殘缺的只賸了一個字，商承祚釋文未釋，只說："象以网取貝之形"。我以爲這是一個買字，但含義則不甚明瞭。

（註一九三）看董作賓《東薵與薵》，刊《禹貢半月刊》六卷二期。胡厚宣《殷代封建制度考》，收入《甲骨學商史論叢》初集第一冊。

（註一九四）看同前註一八二。

（註一九五）刊見前註二五。

（註一九六）同類的批評，也見胡厚宣《殷代婚姻家族宗法生育制度考》，《殷非奴隸社會論》及《卜辭中所見之殷代農業》，《殷代焚田說》諸文，刊見前註一二七，一一三，一一九，一七六。

一九四九年除夕寫完正文，一九五〇年二月八日增加附註訖。時在上海復旦大學之筑莊。

五十年甲骨文發現的總結

目　錄

一　引言 …………………………………………… 54
二　甲骨文的名稱 ………………………………… 58
三　甲骨文的認識 ………………………………… 59
四　甲骨文出土的地方 …………………………… 62
五　甲骨文的蒐購和流傳 ………………………… 65
六　科學發掘的甲骨文字 ………………………… 75
七　戰後甲骨文的出土和採訪 …………………… 81
八　五十年甲骨文出土的總計 …………………… 85
附註 ………………………………………………… 93

一　引言

殷墟出土商朝後半期的甲骨文字,自從一八九九年,也就是清朝光緒二十五年開始發現,到現在已經整整的五十年了。(註一)據我們粗略的統計,在這短短的五十年裏,出土的甲骨,共有十六萬一千二百五十九片;(註二)研究甲骨文字寫有論著的作家,共有二百八十九人;(註三)出版的著作,共有八百七十六種。(註四)毫無問題,這是中國近代學術史上最新而又最發達的一種學問。

在今天,研究中國的文字,我們不再把東漢許慎所撰《說文解字》一書,看成神聖不可侵犯的經典。有了甲骨文字,時代比它早了一千四五百年。(註五)

因為甲骨文的發現,使我們曉得古時所謂"六書",不過是兒童們剛學識字時所用的干支表,即六行書。漢朝人才把它附會成"象形、指事、會意、形聲、轉注、假借",說這是"造字之本",也就是六種造字的條例。(註六)一千八百多年以來的文字學者,始終都在這一個圈子裏打轉。六書之學,汗馬牛,充棟宇。各家說法的異同是非,成了永遠不能解決的糾紛問題。(註七)我們現在的看法,就大大的不同了。

因為甲骨文的發現,使我們曉得不但"伏羲畫卜卦","倉頡造書"的傳說完全無稽;(註八)就連所謂古文、籀文、大篆、小篆,也都不過是戰國末年的文字。(註九)

由於甲骨文的發現和研究,使我們曉得,《說文解字》一書,至少有十分之二三,應該加以訂正。因為在許慎的書裏,充滿了宗教迷信的色彩,哲學主觀的意見。像他解釋數目干支一數的字,簡直是一套完整的陰陽五行的學說。許慎在東漢是一個有師承、有名望的古文經學家,他的書,可以說是一部"究天人之際,通古今之變,成一家之言"的專書,並不能算是一部科學的文字學著作。(註一〇)

在今天,要想作科學的中國文字學的研究,沒問題,甲骨文應該是最基本而重要的資料。

中國古代的歷史,據近年學者們的研究,有所謂"託古改制的古史觀"和"層累造成的古史觀"。(註一一)不但三代以上的許多傳說,都是後人有意無意的造假。

就是禹湯桀紂的故事,有許多也往往是層層累積的誇飾偏激之辭。(註一二)於是中國第一部古代史書《尚書》,只有《商書·盤庚》一篇,時代最早,也比較可信。其餘各篇和《周易》《毛詩》,都是周以後的作品。(註一三)《春秋三傳》《三禮》《國語》《國策》《世本紀年》《山海經》以及先秦諸子,那就更不用説。

現在這十六萬多片甲骨,每片平均以十個字計算,就有了一百六十多萬言。內容豐富,問題繁複,殘文斷句,片羽吉光,無一不是商代的直接史料。幾千年來,僅存比較可靠的商代信史,《盤庚》上中下篇,總共不過一千二三百字。在短短的五十年裏,從前連殷人之後的孔子都嘆爲不足難徵的商代文獻,(註一四)竟發現了一百六十餘萬言之多,這不能説不是中國近代學術史上一件驚人的盛事。

由這十六萬多片,一百六十多萬言的甲骨材料,不但商代的歷史,可以大講特講,就是商以前和商以後好多古史上的問題,也都可以從甲骨文裏求得解決。(註一五)

由甲骨文,我們曉得《史記·殷本紀》大體可信。但也有少量錯誤的地方。(註一六)由甲骨文,我們曉得商朝後半期,已經是以農業爲主要生產。(註一七)已經是一個家族意味的封建社會,至少已經進到了由奴隸社會到封建社會的過渡時期。(註一八)文化已經很高,青銅業已經發展到了最高峯。(註一九)因而推知在商以前一定還有一個長期的文化發達的時代。由甲骨文,我們曉得商周並不是兩個文化絶不相同的民族。相反的,舉凡周朝一切的文化禮制,在商代都可以找到它的前身。所謂"郁郁乎文哉!吾從周",所謂"周公制禮作樂",所謂"周公之聖,與周之所以王",那都是後人想像的不可信憑的追述。(註二○)

古代的故事傳説,有的也並不是完全没有根據。譬如《山海經》一書,連太史公作《史記》,都以爲它荒誕不經,摒而不引。歷代的《藝文》《經籍》志書,也往往把它列入小説家者流。但王國維却從《大荒東經》裏,發現王亥一名。這個極重要的殷代高祖,見於甲骨文,而不見於《殷本紀》。(註二一)又如《尚書·堯典》,什麽人都曉得它的時代很晚,有人還説作於漢武帝時。(註二二)但我却從《堯典》和《山海經》裏邊,找出了整套的商代史料,四方風名。甲骨文,《堯典》和《大荒經》所記,實在是息息相通。(註二三)

從可信的材料中,證明有的説法,並不完全正確。在晚出的傳説裏,發掘有的學説,也不見得就根本無稽。也只有甲骨文,是最新式的工具,是最可靠的尺度和準繩。

中國的古典之學,如所謂經史子書,因爲古今詞句語法的不同,和幾千年輾轉傳鈔的錯誤，有很多地方，我們已經難懂。惟有甲骨金文，尚可據以比勘。近年來的學者，有所謂"新證"之學，如所謂《古史新證》(註二四)《古籍新證》(註二五)《羣經新證》《諸子新證》(註二六)等，都是根據甲骨金文等直接資料以印合古書的例證。

中國史前的考古，近年以來，從周口店猿人，到舊石器和新石器時代的文化遺址，雖然也發現了很多，(註二七)但因爲材料的零碎，只能作點的和線的研究，還不容易構成面體，和有史時代接連起來。勉强可以藉作渡越的橋梁的，也應該是甲骨文字。(註二八)史前遺址的陶石骨器，都可以相互和殷墟所發現的來比較，以定其相對的年代。殷墟所發現的器物，則以甲骨文字知其爲商朝後半期的東西。

還有，在社會發展史學習高潮的今天，甲骨學也是最基本的一種學問。

學習社會發展史，每一個人都考慮到社會發展史同中國社會史配合的問題，而急切的想要解決。因此商周到底是一個什麼社會？説它是奴隸社會，是不是還有問題？所謂"亞細亞生產方式"究竟有没有？中國的封建社會，究竟從什麼時候開始？所謂"前封建社會"，在中國史上，是否能夠找得出？中國史上究竟有没有一個奴隸社會階段？中國史上的奴隸社會，究竟在什麼時候開始？又在什麼時候，才過渡到另外一個社會階段？都是學術界正在爭論着的問題。尤其在最近，由於蘇聯考古學歷史學家吉謝列夫來華演講，提出了許多新的啓發，這一切問題，更普遍地展開了熱烈的討論。

但，這些問題，決不是只憑主觀的想法，就可以解決。也不是單靠真僞雜糅的幾篇《書經》《詩經》，就可以得到結論。惟有十六萬多片，一百六十多萬言的甲骨文，商朝直接的信史，那才是解決這許多問題前有力的憑藉。

引用甲骨文，根據甲骨文，必先對它有充分的瞭解和研究，否則也會犯了錯誤。

譬如有人説商朝是奴隸社會，常喜歡引甲骨文的奴、僮、臣、妾、娛、妍、好、嬧等字來證明。説臣、僮是男奴，妾、娛、妍、好、嬧是女奴。奴是奴隸的共稱。但"奴"字實應釋嘉，意思是吉祥。"臣"是官名地位很高。"妾"的意思是配偶。"娛""妍""好""嬧"，都是人名，乃武丁的后妃。都不能作爲殷爲奴隸社會的證據。倒是甲骨文説："乙巳卜，殻，貞王大令衆人曰，劦田其受年。十一月。"這種"衆人"究竟是什麼身分，那才是解決商朝究竟是否奴隸社會的關鍵和焦點。

又如還有人因甲骨及有漁、敍、田獸等字，所以商朝應該是漁獵社會。因甲骨文有牧字，所以商朝人應該還營着游牧生活。因甲骨文有焚字，所以商朝的農業,應該還很幼稚,商朝人還在使用着原始的燒田耕作法。又以甲骨文有買、賣、資、貨、財貸等字,所以商朝已有商業交易的行為。又以甲骨文有父、母、祖、妣、妻、妾、嬪、妃、兄、弟、姊、妹、兒、子、姪、孫等字,所以商朝已有宗法家族的稱謂。這些也都是大有問題。

　　詳細的解說,都另見拙著《古代研究的史料問題》,也收入這一套叢書,我們於此不再重述。

　　要想避免這一種斷章取義望文生解或咬文嚼字的錯誤,那只有對甲骨文作進一步較深的瞭解和研究。所以說在社會發展史學習高潮的今天,甲骨學也是最基本的一種學問。

　　關於甲骨學一般通俗總括的論述,從事於專題研究的人,往往不大願作;一知半解的著作,又常是淺陋而多誤。我以前也寫過幾篇文章,(註二九)但有的登在報刊,有的在內地付印,流傳都很少。而且時間久了,有許多地方應該修正和補充。現在趁這甲骨學五十週年的時間,再對甲骨學作一個概括的通俗的敍述。

　　但因為小叢書規定篇幅的限制,這一本先只講甲骨文發現的歷史,和出土材料的統計。另外關於甲骨學一般的知識,當再於甲骨學要論一書中詳之。

二　甲骨文的名稱

什麼是甲骨文呢？這很簡單。甲是龜甲，骨是牛骨。商朝後半期的皇家，因爲崇尚迷信，常常利用龜甲和牛骨，占卜吉凶。占卜之後，又常常在甲骨上面寫刻卜辭，和與占卜有關的簡單的記事文字。這就叫作所謂甲骨文，也稱甲骨文字。(註三〇)

甲骨文這一個名稱，有的作家，也叫它作"龜"，(註三一)也叫"龜甲"，(註三二)也叫"甲文"，(註三三)也叫"龜甲文"，(註三四)和"龜甲文字"，(註三五)也叫"龜版文"。(註三六)但甲骨文，絕不僅僅刻在龜上。牛骨數量，要比龜甲多了許多。(註三七)

又有的作家，叫它作"契"(註三八)和"契文"，(註三九)也叫"殷契"，(註四〇)也叫"龜刻文"，(註四一)也叫"甲骨刻文"，(註四二)也叫"甲骨刻辭"。(註四三)但甲骨文，也有寫的很多，絕不僅是契刻的文字。(註四四)

又有的作家，叫它作"貞卜文"，(註四五)和"貞卜文字"，(註四六)也叫"卜辭"，(註四七)也叫"甲骨卜辭"，(註四八)也叫"殷卜辭"(註四九)和"殷虛卜辭"。(註五〇)其實甲骨文除了卜辭之外，也還有記事文字很多。(註五一)

也有的作家，叫它作"殷虛書契"，(註五二)也叫"殷虛文字"，(註五三)也叫"殷虛遺文"。(註五四)但殷虛發現的文字，除了甲骨文外，還有人頭刻辭，(註五五)鹿頭刻辭，(註五六)牛頭刻辭，(註五七)牛距骨刻辭，(註五八)銅器文字，(註五九)骨器文字，(註六〇)角器文字，(註六一)玉器文字，(註六二)石器文字，(註六三)陶器文字(註六四)等，頗爲不少。甲骨文不過是殷虛發現文字的一種，那能獨冒"殷虛文字"之名呢？

至於又有的作家，稱它作"商簡"，(註六五)那簡直是常識不夠，連龜甲和牛骨都辨認不出，認爲是竹簡，那就錯得更多了。

總之，一切的名稱，都不如叫"甲骨文"和"甲骨文字"，比較恰當。(註六六)

三　甲骨文的認識

提到甲骨的出土和發現,説來話長。

有人講遠在秦漢時代,就有發現。(註六七)這很有可能。因爲從戰國到秦漢以來,多有厚葬之風,所以盜墓的事件,就很爲盛行。譬如在安陽侯家莊發現的殷代皇陵,就有被漢朝人盜掘的痕跡。小屯村是殷都,也有墓葬。在墓葬被盜掘的時候,無意中發現甲骨,這是極可能的事情。不過緯書裏所謂"丹甲青文"的《河圖》《洛書》,是否就是商朝的甲骨文那倒不一定。

到了宋朝,相傳鄴郡河亶甲城曾發現了不少商代的銅器。據呂大臨《考古圖》所載,有:

《乙鼎》,河南文潞公藏,得於鄴郡亶甲城。(註六八)

《饕餮鼎》,得於鄴郡漳河之濱。(註六九)

《商兄癸彝》,潁川韓氏藏,得於鄴。(註七〇)

《亶甲觚》,河南王氏藏,得於鄴亶甲城。(註七一)

《足跡罍》,廬江李氏藏,得於鄴。聞此器在洹水之濱亶甲墓旁得之。(註七二)

除此之外,見於《宣和博古圖錄》,王俅《嘯堂集古錄》,薛尚功《歷代鐘鼎彝器款識》,無名氏《續考古圖》,王厚之《復齋鐘鼎款識》的,還有:

《召夫鼎》(註七三)

《册命鼎》(註七四)

《父癸鼎》(註七五)

《單父乙鼎》(註七六)

《單從鼎》(註七七)

《己酉戊命彝》(註七八)

《乙酉父丁彝》(註七九)

《從彝》(註八〇)

《單從彝》(註八一)

《單從彝》(註八二)

《單從彝》(註八三)

《單從彝》(註八四)

《子父癸卣》(註八五)

等器,雖然都沒有注明出土的地方,但就其形制花紋款識各方面看來,毫無問題的都是商朝的銅器,大概也是宋代在同一地方出土的東西。(註八六)

元納新《河朔訪古記》記載那地方發現銅器的情形,說:

> 安陽縣西北五里四十步洹水南岸河亶甲城,有塚一區,世傳河亶甲所葬之所也。父老云:"宋元豐二年,夏,霖雨,安陽河漲水,齧塚破。野人探其中,得古銅器,質文完好,略不少蝕。眾恐觸官法,不敢全貨於市,因擊破以鬻之。復塞其塚以滅跡。自是銅器不復出矣。"(註八七)

所謂鄴、鄴郡,所謂亶甲墓、亶甲城河亶甲城,所謂洹水之濱與漳河之濱,都應該指的是現在河南安陽小屯村所謂殷墟的那一個地方。這由《河朔訪古記》說"安陽縣西北五里四十步洹水南岸"可以證明。當時殷墟墓葬裏的隨葬銅器,既然曾經大批出土,甲骨文,在殷墟幾乎遍地皆是,那麼,和銅器一同被發現的,一定也有不少。

可惜漢宋兩代,甲骨的出土,僅是在情理上推測起來,極屬可能,但並沒有見於任何的記載。也許因為古代發掘的人們,不曉得這上面還刻著極寶貴的商朝的文獻,就馬虎的把它同陶、骨、蚌、石一類的零碎器物,一同毀棄掉了,也未可知。

近在一八九九年,也就是清朝光緒二十五年以前的幾十年乃至幾百年以來,小屯村北,洹水南岸,在殷墟的農田裏邊,每當犁田耕種的時候,又常有甲骨發現。上面刻着文字,有的字裏還塗着黑墨或朱砂。本地人不曉得這究竟是什麼骨頭,以為反正年代古遠,可以作藥材,收起來,賣給藥店,稱之為"龍骨"。那時候,小屯村有一個剃頭匠,名叫李成,後來他一生,都以售龍骨為業。所謂龍骨,大半都是商朝占卜所用的有字和沒字的龜甲和牛骨。售法,有零有整。零售的方法,是用鋼錯把甲骨錯成細粉,叫它作"刀尖藥",可以醫治破傷,每年趕廟會擺地攤出賣;整批的就賣給藥材店,藥材店再批發到北京,每斤普通是制錢六文。骨頭較硬的,就丟掉不要,有字的常被挖去或刮平。(註八八)

羅振常《洹洛訪古遊記》，也有記載，説：

"此地埋藏龜骨，前三十餘年已發現，不自今日始也。謂某年某姓犂田，忽有數骨片，隨土翻起，視之，上有刻畫，且有作殷色者（即塗朱者），不知爲何物。北方土中，埋藏物多，每耕耘，或見稍奇之物，隨即其處掘之，往往得銅器、古泉、古鏡等，得善價。是人得骨，以爲異，乃更深掘，又得多數，姑取藏之，然無過問者。其極大胛骨，近代無此獸類，土人因目之爲龍骨，攜以視藥舖。藥物中固有龍骨、龍齒，今世無龍，每以古骨充之，不論人畜。且古骨研末，又愈刀創。故藥舖購之，一斤才得數錢。骨之堅者，或又購以刻物。鄉人農暇，隨地發掘，所得甚夥。檢大者售之。購者或不取刻文，則以鏟削之而售。其小塊及字多不易去者，悉以填枯井。"（註八九）

這段記載，和我們所知，不盡相同。但大體上是差不多的。

這樣把商朝的龜甲牛骨，當作龍骨藥材，幾十年乃至幾百年來，又不知道毀滅了多少寶貴的文獻。直到一八九九年，也就是清朝光緒二十五年，有一個山東福山人，名叫王懿榮的，才首先認識了甲骨所刻，乃是古代的文字。

據説那年王懿榮在北京作官，患瘧疾，吃中藥，其中有一味是龍骨，當那包藥從宣武門外菜市口達仁堂買回來，王氏親自打開審視，發現龍骨上面，刻有篆文，就大爲驚訝起來。王氏本來就是金石專家，精研銅器銘文之學，知道這種骨頭一定很古，就派人到那家藥舖，問明來歷，並且選了一些字文較明者全部買下。就這樣偶然的認識了甲骨文字，從此甲骨見重於人間。（註九〇）

四　甲骨文出土的地方

當甲骨文剛被認識出來，大家就爭着購買。有個山東濰縣的骨董商人范維卿，騙人説甲骨文是出在河南的湯陰。當時像劉鶚(註九一)、羅振玉(註九二)和日本人林泰輔(註九三)、富岡謙藏(註九四)、美國人方法歛(註九五)等，都曾經上過他的當。

後來一九一〇年，羅振玉才由來自河南開封的骨董商，打聽出來，出甲骨文的地方，實在是河南安陽城西北五里的小屯村。(註九六)

到一九三一至一九三四年中央研究院發掘殷墟，除小屯村外，在後岡(註九七)和侯家莊南地(註九八)也曾發現過甲骨文。

除此以外，中央研究院在山東歷城城子崖、滕縣安上村、河南歸德永城、濬縣大賚店和安陽高井台子同樂寨等地，雖然也間或發現過卜骨、卜龜，但寫刻着卜辭的，却始終沒有發現過。(註九九)

據何天行《陝西曾發現甲骨文之推測》一文《附記》説：

「據衛聚賢先生稱：數年前，馬衡先生告，馬先生曾在河南見洛陽警備司令趙守鈺君。趙爲山西人，曾在山西督造公路，曾於山西離石縣軍渡附近，發現甲骨文甚多。以所得贈馬先生。據馬云，該物與安陽出土者無異。」

在山西發現過甲骨，這是很可以注意的一件事。不過，我曾經以此事問過馬叔平先生。據馬先生説，當時的確有過這樣一回事，不過是趙氏把甲骨送給馬先生看，説出在山西。馬先生則並不相信，以爲仍當爲出自小屯村的東西。因此所謂山西離石軍渡發現甲骨的説法，大約是傳聞之誤，並不可信。

總之，到今天爲止，據我們所知，出甲骨的地方，只有河南安陽。在安陽出甲骨的地方，則有小屯、後岡和侯家莊三處、小屯佔最大多數。侯家莊只出過四十二片，後岡只出過一片。

有人講，小屯是殷都，所出甲骨，當係皇家的東西。後岡和侯家莊，在殷都以外,或者就是民間的東西。(註一〇〇)我們以爲這倒不見得。殷墟的範圍很廣。商朝的都城,也決不限於小屯村北那幾十畝地的地方。侯家莊所出甲骨,貞人事類等等和小屯所出,完全相同。當然也是皇家的東西。侯家莊離小屯八里,後岡離小屯不過二里,當然更在殷墟範圍以內。後岡出的那一片甲骨,雖然字數不多,但卜法刻辭,和小屯所出,也全然不異。其爲皇家之物,也無可疑。

在小屯出土的甲骨,因爲地域的分佈,也有時代的不同。大約在小屯村中和村南中央研究院發掘時所劃定的 F 區出土的,多係廩辛、康丁、武乙、文丁時的東西。村北中央研究院所劃定的 C 區出土的,多係武丁時及其以前的東西。又北在中央研究院所劃定的 B 區和 D 區出土的,多係武乙、文丁時的東西。又北偏西,在中央研究院所劃定的 A 區北段出土的,多係祖庚、祖甲時的東西。又北偏東,在中央研究院所劃定的 E 區出土的,多係帝乙、帝辛時的東西。又北靠近洹水北岸,在中央研究院所劃定 A 區北段和 G 區出土的,多係武丁時的東西。

以前著錄過的甲骨文字,出土的地方,有的也可以借此推求。譬如羅振玉的《殷虛書契前編》、《殷虛書契後編》、《殷虛書契續編》、《殷虛書契菁華》,林泰輔的《龜甲獸骨文字》,明義士的《殷虛卜辭》,方法斂的《庫方二氏藏甲骨卜辭》、《金璋所藏甲骨卜辭》、《甲骨卜辭七集》,所著錄的甲骨,多屬於武丁、祖庚、祖甲、帝乙、帝辛時期,應該出在洹水北岸河邊,即中央研究院所劃定的 ADEG 等區。據小屯村人的傳說,這批甲骨的挖掘,是在一九〇四年,也就是清朝的光緒三十年。那塊地方,在當時是朱家的三十畝地。一九二〇年,也就是民國九年,又曾繼續挖掘。

又如最早劉鶚所得的甲骨,像箸錄在他自己的《鐵雲藏龜》,和羅振玉的《鐵雲藏龜之餘》,葉玉森的《鐵雲藏龜拾遺》,李旦丘的《鐵雲藏龜零拾》,姬佛陀的《戩壽堂所藏殷虛文字》,胡厚宣的《甲骨六錄》,和《戰後平津新獲甲骨集》,商承祚的《福氏所藏甲骨文錄》,以及尚未著錄的上海市立博物館,葉湙漁、王伯沅、胡小石、柳翼謀、酈衡叔等所藏的甲骨,多屬於武丁、祖庚、祖甲、武乙、文丁時期。應該出在前一區域的西南,即中央研究院所劃定的 ABD 區。據小屯村人的傳說,這批甲骨的挖掘,是在一八九九年,也就是清朝光緒二十五年。那塊地方,在當時是劉家的二十畝地。

又如著錄在羅振玉的《殷虛書契後編》的一部分,明義士的《殷虛卜辭後編》,商承祚的《殷契佚存》,郭沫若的《殷契粹編》,黃濬的《鄴中片羽》和劉晦之所藏尚未經過著錄的甲骨,多屬於廩辛、康丁、帝乙、帝辛時期。應該出在小屯村中和村南。據小屯村人的傳說,這批甲骨的挖掘,是在一九〇九年,也就是清朝宣統元年。到一九二三至一九二八年,也就是民國十二至十七年,也曾繼續挖掘過。

大約凡是一九〇四年以前出土的,都是在劉家二十畝地,在這裏沒有帝乙、帝辛時的卜辭。在一九〇九年以前出土的,有帝乙、帝辛時的卜辭,沒有小屯村中廩辛、康丁、武乙、文丁時的甲骨,是出自朱家的三十畝地。一九〇九年以後所得,如果有廩辛、康丁、武乙、文丁時的甲骨,那必是村中出土無疑。(註一〇一)

在抗日戰爭期間,北平輔仁大學買到了兩百多片,上海孔德研究所買到了一批,重要的有三百多片。勝利後,我在上海也買到新出土的一千片甲骨。都是廩辛、康丁、武乙、文丁時的東西。應該出在小屯村中。

五　甲骨文的蒐購和流傳

王懿榮在一八九九年，首先認識了甲骨文字，他也是第一個蒐購甲骨的人。那時山東濰縣有個古董商，名叫范維卿，知道王氏喜歡甲骨，就首先賣給他了十二片，每片價銀二兩。一九〇〇年春天，姓范的商人，又帶了甲骨一百多片，到北京，給王懿榮看。王氏很高興，又出了很高的價錢留下來。(註一〇二)後來范賈又得到了八百片，也都賣給了王懿榮。據說其中有全甲一版，共五十二字。濰縣還有一個叫趙執齋的，也藏有幾百片，後來也賣給了王氏。(註一〇三)總計王氏前後所得，約在一千四五百片左右。

一九〇〇年秋天，義和拳運動發生，王懿榮死了。所藏的甲骨，大部分都賣給了劉鶚。(註一〇四)一小部分贈給天津新學書院，(註一〇五)由方法斂編入《甲骨卜辭七集》，於一九三八年在美國出版。又一小部分在一九三九年，由唐蘭編爲《天壤閣甲骨文存》一書。(註一〇六)聽說王氏後人，到現在還保存着一百多片，王氏孫女曾以二片贈方豪。(註一〇七)

同時蒐購甲骨的，還有王襄和孟定生。這件事，前人知道的不多。我們可以鈔錄王襄作的兩文作證。王襄《題所錄貞卜文冊》，說：

"前清光緒己亥年，河南安陽縣出貞卜文。是年秋，濰賈始攜來鄉求售。鉅大之骨，計字之價，字償一金。一骨之值，動即十數金。鄉人病其值昂，兼之骨朽脆薄，不易收藏，皆置而不顧。惟孟定老世叔及予，知爲古人之契刻也，可以墨蹟視之。奔走相告，竭力購求。惜皆寒素，力有不逮，僅於所見十百數中獲得一二，意謂不負所見，藉資考古而已。後聞人云，吾儕未購及未見之品，盡數售諸福山王文敏矣。翌年，濰賈復來，所攜亦夥。定老與予，各有所獲。值稍貶，故吾儕得償所願焉。未幾，拳匪亂作，避地他鄉不復講求此學。比歸鄉里，定老出所藏貞卜文寫本見示，因假錄之爲一編，凡三百三十品。集予自藏者爲二編，凡二百二十品。三編百十品，錄自濰賈。最括五百六十四品，成書一卷。其文多殘闕，字尤簡古，不易屬讀，爾時究不知爲何物。予方肆力於帖括業，遂亦置之，不復校理。後學於京師高等實業學堂，甲辰、乙巳年間，日課餘閒，始治其文字，知此骨有龜甲、象骨二種，乃古占卜之用品，文即卜時所記，所謂命龜之辭與占驗之兆也。字之可識者多，因加詮釋，與諸同志討論之。庚戌秋，羅叔老貽所著《殷商貞卜文字考》，説多符合，並證予説不誣。羅氏定爲殷商遺物，亦足徵信。今年《簠室殷契類纂》，頗收此録中字。惟釋文有未當者，《類纂》中一一是正。至此録之舊釋，不加刪改，欲讀者知予治此學問，今昔之進退果何如耶。"（註一〇八）

又《題易穩園殷契拓册》，説：

"當發現之時，村農收落花生果，偶於土中撿之，不知其貴也。濰賈范壽軒輩見而未收，亦不知其貴也。范賈售古器物來余齋，座上訟言所見，鄉人孟定生世叔聞之，意爲古簡，促其詣車訪求，時則清光緒戊戌冬十月也。翌年秋，攜來求售，名之曰龜版。人世知有殷契自此始。甲骨之大者，字酬一金。孟氏與余皆因於力，未能博收。有全甲之上半，珍貴逾他品，聞售諸福山王文敏公。觀范賈所攜，知有龜甲、獸骨二種。余藏有數骨，色變黑褐，質仍未朽，疑爲象或駝骨。且由卜字上吉字，知爲三古占卜之物。至於殷世，猶未能知。清季出土日富，購求者鮮，其值大削。余時讀書故京師，凡京津兩地所遇，盡以獲得。汰其習見之文字，細屑之甲骨，最括存四千餘品。拙著《殷契徵文》所録，皆寒齋舊儲。"（註一〇九）

這兩段文章，都登在舊日的畫報上，流傳不多，所以我們特別把它全部鈔録。據文中所説，孟定生在一八九八年就疑心這些東西，或是古簡。但因沒有見着原物，所以未能明確認識。不過孟王兩氏的蒐求甲骨，至少當和王懿榮氏同時。這一點很多學者都忽略了。

孟、王兩氏在最初所購，大約有五六百片左右。後來王襄陸續購買，約有四五千片之多。一部分曾著録在他的《簠室殷契徵文》。這書印刷不精，且多割剪，所以書剛出來，大家多以材料可疑摒而不用。其實王氏精於鑒別，並沒有假的東西。（註一一〇）

一九四五年，日本投降後，我曾由成都很快的回到北京，又去了天津。曾看

到王氏。他老先生年逾七旬,所藏甲骨還有三千多片,很想就自己所藏,沒有著錄過的材料,再重新研究一番。(註一一一)

王懿榮死後,在一九〇二年,他的兒子王翰甫,為了還債,出賣家藏的東西。一千多片甲骨,最後拿出來,全部賣給了劉鶚。方若曾經從范維卿那裏買了三百多片,後來也都賣給劉氏。趙執齋曾經為劉氏"奔走齊魯趙魏之郊,凡一年",前後買了有三千片之多。劉氏又派他第三個兒子大紳,親往河南搜羅,也得了一千多片。總計劉氏前後所得,約有五千片,也許還多。(註一一二)一九〇三年就他所藏甲骨,選拓了一千〇五十八片,編成《鐵雲藏龜》一書。

一九一〇年,劉氏因為庚子買倉糧事,得罪,流死新疆。所藏甲骨,一部分四十幾片歸羅振玉,後來羅氏在一九一五年編印成《鐵雲藏龜之餘》。(註一一三)一部分一千多片,歸其中表卞子休後來賣給上海英國籍猶太人哈同的夫人羅氏,(註一一四)一九一七年由王國維代編成《戩壽堂所藏殷虛文字》。(註一一五)對日抗戰期間,這批材料,先賣給上海武進同鄉會,後歸誠明文學院所藏。(註一一六)一部分歸葉玉森。葉氏選其中小部分,編為《鐵雲藏龜拾遺》。(註一一七)其餘於葉氏故後流出,輾轉賣給了上海市立博物館。(註一一八)一部分歸美國人福開森,後來由商承祚在一九三三年編成《福氏所藏甲骨文字》。(註一一九)一部分二千五百餘片,在一九二六年,被商承祚和幾個朋友合購。商氏曾經選文辭少見和字之變異不同者,手拓六百多片,在一九三三年,編入《殷契佚存》。(註一二〇)一部分歸中央大學,(註一二一)曾於一九四一年由李孝定編為《中央大學史學系所藏甲骨文字》;一九四五年,胡厚宣又編入《甲骨六錄》一書。一部分歸陳中凡,一部分歸束世澂,皆於一九四五年,由胡厚宣編入《甲骨六錄》。一部分歸王瀣,王氏故後,於一九四八年售歸中央研究院歷史語言研究所。一部分歸沈維鈞,已由董作賓編入《甲骨文外編》,尚未付印。一部分歸柳詒徵。一部分歸酈承詮。(註一二二)又一部分歸吳振平,一九三九年,由李旦丘編印成《鐵雲藏龜零拾》。(註一二三)

早期出土的甲骨,以劉氏所得為最多。劉氏死後,分散的也最為零碎。

王懿榮、孟定生、王襄、劉鶚之後,蒐購甲骨的,是幾個外國人。一九〇四年的冬天,小屯村地主朱紳,率領着佃戶農民,在他村北洹南的地裏,搭着蓆棚,起了爐竈,大舉挖掘起來。工作了很長的時期,據說所得甲骨有幾車。大約都被外國人買去了。(註一二四)

一九〇三年,美國長老會駐山東濰縣宣教士方法斂,和英國浸禮會駐青州宣教士庫壽齡,在濰縣合夥購買了甲骨文字很多。曾經把四百片轉賣給上海亞洲文會博物館。後來曾經在一九三四年由吉卜生摹寫一遍,發表在《中國雜志》二十一卷六號。又把七八十片,讓給濰縣廣文學校,也就是前身的齊魯大學校長柏爾根氏。後來由加拿大人明義士整理發表在《齊大季刊》第六、七期。這批東西現藏濟南廣智院。這些材料後來又都收入方法斂的《甲骨卜辭七集》,一九三八年,在美國出版。(註一二五)

方庫二氏,自從買了第一批甲骨之後,在一九○四、五年之間,從河南流到山東的甲骨,絡繹不絕,兩氏就又大量的收買。結果讓給了美國卡內基博物院。後來又買了一批,又轉讓給蘇格蘭皇家博物院。後來又買到第四批,先爲二氏合購,後來又歸庫氏一人。最後在一九一一年,又轉賣給英國大英博物院。這三批材料,後來都由方法斂編入《庫方二氏藏甲骨卜辭》,一九三五年商務印書館出版。(註一二六)

一九○六年,方氏又買了一百多片,後來又轉賣給美國普林司頓大學。白瑞華在一九三五年的《甲骨卜辭相片》,和一九三七年的《殷虛甲骨揭片》,都曾發表過一部分。又曾收入在方法斂的《甲骨卜辭七集》。一九○八年英國人金璋,由於方法斂的幫助,也買了八百片甲骨,後來由方法斂摹寫發表爲《金璋所藏甲骨卜辭》一書,一九三九年美國出版。(註一二七)

一九○九年,德國人威爾次在青島買了甲骨文字七百十一片,後歸德國柏林民俗博物院,二次世界大戰後,不知還是否保存。又德國人衛禮賢也從青島買了七十二片。其中的七十片,現存瑞士巴騷民俗陳列館。其一片歸德國佛郎佛中國學院。另外一片,散失了。這七十二片,都曾收入方法斂的《甲骨卜辭七集》。(註一二八)

總計早期外國人購買的甲骨,約在四五千片以上。(註一二九)

同時黃心甫買到了六百片,端方買了一千片,徐枋買了一千三四百片,大約都是范維卿經手過的東西。(註一三○)黃氏的甲骨,大概不久就又賣掉。也許一部分,在一九三五年,由他的兒子黃濬編入《鄴中片羽》一書。端方的甲骨,聽說到現在在他後人的手裏,還有四百片,都是未經著錄過的東西。(註一三一)徐氏甲骨,後來賣給燕京大學。一九三三年,由容庚瞿潤緡編成了《殷契卜辭》一書。(註一三二)又一小部分,賣給了福開森。後來在一九三三年,由商承祚編入《福氏所藏甲骨文字》。(註一三三)此外沈曾植王瓘黃仲慧劉季纓盛昱等,也先後各有所獲,(註一三四)惟下落不詳。

這以後,在甲骨材料的蒐集和流傳上,有一個重要的人,就是羅振玉。他一九〇二年,在劉鶚家裏,看見甲骨拓本,嘆爲"漢以來小學家若張杜楊許所不見"的文字奇寶,於是慫恿着劉氏,編了《鐵雲藏龜》一書,並且替他作了序文。(註一三五)到一九〇六年,才開始蒐集。一九〇九年,小屯村前張學獻家地,因挖山藥溝,發現了甲骨文字。村人相約挖掘,得骨臼和骨條,頗爲不少,大約都賣給了羅氏。(註一三六)不過他這時也還都是經過古董商人的手裏,間接着買來。並且沿着劉鶚等人的錯誤,信范賈所言,以爲甲骨是出自湯陰。(註一三七)

到一九一〇年,"從估人之來自中州者,博觀龜甲獸骨數千枚,選其尤殊者七百。并詢知發現之地乃在安陽縣西五里之小屯,而非湯陰"。"因遣山左及廠肆估人至中州,瘁力以購之。一歲所獲,殆逾萬。"還覺得不足,一九一一年,又"命弟子敬振常,婦弟范恒齊兆昌,至洹陽發掘之,所得又再倍焉"(註一三八)。

羅振常作有《洹洛訪古游記》,記載當時購買甲骨的情形很詳細。現在擇錄幾段,以見一斑。

"土人售此,絶少大宗。緣村人數十家,各售所掘。甚至一家之兄弟婦稚,亦不相通假,人持自有之骨。故來必數人,或十數人,筐筥相屬,論價極喧擾。間有大宗,則數人合掘一坎,以所得藏於一家,封誌之,不得獨發,既售,乃分其資。有一家藏骨甚多者,必以良窳相錯,均配爲若干分,陸續售之。恐一次售出,不得善價也。每有童子持骨來售,雖甚少,且破碎,亦有佳者。蓋掘者於土中檢之未盡,兒童乃拾取之。有遺秉滯穗之風焉。

骨價殊不昂,自叔兄(振玉)所作《貞卜文字考》出,漸有知其可貴者。日本學者,亦多求之。范君言,向惟山東估人收此,客冬,京估亦來爭購,價乃大昂。今不易購矣。(註一三九)

出龜甲地,在村後田中。有二段,一爲舊發掘地,在村北偏東二三百步,掘之於三十餘年前,今無骨矣。一爲新發掘地,又在舊地北數百步,始掘於十餘年前,骨尚未盡。土人掘一次,取骨後,即填平。今舊地尚有二穴,未填滿。每穴長約七八尺,闊四五尺,深二三尺,作長方形。新地有一穴,正掘。云此爲田主僱人發掘,已七八日,尚未得骨。由村後北至洹河約二里弱。東至洹水僅數百步,約當北面三之一。由村後逶迤而北,中間爲一帶高地,較平地高二三尺,龜甲多出此。及近水涘,地漸低削,土人謂出骨最多處,面積約十三畝云。村口亦有一坎未填滿,較前坎大,深三四尺。據云此穴向亦出骨,因掘時土塊崩落,壓損掘者韓姓之腰,遂輟工。可知有骨地,不必盡在村

後,村中亦有之,惟上有村宅,不便發掘耳。(註一四〇)

　　出骨之地,多非土人自有,而別有田主。其出骨最多之十餘畝爲朱姓產。初掘時,田主不過問。近知有利,乃令就所得價中,抽若干爲稅金,土人不允,遂禁止發掘,而自僱人掘之。土人又於夜間盜掘,主人覺,使人監守。客冬,掘者與監者互毆,破二人之顱,乃興訟,今尚未結。田主因明地之方位,某處已掘,某處未掘,漫掘之,往往無所得。且僱工給糧,多需費用,亦得不償失,前所見新地正掘之坎,竟無骨發現,委之而去,土人快之。(註一四一)

　　前昨兩日,有京估康某等來,頗探詢吾輩收買情形。恒軒因言今日至小屯,必完全收買。劣者垂盡,已可放價,收其精者,勿令若輩得之。乃提前午膳,邁步出門,至彼後,專議佳品。謂吾輩將他往,今將價加足,更不成,則將舍旃。磋議良久,皆就緒。尋常品亦購數宗。最後僅餘二三筐未購,皆棄材也。滿載而歸,兩人皆欣躍。"(註一四二)

又記載當時購買《菁華圖録》所以幾片大骨的情形,説:

　　"昨日所得,以小塊龜甲爲多,中大者少。然得二大塊。(見《殷虚書契菁華》第三葉第五葉)尚有一塊全版,滿字而塗朱者,索價過昂,未能購定。
　　是日計所得龜骨,已不少,而資斧將竭,餘資僅可再收二日。恒軒謂余,此次大塊不多,前僅得大塊一,(《菁華》第四葉)然骨雖大而字少;昨得二片,則骨大字多,然有破缺。終不如昨見塗朱之大片。此片京估至,必以善價將去。殊不能捨,不如以二日之資,單購此片。余亦謂然。餐後渠獨至小屯,留余在寓,檢點包紮各物。並約如此片可得,明日即運物北行,再攜資來購買。不成,明日續收一日,後日成行。匆匆遂去。
　　恒軒去二三時,欣然歸來,隨一土人,提柳筐,卧大骨片於中。恒軒出骨於筐,如捧圭璧,蓋即昨日議價未成者也。(《菁華》第一葉)土人收資去,恒軒乃言,初雖增價,彼愈堅持。後告以余等將他往,可售則售,不可則已。匆匆欲行。有一老者,留其姑坐。而與其子及諸人密議,似欲買某姓之地,將以此爲地價者,良久,乃議決售之。此片有百餘字,數段皆文字完全,爲骨片中所僅見。此家有此片已久,小屯人及估客多知之。待價而沽,不肯輕售。余等初至小屯時,即向索觀,時並無價,遂無可商。昨日忽出此,且有定價,即因欲購地之故。適逢其會,竟得成議。信乎,物各有主也。彼之藏此,飢

不可食，寒不可衣。易而爲田。則取之無盡，爲計良得。而我亦得此瓌寶，誠所謂交易而退，各得其所矣。"(註一四三)

檢昨日所得，大小相錯，分別之，則大者中者二百五十五塊，小者一千零三十塊，爲到此收買最多之一日。有數大片，有一片滿字，雖非全文，所缺不多，(《菁華》第二葉)此骨片之王，猶多數字，彼稱王，此亦稱公也。又一片，字不多，中間亦全文。(《菁華》第六葉)又一片，字雖少，然骨大無與倫比(《圖錄》第四十四圖)其最精之一宗，條骨不少。"(註一四四)

陳振東的《殷契書錄》，說：

"羅氏介弟振常，嘗語吾師陳保之先生云，其中最大之一片，渠在河南從一土人手中得來，僅費十九銀幣耳。"(註一四五)

可見當時甲骨的價格，並不算太高。

一九一一年，冬天，革命軍起，羅氏逃到日本，把所藏甲骨，全數帶去。因"輾轉運輸，及稅吏檢查，損壞者十已五六。"一九一二年，羅氏在日本，"乃以一年之力，編爲《殷虛書契》八卷，精印出版。"(註一四六)一九一四年，"復影照精印其所藏最大之肩胛骨，未經拓墨者，爲《殷虛書契菁華》一卷。"(註一四七)

一九一五年春天，羅氏由日本返國，親去安陽小屯考察殷墟的實際情況。他寫有《五十日夢痕錄》一文，記載說：

三十日。是日已刻抵安陽，寓人和昌棧。亟而餐，賃車至小屯。其地在邑之西北五里，東西北三面洹水環焉。《彰德府志》以此爲河亶甲城。近十餘年間，龜甲獸骨，悉出於此。詢之土人，出甲骨之地，約四十餘畝。因往履其地，則甲骨之無字者，田中累累皆是。拾得古獸角一，甲骨盈數掬。其地種麥及棉，鄉人每以刈棉後，即事發掘。其穴深者二丈許，掘後即填之，後種植焉。所出之物，甲骨以外，蠃殼至多，與甲骨等，往歲所未知也。古獸角亦至多，其角非今世所有。至一鄉人家，見數十具。角之本近額處，相距約一二寸許，有環節一，隆起如人指之著指環者。然土人謂是龍角。得貝一，其材以蠃殼爲之，雕文與古玉蒲璧同，惜已碎矣。旋以天氣亢燥思飲，亟歸寓。(註一四八)

這是學者首次對殷墟的實地考查。

羅氏既返日本,"發篋出所藏甲骨數萬,遴選《前》編中文字所未備者,復得千餘品,手施氈墨,百日而竣。"於是就編成了《殷虛書契後編》。(註一四九)以後十幾年中,又曾想種種方法,蒐求國內各家所藏甲骨文的拓片,共得三千紙。到一九三三年,乃"以一月之力,就此三千餘紙,選三之二,成書六卷"。就是《殷虛書契續編》一書。其中"大率爲丹徒劉氏、天津王氏、北京大學、四明馬氏所藏。其什之一,則每見估人所售,於千百中遴選一二,而手拓以存之者。""往昔前往兩編約得三千餘紙。合以此編,總得五千餘紙,雖不敢謂殷虛菁華,悉萃於是,然亦略備矣。"(註一五〇)

總之,關於甲骨文的蒐集拓印和流傳,在私人方面,羅振玉是很有貢獻的一位。就以五十年整個的甲骨材料來說,除了中央研究院的《殷虛文字甲乙編》之外,至今羅氏四書,還應該是最重要的一部分。

當一九〇三年,劉鶚的《鐵雲藏龜》,剛印出,有日本人林泰輔,疑心書中所載是假造的東西。後來東京文求堂購得甲骨文字一百版,拿來販賣。林氏就買了十塊,既見實物,始覺渙然,於是才相信這是真正的古代的文字。一九〇九年,作《清國河南湯陰縣發現之龜甲獸骨》一文。當時日本學者對甲骨文懷疑的仍然很多,而林氏獨感興趣。後來又買到了六百片,在一九一七年,合商周遺文會摧古齋聽冰閣繼述堂諸家所藏,編成了《龜甲獸骨文字》一書。一九一八年來中國旅行,又親到安陽小屯村調查殷墟,蒐集甲骨。歸國後,作《殷虛遺物研究》一篇。是日本學者早期蒐集研究甲骨文字最努力的一個人。他死後,所遺甲骨盡歸東洋文庫。(註一五一)

日本人,除林泰輔外,三井源右衛門也買到了三千版,河井荃廬藏五百版,堂野前種松藏百版。(註一五二)郭沫若《卜辭通纂自序》說:

> 余以寄寓此邦之便,頗欲徵集諸家所藏,以爲一書。去歲(一九三二)夏秋之交,即從事探訪,計於江戶所見者:東大考古學教室所藏約百片,上野博物館二十餘片,東洋文庫五百餘片,中村不折氏約千片,中島蠔山氏二百片,田中子祥氏四百餘片,已在二千片以上。十一月初旬,攜子祥次子震二君,赴京都,復見京大考古學教室所藏四五十片,內藤湖南博士二十餘片,故富岡君撝氏七八百片,合計已在三千片左右。此外聞尚有大宗蒐集家,因種種關係,未能寓目。

由此可以知道日本所藏的大概。⁽註一五三⁾七七事變起,安陽淪陷。甲骨出土,流到日本的一定更多。可惜迄今中日交通尚未恢復,詳情無從知道。⁽註一五四⁾

這些甲骨,大部分曾經著録在郭沫若的《卜辭通纂》、金祖同的《殷契遺珠》和《龜卜》。

一九一四年,有一個駐安陽長老會的牧師,加拿大人明義士,常常騎着一匹老白馬遊於洹水南岸,考察殷墟出土甲骨文字的情形。他自己記載當時的情形,説:

> 甲寅始春,作者乘其羸老白馬,徘徊於河南彰德迤北之洹水南岸。時方耕地植棉,碎陶瓦礫,初經翻出,農人拾之,棄諸隴畔。有碎陶數片,厥狀甚古,因動余興。復前行,歷覽碎陶,卒抵河曲,遺毀之物,乃不復可見。非因歷代冲至河中,即薶入流沙矣。時低窪沙岸一帶,柳始萌芽。穢童數人,半著鶉衣,臂懸筐筥,爭采嫩柳,以當茶葉。見外人至,遂環集余旁,蓋余方傍井而立,檢視小堆陶片也。爲首童子曰:"君何爲?"余曰:"檢視碎陶耳。"曰:"奚用?"曰:"好之。"復冒然問曰:"君好骨耶?"余答曰:"然,視情形何如耳。"彼曰:"余能視君以龍骨,其上且有字焉。"余聆是語,告以甚感興趣。余等遂行,環繞河曲,經一荒涼沙野,抵一小窟,窟在西向斜坡上,坡間滿被骨屑,一片白色,此即殷朝武乙故都,殷虛是也。……嗣後多日,輒跨其羸老白馬,潛行出外,踐此古城遺跡。⁽註一五五⁾

從此以後,明氏常去調查搜求,所得頗爲不少。不過最初他所買的一些大的胛骨,都是用新的牛骨仿刻。後來明氏悉心研究,終究成了鑒別真僞的能手。他自己説"第一次所得之大者,乃全爲僞物"。所以後來知道小片的也不可忽視,就收了碎片很多。在一九一七年,把它編成了《殷虛卜辭》一書,在上海出版。⁽註一五六⁾

一九二三年的春天,小屯村中,張學獻家的菜園裏,發現了甲骨。學獻自己挖掘,何國棟作幫工,發現了大骨版兩塊,文字都很多。何國棟暗暗的記起這個地方,到一九二六年,就大規模的挖掘起來。⁽註一五七⁾一九二四年,小屯村人,因爲築牆,發現了一坑甲骨,其中有很大的片子不少。一九二五年,小屯村人又在村前路邊上,大舉挖掘,發現了甲骨有幾筐,胛骨有長至尺餘者。一九二六年春天,張學獻被土匪綁去了。結果花了很多錢。村人乘機和他商量,在他的菜園裏,大舉挖掘,得了甲骨,分給他一半。結果又發現了牛胛骨很多。這幾批甲骨,先後

都賣給了明義士。(註一五八)

總計明氏所得，當在幾萬片以上。除了一部分，在安陽被兵匪毀掉(註一五九)以外，還存了不少。可惜早年印了一部《殷虛卜辭》之後，《殷虛卜辭後編》雖已編好，(註一六〇)終未出書。事變後，明氏返國，所藏甲骨存濟南齊魯大學。我在齊大任教七年，日本投降後，隨學校自成都遷返濟南，因種種原因，此批材料，終沒有得到一看，實在遺憾萬分。明氏返國前，曾選拓一千多片。拓本一份贈商承祚，聞已佚失。一份贈容庚，讓與于省吾，現又歸清華大學。(註一六一)

加拿大多倫多博物院藏有甲骨三千多片，(註一六二)不知是否由明氏經手，代買的或轉賣的東西。

一九一七年有大批甲骨發現，賣給了王襄和霍保祿；王襄的東西，一部分，後來收入所編《簠室殷契徵文》一書。(註一六三)霍氏之物，則於一九二二年捐贈給北京大學研究所國學門。(註一六四)由唐蘭編爲《北京大學藏甲骨刻辭》一書，迄今未能出版。(註一六五)

一九二〇年華北幾省鬧旱災，鄉下人因爲迫於飢寒，就相約挖掘甲骨文字於小屯村北河畔。凡是以前曾經出過甲骨的地方，都搜尋再三，附近各村的農民，也多參與工作。(註一六六)一九二八年春天，北伐軍作戰安陽，駐兵在洹水的南岸，小屯村的農田，就荒了起來。等軍事結束，村人因受戰事影響，無以爲生。因而和地主商量，共同發掘甲骨。在村前路邊，和麥場樹林，都發現了不少。多數都賣給了上海和開封的古董商人。(註一六七)

以上是在一九二八年以前甲骨文字出土蒐購流傳出版的大概情形。也可以說是五十年甲骨文發現的前期。

六　科學發掘的甲骨文字

一九二八年北伐完成,中央研究院歷史語言研究所正式成立。聘傅斯年爲所長。八月,就派編輯員董作賓到安陽小屯村調查甲骨文出土的情形。(註一六八)報告作成,現存中央研究院史語所圖書室,因爲不曾出版,所以所外人見到的不多。我們現在錄其要點如下：

（一）張君之談片　據彰德十一中校長張尚德談："予在開封時,即甚注意於吾鄉出土之甲骨文字。十四年春,予歸來長此校,即首先親赴縣城西北五里之小屯村調查。蓋出土甲骨之地,爲濱於洹水之農田。吾等曾以物刨地下,不尺許,即可得甲骨殘片,但有文字者甚鮮也。至村,出洋一元,購得小片甲骨盈掬。予曾一再囑村人,此後有出土者,即送至吾校,吾等當以相當代價收買之。然迄今四年,猶不見送來。"

（二）古董肆之訪問　城內古董肆一家,曰尊古齋。肆生王嘉瑞君,甚誠懇。謂若願購求甲骨,彼可代爲蒐集。並出其所藏甲骨文三版,長者寸餘,字頗明晰。云即此需洋五六毫。再大二三寸之品,需數元至十餘元,視字之完缺爲斷。大如掌者,更非五六十元,不可得也。又出贋品相示,謂此是仿製品,價尚廉。其上文字,皆藍寶光君摹刻。刻工精細,酷似原文,海外人士,皆知其名。詢以能得若干,則謂收藏之家甚衆,容徐訪之。又詢以近年出土情形,則曰,民國六七年間,曾出土一大批,殆皆售於外人。近年吾人猶時向鄉間收買,皆零星出土之物也。

（三）小屯之行　花園莊有一私塾,塾師閻君金聲,招待余等入舍,頗客氣。……旋及甲骨文,即請閻君代向村中覓之。……予則私詢兒童,有拾得甲骨上有文字者否？初見,不敢言。繼有一兒,由抽斗取出一片,小如指甲,上有二三殘字,予給以當百銅元一枚。他生皆竊出,歸家取之,其得五六片。閻君歸,亦取來二三片,云是小兒檢得者,與錢二百,小兒歡躍以去。由學塾出,乃赴小屯村北,尋求甲骨出土之地。經小屯已至村北,遇一少婦,詢曰,"汝村中小兒女,曾有檢得田中龜版龍骨上有文字者乎?如有,可將來,予等買少許。"婦曰:"容或有之,姑少待。"旋取出甲骨一盤,中有碎片數十,皆有文字,且一望而知非贋品,付洋五毫。頃刻之間,男婦老幼麕集,手掬盌盛者,環列求售,予幾於不暇應付。然皆小者如指甲,大塊如卵如棗而已。……一老婦人,持長約二三寸之脛骨,及龜版一盤求售,約七八枚,字多完整,至可喜。問其價,不言,反問余與幾何。時予所買零宗,一二毫洋數片,此則與一元,怫然而去。添二元三元,亦不顧。知彼有大欲存焉。又一村農同樣者六枚,索價二十元,予蓋不敢問津矣。村人云,古董商時常來收買,能出高價,惟不要碎片。今之小塊,蓋土人發掘時所棄,而為小兒女拾得者也。故貶價售之。予計賈數宗,需洋二三元,得百餘片,片之大小,字之殘整,所不計矣。以銅元十枚之酬金,請霍氏之子女為鄉導,引予等至甲骨出土之地。地在洹水西岸,為一沙丘,與羅氏所云棉田,張君所謂有禾稼之地迥異。豈彼等所至,非此地耶?然此地有足作證據者,一為新近土人所發掘之土坑,一為予在坑邊檢得一無字之骨版也。

經過這一次的調查,中央研究院以為殷墟可以發掘。在一九二八年的十月,就又派董作賓,往安陽小屯,作試掘甲骨文的工作。工作人員,除董作賓外,還有趙芝庭、李春昱、王湘等。所外參加人員,有張錫晉、郭寶鈞。工作地帶,分成三區:第一區,在小屯村東北洹河邊上;第二區,在村北地;第三區,在村中。用工人二十一名。從十月十三日開工,到十三日止。發現了字甲五五五片,字骨二九九片,共計八五四片。還有陶、骨、蚌、石等類器物很多。這是殷墟第一次的發掘。(註一六九)

這次發掘所得的甲骨,曾由董作賓發表為《新獲卜辭寫本》,又寫了一篇《新獲卜辭寫本後記》,(註一七○)和他商討的文章,有傅斯年的《新獲卜辭寫本後記跋》(註一七一)和余永梁的《新獲卜辭寫本後記跋》。(註一七二)

一九二八年十二月,中央研究院聘李濟為歷史語言研究所考古組主任,主持安陽發掘事宜。李氏就帶助理員董光忠邀同董作賓再去安陽查勘,並籌備明年春天發掘的工作。

一九二九年三月,中央研究院遂在李濟領導之下,到殷墟,去作正式的發掘。工作人員,除李濟外,尚有董作賓、董光忠、王慶昌、王湘等。所外參加的人員,有裴文中。工作地點，爲小屯村中廟前和村北兩處。從三月七日開工，到五月十日止。開坑四十三，佔面積二八〇平方公尺。發現了字甲五五片，字骨六八五片，共計七四〇片。又大宗陶器、陶片、獸骨、石器等，和別種遺物。這是第二次的殷墟發掘。(註一七三)

同年十月，舉行第三次發掘。工作人員爲李濟、董作賓、董光忠、張慰然、王湘。工作地點，在小屯村北的高地，和村西北的霸台。從十月七日開工，到二十一日止。十一月十五日又開工，到十二月十二日止。開坑一一八。佔地約八〇〇平方公尺。發現了字甲二〇五〇，"大龜四版"就在裏邊；字骨九六二片；共計三〇一二片，此外又發現兩大獸頭刻辭和其他古物很多。(註一七四)

這次發現的"大龜四版"，由董作賓發表爲《大龜四版考釋》，(註一七五)和他討論的有瞿潤緡的《大龜四版考釋商榷》。(註一七六)又曾著錄在郭沫若的《卜辭通纂》一書。兩大獸骨刻辭由董作賓發表在《獲白麟解》，(註一七七)和他討論的有方國瑜的《獲白麟解質疑》，(註一七八)裴文中的《跋董作賓獲白麟解》，(註一七九)和唐蘭的《獲白兕考》。(註一八〇)又曾著錄在郭沫若的《卜辭通纂》，和商承祚的《殷契佚存自序》。

一九三一年三月，中央研究院又舉行第四次的殷墟發掘。工作人員爲李濟、董作賓、梁思永、郭寶鈞、吳金鼎、劉嶼霞、李光宇、王湘、周英學。參加的人員，有關百益、許敬參、馮進賢、馬元材、谷重輪、石璋如、劉燿。工作地點，集中小屯村北地。重新劃分成 ABCDE 五區。每天工人，平均一〇〇名。從三月二十一日起，到五月十二日停工。開坑一七五，佔地約一四〇〇平方公尺。發現了字甲七五一，字骨三一，共計七八二片。又發現了一個獸頭刻辭，和其他的遺物遺跡。(註一八一)

獸頭刻辭，曾發表於董作賓的《甲骨文斷代研究例》，(註一八二)又曾著錄在郭沫若的《卜辭通纂》和商承祚的《殷契佚存自序》。

同時梁思永、吳金鼎發掘後岡，從四月十六日，到五月十二日。開坑二五，佔地約二一六平方公尺。也發現了字骨一片。地下情形，和小屯相同。大概也在殷墟的範圍中。(註一八三) 字骨一版，由董作賓寫成了《釋後岡出土的一片卜辭》。(註一八四)

同年十一月，又舉行第五次發掘。工作人員爲董作賓、郭寶鈞、劉嶼霞、王湘。參加人員有李英百、張善、石璋如、劉燿。工作地點，在前所劃分的 BFE 三區。工人平均四〇名。從十一月七日，到十二月十九日止。開坑九三，佔地約八

一八平方公尺。發現了字甲二七五,字骨一〇六,共計三八一片。及其他的遺物遺跡。(註一八五)

中央研究院殷墟第六次發掘,在一九三二年四月。工作人員爲李濟、董作賓、吳金鼎、劉嶼霞、李光宇、王湘、石璋如、周英學。工作地點,在 BE 兩區。工人六〇名。從四月一日到五月三十日。開坑一三,佔地約八〇〇平方公尺。發現了字骨一片。又發現三座門的遺跡,現只有礎石尚存。又有龍山文化期的小灶。以及陶骨蚌石等類遺物一百多箱。(註一八六)

第七次發掘,在同年十月。工作人員有李濟、董作賓、李光宇、石璋如等。工作地點,在 ABCE 四區。工人六十名。從十月二十四日起,到十二月二十日止。開坑一九九,佔地約一六〇〇平方公尺。發現字甲二三片,字骨六片,共計二十九片。此外重要發現,有長六十公尺的版築堂基,基上有排列勻整的柱礎。在小屯村北六十公尺以內,有數重爲版築基址,覆穴竇窖,散布其間。的確是殷代宗廟宮室的所在。出土遺物,也有百多箱。(註一八七)

一九三三年十月,中央研究院舉行第八次殷墟發掘。工作人員爲郭寶鈞、李景聃、李光宇、石璋如、劉燿、尹煥章。參加人員有馬元材。工作地點,集中 D 區。工人五〇名。從十月二十日,到十二月二十五日止。開坑一三六,佔地約三〇〇〇平方公尺。發現字甲二五六片,字骨一片,共計二五七片。此外又發現建築房基,東西兩座。東長三〇公尺,寬九公尺,如石柱礎之外,還有十個銅柱礎。西長二〇公尺,寬八公尺,版築下又發現龍山文化期的大圓坑。和連年發現的建築居住遺址,可以得到相當的聯絡。(註一八八)

一九三四年三月,又舉行第九次發掘。工作人員爲董作賓、石璋如、劉燿、李景聃、祁延霈、李光宇、尹煥章。參加人員,有馮進賢。工作地點,集中 DG 兩區。用工人七〇名。自三月九日至四月一日。開坑五一,佔地約三八〇平方公尺。發現字甲四三八片,字骨三片,共計四四一片。(註一八九)

在小屯村偏西對岸,洹河北,有侯家莊,離安陽縣城十二里。在這年春季,盜掘古物的,遍地都是。侯家莊的農民,在村南發現了甲骨。事爲董作賓知曉,馬上就停止了小屯的工作,率全體員工搬到侯家莊南地繼續發掘。自四月二日到六月二日止。開坑七八,佔地一〇〇〇平方公尺。發現字甲八版,其中有大龜腹甲六版,背甲一版,滿版都是文字,是廩辛、康丁時,同一個史官所記錄的東西。字骨八片。共計十六片。又從侯家莊人買到了同地出土的甲骨,也有幾十片之多。(註一九〇)

在侯家莊所發現的甲骨，曾由董作賓發表爲《安陽侯家莊出土之甲骨文字》一文。(註一九一)

總上九次發掘，共發現字甲四四一二片，字骨二一〇二片，總計六五一三片。已選出字甲二四六七片，字骨一三九九片，共三八六六片，編爲《殷虛文字甲編》。所著錄的乃是拓本，計甲拓二五一三號，骨拓一四二五號，共三九三八號。又附錄獸頭刻辭三，鹿角器款識一。共爲三九四二號。拓本爲董作賓所編，已由商務印書館出版。釋文爲胡厚宣所作，尚未印行。

一九三四年的秋天，和一九三五年的春秋兩季，中央研究院舉行了殷墟第十、十一、十二等三次的發掘。地點在侯家莊西北岡。這次找到了殷代帝王的皇陵，在殷代文化方面，曾有了輝煌燦爛的發現。(註一九二)但因爲始終沒有發現甲骨，所以我們在這裏，就置而不談。

一九三六年春季，中央研究院又在小屯村作第十三次殷墟發掘。工作人員爲郭寶鈞、石璋如、李景聃、王湘、祁延霈、高去尋、尹煥章、潘慤等。參加人員有孫文青。工作地點，在小村 BC 兩區。工人一百三十名。從三月十八日到六月二十四日止，開坑四七，佔地約一萬平方公尺。其重要發現，除了穴窖一二七，墓葬一八二，基址四，帶有殉葬的銅玉器，和人馬骨架的車坑，東西成排、南北成列的無頭俯身葬，黑陶與灰陶時期的水溝之外，有一個完整無缺的龜甲坑。坑圓形，徑約二公尺，深一公尺餘。其中滿裝着整版有字的龜甲。就原坑的未經擾亂，和數量的豐富說起來，都可以打破自甲骨文出土以來的空前記錄。經過整理後，字甲一七七五六片，字骨四八，共一七八〇四片。完整和大半的龜甲，約有二三百版之多。(註一九三)其五片，曾由胡厚宣寫成了《第十三次發掘殷墟所得龜甲文字舉例》一文，因故尚未發表。

同年秋季，又作第十四次發掘。工作人員爲梁思永、石璋如、王湘、高去尋、尹煥章、潘慤等。臨時工作人員有王建勛、魏鴻純、李永淦、石偉。參加人員有工思睿。工作地點，分爲三處。一在C區，一在I區之南，一在I區之北。用工人一〇四名。從九月二十日，到十二月三十一日止，開坑五二，佔地約一萬平方公尺。發現了字甲二片。此外遺跡，計獲基址二六，穴窖一二二，墓葬一三二。又如一五六坑的兩面台階，一九六坑的完整陶器，一八八墓二三二墓的大批銅器。遺物之最精者，銅器有鼎、甗、觚、爵、斝、殷、壺、罐、罍、盤、方彝、弓戈刀矢等。陶器有鳥獸、罐、盆、鬲、豆等。玉器有簪佩。石器有刀戈。都是很重要的東西。(註一九四)

一九三七年春季，又舉行第十五次發掘。工作人員爲石璋如、王湘、高去尋、尹煥章、潘愨等。臨時工作人員有王建勛、魏鴻純、李永淦。參加人員有張光毅。工作地點，集中C區。用工人一二〇名。自三月十六日，到六月十九日止，共開坑三七，佔地約十八畝。發現了字甲五四九片，字骨五〇片，共五九九片。此外遺跡，獲基址二〇，穴窖二二〇，墓葬一〇三。基址周圍有礎石，南面有門跡，基下埋有狗，旁門處埋着跪葬的人，都像是一種儀式。另外像三五八坑的囚俑，三三三墓的石雕刻，三三一墓的銅、玉、白陶，三一八墓的白陶漆器等，以及狗、牛、羊、猴等獸類葬坑，都是極重要的發現。(註一九五)

　　總上十三、十四、十五等三次發掘，共發現字甲一八三〇七片，字骨九八片，合計一八四〇五片。編爲《殷虛文字乙編》，現在已經出版了上中兩册。上册共四〇〇頁，收拓本三四七二片，登記編號是從一到七二七五。中册亦四〇〇頁，收拓本二八〇〇片，編號是從三四七三到六二七二，登記編號是從七二七六，到一三三四九。下册在編輯中。

　　一九二九年十月，在中央研究院正作第三次發掘的時候，河南省政府也派河南博物館館長何日章前往安陽小屯發掘，凡經兩月。

　　一九三〇年二月，何日章又往安陽小屯發掘殷墟。自二月二十日到三月九日止。又自四月十二日起，至月終止。

　　兩次發掘，計獲字甲二六七三片，字骨九八三片，共計三六五六片。又其他古物，也有很多。(註一九六)這些甲骨，曾由關百益選拓爲《殷虛文字存眞》，共出了八集，每集一百片。又由孫海波選編爲《甲骨文錄》，共錄九三〇片。

　　以上中央研究院和河南博物館的發掘，是五十年甲骨文發現的中期。

七　戰後甲骨文的出土和採訪

一九三七年七七抗戰之後,政府機關相繼播遷。中央研究院的發掘工作,遂形停止。本地人乘機盜掘,聽說發現頗爲不少。敵僞漢奸,互相鉤結,也常有計劃的開發,聽說很有大批的流到國外。(註一九七)

其落在北京者,重要的輔仁大學買到了一批,一百九十五片,大片字多的約有二三十片,價洋一千五百元。(註一九八)李泰棻買了一千片,後歸胡厚宣,又讓給了北平圖書館。于省吾也買了一千片。後來讓給了清華大學。(註一九九)後兩批材料,都收入胡厚宣的《戰後平津新獲甲骨集》一書。

其落在上海者,重要的,是孔德研究所從泗涇路聽濤山房買到的那二百九十五片。字多的大片,約有七十多片,索價二千五百元,日本人曾還價一千七百元沒賣,孔德研究所以二千元買成。(註二〇〇)時代屬於廩辛、康丁和武乙、文丁,大概是出在小屯村中。現由李亞農編爲《孔德研究所藏甲骨文字》,商務印書館出版。

一九四五年抗戰勝利,日本投降,我曾很快的由後方回到北京天津,調查並蒐集戰後新出土的甲骨文字。這裏順便敍述一下我當時採訪的情形。

在京津我一共住了四十幾天,曾訪遍了北京琉璃廠、前門、東四、西單和天津天祥商場一帶的古玩舖、碑帖舖、書店、寄賣行、舊貨攤、以及各地公家機關和私人的收藏。凡是戰後新出,沒有著錄過的材料,無論實物拓本,有見必購。不能買的,也總要託人設法,或借拓,或鉤摹。計得甲骨實物二千餘片,拓本六千張,摹寫的二千片,共約萬片而強。

我在北京來薰閣書店,因讀李泰棻編的《癡庵藏金》,無意中知道他還藏有一千片甲骨。去看了他兩次,承他的好意,以不太貴的價錢,讓給了我。在一千零幾十片中,剔去了僞品,共得四百四十八片。其中有大片三百,材料很好。又有完整大龜三版,卜兆刻過,背面有用朱筆寫的"甲橋刻辭",和中央研究院第十三次發掘所得的一批,似爲同時之物。即屬於武丁的時期。

慶雲堂碑帖舖有一千多片甲骨,假的佔一多半,索價奇昂。我因其中有一片

"人頭刻辭",一片"牛肋骨刻辭",相當重要。又有半塊骨版,記四方風名,和我所作《甲骨文四方風名考證》一文有關,思之再三,終不願把機會放過。請趙斐雲、謝剛主、陳濟川幾位先生同他商談多次,結果是出高價錢,許我選擇五百片。但因偽品和小片太多,只選四百片,就不再要了。回到成都知那半塊記着四方風名的大龜,和中央研究院十三次發掘所得的半塊,正相接合,非常的高興。

通古齋的主人黃伯川,相當慷慨。因我買了他一些銅器和玉器,甲骨的價錢,很好商量。先後一共買了三批,約六七百片。

喬友聲從前是通古齋的經理,現在自己開了一家興記古玩舖。他向全北京城的古玩舖和收藏家,替我收買甲骨。北平的甲骨行市,就忽然高了起來。他們以爲不知有多少從重慶來的人,要搜購甲骨,爭着拿出,擡高售價。其實那時買甲骨的,只我一人。前後共得八九宗,也有幾百片。

此外零碎收買的,有振寰閣、陶古齋、聞古齋、博聞齋、寶古齋、雅文齋、鼎古齋、鑒古齋等古玩舖,富晉、開通、文匯閣等書局,粹雅堂帖舖,和賈敬顏、郭紀森、薛慎微、李瑞生諸藏家。或多或少,或貴或廉,都曾買了一些。

晉雅齋有九片骨頭,因片大字多,索價之昂,無與倫比。我曾託多少人和他商量,拖到臨回來的前一天,也終於把它買下了。

在天津住了一星期。從茹香閣買了曹家的甲骨四盒,可惜大片都假。在七十幾片之中,只選了真的好的十九片。在志古齋也買了一點。此外就極少見了。

王襄家藏,還有三千片左右。其中八百片,可以出讓。可惜大半都是已經著錄過的東西。我從北京,由劉盼遂、徐宗元兩先生的介紹,又由陳濟川先生陪同來津,反覆商量了一星期之久,終因索價太高,距離甚遠,沒有買成。不過因爲都是一些著錄過的材料,買不成,也就算了。

瓠廬謝氏殷虛遺文拓本,共八册,約有六百片,都是戰後新出。我從富晉書社以兩萬元買了一份。另外還有一份,過幾天然即索價二十五萬元,漲價之暴,實在可觀。富晉書社還有一百多張甲骨拓本,著錄過的和沒有著錄過的間半,先要價一千二百元,過了兩天,即漲價四千,我躊躇了半天,最後也終於把它買下。

來薰閣的經理陳濟川,開通書局的經理郭紀森,除了甲骨之外,也都替我探尋甲骨拓本。由他們的介紹,我從粹雅堂買了兩厚册甲骨拓本,一部分像是劉晦之善齋的東西,但也有一部分是戰後新出土之物。共有四五千片乃至六千片之多,我高興極了。文匯閣的經理傅子通,也爲我介紹,買了幾小批甲骨拓片,有的很好,總共也有幾百片乃至千片之多。

此外又從賈敬顏君買到了關寸草所藏甲骨拓片一本。曾毅公先生藏有甲骨拓本幾十張,承他慷慨的送給了我,實在感謝。

于省吾先生,曾把所藏全部甲骨,都讓我借回寓所,一片片,一條條,仔細的鈔錄,慢慢的研究,並且答應我自由引用和發表。其中有一片牛骨記事刻辭,反面是干支表,正面是一百七八十個字的記事刻辭。記的是帝乙、帝辛時打仗俘虜的卒帥車馬盾矢和用俘首祭祀祖先的事情。在我們所見到已出土的十多萬片甲骨文之中,這是最長的一條,也是殷末最重要的一段戰爭文獻。在十年以前的買價,是北平偽聯票三百元,那真是太便宜了。

他不但借給我甲骨,並且把所藏全部甲骨拓本,也都借給了我,讓我一一的都鈔錄了下來。其中最重要的是明義士所藏大片甲骨的拓本,共有二十三大本之多,我已全部摹了。據說明義士在回國之前,把他最好的甲骨,一共拓了四份。一份自存;一份先存曾毅公處,後索回贈加拿大多倫多大學;一份贈商承祚;一份贈容庚。商承祚一份,事變後,在南京丟了。容庚一份,由于氏以銅器交換。原骨原存濟南齊魯大學,今存亡不可知。大約存在國內的拓本,只有這一份了。

北京圖書館買了二百多片,承袁守和館長借我摹了一遍。輔仁大學所得的甲骨,由周燕孫先生將拓本借我一鈔。孫海波先生除了幾百片甲骨之外,有六冊甲骨拓本,我也錄了一些下來。

還有趙斐雲先生,他把所藏名貴的甲骨拓本一百多張,借我帶回成都鈔錄。李革癡、黃伯川、喬友聲諸先生,都各贈我甲骨拓本一冊。

容庚先生把所藏十三片大的甲骨,借我墨拓一份。謝午生先生,尤其慷慨,出其所藏全部甲骨四五百片,讓我從天津帶到北京,雇人墨拓。(註二〇一)

以上這些材料,已經編成了《戰後平津新獲甲骨集》和《戰後平津所見甲骨錄》兩書。在成都時只印了兩本,不過全書十分之一乃至十五分之一而已。

一九四五年我從後方去京津蒐過甲骨之後,又回到了後方成都。一九四六年秋天,我從成都隨齊魯大學復員還返濟南,路過南京上海,停留了一個時期,也努力探訪了戰後甲骨出土的情形。

一九四五年在北京時,聽說在抗戰時間,安陽出了一大坑甲骨,片大字多,有兩網籃,被上海的一個古董商葉叔重買了去。這次到了上海之後,首先打聽這個人,結果甲骨還在,被我買成了。共約一千片左右,都是廩辛康丁武乙文丁時的東西。大約出在小屯村中。材料相當重要。

又從中國古玩社買到了一百多片,多武丁、祖庚、祖甲、帝乙、帝辛時的東西,應該出在小屯村北洹河邊地。最有趣的，其中有一片，和《殷虛書契菁華》的一片同文，至爲重要。

從郭墨林金貴南那裏也先後買了幾批，共有四五百片。

在上海因爲朋友們的幫忙，我又鈔錄了上海市博物館所藏的一千多片，是早期劉鐵雲舊藏。又鈔了誠明文學院所藏沒有著錄過的八十幾片，是《戩壽堂所藏甲骨文字》一書未收之物。

在南京曾鈔錄了王伯沅舊藏的六百多片甲骨。又鈔了溥心畬舊藏的甲骨拓本四百多片。周俊叟氏藏甲骨拓本十多張，承慨然見貽。中央圖書館先後買到了幾批，我也曾擇優的錄了一部分。

另外零零碎碎，在南京上海的古玩店裏，或偶然遇到的藏家；也買了鈔了不少。

這些材料，已編成了《戰後京滬新獲甲骨集》和《戰後京滬所見甲骨錄》兩書，前者已經付印，後者出版尚無日期。

那時惟一引爲遺憾的，就是我本想去安陽一行，但因爲交通未復，莫能實現。

此外蒐購甲骨的，在天津有陳保之買了一百多片；在北京有徐宗元買了三百片；在上海有郭若愚買了八十多片；在南京中央圖書館先後所得四百片，也都是戰後新出土的東西。

解放後，上海市古代文物管理委員會，得甲骨一五五五片，係戰後新出。山東省古代文物管理委員會，得一〇三〇片，係自東北流出，約爲羅振玉舊物。(註二〇二)最近北京文物局也買了一百多片。(註二〇三)

以上戰後出土，可以算作五十年甲骨文發現的後期。

八　五十年甲骨文出土的總計

在這五十年中,發現了多少甲骨文呢?這是大家急需知道的一個問題。現在依我個人所知,列表統計如下:

甲　已著錄者

（一）鐵雲藏龜　劉鶚　一九〇三　　　　　　　　　一〇五八片
（二）殷虛書契前編　羅振玉　一九一二　　　　　　二二二九片
（三）殷虛書契菁華　羅振玉　一九一四　　　　　　六八片
（四）鐵雲藏龜之餘　羅振玉　一九一五　　　　　　四〇片
（五）殷虛書契後編　羅振玉　一九一六　　　　　　一一〇四片
（六）殷虛古器物圖錄　羅振玉　一九一六　　　　　四片
（七）殷虛卜辭　明義士　一九一七　　　　　　　　二三六九片
（八）戩壽堂所藏殷虛文字　姬佛陀　一九一七　　　六五五片
（九）龜甲獸骨文字　林泰輔　一九二一　　　　　　一〇二三片
（一〇）簠室殷契徵文　王襄　一九二五　　　　　　一一二五片
（一一）鐵雲藏龜拾遺　葉玉森　一九二五　　　　　二四〇片
（一二）傳古別錄第二集　羅福頤　一九二八　　　　四片
（一三）新獲卜辭寫本　董作賓　一九二八　　　　　三八一片
（一四）大龜四版考釋　董作賓　一九三一　　　　　四片
（一五）書道　下中彌三郎　一九三一　　　　　　　九七片
（一六）殷虛文字存真一至八集　關百益　一九三一　八〇〇片
（一七）周漢遺寶　原田淑人　一九三二　　　　　　二片
（一八）福氏所藏甲骨文字　商承祚　一九三三　　　三七片
（一九）殷契卜辭　容庚　一九三三　　　　　　　　八七四片
（二〇）卜辭通纂　郭沫若　一九三三　　　　　　　九二九片

(二一) 帚矛說　董作賓　一九三三　　　　　　　　　　　　　九九片
(二二) 釋後岡出土之一片卜辭　董作賓　一九三三　　　　　　一片
(二三) 殷虛書契續編　羅振玉　一九三三　　　　　　　　　二〇一六片
(二四) 殷契佚存　商承祚　一九三三　　　　　　　　　　　一〇〇〇片
(二五) 甲骨文　王子玉　一九三三　　　　　　　　　　　　一七二片
(二六) 上海亞洲文會博物館所藏甲骨文字　吉卜生　一九三四　八九片
(二七) 鄴中片羽初集　黃濬　一九三五　　　　　　　　　　二四五片
(二八) 郼齋所藏甲骨拓本　金祖同　一九三五　　　　　　　二六片
(二九) 庫方二氏藏甲骨卜辭　方法斂　一九三五　　　　　　一六八七片
(三〇) 衡齋金石識小錄　黃濬　一九三五　　　　　　　　　二片
(三一) 殷虛甲骨相片　白瑞華　一九三五　　　　　　　　　一〇四片
(三二) 柏根氏舊藏甲骨文字　明義士　一九三五　　　　　　七四片
(三三) 安陽侯家莊出土之甲骨文字　董作賓　一九三五　　　四二片
(三四) 甲骨文錄　孫海波　一九三七　　　　　　　　　　　九三〇片
(三五) 殷契粹編　郭沫若　一九三七　　　　　　　　　　　一五九五片
(三六) 鄴中片羽二集　黃濬　一九三七　　　　　　　　　　九三片
(三七) 殷虛甲骨搨片　白瑞華　一九三七　　　　　　　　　二二片
(三八) 殷虛卜辭後編　明義士　一九三七　　　　　　　　　二七〇〇片
(三九) 甲骨卜辭七集　方法斂　一九三八　　　　　　　　　五二七片
(四〇) 天壤閣甲骨文存　唐蘭　一九三九　　　　　　　　　一〇八片
(四一) 鐵雲藏龜零拾　李旦丘　一九三九　　　　　　　　　九三片
(四二) 殷契遺珠　金祖同　一九三九　　　　　　　　　　　一四五九片
(四三) 金璋所藏甲骨卜辭　方法斂　一九三九　　　　　　　四八四片
(四四) 鄴中片羽三集　黃濬　一九三九　　　　　　　　　　二一五片
(四五) 卜辭雜例　胡厚宣　一九三九　　　　　　　　　　　七一片
(四六) 甲骨叕存　曾毅公　一九三九　　　　　　　　　　　七五片
(四七) 誠齋殷虛文字　孫海波　一九四〇　　　　　　　　　五〇〇片
(四八) 雙劍誃古器物圖錄　于省吾　一九四〇　　　　　　　四片
(四九) 殷虛文字甲編　董作賓　一九四〇　　　　　　　　　三九四二片
(五〇) 甲骨五十片　白瑞華　一九四〇　　　　　　　　　　五〇片
(五一) 河南安陽遺寶　梅原末治　一九四〇　　　　　　　　一四九片

(五二)卜辭同文例　胡厚宣　一九四〇　　　　　　　　二七三片
(五三)卜辭記事文字史官簽名例　胡厚宣　一九四〇　　　三七片
(五四)中央大學史學系所藏甲骨文字　李孝定　一九四一　二五〇片
(五五)殷契摭佚　李旦丘　一九四一　　　　　　　　　　一一八片
(五六)歀團甲骨釋要　何遂　一九四一　　　　　　　　　二二片
(五七)殷契駢枝三編　于省吾　一九四三　　　　　　　　二片
(五八)殷文丁時卜辭中一旬間之氣象紀錄　董作賓　一九四三　一片
(五九)甲骨學商史論叢初集　胡厚宣　一九四四　　　　　八片
(六〇)廈門大學所藏甲骨文字　胡厚宣　一九四四　　　　二九片
(六一)甲骨六錄　胡厚宣　一九四五　　　　　　　　　　六五九片
(六二)殷曆譜　董作賓　一九四五　　　　　　　　　　　一五片
(六三)武丁日譜　董作賓　一九四五　　　　　　　　　　二三七片
(六四)骨的文化　懷履光　一九四五　　　　　　　　　　二四片
(六五)元嘉造像室所藏甲骨文字　胡厚宣　一九四六　　　二七〇片
(六六)頌齋所藏甲骨文字　胡厚宣　一九四六　　　　　　一三片
(六七)雙劍誃所藏甲骨文字　胡厚宣　一九四六　　　　　二五四片
(六八)戰後殷墟出土的新大龜七版　胡厚宣　一九四七　　七片
(六九)龜卜　金祖同　一九四八　　　　　　　　　　　　一二五片
(七〇)殷虛文字乙編上中册　董作賓　一九四九　　　　　六二七二片
(七一)戰後京滬新獲甲骨集　胡厚宣　一九四九　　　　　八五四片

乙　未著錄者

(子)國內機關採集
(一)國立中央研究院十三次發掘所得(未著錄者)　　　　四四五五片
(二)國立中央研究院十四次發掘所得　　　　　　　　　二片
(三)國立中央研究院十五次發掘所得　　　　　　　　　五五九片
(四)國立中央研究院購藏　　　　　　　　　　　　　　六二片
(五)國立中央研究院新購　　　　　　　　　　　　　　六〇〇片
(六)上海孔德研究所舊藏　　　　　　　　　　　　　　約三〇〇片
(七)國立北京歷史博物館藏　　　　　　　　　　　　　二九片
(八)河南博物館發掘所得(未發表者)　　　　　　　　　約二五〇〇片

（九）上海市立博物館藏　　　　　　　　　　　　　一五〇〇片
（一〇）旅順博物館舊藏　　　　　　　　　　　　　約二〇〇片
（一一）安陽古物保存會藏　　　　　　　　　　　　約二〇〇片
（一二）濟南廣智院藏　　　　　　　　　　　　　　約一〇〇片
（一三）國立中央圖書館藏　　　　　　　　　　　　約二〇〇片
（一四）國立中央圖書館新購　　　　　　　　　　　約一五〇片
（一五）國立中央圖書館第二次新購　　　　　　　　　　四〇片
（一六）國立北京圖書館舊藏　　　　　　　　　　　約二〇〇片
（一七）國立北京圖書館新購　　　　　　　　　　　　二〇五片
（一八）國立北京圖書館第二次新購　　　　　　　　　四六一片
（一九）山東圖書館舊藏　　　　　　　　　　　　　　　七一片
（二〇）雲南昆華圖書館舊藏　　　　　　　　　　　　　　四片
（二一）雲南昆華民衆教育館藏　　　　　　　　　　　約五〇片
（二二）山東省古代文物管理委員會藏　　　　　　　　一〇三片
（二三）上海市古代文物管理委員會藏　　　　　　　　一五五五片
（二四）國立北京大學研究所藏　　　　　　　　　　　四六三片
（二五）國立清華大學第一次購得　　　　　　　　　約一〇〇〇片
（二六）國立清華大學第二次購得　　　　　　　　　約一〇〇〇片
（二七）國立清華大學第三次購得　　　　　　　　　約一〇〇〇片
（二八）北京輔仁大學舊藏　　　　　　　　　　　　約一五〇片
（二九）北京輔仁大學新購　　　　　　　　　　　　　二二〇片
（三〇）上海誠明文學院藏　　　　　　　　　　　　約七〇〇片
（三一）中央文化部文物局新購　　　　　　　　　　　一二〇片

（丑）國內私人收藏

（一）劉晦之藏（未著錄者）　　　　　　　　　　約二八〇〇片
（二）羅叔言舊藏（未著錄者）　　　　　　　　　約二〇〇〇〇片
（三）明義士舊藏（未著錄者）　　　　　　　　　約二〇〇〇片
（四）胡厚宣新獲（連拓本摹本）　　　　　　　　約一五〇〇片
（五）葉葓漁舊藏（未發表者）　　　　　　　　　約一二〇〇片
（六）于省吾藏　　　　　　　　　　　　　　　　約一〇〇〇片
（七）王伯沆舊藏　　　　　　　　　　　　　　　　約六〇〇片

八　五十年甲骨文出土的總計

（八）郭智盦藏　　　　　　　　　　　　　　約六〇〇片
（九）曹仁裕藏　　　　　　　　　　　　　　約六〇〇片
（一〇）王富晉藏　　　　　　　　　　　　　約五〇〇片
（一一）張彥生藏　　　　　　　　　　　　　約五〇〇片
（一二）黃伯川藏　　　　　　　　　　　　　約四〇〇片
（一三）端午橋舊藏　　　　　　　　　　　　約四〇〇片
（一四）溥心畬舊藏　　　　　　　　　　　　約四〇〇片
（一五）徐尊六藏　　　　　　　　　　　　　約三〇〇片
（一六）王緒祖舊藏　　　　　　　　　　　　約三〇〇片
（一七）郭正德藏　　　　　　　　　　　　　約三〇〇片
（一八）喬友聲藏　　　　　　　　　　　　　約二〇〇片
（一九）胡小石藏　　　　　　　　　　　　　約二〇〇片
（二〇）柳翼謀藏　　　　　　　　　　　　　約二〇〇片
（二一）酈衡叔藏　　　　　　　　　　　　　約二〇〇片
（二二）馬叔平藏　　　　　　　　　　　　　約二〇〇片
（二三）孫海波藏　　　　　　　　　　　　　約二〇〇片
（二四）單孝天藏　　　　　　　　　　　　　約二〇〇片
（二五）潘景鄭藏　　　　　　　　　　　　　約二〇〇片
（二六）金祖同藏　　　　　　　　　　　　　約二〇〇片
（二七）郭墨林藏　　　　　　　　　　　　　約二〇〇片
（二八）陳保之藏　　　　　　　　　　　　　約二〇〇片
（二九）張丹斧舊藏　　　　　　　　　　　　約二〇〇片
（三〇）金貴南藏　　　　　　　　　　　　　約一二〇片
（三一）容庚藏　　　　　　　　　　　　　　約一〇〇片
（三二）王壽之藏　　　　　　　　　　　　　約一〇〇片
（三三）潘景鄭藏　　　　　　　　　　　　　約一〇〇片
（三四）沈燕謀藏　　　　　　　　　　　　　約一〇〇片
（三五）陳伯衡藏　　　　　　　　　　　　　約一〇〇片
（三六）方地山舊藏　　　　　　　　　　　　　　八九片
（三七）何敍甫新獲　　　　　　　　　　　　　　五九片
（三八）商錫永藏　　　　　　　　　　　　　　　五〇片

(三九) 曾毅公藏　　　　　　　　　　　　　　　五〇片
(四〇) 陳子彝舊藏　　　　　　　　　　　　　　三五片
(四一) 侯億園藏　　　　　　　　　　　　　　　三〇片
(四二) 唐立厂藏　　　　　　　　　　　　　　　三〇片
(四三) 杜亞貽藏　　　　　　　　　　　　　　　三〇片
(四四) 沈勤廬藏　　　　　　　　　　　　　　　二七片
(四五) 賀次君藏　　　　　　　　　　　　　　　二〇片
(四六) 何春畲藏　　　　　　　　　　　　　　　一九片
(四七) 徐旭生藏　　　　　　　　　　　　　　　一三片
(四八) 甘茂德藏　　　　　　　　　　　　　　　一〇片
(四九) 周俊叟藏　　　　　　　　　　　　　　　一〇片
(五〇) 欒調甫藏　　　　　　　　　　　　　　　　八片
(五一) 莊尚嚴藏　　　　　　　　　　　　　　　　八片
(五二) 黃賓虹藏　　　　　　　　　　　　　　　　五片
(五三) 梁思永藏　　　　　　　　　　　　　　　　四片
(五四) 嚴一萍藏　　　　　　　　　　　　　　　　四片
(五五) 方杰人藏　　　　　　　　　　　　　　　　二片
(五六) 郭石祺舊藏　　　　　　　　　　　　　　　一片
(五七) 傅子通藏　　　　　　　　　　　　　　　　一片
(五八) 孫伯恒舊藏
(五九) 姚茫父舊藏
(六〇) 羅振常舊藏
(六一) 龔熙台舊藏
(六二) 金至淇藏
(六三) 李鶴年藏
(六四) 鮑扶九藏
(六五) 孫伯遠藏
(六六) 周美權藏
(六七) 王騫藏
(六八) 劉恭祿藏
(六九) 溫雄飛藏

（七〇）蔣竹莊藏

（七一）柯燕聆藏

（七二）張天方藏

（七三）沈鏡心藏

（七四）王治易藏

（七五）汪宇藏

（七六）陳松茂藏

以上片數未詳

(寅) 國外機關採集

（一）德國柏林博物院舊藏　　　　　　　　　　　　　　　七一一片

（二）日本上野博物館舊藏　　　　　　　　　　　　　　　五一〇片

（三）日本東京帝大考古學教室舊藏　　　　　　　　　　約一〇〇〇片

（四）日本京都帝大考古學教室舊藏　　　　　　　　　　　四五片

（五）日本東洋文庫舊藏　　　　　　　　　　　　　　　一一五片

（六）加拿大多倫多博物館藏　　　　　　　　　　　　　約三一〇〇片

（七）美國國會圖書館藏　　　　　　　　　　　　　　　未詳

（八）美國哈佛大學藏　　　　　　　　　　　　　　　　未詳

（九）日本桃山中學舊藏　　　　　　　　　　　　　　　未詳

(卯) 國外私人收藏

（一）日本富岡謙藏舊藏　　　　　　　　　　　　　　　約八〇〇片

（二）日本内藤虎次郎舊藏　　　　　　　　　　　　　　　二五片

（三）盧芹齋藏　　　　　　　　　　　　　　　　　　未詳

（四）日本岩間德也舊藏　　　　　　　　　　　　　　　未詳

（五）日本後藤朝太郎舊藏　　　　　　　　　　　　　　未詳

（六）日本岡田朝太郎舊藏　　　　　　　　　　　　　　未詳

總上已經著錄過的材料，七一種，四一〇八七片。尚未經過著錄的材料，在國內機關採集的三一處，二〇九七一片；私人收藏的七六家，九三六二五片。在國外機關採集的九處，五三八一片；私人收藏的六家，八二五片。總共一九三宗，一六一八八九片。所以，五十年來，出土的甲骨材料，共有多少片呢？我們現在的回答是，大約有十六萬多片。

不過，這個表，只能說是一個概略的估計。除此所列以外，無論在本國外國，一定還有很多我們所不曉得的機關和藏家，保存着不少的甲骨。尤其在日本，一定更多。在抗戰期間，敵人佔領安陽八年，發掘出土，蒐集流傳的情形，我們知道的，實在有限。可惜我們在目前，就連調查，都不可能。還有，上表所列，有的羼雜着少量的偽品，有的前後互見重出，還有的簡直全是從別的書裏選錄，我們都沒有把它一一剔出。所以這個十六萬片的數字，只是一個大約的估計而已。

附　註

（註一）參看胡厚宣《五十年甲骨學論著目》（中華書局出版）《自序》。
（註二）見後第八節《五十年出土材料的總計》。
（註三）看同註一。
（註四）看胡厚宣《五十年甲骨學論著目》，中華書局出版。
（註五）許慎《說文解字》一書，成於公元一〇〇年，上於公元一二一年。最早的甲骨文字，約爲公元前一三九五年。
（註六）參看張政烺《六書古義》，刊中央研究院《歷史語言研究所集刊》十本一分，一九四二年四川初印本，又一九四八年商務印書館重印本。
（註七）參看唐蘭《中國文字學》十一，《六書說批判》。（開明書店出版）
（註八）看唐蘭《中國文字學》八，《關於中國文字起源的傳說》。
（註九）參看王國維《戰國時秦用籀文六國用古文說》，收入所著《觀堂集林》卷七。又《史籀篇疏證》（《王忠愨公遺書》初集本，又商務《海寧王靜安先生遺書》第十七冊）《敍》。唐蘭《中國文字學》二十六，《大篆小篆》。
（註一〇）另詳胡厚宣《說文解字的批判》。
（註一一）看顧頡剛《古史辨》第一、二、五冊。楊寬《中國上古史導論》，收入《古史辨》第七冊上編。顧頡剛《當代中國史學》，勝利出版公司出版。胡厚宣《古代研究的史料問題》，商務印書館出版。周予同《五十年來中國之新史學》，刊《學林》第四輯。
（註一二）看顧頡剛《古史辨》第一、二冊。
（註一三）看王國維《古史新證》，清華研究院油印講義本，又刊《國學月報》二卷八、九、十號合刊，又刊《燕大月刊》七卷二期，又來薰閣影印手稿本。梁啓超《古書真僞及其年代》，清華研究院講義本，又中華書局《飲冰室合集》本，又單行本。
（註一四）《論語・八佾》："子曰，夏禮，吾能言之，杞不足徵也；殷禮，吾能言之，宋不足徵也。文獻不足故也，足，則吾能徵之矣。"
（註一五）看朱芳圃《甲骨學商史編》，中華書局出版。周傳儒《甲骨文字與殷商制度》，開明書店出版。胡厚宣《甲骨學商史論叢》初二集，齊魯大學國學研究所出版。及胡厚宣《五十年甲骨學論著目》（中華書局出版）《歷史類》論著。
（註一六）看王國維《殷卜辭中所見先公先王考》及《續考》，收入《學術叢書》，又刊《觀堂集林》

卷九。又《古史新證》，刊見註一三。

（註一七）看胡厚宣《卜辭中所見之殷代農業》，收入所著《甲骨學商史論叢》二集，齊魯大學國學研究所出版。

（註一八）看胡厚宣《殷代封建制度考》，收入所著《甲骨學商史論叢》初集第一册。

（註一九）看胡厚宣《中央研究院殷墟發掘出品參觀記》，刊一九三七年四月二十八至三十日南京《中央日報》專刊；又刊《中國藝術論叢》，商務印書館出版。

（註二〇）看胡厚宣《殷代封建制度考》、《殷代婚姻家族宗法制度考》兩文，並收入所著《甲骨學商史論叢》初集第一册。

（註二一）看同註一六。

（註二二）看顧頡剛《從地理上證今本堯典爲漢人作》，刊《禹貢半月刊》二卷五期。

（註二三）看胡厚宣《甲骨文四方風名考證》，刊《責善半月刊》二卷十九期及二十二期，又收入所著《甲骨學商史論叢》初集第二册。

（註二四）王國維著，刊見註一三。

（註二五）唐蘭《古籍新證》，北京大學講義本。

（註二六）于省吾有《尚書新證》《詩經新證》《易經新證》及《諸子新證》等書，自石印本。

（註二七）看胡厚宣《古代研究的史料問題》，商務印書館出版。

（註二八）詳見胡厚宣《商周史斷代的意義》。

（註二九）胡厚宣《甲骨學概要》，刊《大學月刊》二卷一期。又《甲骨學簡説》，刊一九四六年四月十九日成都《中央日報專刊》。又《甲骨學提綱》，刊一九四七年一月八日天津《大公報文史周刊》十三期；又一九四七年一月十五日上海《大公報文史周刊》十三期。又《甲骨文發現之歷史》及《甲骨學研究之經過》兩文，都刊在一九四六年四月二十日成都《中央日報專刊》。又《甲骨文發現之歷史及其材料之統計》，收入《甲骨學商史論叢》初集第四册。又《甲骨學緒論》，收入《甲骨學商史論叢》二集第二册。

（註三〇）看董作賓《商代龜卜之推測》，刊《安陽發掘報告》第一期。又《骨文例》，刊中央研究院《歷史語言研究所集刊》七本一分。唐蘭《卜辭時代的文學和卜辭文學》，刊《清華學報》十一卷三期。胡厚宣《甲骨學概要》《甲骨學簡説》《甲骨學緒論》《甲骨學提綱》刊並見註二九。又《甲骨學要論》。又《論殷代的記事文字》，刊一九三七年六至八月天津《益世報人文周刊》二十五至三十一期。又《武丁時五種記事刻辭考》，刊《甲骨學商史論叢》初集第三册。

（註三一）如劉鶚的書叫《鐵雲藏龜》，羅振玉的《鐵雲藏龜之餘》，葉玉森的《鐵雲藏龜拾遺》，李旦丘的《鐵雲藏龜零拾》，皆從之。孫壯有書叫《雪園藏龜》。默厂有《談龜》一文。

（註三二）如日本富岡謙藏有《古羑里城出土龜甲之説明》。

（註三三）如胡韞玉有《論甲文》，聞宥有《甲文彰飾初論》，畢任庸有《甲文嘗鼎談》。

（註三四）如陳邦福有《龜甲文》。汐翁亦有《龜甲文》一文。

（註三五）如陳晉有《龜甲文字概論》一書。

（註三六）如日本後藤朝太郎有《殷代龜版文中之族字》一文。

（註三七）看胡厚宣《殷代卜龜之來源》，收入《甲骨學商史論叢》初集第四册。就已經發現的甲和骨算起來，片數比例約爲八與三。但龜甲易碎片小，牛骨版片較大。完整的龜和骨，數量大約差不多。又武丁祖庚祖甲時多用龜甲，廩辛康丁武乙文丁時多用牛骨，帝乙帝辛時則甲骨比例，大略相等。

（註三八）如葉玉森有《說契》和《掌契枝譚》，陳邦福有《殷虛蓻契考》和《福氏藏契考略》，陳德鉅有《讀契瑣記》。

（註三九）如孫詒讓有《契文舉例》，陸和九有《契文》，許敬參有《契文卜王釋例》。

（註四〇）如王襄有《簠室殷契類纂》和《簠室殷契徵文》，葉玉森有《殷契鉤沈》，丁山有《殷契亡尤說》，容庚有《殷契卜辭》，商承祚有《殷契佚存》，郭沫若有《殷契粹編》，金祖同有《殷契遺珠》，徐協貞有《殷契通釋》。

（註四一）如日本高田忠周有《龜刻文字體說》。

（註四二）如曹銓有《殷商甲骨刻文考》一文。

（註四三）如唐蘭有《北京大學藏甲骨刻辭》一書。

（註四四）參看董作賓《甲骨文斷代研究例》，刊《慶祝蔡元培先生六十五歲論文集》上册。又《殷人之書與契》，刊《中國藝術論叢》。胡厚宣《中央研究院殷墟發掘出品參觀記》，刊見註一九。又《武丁時五種記事刻辭考》，刊見註三〇。又《第十三次發掘殷墟所得龜甲文字舉例》。

（註四五）如王襄有《題貞卜文》，《題所錄貞卜文册》，《題寄釗弟貞卜文題字》。

（註四六）如羅振玉有《殷商貞卜文字考》一書。

（註四七）如董作賓有《新獲卜辭寫本》，郭沫若有《卜辭通纂》，孫海波有《卜辭文字小記》，《卜辭曆法小記》，容庚有《卜辭研究》，胡厚宣有《卜辭同文例》《卜辭雜例》和《卜辭中所見之殷代農業》等文。

（註四八）如孫海波有《由甲骨卜辭推論殷周之關係》，美國方法斂有《庫方二氏藏甲骨卜辭》，《甲骨卜辭七集》和《金璋所藏甲骨卜辭》，陳夢家有《述方法斂所摹甲骨卜辭》。

（註四九）如王國維有《殷卜辭所見先公先王考》，及《續考》，吳其昌有《殷卜辭所見先公先王三續考》，朱芳圃有《殷卜辭所見先公先王再續考》，溫廷敬有《殷卜辭婚嫁考》。

（註五〇）如金祖同有《殷虛卜辭講話》，日本長瀨誠有《殷虛卜辭》，加拿大明義士有《殷虛卜辭》和《殷虛卜辭後編》。

（註五一）看胡厚宣《論殷代的記事文字》，刊見註三〇。又《武丁時五種記事刻辭考》，刊見註三〇。又《卜辭記事文字史官簽名例》，刊中央研究院《歷史語言研究所集刊》第十二本。

（註五二）如羅振玉有《殷虛書契前編》、《殷虛書契後編》、《殷虛書契菁華》、《殷虛書契續編》、《殷虛書契考釋》、《殷虛書契待問編》等書。柯昌濟有《殷虛書契補釋》、《殷虛書契札記》、《殷虛書契答問》等書。

（註五三）如姬覺彌有《戩壽堂所藏殷虛文字》，王國維有《隨庵所藏殷虛文字跋》，商承祚有

《殷虚文字類編》、《殷虚文字考》和《殷虚文字用點之研究》，聞宥有《殷虚文字之孳乳研究》，關百益有《殷虚文字存真》，唐蘭有《殷虚文字記》，董作賓有《殷虚文字》甲乙編。

（註五四）如邁五有從《殷虚遺文窺見上古風俗的一斑》。

（註五五）看明義士《表較新舊版殷虚書契前編並記所得之新材料》一文，刊《齊大季刊》第二期。一九四六年，余在北京亦購得人頭刻辭一片，已收入拙著《戰後京津新獲甲骨集》一書，原骨則已贈中央研究院歷史語言研究所考古組收存。

（註五六）見中央研究院歷史語言研究所出版之《獸頭刻辭》。又董作賓《獲白麟解》，刊《安陽發掘報告》第二期。又《甲骨文斷代研究例》，刊見註四四。又《殷虚文字甲編》三九四〇、三九四一片。郭沫若《卜辭通纂》五七八、五七九片。商承祚《殷契佚存自序》。

（註五七）見中央研究院歷史語言研究所出版之《獸頭刻辭》。又董作賓《獲白麟解》，刊見註五六。又《殷虚文字甲編》三九三九片。郭沫若《卜辭通纂》五七七片。商承祚《殷契佚存自序》。

（註五八）見高去尋《殷虚出土的牛距骨刻辭》，刊《中國考古學報》第四冊。

（註五九）如中央研究院歷史語言研究所發掘殷墟所得的銅器文字，有：

每(爵文，二器)	京(爵，觚，尊文，四器)
又(尊，勺文，三器)	畾(鼎文)
鬭(壺文，爵文，三器)	出(爵文)
守(觚文)	亞守(鼎文)
守戈(爵文)	舉(爵文)
矢(爵文)	串(爵文)
木(爵文)	刅(鼎文)
甾(車飾)	矛(戈文，約百器)
臣(爵文)	斝(觚文)
弁(鼎文)	中(爵文)
朋(爵文)	牛(鼎文)
鹿(鼎文)	木虎(鳥尊文)
揪(殷文)	(大)爵文
司馬祝(蓋文)	帚小室盂(盂文，二見)

其他各種著錄銅器書裏的殷文，更多至不可勝計。參看徐中舒《殷代銅器足徵說兼論鄴中片羽》，刊《考古社刊》第二期。又《關於銅器之藝術》，刊《中國藝術論叢》。梁思永《中央研究院參加教部二次美展出品目錄》。董作賓《今後怎樣研治甲骨文》，北大講義本。李濟《記小屯出土的青銅器》，刊《中國考古學報》第三、四冊。胡厚宣《中央研究院殷墟發掘出品參觀記》，刊見註一九。羅振玉《殷文存》和王辰《續殷文存》，不足據。

（註六〇）如商承祚《殷契佚存》四二六，四二七片。《鄴中片羽》初集卷下葉四七第七片、第八片、第九片。中央研究院發掘所得骨笄文字有"昌入二"，其他骨器上又有"卯""三""五"等字。看胡厚宣《殷代卜龜之來源》，刊《甲骨學商史論叢》初集第四冊。又《武丁時五種記事刻辭考》，刊《甲骨學商史論叢》初集第三冊。

（註六一）如商承祚《殷契佚存》五一八片。董作賓《殷虛文字甲編》三九四二片。

（註六二）如天津《河北第一博物館館刊》第三十期刊載的《商刻玉匕飾》，又見唐蘭《古文字學導論》和《殷契佚存序》。中央研究院發掘殷墟所得的玉器文字有：

㞢侯（玉戈）

小臣出（玉牌符）

大示巷（玉魚佩）

（註六三）中央研究院發掘殷虛所得的石器文字有：

大牛（石器殘片）

辛丑，小目兹入㞢（擒）俎在吾，日殷。（石殷斷耳）

看胡厚宣《殷代卜龜之來源》和《武丁時五種記事刻辭考》，刊見註六〇。

（註六四）中央研究院發掘殷墟所得的陶器文字有：

一 三 四 五 七 × 又 中 个 己 㔽 木 亞 䵴 易 魚 來 父 井 戈 田 冊 困 亞 屮 車 今 甘 戌 每 母 庚 戊見 辰 旨

且多不止一見。

（註六五）見時經訓《河南地志》第七章《古物》一節，說：「骨董商人，名曰龜版。羅叔蘊先生著《殷虛書契考釋》，定爲獸骨。今化驗之，確係竹簡，與鑛質化合，故光瑩如骨。羅書以爲骨質誤矣。」

（註六六）各家稱甲骨文的，如陸懋德有《甲骨文之歷史及其價值》，《由甲骨文考見商代之文化》。容庚有《甲骨文之發現及其考釋》。胡光煒有《甲骨文例》。董作賓有《甲骨文斷代研究例》、《甲骨文研究的擴大》、《今後怎樣研治甲骨文》、《甲骨文論著目錄》。孫海波有《甲骨文編》、《甲骨文錄》。胡厚宣有《甲骨文材料之統計》、《甲骨文四方風名考證》、《甲骨文中之天象紀錄》、《甲骨文所見殷代之天神》、《甲骨文發現之歷史》。唐蘭有《天壤閣甲骨文存》。各家稱甲骨文字者，如郭沫若有《甲骨文字研究》。周傳儒有《甲骨文字與殷商制度》。商承祚有《甲骨文字研究》，《福氏所藏甲骨文字》、《研究甲骨文字應該注意的一個問題》。明義士有《柏根氏舊藏甲骨文字》。聞宥有《研究甲骨文字之兩條新路》、《甲骨文字乂文之研究》。如此之類，不能備舉。

（註六七）參看衛聚賢《秦漢時發現甲骨文說》，刊《說文月刊》一卷四期。何天行《甲骨文已現於古代說》，《陝西曾發現甲骨文之推測》，並刊《學術》第一輯。

（註六八）《考古圖》一卷二二葉。

（註六九）《考古圖》一卷二三葉。

（註七〇）《考古圖》四卷五葉。

（註七一）《考古圖》五卷一二葉。

（註七二）《考古圖》四卷四四葉。

(註七三)《博古圖録》一卷一七葉。《嘯堂集古録》一葉。《歷代鐘鼎彝器款識》一卷一五葉。

(註七四)《博古圖録》一卷二一葉。《歷代鐘鼎彝器款識》一卷一五葉。

(註七五)《博古圖録》一卷二六葉。《嘯堂集古録》四葉。《歷代鐘鼎彝器款識》一卷一一葉。《復齋鐘鼎款識》五葉。又一器《博古圖録》一卷四三葉。《嘯堂集古録》六葉。《歷代鐘鼎彝器款識》一卷一三葉。《續考古圖》四卷二三葉。又一器《博古圖録》一卷二五葉。《嘯堂集古録》四葉。《歷代鐘鼎彝器款識》一卷一三葉。《復齋鐘鼎款識》六葉。

(註七六)《博古圖録》二卷三七葉。《嘯堂集古録》一二葉。《歷代鐘鼎彝器款識》九卷四葉。

(註七七)《博古圖録》三卷五葉。《嘯堂集古録》一五葉。《歷代鐘鼎彝器款識》九卷五葉。

(註七八)《博古圖録》八卷二〇葉。《嘯堂集古録》二八葉。《歷代鐘鼎彝器款識》二卷一二葉。應該叫殷。

(註七九)《歷代鐘鼎彝器款識》二卷一一葉。應該叫殷。

(註八〇)《續考古圖》三卷三葉。應該叫殷。

(註八一)《歷代鐘鼎彝器款識》一二卷三葉。《續考古圖》三卷三葉。應該叫甗。

(註八二)《續考古圖》三卷二葉。《歷代鐘鼎彝器款識法帖》一二卷三葉。應該叫殷。

(註八三)《博古圖録》一九卷三六葉。《歷代鐘鼎彝器款識法帖》一五卷一二葉。應該叫盉。

(註八四)《歷代鐘鼎彝器款識法帖》一二卷三葉。應該叫觚。

(註八五)《歷代鐘鼎彝器款識法帖》三卷一五葉。應該叫觶。

(註八六)參看徐中舒《殷代銅器足徵說兼論鄴中片羽》，刊《考古社刊》第二期。

(註八七)《河朔訪古記》，《守山閣叢書》本，中卷二三葉。

(註八八)看董作賓胡厚宣《甲骨年表》(商務印書館出版)一葉。

(註八九)《洹洛訪古遊記》，上海蟬隱廬出版。這一條見宣統三年二月二十三日節。

(註九〇)參看汐翁《龜甲文》，刊一九三一年北京《華北日報華北畫刊》八十九期。

(註九一)劉鶚《鐵雲藏龜自序》說："龜版己亥歲出土，在河南洛陽縣屬之古牗里城。"

(註九二)羅振玉《殷商貞卜文字考自序》說："光緒己亥，予聞河南之湯陰發現古龜甲獸骨。"

(註九三)林泰輔有《清國河南湯陰發現之龜甲獸骨》一文。刊《史學雜誌》二十卷八、九、十期。

(註九四)富岡謙藏有《古羑里城出土龜甲之說明》一文，刊《史學研究會講演集》第三冊。

(註九五)方法斂(Frank. H. Chalfant)在《中國原始文字考》(Early Chinese Writing)一書裏說："一八九九年衛輝府附近古朝歌城故址，有故物發現。"

(註九六)羅振玉《五十日夢痕録》說："龜甲獸骨，濰縣范姓估人始得之。亡友劉君鐵雲，問所自出，則詭言得之湯陰。予訪之數年，始知實出洹濱。"又在《殷商貞卜文字考自序》說一九一〇年"並詢知發現之地，乃在安陽縣西五里之小屯，而非湯陰。"

(註九七)看董作賓《釋後岡出土的一片卜辭》，刊《安陽發掘報告》第四期。

(註九八)看董作賓《安陽侯家莊出土之甲骨文字》，刊《田野考古報告》第一冊。

（註九九）參看中央研究院各年度總報告。又李濟、梁思永等《城子崖》。梁思永《後岡發掘小記》，刊《安陽發掘報告》第四期。劉燿《濬縣大賚店史前遺址》，刊《田野考古報告》第二冊。吳金鼎《摘記小屯迤西之三處小發掘》，刊《安陽發掘報告》第四期。李景聃《豫東商邱永城調查及造律台黑孤堆曹橋三處小發掘》，刊《田野考古報告》第二冊。梁思永《小屯龍山與仰韶》，刊《慶祝蔡元培先生六十五歲論文集》下冊。胡厚宣《殷代卜龜之來源》，刊《甲骨學商史論叢》初集第四冊。

（註一〇〇）見董作賓《釋後岡出土的一片卜辭》刊《安陽發掘報告》第四期。

（註一〇一）參看董作賓《殷虛文字甲編自序》，亦刊《中國考古學報》第四冊。又石璋如《殷虛最近之重要發現附論小屯地層》插圖一，《安陽小屯工作區域圖》，刊《中國考古學報》第二冊四頁。

（註一〇二）參看明義士《甲骨研究》，齊魯大學講義本。

（註一〇三）看劉鶚《鐵雲藏龜自序》，及明義士《甲骨研究》。

（註一〇四）看劉鶚《鐵雲藏龜自序》，及董作賓胡厚宣《甲骨年表》。

（註一〇五）看方法斂《甲骨卜辭七集材料來源表》。

（註一〇六）看唐蘭《天壤閣甲骨文存自序》。

（註一〇七）聞方豪先生所言。方氏兩片，我曾爲他墨拓。

（註一〇八）刊一九三三年一月《河北博物院半月刊》三十二至三十三期。

（註一〇九）刊一九三五年三月二十五日，《河北博物院半月刊》八十五期。王襄《簠室題跋》。

（註一一〇）看郭沫若《卜辭通纂自序》。王氏的甲骨，後來又曾著錄在羅振玉的《殷虛書契續編》，和商承祚的《殷契佚存》。

（註一一一）看胡厚宣《我怎樣蒐集的這一批材料》，刊一九四六年四月二十日成都《新中國日報》專刊。

（註一一二）看劉鶚《鐵雲藏龜自序》。

（註一一三）看羅振玉《鐵雲藏龜之餘序》。

（註一一四）看陳振東《殷契書錄》《戩壽堂所藏殷虛文字》條。

（註一一五）看王國維《隨庵所藏殷虛文字跋》，刊《觀堂別集》補遺，又《觀堂遺墨》。

（註一一六）其《戩壽堂所藏殷虛文字》一書未著錄的甲骨，我曾編爲《戩壽堂所藏甲骨文字之餘》，收入《戰後京滬所見甲骨錄》一書。

（註一一七）看葉玉森《鐵雲藏龜拾遺序》，又致程濱生擬售所藏甲骨書，刊董作賓胡厚宣《甲骨年表》三一葉。

（註一一八）上海市立博物館所藏甲骨，聞係抗戰以前胡肇椿長館時購自周連寬，周氏從什麼地方買得，不曉得，據葉玉森先生的哲嗣葉粟如先生說，這批甲骨，像是他老先生的舊物。

（註一一九）看商承祚《福氏所藏甲骨文字序》。

（註一二〇）看商承祚《殷契佚存自序》，明義士《甲骨研究》，齊魯大學講義本。

（註一二一）據胡光煒先生所言。

（註一二二）以上皆據各藏家所言。

（註一二三）看李旦丘《鐵雲藏龜零拾自序》。
（註一二四）看董作賓、胡厚宣《甲骨年表》三葉後。
（註一二五）看方法歛《甲骨卜辭七集材料來源表》。明義士《甲骨研究》，齊魯大學講義本。又《柏根氏舊藏甲骨文字序》。吉卜生《上海亞洲文會博物館藏甲骨文字》，刊《中國雜誌》二十一卷六號。
（註一二六）看方法歛《庫方二氏藏甲骨卜辭序》。又《甲骨卜辭七集材料來源表》。
（註一二七）看方法歛《甲骨卜辭七集材料來源表》，又《金璋所藏甲骨卜辭序》。白瑞華《甲骨卜辭相片》，《殷虛甲骨揭片》。
（註一二八）看方法歛《甲骨卜辭七集材料來源表》。
（註一二九）看明義士《甲骨研究》。
（註一三〇）看明義士《甲骨研究》。
（註一三一）據唐蘭先生言。
（註一三二）看容庚《殷契卜辭序》。
（註一三三）看同註一一九。
（註一三四）看日本高田忠周《古籀篇》和《學古發凡》。
（註一三五）看羅振玉《殷虛書契前編自序》。惟羅氏錯成了"歲在辛丑"，今據劉鶚《鐵雲藏龜自序》，當在這年。
（註一三六）看董作賓胡厚宣《甲骨年表》五葉後。
（註一三七）看羅振玉《殷商貞卜文字考序》。
（註一三八）看羅振玉《殷虛書契前編自序》。
（註一三九）《洹洛訪古遊記》宣統三年二月十八日條。
（註一四〇）《洹洛訪古遊記》宣統三年二月二十一日條。
（註一四一）《洹洛訪古遊記》宣統三年二月二十三日條。
（註一四二）《洹洛訪古遊記》宣統三年三月十三日條。
（註一四三）《洹洛訪古遊記》宣統三年二月二十八日條。
（註一四四）《洹洛訪古遊記》宣統三年三月十四日條。
（註一四五）見《殷契書錄》"殷虛書契菁華"條。
（註一四六）見羅振玉《殷虛書契前編自序》。
（註一四七）見羅振玉《殷虛書契菁華自序》。
（註一四八）《五十日夢痕錄》，收入《雪堂叢刊》中。
（註一四九）見羅振玉《殷虛書契後編自序》。
（註一五〇）見羅振玉《殷虛書契續編自序》。
（註一五一）參看徐嘉瑞《日本甲骨之收藏與研究》，刊《國學月報》二卷一期。林泰輔《龜甲獸骨文字序》。

（註一五二）看徐嘉瑞《日本甲骨之收藏與研究》，刊見註一五一。

（註一五三）參看金祖同《殷虛遺珠發凡》。

（註一五四）參看宿白《八年來日人在華北諸省所作考古工作記略》，刊一九四七年一月十一日，十八日天津《大公報圖書周刊》第二、三期。

（註一五五）見明義士《殷虛卜辭自序》。

（註一五六）參看明義士《殷虛卜辭自序》。又《甲骨研究》，齊魯大學講義本。董作賓胡厚宣《甲骨年表》二十葉前。

（註一五七）看董作賓胡厚宣《甲骨年表》十六葉前。

（註一五八）看董作賓胡厚宣《甲骨年表》十七葉前，十八葉前，及十九葉後。

（註一五九）聞吳金鼎先生所言。

（註一六〇）聞明氏助手曾毅公先生所言。

（註一六一）聞陳夢家先生所言。

（註一六二）參看懷履光(Bishop William Charles White)骨之文化(Bone Cultures)，加拿大多倫多出版。

（註一六三）看明義士《甲骨研究》，齊魯大學講義本。

（註一六四）看董作賓、胡厚宣《甲骨年表》十五葉後。

（註一六五）見《考古社刊社員著作表》。

（註一六六）看董作賓、胡厚宣《甲骨年表》十四葉後。

（註一六七）看董作賓、胡厚宣《甲骨年表》二十一葉前。

（註一六八）看《中央研究院十七年度總報告》。

（註一六九）看董作賓《中華民國十七年十月試掘安陽小屯報告書》，刊《安陽發掘報告》第一期。《中央研究院十七年度總報告》。

（註一七〇）兩文皆刊《安陽發掘報告》第一期。

（註一七一）刊《安陽發掘報告》第二期。

（註一七二）刊《安陽發掘報告》第一期。

（註一七三）看《中央研究院十七年度總報告》。

（註一七四）看李濟《十八年秋季工作之經過及其重要發現》，刊《安陽發掘報告》第二期。又《中央研究院十八年度總報告》。

（註一七五）刊《安陽發掘報告》第三期。

（註一七六）刊《燕京學報》十四期。

（註一七七）刊《安陽發掘報告》第二期。

（註一七八）刊《師大國學叢刊》一卷二期。

（註一七九）刊一九三四年三月十八日及二十五日北平《世界日報自然周刊》六十八、六十九期。

（註一八〇）刊燕京大學《史學年表》第四期。

（註一八一）看《中央研究院十九年度總報告》，又李濟《安陽最近發掘報告及六次工作之總估計》，刊《安陽發掘報告》第四期。

（註一八二）刊《慶祝蔡元培先生六十五歲論文集》上冊。

（註一八三）看梁思永《後岡發掘小記》，刊《安陽發掘報告》第四期。又《小屯龍山與仰韶》，刊《慶祝蔡元培先生六十五歲論文集》下冊。《中央研究院十九年度總報告》。

（註一八四）刊《安陽發掘報告》第四期。

（註一八五）看《中央研究院二十年度總報告》。又李濟《安陽最近發掘報告及六次工作之總估計》，刊《安陽發掘報告》第四期。

（註一八六）看同註一八五。

（註一八七）看《中央研究院二十一年度總報告》。又石璋如《第七次殷虛發掘E區工作報告》，刊《安陽發掘報告》第四期。

（註一八八）看《中央研究院二十二年度總報告》。又石璋如《殷墟最近之重要發現附論小屯地層》，刊《中國考古學報》第二冊，又刊《六同別錄》卷上。

（註一八九）看同註一八八。

（註一九〇）看董作賓《安陽侯家莊出土之甲骨文字》，刊《田野考古報告》第一冊。

（註一九一）刊見註一九〇。

（註一九二）看《中央研究院二十三年度總報告》。《中央研究院安陽田野工作之經過及重要發現》，刊《燕京學報》十七期，《學術消息》欄。石璋如《殷墟最近之重要發現附論小屯地層》，刊《中國考古學報》第二冊。胡厚宣《中央研究院殷墟出土展品參觀記》，刊一九三七年四月二十八至三十日，南京《中央日報》專刊，又刊《中國藝術論叢》，商務印書館出版。

（註一九三）看《中央研究院二十四年度總報告》。《殷墟第十三次發掘概況》，刊《燕京學報》第十九期，《學術消息》欄。又石璋如《殷墟最近之重要發現附論小屯地層》，刊見註一八八。

（註一九四）看《中央研究院二十五年度總報告》。《殷墟第十四次發掘概況》，刊《燕京學報》二十期，《學術消息》欄。又石璋如《殷墟最近之重要發現附論小屯地層》，刊見註一八八。

（註一九五）看《中央研究院二十五年度總報告》。《殷墟第十五次發掘概況》，刊《燕京學報》二十一期，《學術消息》欄。又石璋如《殷墟最近之重要發現附論小屯地層》，刊見註一八八。

（註一九六）看董作賓胡厚宣《甲骨年表》二十三葉前。又董作賓《今後怎樣研治甲骨文》，《北京大學》講義本。

（註一九七）參看前註一五一文。

（註一九八）唐蘭先生告。

（註一九九）陳夢家先生告。

（註二〇〇）金祖同先生告。

（註二〇一）以上參看胡厚宣《我怎麼蒐集的這一批材料》，刊一九四六年四月二十日成都《新中國日報》專刊。

（註二〇二）上海市古代文物管理委員會同仁告。

（註二〇三）趙萬里先生告。

一九五〇年"五四"三十一週年紀念日，寫訖於上海復旦大學之筑莊。

五十年甲骨學論著目

目　錄

序言 109
略例 120
目壹　發現　凡五〇(一至五〇) 121
　　一　報告　凡二三(一至二三) 121
　　二　記述　凡二四(二四至四七) 123
　　三　推測　凡三(四八至五〇) 125
目貳　著錄　凡五四(五一至一〇四)又互九 126
　　四　影照　凡七(五一至五七)又互一 126
　　五　墨拓　凡三七(五八至九四)又互五 126
　　六　摹錄　凡一〇(九五至一〇四)又互三 130
目參　考釋　凡一五(一〇五至一一九)又互二四 132
　　七　專著　凡九(一〇五至一一三)又互一九 132
　　八　散篇　凡六(一一四至一一九)又互五 134
目肆　研究　凡五五三(一二〇至六七二) 136
　　九　文字　凡二二三(一二〇至三四二) 136
　　一〇　文法　凡二五(三四三至三六七) 155
　　一一　文例　凡一一(三六八至三七八) 158
　　一二　文學　凡二(三七九至三八〇) 159
　　一三　歷史　凡二一(三八一至四〇一) 159
　　一四　地理　凡二四(四〇二至四二五) 161
　　一五　帝王　凡二七(四二六至四五二) 163
　　一六　禮制　凡四〇(四五三至四九二) 166
　　一七　社會　凡四四(四九三至五三六) 169
　　一八　經濟　凡二四(五三七至五六〇) 173

一九　文化　凡一二(五六一至五七二)……………………175
　　二〇　宗教　凡九(五七三至五八一)………………………177
　　二一　風俗　凡九(五八二至五九〇)………………………177
　　二二　曆象　凡五二(五九一至六四二)……………………178
　　二三　考古　凡三〇(六四三至六七二)……………………183
目伍　通說　凡六七(六七三至七三九)…………………………187
　　二四　概論　凡五七(六七三至七二九)……………………187
　　二五　方法　凡一〇(七三〇至七三九)……………………192
目陸　評論　凡八四(七四〇至八二三)…………………………194
　　二六　總論　凡一五(七四〇至七五四)……………………194
　　二七　校補　凡一二(七五五至七六六)……………………195
　　二八　序跋　凡二〇(七六七至七八六)……………………196
　　二九　書評　凡三七(七八七至八二三)……………………198
目柒　彙集　凡三二(八二四至八五五)又互一…………………202
　　三〇　字書　凡九(八二四至八三二)又互一………………202
　　三一　詩聯　凡四(八三三至八三六)………………………203
　　三二　考證　凡二(八三七至八三八)………………………203
　　三三　目錄　凡一四(八三九至八五二)……………………203
　　三四　索引　凡一(八五三)…………………………………204
　　三五　年表　凡二(八五四至八五五)………………………204
目捌　雜著　凡二一(八五六至八七六)…………………………206
　　三六　雜著　凡二一(八五六至八七六)……………………206
索壹　著者索引……………………………………………………208
索貳　篇名索引……………………………………………………227
索叁　編年索引……………………………………………………241

序　言

一

　　殷墟甲骨文字，自從一八九九年，也就是清朝光緒二十五年開始發現，到現在已經是整整的五十年了。

　　爲了紀念這門剛有半世紀歷史的新興科學，我寫了三篇長短不齊的文章：

　　一、五十年甲骨文發現的總結。
　　二、五十年來之甲骨學。
　　三、五十年甲骨學論著目。

也可以說是對這五十年來的甲骨學，作了一個小小的清算。因爲《五十年甲骨學論著目》，也許是初學用得着的一本工具書，所以先把它付印出版。

二

　　據我的統計，在這五十年中，甲骨文材料的出土：

　　一、已著錄出書者　　七一種　　四一〇八七片
　　二、國內機關採集尚未著錄者　　三一處　　二〇九七一片
　　三、國內私人收藏尚未著錄者　　七六家　　九三六二五片
　　四、國外機關採集尚未著錄者　　九處　　五四八一片
　　五、國外私人收藏尚未著錄者　　六家　　八二五片

總共是一九三宗，一六一九八九片。只短短的五十年，發現的材料，竟有十六七萬片之多，這在中國考古學上、史料學上，真是一件了不得的盛事。

我們先不要說甲骨文是中國最古的文字,因爲有它的發現,使一千八九百年以來千萬學者所萃力研究的中國文字的歷史,提早了一千四五百年。我們也先不必提甲骨文是商代最可信的直接史料,在兩千四五百年以前,連殷人之後的孔子,都嘆殷禮之不足徵,而我們現在倒可以大講特講。只單就材料的豐富來說,已經是大可以驚人了。

　　再就歷代地下發現的古代文字史料而言,據説在漢武帝末年,魯恭王壞孔子宅,曾發現古文經。晉朝初年,在平原汲郡魏哀王的墓中,也曾發現過大批的竹簡。可惜不久,就都散失,真相詳情,不得而知。但即使不散失,前者不過是戰國時魯國的文字,後者不過是戰國時梁國的史籍而已。他如陶器文字、石器文字、骨器文字、玉器文字,以及璽印封印、貨布泉幣、鑾鈴鏡鑑、符契帶鉤,數量都不算多,有字也很零碎。而且時代大體也不出春秋、戰國之間。

　　材料最豐富,而關係最重大的,恐怕要算被稱爲鐘鼎彝器的銅器銘文了。但我們看羅振玉的《三代吉金文存》,號稱後來居上集大成的專書,總數不過四八三一器。劉體智的《小校經閣金文》,連一些假的東西都算上,總數不過六四五六器。福開森的《歷代著錄吉金目》,有字無字的,都收在一起,總數也不過萬器左右。比起十六七萬片的甲骨文來,那數量是差多了。

　　就是秦漢以後的文字史料,近年發現,以甘肅、寧夏、蒙古、新疆一帶出土的漢、晉簡牘,最爲有名。但我們從一九〇〇年斯坦因和斯文赫丁等的考察算起,直至一九二七年西北科學考察團,一九三二年新綏公路察勘隊,以及一九四二年西北史地考察團的發現,總括起來,最多也不過一兩萬片而已。僅及甲骨文數量的十幾分之一,而時代却晚了一千五六百年了。

　　十六七萬片的甲骨文字,每片平均,就以十字計算,已經是一百六七十萬言了。在這短短的五十年間,從前孔子所嘆爲文獻難徵的商代的直接史料,竟發現了一百六七十萬言之多,這能説不是近代中國學術史上一件驚人的盛事麼?

三

　　根據這一本《五十年甲骨學論著目》的統計,五十年中,研究甲骨學而有論著的作家,有:

　　　　一、中國　　　　　　　二三〇人
　　　　二、日本　　　　　　　四〇人

三、英國　　　　　六人
四、美國　　　　　五人
五、德國　　　　　四人
六、法國　　　　　二人
七、蘇聯　　　　　一人
八、加拿大　　　　一人

共計二八九人。其中本國二三〇人，外國五九人。

四

他們所寫的著作：

一、屬於發現者　　五〇種
二、屬於著錄者　　五四種
三、屬於考釋者　　一五種
四、屬於研究者　　五五三種
五、屬於通說者　　六七種
六、屬於評論者　　八四種
七、屬於彙集者　　三二種
八、屬於雜著者　　二一種

其中以研究一項，數量最多，又可以分類如下：

一、文字　　　　　二二三種
二、文法　　　　　二五種
三、文例　　　　　一一種
四、文學　　　　　二種
五、歷史　　　　　二一種
六、地理　　　　　二四種
七、帝王　　　　　二七種
八、禮制　　　　　四〇種

九、社會　　　　　四四種
一〇、經濟　　　　二四種
一一、文化　　　　一二種
一二、宗教　　　　九種
一三、風俗　　　　九種
一四、曆象　　　　五二種
一五、考古　　　　三〇種

總計八七六種,其中專書一四八種,論文七二八種。

五

至於談到那些作家寫的文章比較多,如果以題目或種數來統計,那麼,十種以上的作家,有下列十八人:

一、楊樹達　　　　九二種
二、胡厚宣　　　　五四種
三、董作賓　　　　四二種
四、孫海波　　　　二三種
五、羅振玉　　　　二〇種
六、陳夢家　　　　二〇種
七、王國維　　　　一九種
八、郭沫若　　　　一八種
九、金　璋　　　　一七種
一〇、丁　山　　　一五種
一一、唐　蘭　　　一五種
一二、王　襄　　　一二種
一三、商承祚　　　一二種
一四、吉卜生　　　一一種
一五、明義士　　　一一種
一六、戴家祥　　　一〇種
一七、聞一多　　　一〇種

一八、金祖同　　　　　一〇種

自然這樣統計，並不是説明成績的優劣。因爲文章有長短，分量有小大，問題有輕重，價值也有高低。這不過就題目，作一個種數的統計而已。

六

如果按照年份來分：

一九〇三年　　　　　一種
一九〇五年　　　　　一種
一九〇六年　　　　　一種
一九〇九年　　　　　一種
一九一〇年　　　　　二種
一九一一年　　　　　四種
一九一二年　　　　　二種
一九一三年　　　　　三種
一九一四年　　　　　四種
一九一五年　　　　　六種
一九一六年　　　　　四種
一九一七年　　　　　一二種
一九一九年　　　　　四種
一九二〇年　　　　　六種
一九二一年　　　　　五種
一九二二年　　　　　二種
一九二三年　　　　　一五種
一九二四年　　　　　五種
一九二五年　　　　　一四種
一九二六年　　　　　三種
一九二七年　　　　　九種
一九二八年　　　　　一八種
一九二九年　　　　　一八種

一九三〇年　　　　　　四一種
一九三一年　　　　　　二三種
一九三二年　　　　　　二五種
一九三三年　　　　　　五四種
一九三四年　　　　　　四〇種
一九三五年　　　　　　五五種
一九三六年　　　　　　四八種
一九三七年　　　　　　三八種
一九三八年　　　　　　一〇種
一九三九年　　　　　　三七種
一九四〇年　　　　　　五二種
一九四一年　　　　　　二四種
一九四二年　　　　　　二一種
一九四三年　　　　　　一六種
一九四四年　　　　　　四一種
一九四五年　　　　　　八九種
一九四六年　　　　　　二五種
一九四七年　　　　　　二一種
一九四八年　　　　　　一六種
一九四九年　　　　　　七種
待查者　　　　　　　　五二種

其中以一九四五年、一九三五年、一九三三年、一九四〇年、一九三六年等種數爲最多，都超過四十五種以上。

七

倘若這五十年，再分成十年一段的五節：

一、第一個十年（一八九九——一九〇九）　　四種
二、第二個十年（一九一〇——一九一九）　　四一種
三、第三個十年（一九二〇——一九二九）　　九五種

四、第四個十年（一九三〇——一九三九）　　　三七一種
五、第五個十年（一九四〇——一九四九）　　　三一二種

在第一個十年中，論著僅有四種，到第二個十年，就增加了十倍。第三個十年又較第二個十年增加了兩倍半。第四個十年又較第三個十年增加了四倍。第五個十年，如果不是趕上抗戰，照這樣增加的比例推算起來，論著至少也該在千種以上。七七戰事發生，好多學者，投筆從軍，參加抗戰工作；即或不然，也多抛棄書卷，流亡轉徙，謀生之不暇，還那裏談到寫作？雖然如此，但這期著作，也還有三百多種，和第四個十年相差不多。甲骨學的論著，這樣按年成倍的增加，説明了這一種學科，正有着長足的進步，其發揚光大的神速，是近代任何學問所不及的。

在這五個十年中，主要的甲骨學者，第一個十年中有王懿榮、劉鶚、孫詒讓和美國人方法斂。王懿榮是第一個認識甲骨文字的人。劉鶚作了第一部著録甲骨文字的專書《鐵雲藏龜》。孫詒讓作了第一部研究甲骨文字的專書《契文舉例》。方法斂是歐、美蒐集和研究甲骨文字的第一人。

第二個十年中，增加了羅振玉、王國維、日本人林泰輔、英國人金璋，和加拿大人明義士。林泰輔是日本蒐集研究甲骨文字的第一人。他的《龜甲獸骨文字》，也是日本著録甲骨文字的頭一部專書。明義士的《殷虛卜辭》，是歐、美著録甲骨文字專書之始，也是第一部寫印本的甲骨文書。羅振玉對於甲骨的蒐集和流傳最爲有功。王國維於史學的發明，貢獻最大。

第三個十年中，又增加了王襄、商承祚、葉玉森、胡光煒、容庚、聞宥、程憬、丁山、董作賓。王襄的《簠室殷契類纂》，是第一部甲骨文字典。葉玉森開始對甲骨文字，作了綜合的研究。胡光煒作了第一部《甲骨文例》。程憬首先應用唯物史觀，根據甲骨文，説商朝是氏族社會。董作賓是第一個從事發掘殷墟甲骨文字的人。此後研究二十餘年，重要的著作還有《甲骨文斷代研究例》和《殷曆譜》。

第四個十年中，又增加了郭沫若、束世澂、劉朝陽、吳其昌、唐蘭、孫海波、朱芳圃、陳夢家、聞一多、金祖同、胡厚宣、美國人白瑞華、英國人吉卜生和蘇聯人布那柯夫。郭沫若應用新的史觀，根據新的甲骨材料，對中國古代社會，作了新的研究，在學術界發生了極爲重大的影響。他另有《卜辭通纂》，是第一部綜合分類的甲骨選集。唐蘭使用偏旁分類法，識字獨多。劉朝陽則專意糾正董作賓的殷曆之作。孫海波作《甲骨文編》，朱芳圃作《甲骨學文字編》、《商史編》，都是很有用的工具書。陳夢家由甲骨文研究商代的祭祀、王名、神話和巫術。胡厚宣的

《甲骨學商史論叢》，則旨在綜合所有甲骨，作一全面的澈底整理，以期解決甲骨文中的一些問題。

第五個十年中，又增加了于省吾、張宗騫、李旦丘、曾毅公、楊樹達和德國人魏特夫格。于省吾作有《殷契駢枝》三編，李旦丘作有《鐵雲藏龜零拾》和《殷契摭佚》，釋字考文，亦多新解。楊樹達以六十幾歲的老先生，最後寫文章最多，不失爲五十年來甲骨學研究中最努力的一人。

八

殷代的甲骨文字，自從三千三四百年以前埋在地下，以至最近的發掘和研討，按照它的性質，又可以分成八個時期：

一、埋藏時期
二、破壞時期
三、藥材時期
四、古董時期
五、金石時期
六、文字時期
七、史料時期
八、考古時期

遠在三千三四百年以前，自從殷代的人貞卜完了把甲骨埋在地下以後，大約經過了一個很長的時期，沒有人動過它。這就是所謂埋藏時期。後來因爲封建社會喜歡厚葬，隨着盜墓之風，漸漸盛行起來，因而翻動了埋藏着的甲骨文字。也許在戰國時代，也許在漢朝，或者宋朝，當有大批的甲骨被掘出，但因爲沒有人認識，隨着就又把它毀棄了。這樣又經過了一個很長的時期，不知毀掉了多少寶貴的史料。所以我們稱之爲破壞時期。至少就在清朝的幾百年中，也許在明朝或明以前就開始了。平原安陽縣小屯村，有很多人家，以販賣龍骨藥材爲生。大量的都運往北京批發，零碎的就趕集場廟會擺地攤兜售。龍骨藥煎服，可以醫治內科病症。用鋼錯錯成細粉，搽在外傷創口，可以止血生肌。這種大量批發和零售的龍骨藥，不是別的，正是殷代王朝占卜所用的甲骨。所以我們稱這個時期爲藥材時期。

這三個時期還不曉得甲骨是殷代的東西，更不曉得甲骨上還刻着殷王的貞卜之辭和與貞卜有關的記事文字。這都是五十年以前的事，可以稱爲甲骨的前期。

一八九九年，也就是清朝光緒二十五年，王懿榮在北京，因爲害病吃藥，才發現了那藥中"龍骨"上所刻，乃是古代的文字。從此以後，慢慢的才有了所謂甲骨之學。就着研究的性質，也可以分爲五個時期：先爲古董時期。把甲骨文看成古董，這可以王懿榮、劉鶚作代表。其次爲金石時期。把甲骨文看作金石學的一門，這可以馬衡、陸和九作代表。其次爲文字時期。專研甲骨的文字，這可以孫詒讓、羅振玉、唐蘭、于省吾作代表。其次爲史料時期。把甲骨文當作史料，由這些直接的史料，以考論古代的歷史，這可以王國維、郭沫若、董作賓、胡厚宣作代表。其次爲考古時期。用考古學的科學方法，發掘甲骨，探討甲骨，以甲骨文字與殷墟發掘的居址墓葬遺跡器物等合起來研究，這可以前中央研究院李濟、梁思永、董作賓、石璋如、胡厚宣等爲代表。

這五期都是認識了甲骨文字之後，近五十年間的事情，可以稱爲甲骨的後期。

在這五十年中，甲骨之學，由古董金石的研究，到古文字學的研究，到史料考古學的研究，這是一個極大的進步。

至於五十年來甲骨學研究的詳細經過，譬如什麼時候，舊的說法被揚棄了，什麼時候，又有了新的問題提出，以及每一個作家的特殊貢獻與發明，則另詳《五十年來之甲骨學》一文，這裏就不再辭費了。

九

現在要問，五十年來的甲骨學，既有這麼大的進步，材料、作家和論著，既都有這樣多，那，甲骨學上的問題，是不是就完全解決了呢？

我們的回答是，絕對沒有。真正科學的甲骨學研究，至多是剛剛開始，也許還尚待起頭。

五十年來，儘管我們已經由古董金石的研究，進到了古文字學和史料考古學的研究。儘管我們已經由望文生解，斷章取義，進到了旁搜遠摭，通核徧參。儘管我們已經不再根據幾個字的有無，去講殷代的文化狀態。儘管我們已經不再一個字一個字的亂講，一句話一句話的瞎猜了。但我們對於這一批豐富的甲骨材料，並沒有能夠應用最科學的方法，去統計、考證、比勘、分析、解釋，作一種精密的研究。我們雖然已經開始作所謂通盤全部的澈底整理,但這只是剛剛開始,而且應用的人還不多。

所以,五十年來,儘管我們也解決了一些問題,重要的像王國維的考先公先王;董作賓的論甲骨斷代;郭沫若的釋"五十""七十"和武丁的后妃;吳其昌的證雍己考人祭;唐蘭的考白咒和釋中、釋柲、釋春秋;丁山的釋疾、釋夢、說亡尤;于省吾的釋羌甲、釋河岳;楊樹達的釋登、釋夾,和先公稱王說;胡厚宣的考卜龜來源,記事文字,四方風名,以及農業生產,封建宗法,傳長立嫡,高媒求生,重男輕女的制度。但商代的氣候,到底比現在暖不暖?商代到底是氏族社會,還是奴隸社會?商朝"前八後五"的十三次遷都,到底是從東向西,或自西向東?迄今都尚在爭論之中。而最近二十年辨難最厲害的古代曆法問題,由董作賓開其端,參加論戰者有劉朝陽、孫海波、魯實先、陳子展、章用、吳其昌、丁山、莫非斯、章鴻釗、岑仲勉、楊憲益以及竺可楨、錢寶琮、胡厚宣等人,至今也還不能得到一致的結論。

此外關於甲骨文的斷代,董作賓已經起其例而發其凡,光大發揚,由粗淺而精細,使多數的甲骨文字,都歸派到它應屬的每一帝王,還有賴學者們的繼續努力。

至於商代整個的先公先王、都邑地理、祭典禮制、田獵征伐等等重大的問題,我們迄今不但沒有澈底解決,有的連一個輪廓都還不知道。

因此五十年來的甲骨學,雖然是近代學術史上最發達的一種學問,雖然甲骨材料有十六七萬片,作家近三百人,論著近九百種,但我們所解決的問題實在太少了。

一〇

今年是甲骨文發現的五十週年,也正好趕上中華人民共和國的成立。我們真幸運,能夠以無比興奮的情緒,來紀念這一個偉大的年頭!

明年,一九五〇年,是甲骨文發現的第五十一年。在這一年中,全國的解放事業,即可完成,國家的一切,都將要走上和平建設的大路。朋友們!努力罷!新生的中國,前途是充滿了光明!甲骨學的前途,也充滿了無限的希望!

我們曉得,商代是中國信史的開端,它是中國封建社會的原始,它創生了中國三千幾百年相沿的傳統文明。我們要想了解新時代的偉大,必須先對它加以了解。它是中國信史的發端,也是史前史考古學研究的關鍵。甲骨的材料,是這樣的豐富,甲骨的內容,是那樣的繁複,我們實在可以配合起大時代的需要,繕兵秣馬,大展其才了!

我們只希望生活能够安定,材料能够集中,寫出文章來,有地方可以出版。我們只要能够得到一點點的方便和鼓勵就成了!

我們更希望殷墟能够繼續發掘,根據過去的經驗,小屯地面下的寶藏,是無窮無盡。在以後的甲骨學研究中,應該不會再有壟斷包辦剥削和榨取,應該不會再有"怠者不能修,忌者畏人修"的現象了。因此我們希望有機會能把所有有興趣有毅力的同志們,集合在一起,從事於集體的學習商討與研究。在光明的新時代中,爲大衆人民服務。

舊的時代死去了,新的中國誕生了。五十年來的甲骨學,給它作一個小小的結束罷! 從今以後,在這個新時代中,我們應該站在新的立場,應用新的觀點方法,對甲骨文字另作一番新的研究。我們應該發憤努力,毅然的擔負起這一椿偉大時代的偉大任務來!

以上是我編完這本目錄後的一些感想,把它寫出來,就當作一篇序。

　　　　　　　　　　胡厚宣一九四九年十二月十七日在上海復旦大學之淞莊

略　例

一、此目於五十年來所有關於甲骨文字之專書論文，不加檢選，全部收錄。

二、此目所收，以所藏所見爲主，間有知而未見者，亦酌量收錄，惟於其下，注明"未見"二字。

三、此目於中文之外，歐文日文之作，亦均收錄，其有翻譯爲中文者，則僅收譯文。

四、諸論著中，其關於古代史古文字之作品，凡以甲骨文字爲主要論證者，均酌量甄采；其但引甲骨文，而無關宏旨者，則概不收入。

五、本目分爲八類：一曰發現，二曰著錄，三曰考釋，四曰研究，五曰通説，六曰評論，七曰彙集，八曰雜著。每類之中，復分爲門。或多或少，各以性質定之。

六、論著中，有可屬兩類或兩類以上者，關於著錄與考釋之專書，采互見之法。其屬於發現、通説、評論、彙集、研究、雜著之作，則僅擇其性之最近者，列入一類之中。

七、各類論著之先後，則略以性質區分；同性質者，以出版年月爲序。

八、此目於專著，注其卷數版本；於論文，注其雜誌報刊之卷期。並俱注明其出版之年月。出版年月，以公元爲主，而於括弧内注明其發表時之紀元。不知或待查者闕之。

九、舊日書目，每於著者，舉其籍貫別名，以其封建意味較深，本目廢而不用，僅舉發表時之本名。

十、本目僅就編者個人知見，撰錄而成，闕漏之處，定當不少。尤以對日抗戰八年，解放戰争五年，前後十三年之間，交通中斷，消息阻梗，報刊論著，必多闕遺。而歐、美、日本等國外之出版品，尤爲稀見。海内外通學方家，倘荷不吝珠玉，賜以訂補，則不僅編者個人之幸也！

壹　發現

一　報　告

（一）東武王氏商盉堂金石叢話

　　王維樸　一九三〇年(民國十九年)一月,《東方雜誌》二十七卷二號《中國美術專號》下。

（二）古董錄

　　王漢章　一九三三年(民國二十二年)十月十日及二十五日,《河北博物院畫報》五十及五十一期。

（三）抱殘守缺齋日記三則

　　劉　鶚　一九三六年(民國二十五年)十二月,《考古社刊》第五期。

（四）洹洛訪古遊記二卷

　　羅振常　一九三六年(民國二十五年)上海蟬隱廬石印本二册。

（五）收買甲骨者日記

　　陳夢家　一九四〇年(民國二十九年)二月二十四日,昆明《中央日報·讀書》第十八期。按此文係摘錄羅振常《洹洛訪古遊記》一書而成。

（六）殷墟龜甲文字發掘的經過

　　坎拿大明義士(James Mellon Menzies)撰　陳柱譯　一九二八年(民國十七年)二月,《東方雜誌》二十五卷三號。按此文係明義士《殷虛卜辭》(Oracle Records From The Waste of Yin)自序。

（七）五十日夢痕錄

　　羅振玉　一九一五年(民國四年)編入《雪堂叢刻》中。

（八）訪殷墟記

　　故　吾　一九四〇年(民國二十九年)五月,《中和》一卷五期。

（九）我怎麼蒐集的這一批材料

胡厚宣　一九四六年(民國三十五年)四月二十日,成都《新中國日報》專刊。

(一〇) 安陽殷代祭器出土記

邵慎之　一九四六年(民國三十五年)十月二十七日,上海《申報》。

(一一) 安陽甲骨文字報告及發掘計劃書

董作賓　一九二八年(民國十七年)八月稿本,存前國立中央研究院歷史語言研究所圖書室。

(一二) 中華民國十七年十月試掘安陽小屯報告書

董作賓　一九二九年(民國十八年)十二月,《安陽發掘報告》第一期。

(一三) 民國十八年秋季發掘殷墟之經過及其重要發現

李　濟　一九三〇年(民國十九年)十二月,《安陽發掘報告》第二期。

(一四) 河南考古之最近發現

李濟講演　曹聚仁筆錄　一九三二年(民國二十一年)六月,天津大公報館《國聞週報》十一卷二十四期。又收入《燕京學報》第十二期"國內學術消息"欄。

(一五) B區發掘記之一

郭寶鈞　一九三三年(民國二十二年)六月,《安陽發掘報告》第四期。

(一六) B區發掘記之二

郭寶鈞　一九三三年(民國二十二年)六月,《安陽發掘報告》第四期。

(一七) 安陽最近發掘報告及六次工作之總估計

李　濟　一九三三年(民國二十二年)六月,《安陽發掘報告》第四期。

(一八) 第七次殷墟發掘B區工作報告

石璋如　一九三三年(民國二十二年)六月,《安陽發掘報告》第四期。

(一九) 小屯後五次發掘的重要發現

石璋如　一九四五年(民國三十四年)一月,《六同別錄》上冊。

(二〇) 殷墟最近之重要發現附論小屯地層

石璋如　一九四七年(民國三十六年)三月,《田野考古報告》第二冊。

(二一) 國立中央研究院十七年度至二十五年度總報告

國立中央研究院總辦事處　一九二九年(民國十八年)至一九三七年(民國二十六年)出版,年各一冊。

(二二) 國立中央研究院歷史語言研究所發掘安陽殷墟之經過

傅斯年　一九三〇年(民國十九年)三月,排印單行本。十二月,又載《安陽發掘報告》第二期。

（二三）發掘安陽殷墟文字之經過

何日章　一九三〇年（民國十九年）三月，中央大學《史學雜誌》二卷一期，柳詒徵《論文化事業之爭執》一文所附。

二　記　述

（二四）安陽洹上之特產及其發現物

武龍章　一九一一年（清宣統三年）《地學雜誌》第二年第十七期。

（二五）殷墟文字之發現與研究

抗父　一九二二年（民國十一年）三月，《東方雜誌》十九卷三號，《近二十年間中國舊學之進步》之一節。又收入商務印書館《東方文庫·考古學零簡》。

（二六）甲骨文之歷史及其價值

陸懋德　一九二三年（民國十二年）十二月二十五日，北京《晨報副刊》。

（二七）甲骨文之發現及其考釋

容庚　一九二四年（民國十三年）三月，北京大學《國學季刊》一卷四期。

（二八）殷墟甲骨文之發現及其著錄與研究

蕭炳實　一九二八年（民國十七年）八月，《東方雜誌》二十五卷十五號。

（二九）甲骨文之過去與將來

聞宥　一九二八年（民國十七年）十一月，《民鐸雜誌》九卷五號。

（三〇）殷墟甲骨之新發現

浦江清　一九二九年（民國十八年）二月二十五日，《天津大公報·文學副刊》第五十九期。

（三一）甲骨文字學史

馮宗麟　一九二九年（民國十八年）十一月，《中央大學半月刊》一卷二期。

（三二）殷墟文字之發現與研究

日本梅崎鶴雄　一九三〇年（昭和五年）九月，日本《東亞》三卷九號。

（三三）最近安陽殷墟之發掘與研究

周予同　一九三〇年（民國十九年）十月，開明書店《中學生》第九號。

（三四）關於甲骨學

周予同　一九三一年（民國二十年）開明書店《中學生雜誌》。又《活葉文選》本。

（三五）殷墟考古小史

衛聚賢　一九三三年(民國二十二年)商務印書館出版《中國考古小史》中之一章。

(三六) 我國甲骨學發現史

鄭師許　一九三五年(民國二十四年)二月,復旦大學中國文學系《文學期刊》第二期。

(三七) 最近安陽附近之發掘(Recent Finds Near An-yang)

英國葉慈(Walter Perceval Yetts)　一九三五年七月號《英國皇家亞洲文會雜誌》(The Journal of the Royal Asiatic Society of Great Britain and Ireland)。

(三八) 甲骨文發現之經過及其貢獻

張　述　一九三五年(民國二十四年)十月,《集美週刊》十八卷四期。

(三九) 三十五年來的甲骨學

陳競明　一九三五年(民國二十四年)十二月,《考古社刊》第三期。

(四〇) 甲骨文之發現及其價值

陳村牧講　蕭呈祥、林文境記　一九三五年(民國二十四年)廈門大學《廈大週刊》十三卷一期。

(四一) 近四十年中國考古學上之重要發現與古史之展望

姚紹華　一九三六年(民國二十五年)十月,《新中華》四卷十九期。

(四二) 甲骨學之新展開

日本小川茂樹　一九三六年(昭和十一年)《東洋史研究》二卷二期。

(四三) 甲骨學小史

蔣大沂　一九三七年(民國二十六年)五月一日,上海《民報・上海市博物館週刊》十六期。

(四四) 甲骨文發現之歷史及其材料之統計

胡厚宣　一九四四年(民國三十三年)《甲骨學商史論叢初集》第四冊,成都齊魯大學國學研究所專刊之一。

(四五) 甲骨文發現之歷史

胡厚宣　一九四六年(民國三十五年)四月二十日,成都《中央日報・商朝甲骨銅器展覽專刊》下。

(四六) 甲骨學研究之經過

胡厚宣　一九四六年(民國三十五年)四月二十日,成都《中央日報・商朝甲骨銅器展覽專刊》下。

(四七) 五十年來之甲骨學
胡厚宣　一九四九年(民國三十八年)復旦大學講義本。

三　推　測

(四八) 秦漢時發現甲骨文說
衛聚賢　一九三九年(民國二十八年)五月一日,《說文月刊》一卷四期。
(四九) 甲骨文已現於古代說
何天行　一九四〇年(民國二十九年)二月,上海《學術》第一輯。
(五〇) 陝西曾發現甲骨文之推測
何天行　一九四〇年(民國二十九年)二月,上海《學術》第一輯。

貳　著錄

四　影　照

（五一）殷墟甲骨相片（Yin Bone Photographs）

美國白瑞華（Roswell S. Britton）　一九三五年美國紐約（New York）影印單行本。

（五二）甲骨攝影

陳夢家　一九四一年（民國三十年）國立北平圖書館《考古學叢書》之一。未見。

日本所藏甲骨擇尤（卜辭通纂別二）

　郭沫若　見後（九二）

（五三）周漢遺寶

日本原田淑人　一九三二年（昭和七年）日本帝室博物館出版。

（五四）殷虛書契菁華

羅振玉　一九一四年（民國三年）十月，影印本一册。又翻印本一册。

（五五）殷虛古器物圖錄

羅振玉　一九一六年（民國五年）四月，影印本一册，後附說。又《藝術叢編》第一集本。又翻印本。

（五六）雙劍誃古器物圖錄二卷

于省吾　一九四〇年（民國二十九年）十一月，影印本二册。

（五七）河南安陽遺寶

日本梅原末治　一九四〇年（昭和十五年）日本影印本一册。

五　墨　拓

（五八）天壤閣甲骨文存

唐　蘭　一九三九年(民國二十八年)四月,北京輔仁大學出版,編爲《輔仁大學叢書》之一,與《考釋》合二册。

(五九) 鐵雲藏龜

劉　鶚　一九〇三年(清光緒二十九年)十月,抱殘守缺齋石印本六册。又一九三一年(民國二十年)五月,上海蟫隱廬石印本,與《鐵雲藏龜之餘》合六册。附鮑鼎釋文。

(六〇) 鐵雲藏龜之餘

羅振玉　一九一五年(民國四年)一月,影印本一册,收入《吉石叢編》。又單行本。又一九二七年(民國十六年)重印本。又一九三一年(民國二十年)蟫隱廬石印本,附《鐵雲藏龜》之後,合六册,附鮑鼎釋文。

(六一) 鐵雲藏龜拾遺

葉玉森　一九二五年(民國十四年)五月,影印本,與《鐵雲藏龜拾遺考釋》合一册。又翻印本一册。

(六二) 鐵雲藏龜零拾

李旦丘　一九三九年(民國二十八年)五月,上海中法文化出版委員會出版,編爲《孔德圖書館叢書》第二種,與《考釋》合一册。

(六三) 戩壽堂所藏殷虛文存

姬佛陀　一九一七年(民國六年)五月,《藝術叢編》第三集石印本一册。又單行本,與王國維《戩壽堂所藏殷虛文存考釋》合二册。按此書實王國維所編。

(六四) 福氏所藏甲骨文字

商承祚　一九三三年(民國二十二年)四月,金陵大學中國文化研究所影印本,與《福氏所藏甲骨文字考釋》合一册。

(六五) 殷契卜辭

容　庚　瞿潤緡　一九三三年(民國二十二年)五月,哈佛燕京學社石印本,與《殷契卜辭釋文》及《文編》合三册。

(六六) 甲骨六錄

胡厚宣　一九四五年(民國三十四年)七月,成都齊魯大學國學研究所專刊之一,一册。

(六七) 柏根氏舊藏甲骨文字(Bergen Collection of the Inscribed Oracle Bone)

坎拿大明義士(James Mellon Menzies)　一九三五年(民國二十四年)《齊大

季刊》六七期,後附摹本及考釋。又一九三五年齊魯大學國學研究所單行本一册。

（六八）殷虛甲骨拓片（Yin Bone Rubbings）

美國白瑞華（Roswell S. Britton）　一九三七年美國紐約（New York）影印單行本一册。

（六九）龜甲獸骨文字二卷

日本林泰輔　一九二一年（大正十年）日本商周遺文會影印本二册,後附抄釋。又北京富晉書社翻印本二册。

（七〇）殷契遺珠二卷

金祖同　一九三九年（民國二十八年）五月,上海中法文化出版委員會出版,編爲《孔德圖書館叢書》第一種,與《發凡》合三册。

（七一）書道第一卷

日本中村不折　日本書道院影印本一册。

（七二）簠室殷契徵文十二卷

王　襄　一九二五年（民國十四年）五月,天津博物院石印本,與《簠室殷契徵文考釋》合四册。

（七三）殷虛書契八卷

羅振玉　一九一一年（清宣統三年）《國學叢刊》石印本三期三卷,不全。一九一三年（民國二年）影印本四册。又一九三二年（民國二十一年）重印本四册。

（七四）殷虛書契後編二卷

羅振玉　一九一六年（民國五年）三月影印本一册。又《藝術叢編》第一集本。又重印本。

（七五）殷虛書契續編六卷

羅振玉　一九三三年（民國二十二年）九月,影印本六册。

（七六）傳古別錄第二集

羅福成　一九二八年（民國十七年）影印本一册。

大龜四版及新獲卜辭（卜辭通纂別一）

　　郭沫若　見後（九二）

後岡出土之一片卜辭

　　董作賓　見後（一一六）

侯家莊出土之甲骨文字

董作賓　見後（一一七）

（七七）殷虛文字甲編

董作賓　一九四八年（民國三十七年）四月，商務印書館影印本一冊。中央研究院歷史語言研究所報告集之二。

（七八）殷虛文字乙編上中輯

董作賓　一九四九年（民國三十八年）商務印書館影印本二冊。

（七九）殷虛文字存真第一至八集

關葆謙　一九三一年（民國二十年）六月，河南博物館拓本一至八集，各一冊。

（八〇）甲骨文錄

孫海波　一九三八年（民國二十七年）一月，河南通志館出版，與《考釋》合二冊，附《索引》。

（八一）殷契粹編

郭沫若　一九三七年（昭和十二年）五月，日本東京文求堂石印本，與《考釋》合五冊，附《索引》。

（八二）誠齋殷虛文字

孫海波　一九四〇年（民國二十九年）二月，北京修文堂書店影印本，與《考釋》合一冊。

（八三）殷契摭佚

李旦丘　一九四一年（民國三十年）一月，上海《孔德圖書館叢書》第三種，來薰閣書店影印本，與《考釋》合一冊。

（八四）殷契佚存

商承祚　一九三三年（民國二十二年）十月，金陵大學中國文化研究所影印本，與《殷契佚存考釋》合二冊。

（八五）鄴中片羽初集

黃濬　一九三五年（民國二十四年）二月，北京尊古齋影印本二冊。

（八六）衡齋金石識小錄

黃濬　一九三五年（民國二十四年）北京尊古齋影印本二冊。

（八七）鄴中片羽二集

黃濬　一九三七年（民國二十六年）八月，北京尊古齋影印本二冊。

（八八）鄴中片羽三集

黄　濬　一九四二年(民國三十一年)一月,北京通古齋影印本二册。
何氏甲骨(卜辭通纂别一)
　　郭沫若　見後(九二)
(八九) 瓠廬謝氏殷虛遺文
瓠　廬　北平富晉書社原拓本八册。
戰後殷墟出土的新大龜七版
　　胡厚宣　見後(一一八)
(九〇) 龜卜
金祖同　一九四八年(民國三十七年)一月,上海溫知書店影印本一册。
(九一) 郼齋藏甲骨拓本
金祖同　一九三五年(民國二十四年)二月,上海中國書店石印本,與《殷虛卜辭講話》合一册。
(九二) 卜辭通纂
郭沫若　一九三三年(昭和八年)五月,日本東京文求堂石印本。又以《大龜四版》及《新獲卜辭》與《何氏甲骨》爲《別一》,《日本所藏甲骨擇尤》爲《別二》。《通纂》合《別一》、《別二》、《考釋》、《索引》共四册。
(九三) 甲骨文
王子玉　附於《續安陽縣志》,一九三三年(民國二十二年)八月木刻本。
(九四) 殷虛書契萃菁二卷
王緒祖　未見。目見黄立猷《金石書目》。

六　摹　錄

(九五) 中央大學藏甲骨文字
李孝定　一九四〇年(民國二十九年)八月,石印摹寫本,與蔣維崧《釋文》合一册。
(九六) 上海亞洲文會博物館藏甲骨卜辭
英國吉卜生(H. E. Gibson)摹　一九三四年《中國雜誌》(China Journal)二十一卷六號《商代之象形文字》(The Picture Writing of Shang)一文所附。
(九七) 庫方二氏藏甲骨卜辭(The Couling-Chalfant Collection of Inscribed Oracle Bone)
美國方法斂(Frank H. Chalfant)摹　美國白瑞華(Roswell S. Britton)校

一九三五年(民國二十四年)十二月,商務印書館石印本一册。

(九八) 甲骨卜辭七集(Seven Collections of Inscribed Oracle Bone)

美國方法斂(Frank H. Chalfant)摹　美國白瑞華(Roswell S. Britton)校 一九三八年美國紐約(New York)影印單行本。

(九九) 金璋所藏甲骨卜辭(Hopkins Collection of the Inscribed Oracle Bone)

美國方法斂(Frank H. Chalfant)摹　美國白瑞華(Roswell S. Britton)校 一九三九年(民國二十八年)美國紐約(New York)影印單行本一册。

(一〇〇) 殷虛卜辭(Oracle Records from the Waste of Yin)

坎拿大明義士(James Mellon Menzies)　一九一七年三月,上海別發洋行石印本一册。

(一〇一) 新獲卜辭寫本

董作賓　一九二八年(民國十七年)十二月石印本,與《新獲卜辭寫本後記》合一册。一九二九年(民國十八年)十二月,又載《安陽發掘報告》第一期。

大龜四版

　　董作賓　見後(一一五)

(一〇二) 敍圃甲骨釋要

何　遂　一九四一年(民國三十年)影印本一册。

(一〇三) 廈門大學所藏甲骨文字

胡厚宣　一九四四年(民國三十三年)三月,《甲骨學商史論叢初集》第四册,成都齊魯大學國學研究所專刊之一。

甲骨六錄

　　胡厚宣　見前(六六)

(一〇四) 戰後平津新獲甲骨集

胡厚宣　一九四六年(民國三十五年)五月、七月,成都齊魯大學國學研究所專刊之一,二册。

戰後殷墟出土的新大龜七版

　　胡厚宣　見後(一一八)

叁　考釋

七　專　著

（一〇五）契文舉例二卷

孫詒讓　一九一七年(民國六年)《吉金盦叢書》本一册。又一九二七年(民國十六年)八月,上海蟬隱廬石印本二册。

（一〇六）殷商貞卜文字考

羅振玉　一九一〇年(清宣統二年)玉簡齋石印本一册。

（一〇七）殷虛書契考釋

羅振玉　一九一四年(民國三年)十二月,王國維手寫石印本一册。又一九二三年(民國十二年)十月,商承祚決定不移軒刻本節錄四章一册,附入《殷虛文字類編》一書。又一九二七年(民國十六年)二月,東方學會石印增訂本三卷二册。

（一〇八）殷虛書契考釋小箋

陳邦懷　一九二五年(民國十四年)二月,石印本一册。

（一〇九）殷虛書契補釋

柯昌濟　一九二一年(民國十年)刻本一册。

（一一〇）殷虛書契前編集釋八卷

葉玉森　一九三三年(民國二十二年)十月,大東書局石印本八册。

（一一一）殷虛書契解詁

吳其昌　一九三四年(民國二十三年)起以照像石印,分載武漢大學《文哲季刊》三卷二、三、四期,四卷二、四期,五卷一、四期。未完。

（一一二）殷虛文字存真第一至三集考釋

許敬參　一九三三年(民國二十二年)六月,河南博物館石印本,第一集一册。第二、三集未見。

(一一三) 鐵雲藏龜釋文

鮑　鼎　一九三一年(民國二十年)五月,上海蟫隱廬石印本,釋於《鐵雲藏龜》原版之旁,與《鐵雲藏龜之餘釋文》合六冊。

天壤閣甲骨文存考釋
　　唐　蘭　見前(五八)
鐵雲藏龜拾遺考釋
　　葉玉森　見前(六一)
鐵雲藏龜零拾考釋
　　李旦丘　見前(六二)
戩壽堂所藏殷虛文字考釋
　　王國維　見前(六三)
福氏所藏甲骨文字考釋
　　商承祚　見前(六四)
殷契卜辭釋文一卷
　　容　庚　瞿潤緡　見前(六五)
甲骨六錄釋文
　　胡厚宣　見前(六六)
柏根氏舊藏甲骨文字考釋
　　坎拿大明義士(James M. Menzies)　見前(六七)
龜甲獸骨文字抄釋二卷
　　日本林泰輔　見前(六九)
殷契遺珠發凡一卷
　　金祖同　見前(七〇)
簠室殷契徵文考釋
　　王　襄　見前(七二)
甲骨文錄考釋
　　孫海波　見前(八〇)
殷契粹編考釋
　　郭沫若　見前(八一)
誠齋殷虛文字考釋
　　孫海波　見前(八二)

殷契摭佚考釋
　　李旦丘　見前(八三)
殷契佚存考釋
　　商承祚　見前(八四)
卜辭通纂考釋三卷索引一卷
　　郭沫若　見前(九二)
敓圃甲骨釋要
　　何　遂　見前(一〇二)
戰後平津新獲甲骨集釋文
　　胡厚宣　見前(一〇四)

八　散　篇

(一一四) 新獲卜辭寫本後記

董作賓　一九二八年(民國十七年)十二月,石印本,與《新獲卜辭寫本》合一冊。一九二九年(民國十八年)十二月,又載《安陽發掘報告》第一期。

(一一五) 大龜四版考釋

董作賓　一九三一年(民國二十年)六月,《安陽發掘報告》第三期。附摹本小照。

(一一六) 釋後岡出土的一片卜辭

董作賓　一九三三年(民國二十二年)六月,《安陽發掘報告》第四期。附拓本。

(一一七) 安陽侯家莊出土之甲骨文字

董作賓　一九三六年(民國二十五年)八月,《田野考古報告》第一集,附摹本拓本。

(一一八) 戰後殷墟出土的新大龜七版

胡厚宣　一九四七年(民國三十六年)二月十九日、二十六日、三月五日、十二日、二十六日、四月二日、九日、十六日、二十三日,上海《中央日報・文物週刊》二十二至三十一期。

(一一九) 鐵雲藏龜之餘釋文

鮑　鼎　一九三一年(民國二十年)上海蟬隱廬石印本,釋於《鐵雲藏龜之餘》原版之旁,與《鐵雲藏龜釋文》合六冊。

大龜四版及新獲卜辭(卜辭通纂別一)考釋
　　郭沫若　見前(九二)
何氏甲骨(卜辭通纂別一)考釋
　　郭沫若　見前(九二)
日本所藏甲骨擇尤(卜辭通纂別二)考釋
　　郭沫若　見前(九二)
中央大學藏甲骨文字釋文
　　蔣維崧　見前(九五)
廈門大學所藏甲骨文字釋文
　　胡厚宣　見前(一〇三)

肆　研究

九　文　字

（一二〇）龜刻文字體說

日本高田宗周　見後藤朝太郎《龜甲獸骨文字之研究》一文所引，原文未見。

（一二一）甲骨文字書體之變遷

日本小川茂樹　《書苑》

（一二二）中國文字形體的演變

金祖同　一九三九年(民國二十八年)《說文月刊》一卷十、十一期。

（一二三）從商代象形文字看中國文字之進化(The Evolution of Chinese Characters Begining from Shang Pictographs)

英國吉卜生(Harry E. Gibson)　一九三九年《亞洲文會雜誌》(Journal of the North China Branch of the Royal Asiatic Society Vol. LXX)。

（一二四）中國文字本質的研究

聞　宥　一九三〇年(民國十九年)四月，中山大學《語言歷史學研究所週刊》十一集一二五至一二八期合刊《文字學專號》。

（一二五）釋‧囗二一之演變

瞿潤緡　一九三九年(民國二十八年)五月，燕京大學《文學年報》第五期。

（一二六）殷虛文字用點之研究

商承祚　一九三〇年(民國十九年)四月，中山大學《語言歷史學研究所週刊》十一集一二五至一二八期合刊《文字學專號》。

（一二七）甲骨文字✗文之研究

聞　宥　一九三〇年(民國十九年)四月，中山大學《語言歷史學研究所週刊》十一集一二五至一二八期合刊《文字學專號》。

（一二八）中國古文字中之人形(The Human Figure in Archaic Writing)

英國金璋(L. C. Hopkins) 一九三〇年《英國皇家亞洲文會雜誌》(The Journal of the Royal Asiatic Society of Great Britain and Ireland)。又中山大學《語言歷史學研究所週刊》十一集一二五至一二八合刊《文字學專號》,有王師韜譯文。

(一二九) 上代象形文字中目文之研究

聞宥 一九三二年(民國二十一年)六月,《燕京學報》第十一期。

(一三〇) 中國考古學上所見之象形文字

日本後藤朝太郎 一九一七年(大正六年)二至十二月,日本《史學雜誌》二八編二、三、四、六、七、九、十二號。

(一三一) 象形文字研究(Pictographic Reconnaissances)九卷附引得

英國金璋(L. C. Hopkins) 分載一九一七年十月,一九一八年十月,一九一九年四月,一九二二年一月,一九二三年七月,一九二四年七月,一九二六年七月,一九二七年十月,一九二八年四月,《英國皇家亞洲文會雜誌》(The Journal of the Royal Asiatic Society of Great Britain and Ireland)中。

(一三二) 商代象形文字(The Picture Writing of Shang)

英國吉卜生(H. E. Gibson) 一九三四年《中國雜誌》(China Journal)二十一卷六期。

(一三三) 中國古代的象形文字(On the Idlographic element in Ancient Chinese)

美國顧立雅(H. G. Creel) 一九三八年《通報》三十四卷(Toung Pao, Tome 34, 1938)。

(一三四) 從古器款識上推尋六書以前之文字畫

沈兼士 一九二九年(民國十八年)《輔仁學誌》一卷一期。

(一三五) 初期意符字發微

沈兼士 一九四六年(民國三十五年)十月十六日,上海《大公報·文史週刊》第一期。

(一三六) 中國原始文字考(Early Chinese Writing)

美國方法斂(F. H. Chalfant) 一九〇六年九月《卡內基博物院報告》第四期(Memoirs of the Carnegie Museum, Pittsburg. Vol, IV)。

(一三七) 中國古今文字考(Metamorphic Stylization and the Sabotage of Significance, A Study in Ancient and Modern Chinese Writing)

英國金璋(L. C. Hopkins) 一九二五年(民國十四年)七月號《英國皇家亞洲文會雜誌》(The Journal of the Royal Asiatic Society of Great Britain and Ireland)。

(一三八) 中國古代文字專題研究(Archaic Chinese Characters Being Some Intensive Studies in Them)

英國金璋(L. C. Hopkins) 一九三七年(民國二十六年)《英國皇家亞洲文會雜誌》一、四、七月號(The Journal of the Royal Asiatic Society of Great Britain and Ireland, January, April, July, 1937)。

(一三九) 龜甲獸骨文字之研究

日本後藤朝太郎 一九一五年(大正四年)日本《東洋學報》四卷一期、五卷一期。

(一四〇) 殷虛文字孳乳研究

聞宥 一九二八年(民國十七年)二月,《東方雜誌》第二十五卷第三號。

(一四一) 中國原始文字考

黃永鎮 一九三四年(民國二十三年)《東方雜誌》三十一卷十九號。

(一四二) 中國原始文字考

張炳 《東方文化月刊》一卷一、二期。

(一四三) 漢字起源考

丁山 中山大學《語言歷史學研究所週刊》四集四四至四五期。

(一四四) 説契

葉玉森 一九二四年(民國十三年)七月,《學衡》第三十一期,自寫鋅版精印本。又單行本。又一九二九年(民國十八年)北京富晉書社放大影印本,與《窑契枝譚》合一册。

(一四五) 殷虛文字考

商承祚 一九二五年(民國十四年)十月,南京國學研究會《國學叢刊》二卷四期。

(一四六) 殷虛文字考

余永梁 一九二六年(民國十五年)清華研究院《國學論叢》一卷一號。

(一四七) 殷虛文字續考

余永梁 一九二八年(民國十七年)十月,清華研究院《國學論叢》一卷四號。

(一四八) 殷虛文字

商承祚　一九二七年(民國十六年)廣州中山大學講義石印本。

(一四九) 殷契拾遺

陳邦懷　一九二七年(民國十六年)石印本一册。

(一五〇) 殷契辨疑

陳邦福　一九二九年(民國十八年)石印本一册。

(一五一) 殷契説存

陳邦福　一九二九年(民國十八年)石印本一册。

(一五二) 殷契賸義

陳邦直　一九三〇年(民國十九年)石印本一册。

(一五三) 甲骨文字研究二卷

郭沫若　一九三一年(民國二十年)五月,大東書局石印本二册。

(一五四) 甲骨文字研究二卷

商承祚　一九三二年(民國二十一年)六月,北京師範大學講義石印本。

(一五五) 殷契瑣言

陳邦福　一九三四年(民國二十三年)四月,石印本一册。

(一五六) 殷商甲骨刻文考

曹　銓　一九三五年(民國二十四年)四月,吳縣《國專月刊》一卷二號。

(一五七) 卜辭文字小記

孫海波　一九三五年(民國二十四年)十二月,《考古社刊》第三期。

(一五八) 卜辭文字小記續

孫海波　一九三六年(民國二十五年)十二月,《考古社刊》第五期。

(一五九) 讀契璅記

陳德鉅　一九三九年(民國二十八年)八月,《説文月刊》一卷八期。

(一六〇) 雙劍誃殷契駢枝

于省吾　一九四〇年(民國二十九年)十月,石印本一册。

(一六一) 雙劍誃殷契駢枝續編

于省吾　一九四一年(民國三十年)八月,石印本一册。

(一六二) 雙劍誃殷契駢枝三編

于省吾　一九四四年(民國三十三年)五月,石印本一册。

(一六三) 甲骨文蠡測擷要

楊樹達　一九四五年(民國三十四年)二月,湖南大學《古文字學研究》講義本。

（一六四）甲骨文字小記

徐宗元　北京中國大學《中大學報》三卷一、二期合刊。

（一六五）甲骨文字說

齊伯守　《大東文化學報》第一輯。

（一六六）名原二卷

孫詒讓　一九〇五年（清光緒三十一年）刊本一册。又上海千頃堂書局翻印本一册。

（一六七）文源十二卷附録二卷

林義光　一九二〇年（民國九年）北京中國大學石印本四册。

（一六八）甲骨及鐘鼎文字研究

商承祚　一九三〇年（民國十九年）六月，北京大學講義石印本。

（一六九）甲骨銅器文字研究

吳三立　中山大學講義本。

（一七〇）說文中之古文考

商承祚　一九三四年（民國二十三年）十一月起連載《金陵學報》四卷二期、五卷二期、六卷二期，及十卷一、二期合刊。

（一七一）甲金文中說文之逸文

孫海波　一九三六年（民國二十五年）四月，《師大月刊》二十六號。

（一七二）上代金石文雜考

日本藪田嘉一郎　一九四三年（昭和十八年）《考古學雜誌》三十三卷七至十一號。

（一七三）文字樸識

姜亮夫　一九四六年（民國三十五年）十二月，《雲南大學文法學院叢書》石印本一册。

（一七四）積微居字說

楊樹達　一九四七年（民國三十六年）五月，《復旦學報》第三期。

（一七五）守玄閣字說

陳　柱　《華國月刊》一卷九期。

（一七六）說文籀文古文考

孫海波　北京《文哲月刊》一卷八期。

(一七七) 釋干支

陳啓彤 《中大季刊》一卷三期。

(一七八) 釋丙等十四文

劉盼遂 一九三五年(民國二十四年)四月,收入《文字音韻學論叢》中。

(一七九) 數名古誼

丁 山 一九二八年(民國十七年)中央研究院《歷史語言研究所集刊》一本一分。

(一八〇) 禘郊祖宗報

唐 蘭 一九三七年(民國二十六年)六月,《考古社刊》六期,《懷鉛隨錄》所收。

(一八一) 釋塵䇂𢀜犹馳

楊樹達 一九四五年(民國三十四年)三月,湖南大學《古文字學研究》講義本。

(一八二) 釋人尸仁尼夷

于省吾 一九四七年(民國三十六年)一月二十九日上海《大公報·文史周刊》十四期。

(一八三) 釋示宗及主

唐 蘭 一九三七年(民國二十六年)六月,《考古社刊》第六期《懷鉛隨錄》所收。

(一八四) 釋四方之名

唐 蘭 一九三六年(民國二十五年)《考古社刊》第四期。

(一八五) 風鳳朋貝考(The Wind, The Phoenix, and a String of Shells)

英國金璋(L. C. Hopkins) 一九一七年《英國皇家亞洲文會雜誌》四月號(The Journal of the Royal Asiatic Society of Great Britain and Ireland, April, 1917)。

(一八六) 釋士皇坒

顧 實 《國學叢刊》二卷三期。又《國學輯林》一卷一期。

(一八七) 士王皇三字之探原

徐中舒 一九三四年(民國二十三年)中央研究院《歷史語言研究所集刊》四本四分。

(一八八) 釋癸𐊆𐊇三字

陳兆年　一九三五年(民國二十四年),世界書局《學術世界》一卷六期。

(一八九) 肴殺祭古語同原考

沈兼士　一九三九年(民國二十八年)十二月,《輔仁學誌》八卷二期。

(一九〇) 釋⿱丬⿱兑⿱學

楊樹達　一九四五年(民國三十四年)五月二十七日,湖南大學《古文字學研究》講義本。

(一九一) 葡朱困三字釋

饒　頤　一九四六年(民國三十五年)六月,《文理學報》一卷一期。

(一九二) 古代骨刻文中龍龜之研究(Dragon and Alligator bing Notes on Some Ancient Inscribed Bone Carvings)

英國金璋(L. C. Hopkins)　一九一三年七月出版。

(一九三) 文字上之卯兔兩字

日本後藤朝太郎　一九一五年(大正四年)《考古學雜誌》五卷六期。

(一九四) 釋龍辰(The Dragon Terrestrial and The Dragon Celestial, A Study of The Lung 龍 and The Chen 辰)

英國金璋(L. C. Hopkins)　一九三一年十月,及一九三二年一月《英國皇家亞洲文會雜誌》(The Journal of the Royal Asiatic Society of Great Britain and Ireland, Oct. 1931 Jan. 1932)。

(一九五) 釋栽畓

林義光　一九三一年(民國二十年)九月,北京中國大學《國學叢編》第一期第三冊。

(一九六) 釋勹勿

郭沫若　一九三四年(昭和九年)五月,《中國古代銘刻彙考續編》所收,日本東京文求堂影印本。

(一九七) 釋工玉同字

劉盼遂　一九三五年(民國二十四年)四月,收入所著《文字音韻學論叢》。

(一九八) 釋丙子

郭沫若　一九三六年(昭和十一年)日本《書道雜誌》五卷一號。一九三八年(民國二十七年)金祖同譯載《説文月刊》二卷十及十一期。

(一九九) 釋狄狄

孫次舟　一九三七年(民國二十六年)六月,《歷史與考古》第四回。

(二○○) 釋爲釋豕

聞一多　一九三七年(民國二十六年)六月,《考古社刊》第六期。一九四八年(民國三十七年)八月,又收入《聞一多全集》第二册,開明書店出版。

(二○一) 釋㚇釋豕

陳夢家　一九三七年(民國二十六年)六月,《考古社刊》第六期。

(二○二) 釋省渻(契文疏證之一)

聞一多　一九三七年(民國二十六年)七月,中華書局出版《語言與文學》所收。一九四八年(民國三十七年)八月,又收入《聞一多全集》第二册,開明書店出版。

(二○三) 吴越釋名

衛聚賢　一九三九年(民國二十八年)八月,《説文月刊》一卷八期。

(二○四) 釋启啟

楊樹達　一九四○年(民國二十九年)十月,湖南大學《古文字學研究》講義本。

(二○五) 卜辭弜弗通用考

張宗騫　一九四○年(民國二十九年)十二月,《燕京學報》二十八期。

(二○六) 甲骨文从比二字辨

屈萬里　一九四五年(民國三十四年)十二月,《六同別錄》中册。一九四八年(民國三十七年)又載中央研究院《歷史語言研究所集刊》第十三本。

(二○七) 釋追逐

楊樹達　一九四六年(民國三十五年)二月十六日,湖南大學《古文字學研究》講義本。

(二○八) 説瑟登

楊樹達　一九四六年(民國三十五年)三月十九日,湖南大學《古文字學研究》講義本。

(二○九) 説珏朋

王國維　《觀堂集林》卷三。一九二三年(民國十二年)烏程蔣氏仿宋聚珍本。又一九二七年(民國十六年)《王忠慤公遺書》本。又一九四○年(民國二十九年)《王静安先生遺書》本。

(二一○) 釋中史

顧　實　《國學叢刊》二卷三期。又《國學輯林》一卷一期。

（二一一）哭罷同源考

邵子風　一九三五年(民國二十四年)十二月,《考古社刊》第三期。

（二一二）殷代龜版文中之族字

日本後藤朝太郎　一九一九年(大正八年)日本《民族與歷史》一卷三號。

（二一三）獲白麟解

董作賓　一九三〇年(民國十九年)十二月,《安陽發掘報告》第二期。

（二一四）獲白兕考

唐　蘭　一九三二年(民國二十一年)六月,燕京大學《史學年報》第四期。

（二一五）鬼字原始意義之試探

沈兼士　一九三六年(民國二十五年)七月,北京大學《國學季刊》五卷三期。

（二一六）史字新釋

陳夢家　一九三六年(民國二十五年)十二月,《考古社刊》第五期。

（二一七）史字新釋補證

陳夢家　一九三六年(民國二十五年)十二月,《考古社刊》第五期。

（二一八）農字源流考

許以粟　北京四存學校《四存月刊》第三期。

（二一九）釋叔

羅振玉　一九二〇年(民國九年)六月,《永豐鄉人稿·雲窗漫稿》所收。

（二二〇）釋妛

羅振玉　一九二〇年(民國九年)六月,《永豐鄉人稿·雲窗漫稿》所收。

（二二一）釋昱

王國維　一九二三年(民國十二年)《觀堂集林》卷六所收。又一九二七年(民國十六年)《王忠慤公遺書》初集本《觀堂集林》。又一九四〇年(民國二十九年)《王靜安先生遺書》本《觀堂集林》。

（二二二）釋物

王國維　一九二三年(民國十二年)《觀堂集林》卷六所收。又一九二七年(民國十六年)《王忠慤公遺書》初集本《觀堂集林》。又一九四〇年(民國二十九年)《王靜安先生遺書》本《觀堂集林》。

（二二三）釋西

王國維　一九二三年(民國十二年)《觀堂集林》卷六所收。又一九二七年(民國十六年)《王忠慤公遺書》初集本《觀堂集林》。又一九四〇年(民國二十九

(二二四) 釋旬

王國維　一九二三年(民國十二年)《觀堂集林》卷六所收。又一九二七年(民國十六年)《王忠愨公遺書》初集本《觀堂集林》。又一九四〇年(民國二十九年)《王靜安先生遺書》本《觀堂集林》。

(二二五) 釋史

王國維　一九二三年(民國十二年)《觀堂集林》卷六所收。又一九二七年(民國十六年)《王忠愨公遺書》初集本《觀堂集林》。又一九四〇年(民國二十九年)《王靜安先生遺書》本《觀堂集林》。

(二二六) 釋禮

王國維　一九二三年(民國十二年)《觀堂集林》卷六所收。又一九二七年(民國十六年)《王忠愨公遺書》初集本《觀堂集林》。又一九四〇年(民國二十九年)《王靜安先生遺書》本《觀堂集林》。

(二二七) 釋辭

王國維　一九二三年(民國十二年)《觀堂集林》卷六所收。又一九二七年(民國十六年)《王忠愨公遺書》初集本《觀堂集林》。又一九四〇年(民國二十九年)《王靜安先生遺書》本《觀堂集林》。

(二二八) 說耿

王國維　一九二三年(民國十二年)《觀堂集林》卷十二所收。又一九二七年(民國十六年)《王忠愨公遺書》初集本《觀堂集林》。又一九四〇年(民國二十九年)《王靜安先生遺書》本《觀堂集林》。

(二二九) 釋天

王國維　《學衡》四十一期。又收入所著《觀堂集林》卷六，一九二三年(民國十二年)烏程蔣氏仿宋聚珍本，又一九二七年(民國十六年)《王忠愨公遺書》初集本《觀堂集林》。又一九四〇年(民國二十九年)《王靜安先生遺書》本《觀堂集林》。

(二三〇) 釋疾

丁　山　一九三〇年(民國十九年)中央研究院《歷史語言研究所集刊》一本二分。

(二三一) 釋瘳

丁　山　一九三〇年(民國十九年)中央研究院《歷史語言研究所集刊》一本

二分。

(二三二) 釋蒙

丁　山　一九三〇年(民國十九年)中央研究院《歷史語言研究所集刊》一本二分。

(二三三) 說冀

丁　山　一九三〇年(民國十九年)中央研究院《歷史語言研究所集刊》一本二分。

(二三四) 說壴

瞿潤緡　一九三二年(民國二十一年)六月,中山大學《文史研究所輯刊》一卷二期。

(二三五) 釋示

吳　衡　一九三二年(民國二十一年)《齊大季刊》第一期。

(二三六) 釋南

吳　衡　《齊大季刊》第四期。

(二三七) 釋女

李星可　一九三四年(民國二十三年)一月,《中法大學月刊》四卷三期。

(二三八) 釋采

孫海波　一九三四年(民國二十三年)《行素雜誌》一卷三期。

(二三九) 釋眉

孫海波　一九三四年(民國二十三年)《行素雜誌》一卷三期。

(二四〇) 說叒

胡吉宣　一九三四年(民國二十三年)中山大學《文史研究所月刊》二卷三、四期。

(二四一) 釋天

美國顧立雅(H. G. Creel)　一九三五年(民國二十四年)十二月,《燕京學報》十八期。

(二四二) 說董

董作賓　一九三六年(民國二十五年)六月,《考古社刊》第四期。

(二四三) 釋阝

唐　蘭　一九三六年(民國二十五年)十二月,《考古社刊》第五期,《懷鉛隨錄》所收。

(二四四）釋自

孫海波　一九三七年(民國二十六年)四月,《禹貢半月刊》,七卷一、二、三期。

(二四五）釋内

唐　蘭　一九三七年(民國二十六年)六月,《考古社刊》第六期,《懷鉛隨録》所收。

(二四六）釋宗

日本加藤常賢　一九三七年(昭和十二年)《漢學會雜誌》五卷三期。

(二四七）説滴

葛毅卿　一九三八年(民國二十七年)五月,中央研究院《歷史語言研究所集刊》七本四分。

(二四八）殷代金文所見圖象文字考

日本小川茂樹　一九三八年(昭和十三年)十月,《東方學報》京都第九號。

(二四九）釋不

瞿潤緡　一九三九年(民國二十八年)五月,燕京大學《文學年報》第五期。

(二五〇）釋牢

胡厚宣　一九三九年(民國二十八年)九月,中央研究院《歷史語言研究所集刊》八本二分。

(二五一）説井

唐　蘭　一九三九年(民國二十八年)十二月十七日,重慶《中央日報・讀書》第八號。

(二五二）釋屯

于省吾　一九三九年(民國二十八年)十二月,《輔仁學誌》八卷二期。

(二五三）説圂

聞一多　一九四〇年(民國二十九年)五月,《金陵學報》一卷一、二期。一九四八年(民國三十七年)八月,又收入《聞一多全集》第二册。

(二五四）釋荆

楊樹達　一九四〇年(民國二十九年)八月,湖南大學《古文字學研究》講義本。

(二五五）釋艿

楊樹達　一九四〇年(民國二十九年)九月,湖南大學《古文字學研究》講義本。

（二五六）釋豈

　　楊樹達　一九四〇年（民國二十九年）九月,湖南大學《古文字學研究》講義本。

（二五七）釋正

　　楊樹達　一九四〇年（民國二十九年）九月,湖南大學《古文字學研究》講義本。

（二五八）釋臧

　　楊樹達　一九四〇年（民國二十九年）九月,湖南大學《古文字學研究》講義本。

（二五九）釋𠚤

　　楊樹達　一九四〇年（民國二十九年）九月,湖南大學《古文字學研究》講義本。

（二六〇）釋滴

　　楊樹達　一九四〇年（民國二十九年）九月,湖南大學《古文字學研究》講義本。

（二六一）釋異

　　楊樹達　一九四〇年（民國二十九年）九月,湖南大學《古文字學研究》講義本。

（二六二）釋椎

　　楊樹達　一九四〇年（民國二十九年）十月,湖南大學《古文字學研究》講義本。

（二六三）釋衼

　　楊樹達　一九四〇年（民國二十九年）十月,湖南大學《古文字學研究》講義本。

（二六四）釋乎

　　楊樹達　一九四一年（民國三十年）一月,湖南大學《古文字學研究》講義本。

（二六五）釋屮

　　楊樹達　一九四一年（民國三十年）湖南大學《古文字學研究》講義本。又一九四五年（民國三十四年）七月五日,湖南大學《古文字學研究》講義本另一篇。

（二六六）釋物

楊樹達　一九四一年(民國三十年)湖南大學《古文字學研究》講義本。

(二六七) 釋行

羅振玉　一九四一年(民國三十年)秋,《貞松老人遺稿》甲集之一,《後丁戊稿》。

(二六八) 釋止

羅振玉　一九四一年(民國三十年)秋,《貞松老人遺稿》甲集之一,《後丁戊稿》。

(二六九) 釋奚

羅振玉　一九四一年(民國三十年)秋,《貞松老人遺稿》甲集之一,《後丁戊稿》。

(二七〇) 釋王

姜亮夫　一九四二年(民國三十一年)一月,東北大學《志林》第三期。

(二七一) 釋獸

楊樹達　一九四二年(民國三十一年)五月,湖南大學《古文字學研究》講義本。

(二七二) 釋反

楊樹達　一九四二年(民國三十一年)八月,湖南大學《古文字學研究》講義本。

(二七三) 釋丼

胡厚宣　一九四四年(民國三十三年)三月,《甲骨學商史論叢》初集第四册。成都齊魯大學國學研究所專刊之一。

(二七四) 釋臤

楊樹達　一九四四年(民國三十三年)十一月,湖南大學《古文字學研究》講義本。

(二七五) 釋凡

楊樹達　一九四四年(民國三十三年)十一月,湖南大學《古文字學研究》講義本。

(二七六) 釋尢

楊樹達　一九四四年(民國三十三年)十一月,湖南大學《古文字學研究》講義本。

(二七七) 釋臥

楊樹達　一九四四年(民國三十三年)十一月,湖南大學《古文字學研究》講義本。

(二七八)關於奭字説

張政烺　一九四四年(民國三十三年)十二月,成都齊魯大學《學史叢刊》第一期。

(二七九)説文燕召公史篇名醜解

張政烺　一九四五年(民國三十四年)一月,《六同別錄》上册。一九四八年(民國三十七年)又載中央研究院《歷史語言研究所集刊》第十三本。

(二八〇)奭字解

張政烺　一九四五年(民國三十四年)一月,《六同別錄》上册。一九四八年(民國三十七年)又載中央研究院《歷史語言研究所集刊》第十三本。

(二八一)釋🖾

楊樹達　一九四五年(民國三十四年)三月,湖南大學《古文字學研究》講義本。

(二八二)書釋🖾後

周鐵錚　一九四五年(民國三十四年)三月,湖南大學《古文字學研究》講義本。

(二八三)説方

楊樹達　一九四五年(民國三十四年)三月,湖南大學《古文字學研究》講義本。

(二八四)説戠

楊樹達　一九四五年(民國三十四年)三月,湖南大學《古文字學研究》講義本。

(二八五)釋奭

楊樹達　一九四五年(民國三十四年)四月,湖南大學《古文字學研究》講義本。

(二八六)釋🖾

楊樹達　一九四五年(民國三十四年)四月,湖南大學《古文字學研究》講義本。

(二八七)説羿

（二八八）說昌

楊樹達　一九四五年(民國三十四年)四月,湖南大學《古文字學研究》講義本。

（二八九）說&

楊樹達　一九四五年(民國三十四年)四月,湖南大學《古文字學研究》講義本。

（二九〇）釋🦴

楊樹達　一九四五年(民國三十四年)五月七日,湖南大學《古文字學研究》講義本。

（二九一）書釋🦴後

楊樹達　一九四五年(民國三十四年)五月十一日,湖南大學《古文字學研究》講義本。

（二九二）說叀

楊樹達　一九四五年(民國三十四年)五月十四日,湖南大學《古文字學研究》講義本。

（二九三）說🦴

楊樹達　一九四五年(民國三十四年)六月五日,湖南大學《古文字學研究》講義本。

（二九四）釋🦴

楊樹達　一九四五年(民國三十四年)六月十一日,湖南大學《古文字學研究》講義本。

（二九五）釋🦴

楊樹達　一九四五年(民國三十四年)七月一日,湖南大學《古文字學研究》講義本。

（二九六）說星

楊樹達　一九四五年(民國三十四年)七月二日,湖南大學《古文字學研究》講義本。

（二九七）釋叜

楊樹達 一九四五年(民國三十四年)七月三日,湖南大學《古文字學研究》講義本。

(二九八) 説冊

楊樹達 一九四五年(民國三十四年)七月四日,湖南大學《古文字學研究》講義本。

(二九九) 説征

楊樹達 一九四五年(民國三十四年)十月十四日,湖南大學《古文字學研究》講義本。

(三〇〇) 説于

楊樹達 一九四五年(民國三十四年)七月八日,湖南大學《古文字學研究》講義本。

(三〇一) 説易

楊樹達 一九四五年(民國三十四年)七月八日,湖南大學《古文字學研究》講義本。

(三〇二) 説即

楊樹達 一九四五年(民國三十四年)七月十一日,湖南大學《古文字學研究》講義本。

(三〇三) 釋🔣

楊樹達 一九四五年(民國三十四年)七月十六日,湖南大學《古文字學研究》講義本。

(三〇四) 釋🔣

楊樹達 一九四五年(民國三十四年)七月十六日,湖南大學《古文字學研究》講義本。

(三〇五) 釋🔣補

楊樹達 一九四五年(民國三十四年)七月十九日,湖南大學《古文字學研究》講義本。

(三〇六) 釋可

楊樹達 一九四五年(民國三十四年)七月二十日,湖南大學《古文字學研究》講義本。

(三〇七) 再説方

楊樹達　一九四五年(民國三十四年)七月二十日,湖南大學《古文字學研究》講義本。

(三〇八) 説攸

楊樹達　一九四五年(民國三十四年)七月二十五日,湖南大學《古文字學研究》講義本。

(三〇九) 説曰

楊樹達　一九四五年(民國三十四年)七月二十五日,湖南大學《古文字學研究》講義本。

(三一〇) 釋㑊

楊樹達　一九四五年(民國三十四年)七月三十日,湖南大學《古文字學研究》講義本。

(三一一) 説雀

楊樹達　一九四五年(民國三十四年)八月二十三日,湖南大學《古文字學研究》講義本。

(三一二) 釋鬆

楊樹達　一九四五年(民國三十四年)八月二十六日,湖南大學《古文字學研究》講義本。

(三一三) 説亦

楊樹達　一九四五年(民國三十四年)九月二十九日,湖南大學《古文字學研究》講義本。

(三一四) 釋迖

楊樹達　一九四五年(民國三十四年)十月三日,湖南大學《古文字學研究》講義本。

(三一五) 説靈

楊樹達　一九四五年(民國三十四年)十月十三日,湖南大學《古文字學研究》講義本。

(三一六) 説高

楊樹達　一九四五年(民國三十四年)十月十三日,湖南大學《古文字學研究》講義本。

(三一七) 釋興

楊樹達　一九四六年(民國三十五年)二月十九日,湖南大學《古文字學研究》講義本。

(三一八) 釋弜

楊樹達　一九四六年(民國三十五年)三月十五日,湖南大學《古文字學研究》講義本。

(三一九) 説藿

楊樹達　一九四六年(民國三十五年)二月十六日,湖南大學《古文字學研究》講義本。

(三二○) 釋兄

楊樹達　一九四六年(民國三十五年)三月六日,湖南大學《古文字學研究》講義本。

(三二一) 釋豕

楊樹達　一九四六年(民國三十五年)三月八日,湖南大學《古文字學研究》講義本。

(三二二) 釋示

姜亮夫　一九四六年(民國三十五年)六月三十日,南京《中央日報・文史週刊》。

(三二三) 釋徐

徐景賢　一九四七年(民國三十六年)九月一日,南京《大剛報・文史副刊》。

(三二四) 釋嬴

劉　節　一九四八年(民國三十七年)一月,中山大學《文史集刊》第一册。

(三二五) 釋鱻

聞一多　一九四八年(民國三十七年)八月,《聞一多全集》第二册。

(三二六) 釋余

聞一多　一九四八年(民國三十七年)八月,《聞一多全集》第二册。

(三二七) 釋羔

聞一多　一九四八年(民國三十七年)八月,《聞一多全集》第二册。

(三二八) 釋桑

聞一多　一九四八年(民國三十七年)八月,《聞一多全集》第二册。

(三二九) 釋噩

聞一多　一九四八年(民國三十七年)八月,《聞一多全集》第二册。

(三三〇) 釋奄

聞一多　一九四八年(民國三十七年)八月,《聞一多全集》第二冊。又《清華學報》十二卷三期。

(三三一) 釋千

戴家祥　清華研究院《國學論叢》一卷四期。

(三三二) 釋百

戴家祥　清華研究院《國學論叢》一卷四期。

(三三三) 釋皂

戴家祥　清華研究院《國學論叢》一卷四期。

(三三四) 釋甫

戴家祥　清華研究院《國學論叢》一卷四期。

(三三五) 哭字說

戴家祥　中山大學《語言歷史學研究所週刊》十一集一二五至一二八期。

(三三六) 釋旁

丁　山　北京大學《研究所週刊》十八期。

(三三七) 釋工

劉盼遂　《學衡》四十九期。

(三三八) 釋午

魏建功　《輔仁學誌》二卷一期。

(三三九) 𦥑解

張　鳳　暨南大學《文學院集刊》第一期。

(三四〇) 說父

蔣大沂　上海《大美晚報·歷史週刊》。

(三四一) 示爲古之祭器說

關玉潤　《磐石雜誌》三卷一期。

(三四二) 釋至

蕭　璋　浙江大學《文學院集刊》第三集。

一〇　文　　法

(三四三) 漢以前的文法研究

何定生　一九二八年(民國十七年)五月,中山大學《語言歷史學研究所週刊》三集三一、三二、三三期。

（三四四）商周字例
戴家祥　中山大學《語言歷史學研究所週刊》十集一一一期。

（三四五）甲骨文中之先置賓辭
楊樹達　一九四五年（民國三十四年）三月，湖南大學《古文字學研究》講義本。

（三四六）易經與卜辭的比較研究
李星可　一九三四年（民國二十三年）九月，《中法大學月刊》五期。

（三四七）與林浩卿博士論卜辭王賓書
羅振玉　一九二〇年（民國九年）六月，《雲窗漫稿》所收。

（三四八）殷契亡尤説
丁　山　一九二八年（民國十七年）十月，中央研究院《歷史語言研究所集刊》一本一分。

（三四九）卜辭㷉貳即熒惑説
林義光　一九三一年（民國二十年）十一月，北京中國大學《國學叢編》第一期。

（三五〇）卜辭中戋巛囚戻之研究
郭　齋　一九三二年（民國二十一年）十二月，《枕戈》一卷十二期。

（三五一）殷契亡囚説
戴蕃豫　一九三六年（民國二十五年）十二月，《考古社刊》第五期。

（三五二）釋凸
陳夢家　一九三六年（民國二十五年）十二月，《考古社刊》第五期。

（三五三）釋馭敎
董作賓　一九三三年（民國二十二年）《安陽發掘報告》第四期。

（三五四）讀商承祚君殷契佚存
積　微　一九三四年（民國二十三年）八月，天津《大公報・圖書副刊》第四十一期。

（三五五）釋丝用丝御
胡厚宣　一九四〇年（民國二十九年）中央研究院《歷史語言研究所集刊》八本四分。

（三五六）王若曰古義

董作賓　一九四四年(民國三十三年)五月,《説文月刊》第四卷合訂本,《吳稚暉先生八十大慶紀念論文集》。

(三五七) 脅日考

楊樹達　一九四五年(民國三十四年)湖南大學《古文字學研究》講義本。

(三五八) 余卜考

楊樹達　一九四五年(民國三十四年)四月,湖南大學《古文字學研究》講義本。

(三五九) 其牢兹用考

楊樹達　一九四五年(民國三十四年)五月十五日,湖南大學《古文字學研究》講義本。

(三六〇) 多介父考

楊樹達　一九四五年(民國三十四年)五月二十六日,湖南大學《古文字學研究》講義本。

(三六一) 舌河説

楊樹達　一九四五年(民國三十四年)五月二十八日,湖南大學《古文字學研究》講義本。

(三六二) 新宗考

楊樹達　一九四五年(民國三十四年)五月三十一日,湖南大學《古文字學研究》講義本。

(三六三) 又宗西宗考

楊樹達　一九四五年(民國三十四年)七月二日,湖南大學《古文字學研究》講義本。

(三六四) 冬蜀考

楊樹達　一九四五年(民國三十四年)七月六日,湖南大學《古文字學研究》講義本。

(三六五) 邻史考

楊樹達　一九四五年(民國三十四年)七月六日,湖南大學《古文字學研究》講義本。

(三六六) 自不跌解

屈萬里　一九四五年(民國三十四年)十二月,《六同別録》中册,一九四八年(民國三十七年)又載中央研究院《歷史語言研究所集刊》十三本。

（三六七）釋不❍❍

聞一多　一九四八年(民國三十七年)八月,《聞一多全集》第二册。

一一　文　　例

（三六八）甲骨文例二卷

胡光煒　一九二八年(民國十七年)七月,中山大學《語言歷史學研究所考古叢書》之一,余永梁手寫石印本一册。又一九三九年(民國二十八年)中央大學講義增訂本。

（三六九）骨文例

董作賓　一九三六年(民國二十五年)十二月,中央研究院《歷史語言研究所集刊》七本一分。

（三七〇）卜辭同文例

胡厚宣　一九四七年(民國三十六年)九月,中央研究院《歷史語言研究所集刊》第九本。

（三七一）卜辭雜例

胡厚宣　一九三九年(民國二十八年)中央研究院《歷史語言研究所集刊》八本三分。

（三七二）卜辭彝銘多側書

唐　蘭　一九三七年(民國二十六年)七月,北京大學《國學季刊》五卷三期。

（三七三）關於尾右甲卜辭

唐　蘭　一九三六年(民國二十五年)六月,《考古社刊》第六期,《懷鉛隨錄》所收。

（三七四）卜辭記事文字史官簽名例

胡厚宣　一九四八年(民國三十七年)一月,中央研究院《歷史語言研究所集刊》第十二本。

（三七五）論殷代的記事文字

胡厚宣　一九三七年(民國二十六年)六月至八月,天津《益世報·人文週刊》第二十五至三十一期。

（三七六）武丁時五種記事刻辭考

胡厚宣　一九四四年(民國三十三年)三月,《甲骨學商史論叢》初集第三册。成都齊魯大學國學研究所專刊之一。

(三七七) 契文卜王釋例

許敬參　一九三七年(民國二十六年)《河南博物館館刊》。

(三七八) 釋七十

郭沫若　一九三四年(民國二十三年)五月,《中國古代銘刻彙考續編》所收,日本東京文求堂出版。

一二　文　　學

(三七九) 卜辭時代的文學和卜辭文學

唐　蘭　一九三六年(民國二十五年)七月,《清華學報》十一卷三期。

(三八〇) 殷商文學史論

曾璧中　《廈大週刊》十四卷三十期。

一三　歷　　史

(三八一) 商民族之崛起

陸懋德　一九三〇年(民國十九年)北京大學《中國上古史》講義本。又一九四〇年(民國二十九年)西北大學增訂講義本。

(三八二) 商民族之盛衰

陸懋德　一九三〇年(民國十九年)北京大學《中國上古史》講義本。又一九四〇年(民國二十九年)西北大學增訂講義本。

(三八三) 殷史蠡測

張龍炎　一九三三年(民國二十二年)五月,《金陵學報》一卷一期。

(三八四) 歷史之起源——殷朝

日本向井章、西山榮久　一九三三年(昭和八年)《東亞經濟研究》十七卷三期。

(三八五) 商代(Shang)

美國顧立雅(H. G. Creel)　一九三六年出版,為所著《中國之生成》(The Birth of China)之第二章。

(三八六) 商王國的始末

顧頡剛　一九三九年(民國二十八年)雲南大學講義本。一九四一年(民國三十年)又載《文史雜誌》第一卷第二期。

(三八七) 中國史黎明期的大勢

張蔭麟　一九四〇年(民國二十九年)六月四日、十一日、十八日,昆明《中央日報·史學》八十五至八十七期。又收入所著《中國史綱》第一冊,浙江大學《史地教育叢刊》。又青年書店單行本。又正中書局單行本。

(三八八) 商史
陳恭祿　一九四〇年(民國二十九年)一月,商務印書館出版《中國史》第一冊第四編。

(三八九) 商代
藍文徵　一九四一年(民國三十年)貴陽文通書局出版《經世叢書》之一,《中國通史》第一冊之一章。

(三九〇) 商史徵
紀鹼宣　一九四三年(民國三十二年)二月,《真知學報》二卷六期。

(三九一) 古代史
吳　澤　一九四九年(民國三十八年)八月,長風書店出版。

(三九二) 以甲骨文證商代歷史
蕭炳實　一九三二年(民國二十一年)《廈大學報》,未見。

(三九三) 新殷本紀
丁　山　一九四〇年(民國二十九年)《史董》第一冊。

(三九四) 從卜辭中所見的殷民族
李夢英　一九三五年(民國二十四年)一月,北京大學《史學》第一期。

(三九五) 殷周史料考訂大綱
徐中舒　一九三三年(民國二十二年)一月,北京大學講義本。

(三九六) 殷契鉤沈二卷
葉玉森　一九三三年(民國二十二年)十二月,《學衡》第二十四期自寫鋅版精印本。又單行本。又一九二九年(民國十八年)北京富晉書社放大影本一冊。

(三九七) 古史新證
王國維　一九二五年(民國十四年)八月,清華研究院油印講義本一冊。又一九二七年(民國十六年)十月,《國學月報》二卷八、九、十號合刊《王靜安專號》。又一九三〇年(民國十九年)二月,《燕大月刊》七卷二期。又一九三四年(民國二十三年)北京來薰閣書店影印王氏稿本一冊。

(三九八) 殷商尚質證
胡婉春　一九二三年(民國十二年)八月,上海《時事新報·學燈》。

(三九九) 殷周革命

日本丹羽正義　一九二四年(大正十三年)《支那學》三卷九期。

(四〇〇) 關於夏殷周

日本香山陽坪　日本京都帝國大學《史學會誌》十二期。

(四〇一) 殷代夏民族系略說

日本龜井基茂　《大東文化》十七號。

一四　地　理

(四〇二) 殷虛卜辭中所見地名考

王國維　一九一五年(民國四年)四月,《雪堂叢刻》所收。又一九二七年(民國十六年)《王忠慤公遺書》初集《觀堂別集補遺》所收。又一九四〇年(民國二十九年)《王靜安先生遺書‧觀堂別集補遺》所收。

(四〇三) 甲骨文地名考

日本林泰輔著　聞宥譯　一九二九年(民國十八年)九月,中山大學《語言歷史學研究所週刊》九集一〇四、一〇五期。

(四〇四) 殷金文卜辭所見國名考

柯昌濟　《國學叢刊》十四期。

(四〇五) 商代地理小記

陳夢家　一九三七年(民國二十六年)六月一日,《禹貢半月刊》七卷六、七期《古代地理專號》。

(四〇六) 辨殷商

丁　山　一九三四年(民國二十三年)五月,山東大學《文史叢刊》第一期。

(四〇七) 殷與商

日本相良克明　《東洋史學會紀要》三期。

(四〇八) 甲骨地名與殷代地理新考

吳　澤　一九四四年(民國三十三年)《中山文化季刊》二卷一期。

(四〇九) 殷商拓地朝鮮考

蔣逸雪　一九四五年(民國三十四年)十一月,《東方雜誌》四十一卷二十一期。

(四一〇) 殷代國際地位蠡測

沈西林　一九三〇年(民國十九年)十二月,中央大學《史學》創刊號。

(四一一) 由甲骨卜辭推論殷周之關係

孫海波　一九三四年(民國二十三年)五月,《禹貢半月刊》一卷六期。

(四一二) 說弇

孫海波　一九三一年(民國二十年)九月,北京《學文》一卷四期。

(四一三) 東畫與澶

董作賓　一九三六年(民國二十五年)九月,《禹貢半月刊》六卷二期。

(四一四) 表較新舊版殷虛書契前編並記所得之新材料

坎拿大明義士(James M. Menzies)　一九三三年(民國二十二年)六月,齊魯大學《齊大季刊》第二期。

(四一五) 佳夷考

陳夢家　一九三六年(民國二十五年)七月,《禹貢半月刊》五卷十期。

(四一六) 商代的浙江

斤　堂　一九四二年(民國三十一年)十一月,《真知學報》二卷三期。

(四一七) 鬼方黎國並見卜辭說

林義光　一九三一年(民國二十年)七月,北京中國大學《國學叢編》第一期第二冊。

(四一八) 鬼方塙見卜辭說

傅東華　一九四〇年(民國二十九年)六月,《羣雅》月刊一集卷三。

(四一九) 殷代的羌與蜀

董作賓　一九四二年(民國三十一年)八月,《說文月刊》三卷七期《巴蜀文化專號》。

(四二〇) 殷代吾方考

胡厚宣　一九四四年(民國三十三年)三月,《甲骨學商史論叢》初集第二冊。成都齊魯大學國學研究所專刊之一。

(四二一) 犬方考

楊樹達　一九四五年(民國三十四年)四月,湖南大學《古文字學研究》講義本。

(四二二) 凡方考

楊樹達　一九四五年(民國三十四年)九月三十日,湖南大學《古文字學研究》講義本。

(四二三) 方族考

楊樹達　一九四五年(民國三十四年)三月十三日,湖南大學《古文字學研究》講義本。

(四二四) 殷困民國考

饒　頤　一九四六年(民國三十五年)六月,《文理學報》一卷一期。

(四二五) 卜辭地名與古人居丘説

胡厚宣　一九四四年(民國三十三年)三月,《甲骨學商史論叢》初集第四册。成都齊魯大學國學研究所專刊之一。

一五　帝　王

(四二六) 殷卜辭中所見先公先王考

王國維　一九一七年(民國六年)二月,自寫石印本,編入《學術叢書》。又收入《觀堂集林》卷九。一九二三年(民國十二年)烏程蔣氏仿宋聚珍本。又一九二七年(民國十六年)《王忠慤公遺書》本。又一九四〇年(民國二十九年)《王静安先生遺書》本。

(四二七) 殷卜辭中所見先公先王續考

王國維　一九一七年(民國六年)二月,自寫石印本,編入《學術叢書》。又收入《觀堂集林》卷九。一九二三年(民國十二年)烏程蔣氏仿宋聚珍本。又一九二七年(民國十六年)《王忠慤公遺書》本。又一九四〇年(民國二十九年)《王静安先生遺書》本。

(四二八) 殷先公先王考附注

王國維　一九二七年(民國十六年)《王忠慤公遺書》初集《觀堂別集補遺》所收。又一九四〇年(民國二十九年)《王静安先生遺書》本。

(四二九) 讀王静安先王古史新證書後

孫海波　一九三五年(民國二十四年)六月,《考古社刊》第二期。

(四三〇) 殷卜辭所見先公先王三續考

吳其昌　一九三三年(民國二十二年)十二月,《燕京學報》第十四期。

(四三一) 殷卜辭中所見先公先王再續考

朱芳圃　一九四七年(民國三十六年)二月,《新中華》復刊第五卷第四期。

(四三二) 商王名號考

陳夢家　一九三九年(民國二十八年)十月八日,重慶《中央日報・讀書》第一號。改訂後於一九四〇年(民國二十九年)六月,載於《燕京學報》第二十七期。

（四三三）由陳侯因資錞銘黄帝論五帝

丁　山　一九三三年(民國二十二年)中央研究院《歷史語言研究所集刊》二本四分。

（四三四）骨上所刻之哀文與家譜（A Funeral Elegy and a Family Tree Inscribed on Bones）

英國金璋(L. C. Hopkins)　一九一二年十月出版。

（四三五）商代之帝王（Sovereign of Shang Dynasty）

英國金璋(L. C. Hopkins)　一九一七年一月出版。

（四三六）殷墟甲骨上所載王室譜系及商代之記載（The Royal Genealogies on the Honan Relics and the Record of the Shang Dynasty）

英國金璋(L. C. Hopkins)　一九二二年《大亞洲雜誌・夏德紀念號》(Asia Major, Hirth Anniversary Volume.)。

（四三七）王亥

日本內藤虎次郎　一九一六年(大正五年)日本《藝文》七卷七期。

（四三八）續王亥

日本內藤虎次郎　一九一七年(大正六年)及一九二一年(大正十年)日本《藝文》八卷八期及十二卷二、四期。

（四三九）與王靜安徵君論卜辭上甲書二札

羅振玉　一九二〇年(民國九年)六月,《雲窗漫稿》所收。又附於王國維《觀堂集林》卷九《殷卜辭中所見先公先王考》一文之後。

（四四〇）卜辭下乙說

胡厚宣　一九四〇年(民國二十九年)一月,《北京大學四十週年紀念論文集》乙編上冊。一九四四年(民國三十三年)三月,又收入《甲骨學商史論叢》初集第三冊。成都齊魯大學國學研究所專刊之一。

（四四一）論雍己在殷代祀典中的位置

董作賓　一九四〇年(民國二十九年)中央研究院《歷史語言研究所集刊》八本四分。

（四四二）🯄為根圉說

饒宗頤　一九四〇年(民國二十九年)九月,成都齊魯大學國學研究所《責善半月刊》一卷十三期。

（四四三）卜辭中之🯄即昌若說

胡光煒　一九四三年(民國三十二年)六月,中央大學《文史哲季刊》一卷二期。

(四四四) 説羔

楊樹達　一九四五年(民國三十四年)三月,湖南大學《古文字學研究》講義本。

(四四五) 釋🈳

楊樹達　一九四五年(民國三十四年)三月,湖南大學《古文字學研究》講義本。

(四四六) 補釋🈳

楊樹達　一九四五年(民國三十四年)十月十三日,湖南大學《古文字學研究》講義本。

(四四七) 黃尹黃奭伊奭考

楊樹達　一九四五年(民國三十四年)三月,湖南大學《古文字學研究》講義本。

(四四八) 田匝㘷匚

楊樹達　一九四六年(民國三十五年)三月十日,湖南大學《古文字學研究》講義本。

(四四九) 天問吳獲迄古解

方詩銘　一九四七年(民國三十六年)十二月十日,上海《東南日報·文史》六十九期。

(四五〇) 甲骨卜辭中的蚰字

周祖謀　一九四八年(民國三十七年)三月二十日,上海《申報·文史》十五期。

(四五一) 米爲小甲合文説

方静若　一九四八年(民國三十七年)九月八日,上海《中央日報·文物週刊》。

(四五二) 殷先公稱王説

楊樹達　一九四五年(民國三十四年)五月二十七日,湖南大學《古文字學研究》講義本。

一六　禮　制

（四五三）殷周制度論

王國維　一九一七年（民國六年）七月，編入《學術叢書》。又收入《觀堂集林》卷十。一九二三年（民國十二年）烏程蔣氏仿宋聚珍本。又一九二七年（民國十六年）《王忠愨公遺書》本。又一九四〇年（民國二十九年）《王靜安先生遺書》本。又北新書局《活葉文選》本。又收入朱芳圃《甲骨學商史編》。

（四五四）殷周制度新論

李得賢　一九四四年（民國三十三年）十二月，成都齊魯大學《學史叢刊》第一期。

（四五五）挈契枝譚

葉玉森　一九二四年（民國十三年）七月，《學衡》三十一期，自寫鋅版精印本。又單行本。又一九二九年（民國十八年）北京富晉書社放大影印本，與《說契》合一册。

（四五六）殷禮徵文

王國維　一九二七年（民國十六年）《王忠愨公遺書》二集石印本。又一九四〇年（民國二十九年）《王靜安先生遺書》本。

（四五七）續殷禮徵文

陳邦懷　無錫國學專科學校校友會《集刊》第一集。

（四五八）殷商制度考

束世澂　一九三〇年（民國十九年）十一月，《中央大學半月刊》二卷四期。

（四五九）五等爵在殷商

董作賓　一九三六年（民國二十五年）七月，中央研究院《歷史語言研究所集刊》六本三分。

（四六〇）殷代封建制度考

胡厚宣　一九四四年（民國三十三年）三月，《甲骨學商史論叢》初集第一册，成都齊魯大學國學研究所專刊之一。

（四六一）殷封建考

楊樹達　一九四五年（民國三十四年）六月二十八日，湖南大學《古文字學研究》講義本。

（四六二）祖廟與神主之起源

陳夢家　一九三七年(民國二十六年)四月,燕京大學《文學年報》第三期。

(四六三) 殷商祖神考

日本森安太郎　一九四二年(昭和十七年)四月,《支那學》第十卷特別號。

(四六四) 甲骨中殷商廟制徵

劉盼遂　一九三〇年(民國十九年)三月,女師大《學術季刊》一卷一期。

(四六五) 射與郊

陳夢家　一九四一年(民國三十年)四月,《清華學報》十三卷一期。

(四六六) 高禖考

日本小林市太郎　一九四二年(昭和十七年)四月,《支那學》第十卷特別號。

(四六七) 高禖說

楊樹達　一九四五年(民國三十四年)三月,湖南大學《古文字學研究》講義本。

(四六八) 古文字中之商周祭祀

陳夢家　一九三六年(民國二十五年)六月,《燕京學報》第十九期。

(四六九) 殷代人祭考

吳其昌　一九三二年(民國二十一年)四月,《清華週刊》三十七卷九、十號《文史專號》。

(四七〇) 商周的貞卜和儀節 (Divination and Ritual During the Shang and Chou Dynasties)

英國吉卜生(H. E. Gibson)　一九三五年七月《中國雜誌》二十三卷一號 (The China Journal Vol. XXIII No. 1)。

(四七一) 商代的家畜和祭祀 (Domestic Animal of Shang and Their Sacrifice)

英國吉卜生(H. E. Gibson)　一九三八年《亞洲文會雜誌》(Journal of The North China Branch of the Royal Asiatic Society Vol. LXIX)。

(四七二) 卜辭中之田漁與祭祀關係

陳　槃　一九三九年(民國二十八年)中央研究院《歷史語言研究所集刊》十本一分,原稿抗戰期間在上海淪陷,未出版。

(四七三) 宗法考源

丁　山　一九三四年(民國二十三年)中央研究院《歷史語言研究所集刊》四本四分。

（四七四）殷君宋君繼統制討論

江紹原　一九三五年（民國二十四年）四月十二日,北京《晨報・學園》九八一號。

（四七五）卜辭所見之殷代家族制度

葛啓揚　一九三八年（民國二十七年）十二月,燕京大學《史學年報十週年紀念號》。

（四七六）殷周之際的農業的發達與宗法社會的產生

曾　謇　一九三五年（民國二十四年）《食貨》一卷二期。

（四七七）殷商家族制度與親族制度的一個解釋

董書方　《食貨》三卷十期。

（四七八）殷代兄終弟及即選舉制說

徐中舒　一九四五年（民國三十四年）六月,《文史雜誌》五卷五、六期合刊《中國社會史專號》。

（四七九）殷卜辭婚嫁考

溫丹銘　一九三三年（民國二十二年）五月,中山大學《文史研究所月刊》一卷五期。

（四八〇）殷代婚姻家族宗法生育制度考

胡厚宣　一九四四年（民國三十三年）三月,《甲骨學商史論叢》初集第一冊,成都齊魯大學國學研究所專刊之一。

（四八一）殷商時代的婦女婚姻及族制

毛起鵕　一九四七年（民國三十六年）二月,《中國雜誌》一卷一期。

（四八二）殷代帝王名謚世次世系家族與繼承制研究

吳　澤　一九四四年（民國三十三年）五月,《中山文化季刊》一卷四期。

（四八三）論殷人祖妣之稱

林義光　一九三二年（民國二十一年）十月,北京中國大學《國學叢編》第二期第一冊。

（四八四）未有謚法以前的易名制度

唐　蘭　一九三九年（民國二十八年）十月八日,重慶《中央日報・讀書》第一號。

（四八五）謚法濫觴於殷代論

屈萬里　一九四五年（民國三十四年）十二月,《六同別錄》中冊。一九四八年(民國三十七年)又載中央研究院《歷史語言研究所集刊》第十三本。

(四八六) 帚矛説

董作賓　一九三三年(民國二十二年)六月,《安陽發掘報告》第四期。

(四八七) 骨臼刻辭之一考察

郭沫若　一九三四年(昭和九年)五月,《中國古代銘刻彙考續編》所收。日本文求堂影印本。

(四八八) 殷代貢納制考辨

吳　澤　一九四七年(民國三十六年)九月,大夏大學《歷史社會學季刊》一卷二期。

(四八九) 殷商之土地制度

萬國鼎　一九四四年(民國三十三年)九月,《文史雜誌》四卷五、六期《中國經濟史專號》。

(四九〇) 中國古代甲骨文及金文之田地

日本中山久四郎　《歷史公論》六期。

(四九一) 秦以前中國田制史

吳其昌　一九三五年(民國二十四年)武漢大學《社會科學季刊》五卷三期。

(四九二) 井田制度探原

徐中舒　一九四四年(民國三十三年)《中國文化研究彙刊》四卷上册。

一七　社　會

(四九三) 中國古代之社會狀態

日本內藤虎次郎　一九一七年(大正六年)一月作,一九三六年(昭和十一年)四月,日本《東洋文化史研究》所收。

(四九四) 卜辭中之古代社會

郭沫若　一九三〇年(民國十九年)三月,《中國古代社會研究》所收。上海聯合書店出版。又翻印本。又一九四七年(民國三十六年)羣益出版社重印《郭沫若全集》本。

(四九五) 古代的中國社會

王禮錫　一九三三年(民國二十二年)四月,《讀書雜誌》三卷三、四期,《中國社會史論戰》第四輯。

(四九六) 論古代社會

郭沫若　一九四三年(民國三十二年)十月,《今昔集》所收,東方書社出版。又收入《郭沫若全集》本《今昔蒲劍》。

(四九七) 古代社會

翦伯贊　一九四四年(民國三十三年)四月,爲所著《中國史綱》第一卷之第三章,五十年代出版社出版。又生活書店版。又三聯書店版。

(四九八) 殷民族的社會

程　憬　一九二八年(民國十七年)二月,中山大學《語言歷史學研究所週刊》二集十六期。

(四九九) 殷之社會

趙世昌　一九三四年(民國二十三年)八月,《中國上古史之研究》一書所收。北京好望書店出版。

(五〇〇) 殷商社會略考

陳伯達　《太白半月刊》二卷四期。

(五〇一) 剖面的殷代社會舉例

金祖同　一九四〇年(民國二十九年)四月,《説文月刊》二卷一期。

(五〇二) 中國古代社會新研

李玄伯　一九四一年(民國三十年)六月,《孔德研究所叢刊》之三,來薰閣書店排印本,一册。又開明書店重印本。

(五〇三) 古代社會與現代初民社會

李玄伯　一九四六年(民國三十五年)中央圖書館《書林季刊》(Philohiblon, The National Central Library)。

(五〇四) 中國古代社會的檢討

蔡元邦　一九四三年(民國三十二年)四月,中山大學《經濟科學》第五期,《中國經濟史研究特輯》。

(五〇五) 中國原始社會形態

日本井上芳郎　《社會經濟史學》五卷十期。

(五〇六) 中國原始社會研究

鄭子田　一九四五年(民國三十四年)上海永祥印書館出版一册。又收入永祥印書館出版之《社會發展史話》中。

(五〇七) 文字學上中國古代社會句沈

丁興瀇　一九三三年(民國二十二年)安徽省立圖書館出版《學風》三卷

六期。

（五〇八）古代中國之制度與社會

日本牧野巽　一九三八年(昭和十三年)《東洋文化史大系》卷一。

（五〇九）殷代社會史之探究

陳覺玄　一九四五年(民國三十四年)十月,《大學月刊》四卷七、八期。一九四六年(民國三十五年)三月,又載《新中華》復刊四卷五期。

（五一〇）由尚書盤庚觀察殷商社會

馮漢驥　一九四五年(民國三十四年)九月十日,成都《新中國日報·中國社會》五、六、七期。一九四五年(民國三十四年)六月,又載《文史雜誌》五卷五、六期《中國社會史專號》,題爲《自尚書盤庚篇看殷商社會的演變》。

（五一一）湯誓和盤庚裏的眾和有眾

王達津　一九四七年(民國三十六年)二月,《讀書通訊》一二六期。

（五一二）殷代社會的特性

侯外廬　一九四九年(民國三十八年)八月,三聯書店出版《中國古代社會史》二章二節。

（五一三）殷契通釋六卷

徐協貞　一九三三年(民國二十二年)十二月,北京文楷齋刊本六册。

（五一四）殷商之社會組織

束世澂　一九三五年(民國二十四年)七月,《國立四川大學季刊》第一期。

（五一五）殷民族的氏族社會

程　憬　一九二八年(民國十七年)七月,中山大學《語言歷史學研究所週刊》四集三九、四〇、四二期。

（五一六）氏族制社會

日本佐野袈裟美著　劉惠之、劉希寧澤　一九三七年(民國二十六年)《中國歷史教程》第一篇第二章,讀書生活出版社出版。

（五一七）中國氏族社會與土地共有制

袁亦山　一九四三年(民國三十二年)四月,中山大學《經濟科學》第五期《中國經濟史研究特輯》。

（五一八）殷民族的奴隸制度

丁迪豪　一九三一年(民國二十年)《進展》第一期。

（五一九）殷代奴隸史

丁迪豪 一九三三年(民國二十二年)九月,《歷史科學》一卷五期。

(五二〇) 中國奴隸社會

衛聚賢 一九三三年(民國二十二年)十二月,至一九三四年(民國二十三年)二月,《新中國》一卷一、二、三期。

(五二一) 殷代奴隸制度研究

呂振羽 一九三四年(民國二十三年)七月,《勞動季報》一卷二期。

(五二二) 殷代——種族國家的奴隸制

呂振羽 一九三六年(民國二十五年)十一月,《殷周時代的中國社會》之一章,上海不二書店出版。又一九四六年(民國三十五年)《中國社會史綱》,耕耘出版社出版。

(五二三) 夏殷時代的中國奴隸社會

鄧初民 一九四二年(民國三十一年)四月,《文化雜誌》二卷二號。

(五二四) 中國社會史上的奴隸制度問題

呂振羽 一九四一年(民國三十年)《中國社會史諸問題》一書第三章,耕耘出版社出版。

(五二五) 殷非奴隸社會論

胡厚宣 一九四〇年(民國二十九年)齊魯大學講義本。一九四四年(民國三十三年)三月,又收入《甲骨學商史論叢》初集第一冊,成都齊魯大學國學研究所專刊之一。

(五二六) 殷周是奴隸社會考

郭沫若 一九四二年(民國三十一年)四月,《學習生活》三卷一期。

(五二七) 奴隸社會

鄧初民 一九四二年(民國三十一年)六月,《中國社會史教程》第三章,文化供應社出版。

(五二八) 論中國奴隸社會

黃爾鏗 一九四三年(民國三十二年)四月,中山大學《經濟科學》第五期,《中國經濟研究特輯》。

(五二九) 中國社會經濟史上的奴隸制問題

錢健夫 一九四八年(民國三十七年)一月,商務印書館出版一冊。

(五三〇) 殷代的奴隸制社會

呂振羽 一九四九年(民國三十八年)《中國社會史綱》增訂本第二卷,耕耘出版社出版。

（五三一）商代母系制的諸形態

丁迪豪　一九三三年(民國二十二年)六月,《歷史科學》一卷三、四期。

（五三二）關於中國古代母系社會的考證

任達榮　一九三五年(民國二十四年)《東方雜誌》三十二卷一號。

（五三三）中國原始社會之母系制的考證

陳震異　一九四四年(民國三十三年)二月,《中華報》七卷二號。

（五三四）殷代婦女地位的推測

白雪樵　一九四四年(民國三十三年)十二月,成都齊魯大學《學史叢刊》第一期。

（五三五）從高宗諒陰說到武丁父子們的健康

董作賓　一九四二年(民國三十一年)九月,《中國青年》七卷二、三期。

（五三六）殷人疾病考

胡厚宣　一九四三年(民國三十二年)二月,《學思》三卷三、四期。一九四四年(民國三十三年)三月,又收入《甲骨學商史論叢》初集第三冊。

一八　經　濟

（五三七）商民族的經濟生活之推測

程　憬　一九二九年(民國十八年)《新月月刊》二卷六期。

（五三八）卜辭時代的經濟生活

馬元材　一九三〇年(民國十九年)開封《飛躍雙週刊》二卷一期。

（五三九）殷代經濟研究

吳　澤　一九三五年(民國二十四年)五月,《勞動季報》一卷五期。

（五四〇）甲骨文時代之經濟史影

李劍農　一九三六年(民國二十五年)武漢大學《中國經濟史》講義之一章。

（五四一）殷代之產業

日本小島祐馬　一九二五年(大正十四年)二月,日本《支那學》三卷十期。

（五四二）殷代的農業

萬國鼎　一九三〇年(民國十九年)金陵大學《金陵光》十六卷二期。

（五四三）蘇格蘭與中國古代剡形耕作考（The Cas-Chrom V, The Lei-Su, A Study of the Primitive Forms of Plough in Scotland and Ancient China）

英國金璋(L. C. Hopkins) 一九三五年十月及一九三六年一月,《英國皇家亞洲文會雜誌》(The Journal of the Royal Asiatic Society of Great Britain and Ireland, Oct. 1935 Jan. 1936)。

(五四四) 商代之農業(Agriculture in China During the Shang Period. From Information Collected From The Inscribed Shang Bone)

英國吉卜生(H. E. Gibson) 一九三七年六月,《中國雜誌》二十六卷六號(The China Journal. Vol. XXVI No. 6 June, 1937)。

(五四五) 甲骨金文中所見的殷代農稼情況

吳其昌 一九三七年(民國二十六年)二月,商務印書館《張菊生先生七十生日紀念論文集》。

(五四六) 見於卜辭之殷代農業

日本白尾陽光 一九三九年(昭和十四年)九月,《東亞經濟研究》二十三卷五號。

(五四七) 卜辭中所見之殷代農業

胡厚宣 一九三八年(民國二十七年)初稿。一九四四年(民國三十三年)《甲骨學商史論叢》二集第一冊,成都齊魯大學國學研究所專刊之一。

(五四八) 殷代之農業與物質文化

李泰華 一九四四年(民國三十三年)五月,《讀書通訊》九十期。

(五四九) 耒耜考

徐中舒 一九三〇年(民國十九年)五月,中央研究院《歷史語言研究所集刊》二本一分。

(五五〇) 關於殷人不常厥邑的一個經濟解釋

傅築夫 一九四四年(民國三十三年)九月,《文史雜誌》五、六期合刊《中國經濟史專號》。

(五五一) 中國㲋之服用(The Rescue of the Chinese Rhinoce)

英國金璋(L. C. Hopkins) 一九三九年四月,《英國皇家亞洲文會雜誌》(The Journal of the Royal Asiatic Society of Great Britain and Ireland, April, 1939)。

(五五二) 殷代焚田說

胡厚宣 一九三九年(民國二十八年)中央研究院《歷史語言研究所集刊》九本三分,原稿抗戰期間在上海淪陷,未出版。一九四四年(民國三十三年)三月,又收入《甲骨學商史論叢》初集第一册,成都齊魯大學國學研究所專刊之一。

（五五三）商代的田獵（Hunting During the Shang Period）

英國吉卜生（H. E. Gibson）　一九三七年十二月,《中國雜誌》二十七卷六號（The China Journal Vol. XXVII No. 6 December, 1937）。

（五五四）商王獵鹿之記録（Records of David's Deer as Hunted by Shang-Yin Sovereigns）

英國金璋（L. C. Hopkins）　一九三九年七月,《英國皇家亞洲文會雜誌》(The Journal of the Royal Asiatic Society of Great Britain and Ireland, July, 1939）。

（五五五）商代文字中之動物（Animals in the Writing of Shang）

英國吉卜生（H. E. Gibson）　一九三五年《中國雜誌》二十三卷六號（The China Journal, Vol. XXIII, No. 6, 1935）。

（五五六）甲骨文中之衣

濤　一九三五年（民國二十四年）四月二十五日,《武漢日報・藝風》二十三期。

（五五七）甲骨文中之食

夏甲亘　一九三五年（民國二十四年）十二月二十四、二十五、二十七、二十八、三十日,北京《晨報・北晨藝園》。

（五五八）甲骨文中之食

民　一九三四年（民國二十三年）十一月十五、二十九日,《武漢日報・藝風》十三、十四期。

（五五九）殷周貨幣考

王名元　一九三五年（民國二十四年）一月,中山大學《文史研究所月刊》三卷三期。

（五六○）中國商代之交通（Communication in China During the Shang Period）

英國吉卜生（H. E. Gibson）　一九三七年五月,《中國雜誌》二十六卷五號（The China Journal Vol. XXVI. No. 5, May, 1937）。

一九　文　化

（五六一）由甲骨文考見商代之文化

陸懋德　一九二七年(民國十六年)十二月,《清華學報》四卷二期。

（五六二）商代之文化(The Culture of the Shang Dynasty)

坎拿大明義士(James M. Menzies)　一九三一年單行本(Smithsonian Report for. 1931, Washington)。

（五六三）商代文化

坎拿大明義士(James M. Menzies)　一九三二年(民國二十一年)十二月,齊魯大學《齊大季刊》第一期。

（五六四）殷商文化叢考

胡厚宣　一九三三年(民國二十二年)六月,北京大學《新夢》一卷五、六期。

（五六五）由三代都邑論其民族文化

丁　山　一九三五年(民國二十四年)中央研究院《歷史語言研究所集刊》五本一分。

（五六六）殷虛文化私考

日本駒井和愛　一九三六年(昭和十一年)四月,日本東京歷史教育研究會《歷史教育》十一卷一號。

（五六七）殷周之社會及其文化

黃淬伯　一九四〇年(民國二十九年)《政治季刊》四卷一期。

（五六八）周末社會與商之文化

日本重澤俊郎　一九四二年(昭和十七年)四月,《支那學》第十卷特別號。

（五六九）略論殷商青銅器文化

翦伯贊　一九四三年(民國三十二年)十二月,《文風雜誌》第一卷一期。

（五七〇）殷商民族與文化

姜蘊剛　一九四四年(民國三十三年)五月,《說文月刊》第四卷合訂本,《吳稚暉先生八十大慶紀念論文集》。又編為《中國古代社會史》之第一章,一九四七年(民國三十六年)七月,商務印書館出版。

（五七一）中國美術中之爬蟲類魚類及無脊椎動物(Reptiles, Fishes, and Invertebrates in Chinese Art)

美國索雅白(Arthur De Carle Sowerby)　一九三六年十一月,《中國雜誌》二十五卷五號(The China Journal Vol. XXV, No. 5, November, 1936)。

（五七二）商周的美術(The Art of the Shang and Chou Dynasty)

坎拿大明義士(James M. Menzies)　一九三六年《亞洲文會雜誌》六十七期

(Journal of the North China Branch of the Royal Asiatic Society LXVII)。

二〇 宗　教

（五七三）商代之文化與宗教(The Civilization and Religion of the Shang Dynasty)

英國銀格蘭姆(J. Ingram)　一九二五年《中國科學美術雜誌》(China Journal of Science and Arts. 1925)。

（五七四）由甲骨文窺見殷商社會的宗教生活

黎徵賦　一九三三年(民國二十二年)香港南星報社《南星雜誌》二卷七期。

（五七五）商代的文化與宗教思想(Culture and Religions Ideas of the Shang Dynasty)

坎拿人明義士(James M. Menzies)　一九三六年《亞洲文會雜誌》六十七期(Journal of the North China Branch of the Royal Asiatic Society)。

（五七六）中國古代之上帝(God in Ancient China)

坎拿大明義士(James. M. Menzies)　一九三六年(民國二十五年)六月，齊魯大學單行本一册。

（五七七）甲骨文所見殷代之天神

胡厚宣　一九四一年(民國三十年)十一月，成都齊魯大學《責善半月刊》二卷十六期。

（五七八）殷代之天神崇拜

胡厚宣　一九四四年(民國三十三年)三月，《甲骨學商史論叢》初集第二册，成都齊魯大學國學研究所專刊之一。

（五七九）商代的神話與巫術

陳夢家　一九三六年(民國二十五年)十二月，《燕京學報》二十期。

（五八〇）殷代的巫覡階級與占卜

隨　河　一九四四年(民國三十三年)三月，《申報月刊》復刊號二卷二期。

（五八一）五行之起源

陳夢家　一九三八年(民國二十七年)十二月，《燕京學報》二十四期。

二一 風　俗

（五八二）從殷虛遺文窺見上古風俗之一斑

邁　五　一九二五年(民國十四年)五月,《南開週刊‧週年紀念號》。

(五八三) 從古文字中觀察古代家宅演進之情形

蔣大沂　一九四〇年(民國二十九年)四月,《學術》第三輯。

(五八四) 殷卜辭與古代中國人之生活

日本松因壽男　一九四一年(昭和十六年)十二月,《加藤博士還曆紀念》,《東洋史集說》。

(五八五) 甲骨文四方風名考

胡厚宣　一九四一年(民國三十年)十二月,齊魯大學國學研究所《責善半月刊》二卷十九期。改訂稿收入所著《甲骨學商史論叢》初集第二冊。

(五八六) 甲骨文四方風名考補證

丁聲樹、胡厚宣　一九四二年(民國三十一年)二月,齊魯大學國學研究所《責善半月刊》二卷二十二期。

(五八七) 甲骨文中之四方神名與風名

楊樹達　一九四五年(民國三十四年)三月,湖南大學《古文字學研究》講義本。

(五八八) 論殷代五方觀念及中國稱謂之起源

胡厚宣　一九四四年(民國三十三年)三月,《甲骨學商史論叢》初集第二冊。成都齊魯大學國學研究所專刊之一。

(五八九) 殷人占夢考

胡厚宣　一九四四年(民國三十三年)三月,《甲骨學商史論叢》初集第三冊,成都齊魯大學國學研究所專刊之一。

(五九〇) 殷人尚白說

楊樹達　一九四五年(民國三十四年)三月,湖南大學《古文字學研究》講義本。

二二　曆　象

(五九一) 干支與古曆法

胡光煒講　閔君豪筆錄　一九二九年(民國十八年)十二月,金陵大學《咫聞》。

(五九二) 卜辭中所見之殷曆

董作賓　一九三一年(民國二十年)六月,《安陽發掘報告》第三期。

(五九三) 殷曆質疑

劉朝陽　一九三一年(民國二十年)十二月,《燕京學報》第十期。

(五九四) 殷周年代考

雷海宗　一九三一年(民國二十年)武漢大學《文哲季刊》二卷一期。

(五九五) 殷周年代質疑

高　魯　《申報月刊》一卷五期。

(五九六) 再論殷曆

劉朝陽　一九三三年(民國二十二年)六月,《燕京學報》第十三期。

(五九七) 中國古代的年曆(The Chronology of Ancieut China)

英國畢沙普(C. W. Bishop)　一九三三年《美國東方學會雜誌》五十三卷三期(Journal of the American Oriental Society LIII, 3)。

(五九八) 叢瓶甲骨金文中所涵殷曆推證

吳其昌　一九三四年(民國二十三年)中央研究院《歷史語言研究所集刊》四本三分。

(五九九) 殷曆中幾個重要問題

董作賓　一九三四年(民國二十三年)中央研究院《歷史語言研究所集刊》四本三分。

(六〇〇) 卜辭曆法小記

孫海波　一九三五年(民國二十四年)六月,《燕京學報》第十七期。

(六〇一) 古代中國的曆法

王宜昌　一九三五年(民國二十四年)《食貨》一卷二期。

(六〇二) 三論殷曆

劉朝陽　一九三六年(民國二十五年)二月,中山大學研究院文科研究所歷史學部《史學專刊》一卷二期。

(六〇三) 殷商疑年

董作賓　一九三六年(民國二十五年)十二月,中央研究院《歷史語言研究所集刊》七本一分。

(六〇四) 春秋周殷曆法考

莫非斯　一九三六年(民國二十五年)十二月,《燕京學報》二十期。

(六〇五) 研究殷代年曆的基本問題

董作賓　一九四〇年(民國二十九年)一月,《國立北京大學四十週年紀念論文集》乙編上冊。

（六〇六）自殷周至隋之曆法史

日本藪內清著　胡佛譯　一九四二年(民國三十一年)十月十一日,《中日文化》二卷八至九期。

（六〇七）殷曆的輪廓

劉朝陽　一九四四年(民國三十三年)華西大學《中國文化研究所專刊》乙種第二冊,《周初曆法考》之三。

（六〇八）殷曆譜

董作賓　一九四五年(民國三十四年)四月,中央研究院《歷史語言研究所專刊》,四冊。

（六〇九）殷曆譜後記

董作賓　一九四五年(民國三十四年)十二月,《六同別錄》中冊。一九四八年(民國三十七年)又載中央研究院《歷史語言研究所集刊》十三本。

（六一〇）斥傅斯年殷曆譜序之謬

魯實先　一九四五年(民國三十四年)八月二十六日,重慶《新蜀報·蜀雅》十一期。又油印本。

（六一一）龜曆歌

陳子展　一九四五年(民國三十四年)油印本。又刊重慶《新蜀報·蜀雅》。

（六一二）關於殷曆譜糾譑

陳子展　一九四七年(民國三十六年)八月二十六日,《申報·春秋》。

（六一三）晚殷長曆

劉朝陽　一九四五年(民國三十四年)華西大學《中國文化研究所專刊》乙種第三冊。

（六一四）關於殷周曆法之基本問題(Fundamental Questions about the Yin and Chou Calendars)

劉朝陽　一九四五年(民國三十四年)華西大學《中國文化研究所集刊》第四卷。

（六一五）卜辭曆法之爭論

日本大島利一　《東洋史研究》一卷四期。

（六一六）殷周年曆問題之商討

章鴻釗　董作賓　一九四六年(民國三十五年)七月,《說文報》十九至二十三期。

（六一七）論殷曆(Le Calendrier des Yin)

法國沙畹(E. Chavannes)　載《亞洲學報》(Journal Asiatique)。

（六一八）殷商無四時考

商承祚　一九三二年(民國二十一年)四月，《清華週刊》三十七卷九、十期《文史專號》。

（六一九）讀殷商無四時說

鄭師許　一九三四年(民國二十三年)四月，《嶺南學報》三卷二期。

（六二〇）說十三月

孫海波　一九三二年(民國二十一年)五月，《學文》一卷五期。

（六二一）"一甲十癸"辨

胡厚宣　一九四一年(民國三十年)十二月，成都齊魯大學國學研究所《責善半月刊》二卷十九期。又收入所著《甲骨學商史論叢》初集第二冊。

（六二二）甲骨文中之天象紀錄

胡厚宣　一九四一年(民國三十年)十一月，成都齊魯大學國學研究所《責善半月刊》二卷十七期。

（六二三）甲骨文之日珥觀測紀錄

劉朝陽　一九四五年(民國三十四年)一至三月，《宇宙》十五卷一至三號。

（六二四）殷末周初日月食考

劉朝陽　一九四四年(民國三十三年)華西、齊魯、金陵三大學《中國文化研究彙刊》第四卷。

（六二五）關於歲星

唐　蘭　一九三九年(民國二十八年)十月二十九日，重慶《中央日報·讀書》第二號。

（六二六）二十八宿起源之時代與地點

竺可楨　一九四六年(民國三十五年)《思想與時代》三十四期。

（六二七）論二十八宿之來歷

錢寶琮　一九四七年(民國三十六年)三月，《思想與時代》四十三期。

（六二八）殷人祀歲星考

章鴻釗　一九四七年(民國三十六年)九月，《學藝》十七卷九號。

（六二九）殷代年歲稱謂考

胡厚宣 一九四二年(民國三十一年)九月,華西、齊魯、金陵三大學《中國文化研究彙刊》第二卷。又收入所著《甲骨學商史論叢》初集第二冊。

(六三〇) 中康日食

董作賓 一九四三年(民國三十三年)十二月,收入徐炳昶著《中國古史的傳說時代》一書中,中國文化服務社出版。

(六三一) 中康日食考辨

楊憲益 一九四五年(民國三十六年)二月四日,南京《中央日報·文史週刊》三十七期。

(六三二) 仲康日食內在的難題

岑仲勉 一九四七年(民國三十六年)三月一日,南京《和平日報·人文》二十二期。

(六三三) 夏書日食考

劉朝陽 一九四五年(民國三十四年)華西、齊魯、金陵三大學《中國文化研究彙刊》第五卷。

(六三四) 干支之起源

日本飯島忠夫 一九二七至一九二八年(昭和二至三年)《東洋學報》十六卷四期及十七卷一期。

(六三五) 秖三百有六旬有六日新考

董作賓 一九四〇年(民國二十九年)華西大學《中國文化研究所集刊》第一期。

(六三六) 六書古義

張政烺 一九四二年(民國三十一年)中央研究院《歷史語言研究所集刊》十本一分。又一九四八年(民國三十七年)四月,重印本。

(六三七) 商代卜辭中之氣象紀錄(Meteorological Records from the Divination Inscriptions of Shang)

德國魏特夫格(Karl August Wittfogel) 一九四〇年一月,《地理雜誌》三十卷一號(The Geographical Review, Vol. XXX, No. 1, Jan, 1940. PP. 110—133)。陳家芷譯文載《大學》一卷一、二期。

(六三八) 氣候變遷與殷代氣候之檢討

胡厚宣 一九四四年(民國三十三年)華西、齊魯、金陵三大學《中國文化研究彙刊》第四卷。又收入所著《甲骨學商史論叢》二集第二冊。

(六三九) 殷文丁時卜辭中一旬間之氣象紀錄

董作賓　一九四三年(民國三十二年)十二月,《氣象學報》十七卷一、二、三、四期合刊。

(六四〇) 關於殷代之氣候

呂　炯　胡厚宣　一九四四年(民國三十三年)成都齊魯大學《學史叢刊》第一期。

(六四一) 論殷卜辭中關於雨雪之記載

胡厚宣　一九四五年(民國三十四年)八月,《學術與建設》第一期。

(六四二) 再談殷代氣候

董作賓　一九四六年(民國三十五年)華西大學《中國文化研究所集刊》五卷。

二三　考　古

(六四三) 殷虛沿革

董作賓　一九三〇年(民國十九年)八月,中央研究院《歷史語言研究所集刊》二本二分。

(六四四) 殷虛考

日本內藤虎次郎　一九二一年(大正十年)五月,日本《考古學雜誌》十二卷五號。

(六四五) 商代失國龜卜考

陳邦福　一九二八年(民國十七年)五月,中山大學《語言歷史學研究所週刊》三集三十期。修改後改題《殷墟龜契考》,同年六月,石印本一冊。

(六四六) 殷墟之研究

戚公田　一九三二年(民國二十一年)七月,《河南民國日報》副刊。

(六四七) 關於殷虛

日本內藤虎次郎　一九三六年(昭和十一年)《東洋文化史研究》所收。

(六四八) 小屯地面下情形分析初步

李　濟　一九二九年(民國十八年)十二月,《安陽發掘報告》第一期。

(六四九) 殷墟地層研究

張慰然　一九三〇年(民國十九年)十二月,《安陽發掘報告》第二期。

(六五〇) 小屯的文化層

石璋如　一九四五年(民國三十四年)一月,《六同別錄》上册。又一九四七年(民國三十六年)三月,《中國考古學報》(即《田野考古報告》)第二册。《殷墟最近之重要發現附論小屯地層》一文之後半,亦即此文之初稿。

(六五一) 河南安陽之龜殼

秉　　志　一九三一年(民國二十年)六月,《安陽發掘報告》第三期。又靜生生物研究所英文報告本。

(六五二) 河南安陽遺龜(On the Turtle Remains from the Archaeological Site of An-Yang, Honan)

卞美年　一九三七年(民國二十六年)《中國地質學會會誌》十七卷一號。

(六五三) "武丁大龜之腹甲"提要

伍獻文　一九四三年(民國三十二年)《六學術團體聯合年會論文提要》,《讀書通訊》七九、八十期合刊。

(六五四) 殷代卜龜之來源

胡厚宣　一九四四年(民國三十三年)《甲骨學商史論叢》初集第四册,成都齊魯大學國學研究所專刊之一。

(六五五) 關於殷代卜龜之來源

張政烺　胡厚宣　一九四四年(民國三十三年)十二月,成都齊魯大學《學史叢刊》第一期。

(六五六) 占卜之方法(Working the Oracle)

英國金璋(L. C. Hopkins)　一九一九年(民國八年)五月號《新中國評論》。

(六五七) 占卜之源流

容肇祖　一九二八年(民國十七年)中央研究院《歷史語言研究所集刊》一本一分。

(六五八) 商代卜龜之推測

董作賓　一九二九年(民國十八年)十二月,《安陽發掘報告》第一期。

(六五九) 骨卜考

瞿潤緡　一九三一年(民國二十年)五月,《燕大月刊》八卷一期。

(六六〇) 卜法管見

日本日名靜一著　胡厚宣譯　一九三二年(民國二十一年)六月,保定培德中學《德音》第一期。

(六六一) 龜卜通考

沈啓无　朱耕蕘　一九四二年(民國三十一年)《華北編譯館館刊》一卷一至三期。

(六六二) 卜辭中之繇辭及其他

沈啓无　一九四三年(民國三十二年)六月,《真知學報》三卷二期。

(六六三) 殷人之書與契

董作賓　一九三七年(民國二十六年)四月,《第二次全國美術展覽會專刊》。又載《中國藝術論叢》,商務印書館出版。

(六六四) 甲文彣飾初論

聞　宥　一九三二年(民國二十一年)中山大學《文史研究所輯刊》第二册。

(六六五) 中國卜骨塗色之顯微分析(Microchemical Analysis of Pigments Used in the Fossae of the Incisions of Chinese Oracle Bone)

美國皮其來(A. A. Benedetti-Pichler)　一九三七年《工業機械化學雜誌》第九卷三號(Industrial and Engineering Chemistry Vol. 9, No. 3)。

(六六六) 卜骨中之顏料(Oracle-Bone Color Pigments)

美國白瑞華(Roswell S. Britton)　一九三七年三月,《哈佛亞洲學報》二卷一期(Harvard Journal of Asiatic Studies Vol. 2, No. 1, March, 1937)。

(六六七) 現代考古學與殷墟發掘

李　濟　一九三〇年(民國十九年)十二月,《安陽發掘報告》第二期。又與《發掘安陽殷墟之經過》合刊本。又載南京《史學雜誌》二卷三、四期。

(六六八) 殷墟之發掘

郭沫若　一九三〇年(民國十九年)五月,《中國古代社會研究》附錄。又一九四七年(民國三十六年)四月,重印本。

(六六九) 殷墟中仍無鐵的發現

郭沫若　一九三〇年(民國十九年)五月,《中國古代社會研究》所收。又一九四七年(民國三十六年)四月,重印本。

(六七〇) 河南安陽遺物之研究

日本梅原末治　一九四四年(昭和十九年)影印本一册。

(六七一) 中國考古之過去與將來

梁啟超　一九三一年(民國二十年)《重華月刊》一期。一九三三年(民國二十二年)衛聚賢《考古小史》轉載。又收入《飲冰室文集》中。

(六七二) 近年來中國考古學之進步(Les Récents Pragrès de l'archéologie

en Chine)

美國顧立雅(H. G. Creel)　一九三五年《亞洲美術評論》九卷二期(Revue des Arts Asiatiques, 1935, Vol. IX, No. 2)。

伍　通説

二四　概　論

(六七三) 甲骨研究初編

　坎拿大明義士(James M. Menzies)　一九三三年(民國二十二年)齊魯大學石印講義本。

(六七四) 龜甲文字概論

　陳　晉　一九三三年(民國二十二年)十一月，中華書局石印本一册。

(六七五) 甲骨文字與殷商制度

　周傳儒　一九三四年(民國二十三年)九月，開明書店排印本一册。

(六七六) 殷虚卜辭講話

　金祖同　一九三五年(民國二十四年)二月，上海中國書店石印本一册。

(六七七) 卜辭研究

　容　庚　一九四二年(民國三十一年)北京大學講義本。

(六七八) 清國河南湯陰發現之龜甲獸骨

　日本林泰輔　一九○九年(明治四十二年)日本《史學雜誌》二十卷八、九、十期。

(六七九) 古羑里城出土龜甲之説明

　日本富岡謙藏　一九一○年(明治四十三年)七月，日本《史學研究會演講集》第三册。

(六八○) 中國古代之甲骨卜辭(La Divination pár lécaille tortue dans la haute Antiquité Chinoise)

　法國沙畹(Edward Chavannes)　一九一一年《古物雜誌》(Journal Antique)。

(六八一) 最近發現之周朝文字(Chinese Writing in the Chou Dynasty in the

Light of Recent Discoveries)

英國金璋(L. C. Hopkins) 一九一一年十月號《英國皇家亞洲文會雜誌》(The Journal of the Royal Asiatic Society of Great Britain and Ireland, Oct. 1911)。

(六八二) 中國古代之皇家遺物(Royal Relic of Ancient China)

英國金璋(L. C. Hopkins) 一九一二年四月號《人類雜誌》(Man)。

(六八三) 中國古代卜骨論(Mitteilungen zur Kritik der Frühgeschtlichen Chinesischen Orakelknochen)

德國穆勒(H. Mueller) 一九一三年《人類學雜誌》第六期(Zeitschrift für Ethnologie, Heft 6)。

(六八四) 中國古代之卜骨(Frühgeschichtlieke Orakelknochen aus China)

德國勃漢第(Anna Bernhardi) 一九一三年刊 Bressler Archiv 雜誌四卷一期(Band IV, Heft 1)。

(六八五) 河南之卜骨(The Oracle Bones from Honan)

英國庫壽齡(Samuel Couling) 一九一四年《亞洲文會雜誌》第四十五期(Journal of the North-China Branch of the Royal Asiatic Society XLV, 1914)。

(六八六) 中國河南省所發掘龜甲獸骨之研究

日本後藤朝太郎 一九一四年(大正三年)日本《考古學雜誌》四卷五、六、七、九、十二期,五卷五、八期。

(六八七) 河南出土之龜甲獸骨

日本石濱純太郎、石濱敬次郎 一九一五年(大正四年)日本《東亞研究》五卷七、八期。未見。

(六八八) 殷墟遺物研究

日本林泰輔 一九一九年(大正八年)日本《東亞之光》十四卷五號。

(六八九) 河南遺物之新的研究家及其結果(The Honan Relic a New Investigator and some Results)

英國金璋(L. C. Hopkins) 一九二一年一月號《英國皇家亞洲文會雜誌》(The Journal of the Royal Asiatic Society of Great Britain and Ireland, Jan. 1921)。

(六九〇) 三千年前的龜甲和獸骨

馬　衡 一九二四年(民國十三年)十二月二十五日,北京《京報·副刊》第二十號。

(六九一) 殷墟及周文字

日本無關　一九二五年(大正十四年)日本《寧樂》第五期。

(六九二) 河南甲骨之研究

張　鳳　一九二五年法國里昂大學論文,載《亞洲雜誌》十八期(Journal Asiatique XVIII)。

(六九三) 龜甲

陳邦福　一九二九年(民國十八年)五月十四日,天津《益世報·藝術週刊》七期。

(六九四) 龜甲文

汐　翁　一九三一年(民國二十年)七月五日,北京《華北日報·華北畫刊》八十九期。

(六九五) 殷墟甲骨紀略

王漢章　一九三一年(民國二十年)天津美術館《美術叢刊》創刊號。

(六九六) 談龜

默　厂　一九三二年(民國二十一年)四月,上海《枕戈旬刊》第一期。

(六九七) 商朝與安陽古物 (The Shang-Yin Dynasty and the An-Yang Finds)

英國葉慈(W. P. Yetts)　一九三三年七月號,《英國皇家亞洲文會雜誌》(The Journal of the Royal Asiatic Society of Great Britain and Ireland)。

(六九八) 中國商代之卜骨(Old Bones of the Shang Dynasty)

坎拿大明義士(James M. Menzies)　一九三三年(民國二十二年)濟南廣智院單行本。

(六九九) 河南安陽發掘的報告(Zweiter Bericht üher die Ausgrabungen bci An-Yang, Honan)

德國愛伯漢（W. Eberhand）　一九三三年《東亞雜誌》九卷六期(Ostasiatische Zeitschrift IX, 6)。

(七〇〇) 甲骨學之新研究 (New Contributions to the Study of Oracle Bones)

蘇聯布那柯夫(G. W. Bounacoff)　一九三三年《通報》三十二卷五期(T'oung Pao XXXII, 5)。

(七〇一) 鐘鼎甲骨概説

濤　一九三四年(民國二十三年)六月二十八日,《武漢日報·藝風》五期。

(七〇二) 商代之文字(The Writing of Shang)

英國吉卜生(H. E. Gibson)　一九三五年四月,《中國雜誌》(The China Journal XXII, 4, 1935)。

(七〇三) 殷墟卜辭

日本長瀨誠　一九三五年(昭和十年)九月,東京同仁會《同仁》九卷九號。

(七〇四) 安陽龜甲獸骨

蘇聯布那柯夫(George W. Bounacoff)　一九三五年蘇聯研究院馬爾博士語言思想研究所單刊第三。

(七〇五) 甲文嘗鼎談

畢任庸　一九三六年(民國二十五年)五月,《青年界》九卷五期。

(七〇六) 商代之甲骨文字(The Inscribed Bones of Shang)

英國吉卜生(H. E. Gibson)　一九三六年《亞洲文會雜誌》六十七期(The Journal of the North-China Branch of the Royal Asiatic Society Vol. LXVII, 1936)。

(七〇七) 中國象形文字之本質(On the Nature of Chinese Ideography)

美國顧立雅(H. G. Creel)　一九三六年《通報》三十二卷二、三期。(T'oung Pao, XXXII, 2—3)

(七〇八) 殷墟發掘之甲骨文字

日本八幡關太郎　一九三九年(昭和十四年)二月,《支那藝苑考》所收。

(七〇九) 殷墟發掘之甲骨文概説

日本八幡關太郎　《東洋》四十一卷十一、十二期。

(七一〇) 甲骨學概要

胡厚宣　一九四三年(民國三十二年)一月,《大學》二卷一期。

(七一一) 殷墟甲骨文字

董作賓　一九四三年(民國三十二年)七月,《讀書通訊》六十九期。

(七一二) 甲骨學緒論

胡厚宣　一九四五年(民國三十四年)三月,《甲骨學商史論叢》二集第二冊,成都齊魯大學國學研究所專刊之一。

(七一三) 甲骨文字的研究(The Stndy of Inscriptions on the Oracle Bones)

周傳儒　一九四六年中央圖書館《書林季刊》卷一（Philohiblon No. 1, The National Central Library）。

（七一四）甲骨學簡説

胡厚宣　一九四六年（民國三十五年）四月十九日，成都《中央日報・商代甲骨銅器展覽專刊》上。

（七一五）甲骨與學術

孫伏園　一九四六年（民國三十五年）四月十九日，成都《中央日報・商代甲骨銅器展覽專刊》上。

（七一六）甲骨文字

方詩銘　一九四七年（民國三十六年）一月十日，上海《益世報・史苑》十八期。

（七一七）甲骨學提綱

胡厚宣　一九四七年（民國三十六年）一月十五日，上海《大公報・文史週刊》十三期。又天津版《大公報・文史週刊》十三期。

（七一八）甲骨文

徐宗元　北京中國大學講義本。

（七一九）金石骨甲古文學及文字形體之發明

張世禄　一九二六年（民國十五年）八月，南京國學研究會《國學叢刊》三卷一期。

（七二〇）甲骨

馬　衡　一九二三年（民國十二年）北京大學《金石學》講義油印本。

（七二一）殷虚甲骨文字及書目

王國維　一九二五年（民國十四年）九月，《學衡》四十五期，《最近二三十年中國新發現之學問》之一節。又收入《静安文集續編》，一九四〇年（民國二十九年）商務版《王静安先生遺書》所收。

（七二二）甲骨文

容　庚　一九二七年（民國十六年）燕京大學《中國文字學》講義本。

（七二三）論甲文

胡韞玉　一九二九年（民國十八年）八月，世界書局《ABC叢書・文字學》之一章。

（七二四）契文

陸和九　一九三〇年(民國十九年)北平中國大學《金石學》講義附篇第一章。

(七二五) 甲骨文

王子玉　一九三三年(民國二十二年)八月,《續安陽縣志》所收。

(七二六) 甲文

胡韞玉　一九二三年(民國十二年)《國學彙編》第一集《文字學研究法》之一節。

(七二七) 日本甲骨之收藏與研究

徐嘉瑞　一九二七年(民國十六年)一月,清華研究院《國學月報》二卷一期。

(七二八) 俄國之甲骨學研究(Russian Contribution to Oracle-Bone Studies)

美國白瑞華(Roswell S. Britton)　一九三六年《亞洲文會雜誌》六十七期(Journal of the North China Branch of the Royal Asiatic Society LXVII)。

(七二九) 安陽古器物與美國甲骨學(An-Yang Finds and American Sinology)

蘇聯布那柯夫(George W. Bounacoff)　一九三七年莫斯科蘇聯研究院東方問題研究所《圖書雜誌》第十號。

二五　方　　法

(七三〇) 論六書條例不可逕用於甲骨文字責彥堂

魏建功　一九二九年(民國十八年)三月十七日,四月七日北京《新晨報·文化特刊》。

(七三一) 研究甲骨文字之兩條新路

聞　宥　一九二九年(民國十八年)十月,中山大學《語言歷史學研究所週刊百期紀念號》。

(七三二) 甲骨文研究的擴大

董作賓　一九三〇年(民國十九年)三月,與《發掘安陽殷虛之經過》合刊本。又同年十二月,《安陽發掘報告》第二期。又載南京《史學雜誌》二卷三、四期。

(七三三) 今後怎樣研治甲骨文

董作賓　一九三二年(民國二十一年)北京大學《甲骨文字研究》參考材料之一。

(七三四) 殷墟甲骨文字辨偽初論

陳松茂　一九三三年(民國二十二年)《廈門圖書館聲》二卷三期。

(七三五) 甲骨文斷代研究例

董作賓　一九三五年(民國二十四年)中央研究院歷史語言研究所集刊外編《慶祝蔡元培先生六十五歲論文集》上冊。

(七三六) 研究甲骨文應該注意的一個問題

商承祚　一九三六年(民國二十五年)一月,南京《中國學生》一至四期合刊。

(七三七) 研究商代社會組織材料之商榷

羅榮宗　一九四〇年(民國二十九年)二月,藍田國立師範學院《國師季刊》六期。

(七三八) 古代文字學的方法論

李旦丘　一九四〇年(民國二十九年)四月,《學術》第三輯。

(七三九) 中國文字之源流與研究方法之新傾向

馬敍倫　一九四一年(民國三十年)四、五、六月,《學林》六、七、八輯,開明書店出版。

陸　評論

二六　總　論

（七四〇）理惑論

　　章炳麟　收入《國故論衡》上卷。

（七四一）殷墟文字之批判

　　日本飯島忠夫撰　鄭師許譯　一九三三年(民國二十二年)四月,南京《大陸雜誌》一卷十期。

（七四二）殷墟文字之年代

　　日本飯島忠夫　一九三三年(昭和八年)十月,日本《東洋學報》二十一卷一號。

（七四三）甲骨文字理惑

　　徐　英　一九三六年(民國二十五年)七月,安徽大學出版部代售。又一九三七年(民國二十六年)二月,中華書局石印本。

（七四四）與金祖同論甲骨文書(一)

　　章炳麟　一九三七年(昭和十二年)三月,日本《書苑》一卷一號。又收入《甲骨文辨證》,見(七五二)。

（七四五）與金祖同論甲骨文書(二)

　　章炳麟　一九三七年(昭和十二年)四月,日本《書苑》一卷二號。又收入《甲骨文辨證》,(見七五二)。

（七四六）論甲骨文

　　李天根　收入所著《文字學叢談》中。

（七四七）商簡

　　時經訓　一九一九年(民國八年)十月,《河南地誌》第七章《古物》所收。

（七四八）金石骨甲文字學者疑許書古文平議

趙華煦　一九二三年(民國十二年)八月,南京國學研究會《國學叢刊》一卷二期。

(七四九) 述方法斂所摹甲骨卜辭

陳夢家　一九四〇年(民國二十九年)三月,北平圖書館《圖書季刊》新二卷一期。

(七五〇) 述方法斂所摹甲骨卜辭補

陳夢家　一九四〇年(民國二十九年)九月,北平圖書館《圖書季刊》新二卷三期。

(七五一) 方法斂博士對於甲骨文之貢獻

董作賓　一九四〇年(民國二十九年)九月,北平圖書館《圖書季刊》新二卷二期。

(七五二) 甲骨文辨證上卷

金祖同　一九四一年(民國三十年)十一月,影印本一冊。

(七五三) 齊魯大學對於甲骨學的貢獻

胡厚宣　一九四四年(民國三十三年)十二月二十七日,成都《新中國日報·齊魯大學八十週年紀念刊》。

(七五四) 讀殷墟發掘調查報告

日本矢島恭介　一九三〇年《考古學雜誌》二十卷九號。

二七　校　補

(七五五) 讀契文舉例

曾昭燏　一九三六年(民國二十五年)三月,金陵大學文學院國學研究班《小學研究專號》。

(七五六) 殷商貞卜文字考補正

羅振玉　一九三六年(民國二十五年)十二月,《考古社刊》第五期。

(七五七) 增訂殷虛書契考釋後記

邵子風　一九三四年(民國二十三年)九月,燕京大學《圖書館報》六十七期。

(七五八) 戩壽堂殷虛文字考釋補正

許敬參　一九三五年(民國二十四年)十二月,《考古社刊》第三期。

(七五九) 簠室殷契徵文校錄

孫海波　一九三七年(民國二十六年)六月,《考古社刊》第六期。

(七六〇) 鐵雲藏龜釋文補正

許敬參 一九三五年(民國二十四年)十二月,《考古社刊》第三期。

(七六一) 殷虛書契續編校記

曾毅公 一九三九年(民國二十八年)齊魯大學國學研究所《國學彙編》所收。又單行本。

(七六二) 讀曾毅公君"殷虛書契續編校記"

胡厚宣 一九四一年(民國三十年)十月,成都齊魯大學國學研究所《責善半月刊》二卷十五期。又收入所著《甲骨學商史論叢》初集第四册。

(七六三) 庫方二氏藏甲骨卜辭印本

胡光煒 一九三五年(民國二十四年)十二月,《圖書館學季刊》九卷三、四期。

(七六四) 讀甲骨文編記

楊樹達 一九四〇年(民國二十九年)湖南大學《文哲叢刊》卷一。

(七六五) 古代研究的自我批判

郭沫若 一九四四年(民國三十三年)十月,《羣衆》九卷二十期。又刊入所著《十批判書》。

(七六六) 讀胡厚宣君殷人疾病考

楊樹達 一九四五年(民國三十四年)三月,湖南大學《古文字學研究》講義本。又一九四五年(民國三十四年)八月,《志學》二十三期。

二八 序 跋

(七六七) 商辭序

商承祚 一九三六年(民國二十五年)十一月,《金陵學報》六卷二期。

(七六八) 甲骨文辨證序(爲章太炎致金祖同論甲骨文書)

郭沫若 一九四二年(民國三十一年)《說文月刊》第二卷合訂本。又載《甲骨文辨證》,見(七五二)。

(七六九) 題寄釗弟貞卜文題字

王 襄 一九三二年(民國二十一年)一月十日,《河北第一博物院半月刊》八期。

(七七〇) 題甲子表

王 襄 一九三二年(民國二十一年)三月二十五日,《河北第一博物院半月刊》十三期。

（七七一）題貞卜文

王　襄　一九三二年（民國二十一年）十一月二十五日，《河北第一博物院畫刊》二十九期。

（七七二）商刻玉匕飾

王　襄　一九三二年（民國二十一年）十二月十日，《河北第一博物院半月刊》三十期。

（七七三）題所錄貞卜文冊

王　襄　一九三三年（民國二十二年）一月十日，《河北博物院畫刊》三十二期。

（七七四）殷墟卜甲拓本及釋文

王　襄　一九三四年（民國二十三年）二月二十五日，《河北第一博物院畫刊》五十九期。

（七七五）題殷契拓本

王　襄　一九三五年（民國二十四年）二月二十五日，《河北博物院畫刊》八十三期。

（七七六）題所錄殷契

王　襄　一九三五年（民國二十四年）三月二十五日，《河北博物院畫刊》八十五期。

（七七七）題易穭園殷契拓冊

王　襄　一九三五年（民國二十四年）三月二十五日，《河北博物院畫刊》八十五期。

（七七八）卜骨拓本

王　襄　一九三五年（民國二十四年）四月十日，《河北第一博物院畫刊》八十六期。

（七七九）跋董作賓新獲卜辭寫本

鄧爾雅　一九二九年（民國十八年）四月，中山大學《語言歷史學研究所週刊》第七集七十五期。

（七八〇）新獲卜辭寫本後記跋

余永梁　一九二九年（民國十八年）十二月，《安陽發掘報告》第一期。

（七八一）隨庵所藏殷虛文字跋

王國維　一九三〇年(民國十九年)影印稿本《觀堂遺墨》卷上所收。又刊《觀堂別集補遺》。

(七八二) 新獲卜辭寫本後記跋

傅斯年　一九三〇年(民國十九年)十二月,《安陽發掘報告》第二期。

(七八三) 新獲卜辭寫本後記書後

溫丹銘　一九三三年(民國二十二年)六月,中山大學《文學院專刊》第一期。

(七八四) 芝加哥博物館殷契攝影記

葉玉森　一九三〇年(民國十九年)四月,中山大學《語言歷史學研究所週刊》第十一集一二五至一二八期合刊《文字學專號》。

(七八五) 章太炎先生書後跋

金祖同　一九三九年(昭和十四年)日本《書苑》一卷六期。又載《甲骨文辨證》,見(七五二)。

(七八六) 摩些象形文字字典序

董作賓　一九四四年(民國三十三年)六月,中央博物院出版李霖燦著《摩些象形文字字典》前所附。

二九　書　評

(七八七) 評卜辭通纂

劉　節　一九三三年(民國二十二年)六月,《燕京學報》第十三期《國內學術消息欄》。

(七八八) 評殷契佚存

劉　節　一九三三年(民國二十二年)十二月,《北平圖書館館刊》七卷六號。

(七八九) 介紹天下第一奇書——徐協貞先生新著殷契通釋

虞　廷　一九三四年(民國二十三年)北京《文史》第一卷第一號。

(七九〇) 評殷契通釋

戴家祥　一九三四年(民國二十三年)三月三十一日,天津《大公報·圖書副刊》第二十期。

(七九一) 關於殷契通釋之討論兩篇

徐協貞與戴家祥通信　一九三四年(民國二十三年)六月,天津《大公報·圖書副刊》第二十九期。

(七九二) 評龜甲文字概論

戴家祥　一九三四年(民國二十三年)四月七日,天津《大公報·圖書副刊》第二十一期。

(七九三) 評甲骨學文字編

戴家祥　一九三四年(民國二十三年)八月四日,天津《大公報·圖書副刊》二十五期。

(七九四) 評甲骨文字理惑

陳　庚　一九三七年(民國二十八年)二月四日,天津《大公報·圖書副刊》一六八期。

(七九五) 評孫海波甲骨文編

雲　齋　一九三七年(民國二十六年)四月九日、十六日,天津《益世報·人文週刊》十四、十五期。

(七九六) 讀新出版殷墟文字學書六種(一、甲骨文錄)

唐　蘭　一九四〇年(民國二十九年)二月二十日,昆明《中央日報·讀書》新十六期。

(七九七) 評甲骨文錄

日本保坂三郎　《史學》十六卷四號。

(七九八) 評殷契遺珠並論羅氏前編的來源

陳夢家　一九四〇年(民國二十九年)三月,北平圖書館《圖書季刊》新二卷一期。

(七九九) 評殷契遺珠

孫海波　一九四〇年(民國二十九年)二月,《中和》一卷二期。

(八〇〇) 評鐵雲藏龜零拾

陳夢家　一九三九年(民國二十八年)十二月,北平圖書館《圖書季刊》新一卷四期。

(八〇一) 評鐵雲藏龜零拾

孫海波　一九四〇年(民國二十九年)二月,《中和》一卷二期。

(八〇二) 評鐵雲藏龜零拾

唐　蘭　一九四一年(民國三十年)七月,《文史雜誌》一卷七期。

(八〇三) 讀天壤閣甲骨文存

陳夢家　一九三九年(民國二十八年)九月,北平圖書館《圖書季刊》新一卷三期。

（八〇四）讀天壤閣甲骨文存及考釋
　　魏建功　一九三九年（民國二十八年）十一月十二日，重慶《中央日報·讀書》第三號。
（八〇五）評天壤閣甲骨文存
　　儲皖峯　一九三九年（民國二十八年）十二月，《輔仁學誌》八卷二期。
（八〇六）評殷虛書契續編校記
　　孫海波　一九四〇年（民國二十九年）一月，《中和》一卷一期。
（八〇七）評甲骨地名通檢
　　孫海波　一九四〇年（民國二十九年）一月，《中和》一卷一期。
（八〇八）評金璋所藏甲骨卜辭
　　孫海波　一九四〇年（民國二十九年）二月，《中和》一卷二期。
（八〇九）評甲骨叕存
　　孫海波　一九四〇年（民國二十九年）二月，《中和》一卷二期。
（八一〇）介紹董作賓先生的殷曆譜
　　振　宜　一九四七年（民國三十六年）三月，南京《和平日報·社會與政治副刊》四十四期。
（八一一）評郭沫若近著兩種
　　法國馬伯樂（H. Maspero）撰　陸侃如譯　一九三六年（民國二十五年）五月，燕京大學《文學年報》第二期。
（八一二）答馬伯樂先生
　　郭沫若　一九三六年（民國二十五年）五月，燕京大學《文學年報》第二期。
（八一三）讀釋干支
　　衛聚賢　一九三一年（民國二十年）七月，油印本。
（八一四）獲白麟解質疑
　　方國瑜　一九三一年（民國二十年）五月，師範大學《國學叢刊》一卷二期。
（八一五）跋董作賓獲白麟解
　　裴文中　一九三四年（民國二十三年）三月十八日、二十五日，北京《世界日報·自然科學週刊》第六十八、六十九期。
（八一六）貞人質疑
　　陳寯憲　一九三三年（民國二十二年）十月，中山大學《文史研究所月刊》二卷一期。

(八一七) 大龜四版考釋商榷

瞿潤緡　一九三三年(民國二十二年)十二月,《燕京學報》十四期。

(八一八) 讀殷墟文字之批判

鄭師許　一九三三年(民國二十二年)四月,南京《大陸雜誌》一卷十期。

(八一九) 評章太炎先生與金祖同論甲骨文書

郭沫若　一九三九年(昭和十四年)日本《書苑》一卷五期。

(八二〇) 魏特夫商代卜辭中的氣象紀錄

董作賓　一九四二年(民國三十一年)華西大學《中國文化研究所集刊》第三卷一、二、三、四號合刊。

(八二一) 殷代奴隸制度研究之批判

翦伯贊　一九三五年(民國二十四年)八月,《勞動季報》第六期。

(八二二) 讀吳澤古代史

胡厚宣　一九四九年(民國三十八年)復旦大學講義本。

(八二三) 十批判書之批判

丁　山　一九四七年(民國三十六年)四月九日、十六日,上海《東南日報·文史》三十七、三十八期。

柒　彙集

三〇　字　書

(八二四) 簠室殷契類纂正編十四卷附編一卷存疑一卷待考一卷

　　王　襄　一九二〇年(民國九年)十二月,天津博物院石印本二册。又一九二九年(民國十八年)十月,增訂本二册。

(八二五) 殷虛文字類編十四卷附待問編十三卷

　　商承祚　一九二三年(民國十二年)決定不移軒刻本,合羅振玉《殷虛書契考釋》一卷、《待問編》一卷,共六册。又一九二七年(民國十六年)删校本六册。

殷契卜辭文編

　　瞿潤緡　見前(六五)

(八二六) 甲骨文編十四卷附合文附録檢字備查各一卷

　　孫海波　一九三四年(民國二十三年)十月,哈佛燕京學社石印本五册。

(八二七) 甲骨學文字編十四卷附録二卷補遺一卷

　　朱芳圃　一九三三年(民國二十二年)十二月,商務印書館石印本二册。

(八二八) 古籀篇百卷

　　日本高田忠周　一九二五年(大正十四年)日本古籀篇刊行會印本。

(八二九) 古籀文彙編

　　馬德璋　一九三四年(民國二十三年)上海中國書店石印本。

(八三〇) 古籀彙編

　　徐文鏡　一九三五年(民國二十四年)商務印書館石印本十四册。

(八三一) 古文聲系二卷

　　孫海波　一九三五年(民國二十四年)一月,北京來薰閣石印本四册。

(八三二) 殷虛書契待問編

　　羅振玉　一九一六年(民國五年)影印本一册,收入《眘古叢編》。又單行本。

一九二三年(民國十二年)又收入商承祚《殷虛文字類編》。

三一　詩　　聯

(八三三) 集殷虛文字楹帖
羅振玉　一九二一年(民國十年)二月,貽安堂影印本。

(八三四) 集殷虛文字楹帖彙編
羅振玉　一九二五年(民國十四年)石印本。

(八三五) 甲骨集古詩聯上編
簡琴齋　一九三七年(民國二十六年)商務印書館石印本。

(八三六) 商卜文字集聯附詩
丁輔之　石印本一册。

三二　考　　證

(八三七) 甲骨學商史編十卷
朱芳圃　一九三五年(民國二十四年)二月,中華書局石印本二册。

(八三八) 殷代研究
學術社編。未見。目見上海《學術》第三輯。

三三　目　　錄

(八三九) 甲骨類書目一卷
黃立猷　一九二六年(民國十五年)鉛字本,《金石書目》中之一卷。

(八四〇) 甲骨類目一卷
容　媛　一九三〇年(民國十九年)中央研究院歷史語言研究所單刊乙種之二,《金石書錄目》中之一卷。又一九三六年(民國二十五年)六月增訂本,商務印書館出版。

(八四一) 甲骨文論著目錄
董作賓　一九三二年(民國二十一年)九月,北京大學講義排印本。又一九三三年(民國二十二年)四月,北平圖書館《讀書月刊》二卷七號所收。又單行本。

(八四二) 殷契書目錄
陳　準　一九三三年(民國二十二年)六月,《圖書館學季刊》七卷二期。

（八四三）甲骨學目錄並序

　　李星可　一九三四年(民國二十三年)二月,《中法大學月刊》四卷四期。

（八四四）殷虛學文獻小志

　　日本石濱純太郎　一九三四年(昭和九年)日本《龍谷史壇》十四號。

（八四五）殷虛學文獻小志補

　　日本石濱純太郎　一九三六年(昭和十一年)日本《龍谷史壇》十八號。

（八四六）甲骨金石書目分類略述

　　黄仲琴　一九二八年(民國十七年)中山大學《圖書館刊》二卷三期。

（八四七）殷契書錄二卷

　　陳振東　一九三〇年(民國十九年)八月,排印本一冊。

（八四八）甲骨書錄解題

　　邵子風　一九三五年(民國二十四年)十一月,商務印書館石印本一冊。

（八四九）甲骨文材料之統計

　　胡厚宣　一九三七年(民國二十六年)四月二日,天津《益世報·人文週刊》第十三期。又載《開明書店月報》一卷五期。

（八五〇）五十年來甲骨出土之總計

　　胡厚宣　一九四九年(民國三十八年)復旦大學講義本。

（八五一）甲骨學類目

　　胡厚宣　一九四五年(民國三十四年)三月,齊魯大學《國學研究所專刊》。又收入所著《甲骨學商史論叢》二集。

（八五二）甲骨文書籍目錄

　　容　庚　《中德學誌德文增刊》第三期。

三四　索　引

（八五三）甲骨地名通檢

　　曾毅公　一九三九年(民國二十八年)齊魯大學國學研究所出版。

三五　年　表

（八五四）甲骨年表

　　董作賓　一九三〇年(民國十九年)八月,中央研究院《歷史語言研究所集刊》第二本二分。

(八五五) 甲骨年表

董作賓　胡厚宣合編　一九三七年(民國二十六年)商務印書館排印本一册。編爲中央研究院歷史語言研究所單刊乙種之四。

捌 雜著

三六 雜 著

(八五六) 陳列安陽殷墟甲骨暨器物之感言

何日章 一九三〇年(民國十九年)南京中央大學《史學雜誌》二卷一期,柳詒徵《論文化事業之争執》一文所附。

(八五七) 殷契餘論

郭沫若 一九三三年(民國二十二年)十二月,《古代銘刻彙考》所收。

(八五八) 卜辭零簡

胡厚宣 一九四一年(民國三十年)十二月,成都齊魯大學國學研究所《責善半月刊》二卷十八期。

(八五九) 郭沫若周易的構成時代書後

陳夢家 一九四〇年(民國二十九年)三月,郭沫若《周易的構成時代》附錄,商務印書館出版。

(八六〇) 中央研究院殷墟出土展品參觀記

胡厚宣 一九三七年(民國二十六年)四月二十八、二十九、三十日,南京《中央日報》專載。又載商務印書館《中國藝術論叢》。

(八六一) 閒話甲骨文

金祖同 一九三九年(民國二十八年)二月,《説文月刊》第一卷第一期。

(八六二) 卜辭復合之一新例

郭沫若 日本《考古學論叢》第三輯。

(八六三) 殷契叕存

曾毅公 一九三九年(民國二十八年)十一月,齊魯大學國學研究所出版,一册。

(八六四) 甲骨綴合小記

張子祺　一九四八年(民國三十七年)十月六日,一九四九年一月十四日,上海《中央日報·文物週刊》一〇四、一一一期。

(八六五) 與某君論古史書

繆鳳林　一九四五年(民國三十四年)中央大學講義本。又載《學原月刊》,商務印書館出版。

(八六六) 説湯盤

楊樹達　一九四五年(民國三十四年)九月三十日,湖南大學《古文字學研究》講義本。

(八六七) 邲其卣三器銘文考釋

丁　山　一九四七年(民國三十六年)六月四日、十一日,上海《中央日報·文物週刊》三十七、三十八期。

(八六八) 孔德所藏卜辭寫本録副

金祖同　一九四三年(民國三十二年)八月,《説文月刊》三卷一期。

(八六九) 殷虛文考

頌　餘　一九二八年(民國十七年)十二月十四日,《常識畫報》。

(八七〇) 翠濤園讀書記

日本石濱純太郎　一九三五年(昭和十年)《泊園》十八期。

(八七一) 我在最近

董作賓　一九三五年(民國二十四年)十二月,《考古社刊》第三期。

(八七二) 國立中央研究院董作賓氏之甲骨學研究工作

董作賓　一九四四年(民國三十三年)三月,《圖書季刊》新五卷一期。

(八七三) 胡厚宣氏甲骨學研究近況

《圖書週刊》編者　一九四七年(民國三十六年)天津《大公報·圖書週刊》。

(八七四) 胡厚宣教授訪問記

王瑞明　一九四八年(民國三十七年)三月二十五、二十六日,上海《益世報·益世副刊》。

(八七五) 文字學入門

日本石濱純太郎　一九三五年(昭和十年)《泊園》十七期。

(八七六) 中國金石學緒言

劉　節　一九三四年(民國二十三年)《國書季刊》一卷二期。

著者索引

二畫

丁 山
 漢字起源考 一四三
 數名古誼 一七九
 釋疾 二三〇
 釋瘳 二三一
 釋蒙 二三二
 說冀 二三三
 釋旁 三三六
 殷契亡尤說 三四八
 新殷本紀 三九三
 辨殷商 四〇六
 由陳侯因𦥑錞銘黃帝論五帝 四三三
 宗法考源 四七三
 由三代都邑論其民族文化 五六五
 十批判書之批判 八二三
 鄂其卣三器銘文考釋 八六七

丁迪豪
 殷民族的奴隸制度 五一八
 殷代奴隸史 五一九
 商代母系制的諸形態 五三一

丁興濂
 文字學上中國古代社會句沈 五〇七

丁聲樹
 甲骨文四方風名考補證 五八六

丁輔之
 商卜文字集聯附詩 八三六

八幡關太郎
 殷墟發掘之甲骨文字 七〇八
 殷墟發掘之甲骨文概說 七〇九

三畫

于省吾
 雙劍誃古器物圖錄 五六
 雙劍誃殷契駢枝 一六〇
 雙劍誃殷契駢枝續編 一六一
 雙劍誃殷契駢枝三編 一六二
 釋人尸仁尼夷 一八二
 釋屯 二五二

大島利一
 卜辭曆法之爭論 六一五

小川茂樹
 甲骨學之新展開 四二
 甲骨文字書體之變遷 一二一
 殷代金文所見圖象文字考 二四八

小林市太郎
 高禖考 四六六

小島祐馬
 殷代之產業 五四一

四畫

中山久四郎
 中國古代甲骨文及金文之田地 四九〇

中央研究院總辦事處

國立中央研究院十七年度至二十五年度總報告	二一	説珏朋	二〇九
		釋昱	二二一
中村不折		釋物	二二二
書道第一卷	七一	釋西	二二三
内藤虎次郎		釋旬	二二四
王亥	四三七	釋史	二二五
續王亥	四三八	釋禮	二二六
中國古代之社會狀態	四九三	釋辭	二二七
殷虛考	六四四	説耿	二二八
關於殷虛	六四七	釋天	二二九
卞美年		古史新證	三九七
河南安陽遺甋	六五二	殷虛卜辭中所見地名考	四〇二
方法斂(Frank H. Chalfant)		殷卜辭中所見先公先王考	四二八
庫方二氏藏甲骨卜辭	九七	殷卜辭中所見先公先王續考	四二七
甲骨卜辭七集	九八	殷先公先王考附注	四二八
金璋所藏甲骨卜辭	九九	殷周制度論	四五三
中國原始文字考	一三六	殷禮徵文	四五六
方國瑜		殷虛甲骨文字及書目	七二一
獲白麟解質疑	八一四	隨庵所藏殷虛文字跋	七八一
方詩銘		王達津	
天問吳獲迄古解	四四九	湯誓和盤庚裏的衆和有衆	五一一
甲骨文字	七一六	王瑞明	
方静若		胡厚宣教授訪問記	八七四
※爲小甲合文説	四五一	王維樸	
日名静一		東武王氏商盉堂金石叢話	一
卜法管見	六六〇	王緒祖	
王子玉		殷虛書契萃菁	九四
甲骨文	九三	王漢章	
甲骨文	七二五	古董錄	二
王名元		殷墟甲骨紀略	六九五
殷周貨幣考	五五九	王襄	
王宜昌		簠室殷契徵文	七二
古代中國的曆法	六〇一	題寄釗弟貞卜文字題字	七六九
王國維		題甲子表	七七〇

題貞卜文　　　　　　　　七七一
　　　商刻玉匕飾　　　　　　　七七二
　　　題所錄貞卜文册　　　　　七七三
　　　殷墟卜甲拓本及釋文　　　七七四
　　　題殷契拓本　　　　　　　七七五
　　　題所錄殷契　　　　　　　七七六
　　　題易穭園殷契拓册　　　　七七七
　　　卜骨拓本　　　　　　　　七七八
　　　簠室殷契類纂　　　　　　八二四
王禮錫
　　　古代的中國社會　　　　　四九五
毛起鵷
　　　殷商時代的婦女婚姻及族制　四八一
井上芳郎
　　　中國原始社會形態　　　　五〇五
丹羽正義
　　　殷周革命　　　　　　　　三九九
　　五畫
布那柯夫(George W. Bounacoff)
　　　甲骨學之新研究　　　　　七〇〇
　　　安陽龜甲獸骨　　　　　　七〇四
　　　安陽古器物與美國甲骨學
民
　　　甲骨文中之食　　　　　　五五八
白尾陽光
　　　見於卜辭之殷代農業　　　五四六
白雪樵
　　　殷代婦女地位的推測　　　五三四
白瑞華(Roswell S. Britton)
　　　殷墟甲骨相片　　　　　　五一
　　　殷墟甲骨拓片　　　　　　六八
　　　卜骨中之顏料　　　　　　六六六
　　　俄國之甲骨學研究　　　　七二八
皮其來(A. A. Benedetti-Pichler)

　　　中國卜骨塗色之顯微分析　六六五
矢島恭介
　　　讀殷虛發掘調查報告　　　七五四
加藤常賢
　　　釋宗　　　　　　　　　　二四六
石璋如
　　　第七次殷虛發掘B區工作報告　一八
　　　小屯後五次發掘之重要發現　一九
　　　殷墟最近之重要發現附論小屯地層　二〇
　　　小屯的文化層　　　　　　六五〇
石濱純太郎
　　　河南出土之龜甲獸骨　　　六八七
　　　殷虛學文獻小志　　　　　八四四
　　　殷虛學文獻小志補　　　　八四五
　　　翠濤園讀書記　　　　　　八七〇
　　　文字學入門　　　　　　　八七五
石濱敬次郎
　　　河南出土之龜甲獸骨　　　六八七
庎　堂
　　　商代的浙江　　　　　　　四一六
　　六畫
任達榮
　　　關於中國古代母系社會的考證　五三二
伍獻文
　　　"武丁大龜之腹甲"提要　　六五三
向井章
　　　歷史之起源——殷朝　　　三八四
西山榮久
　　　歷史之起源——殷朝　　　三八四
江紹原
　　　殷君宋君繼統制討論　　　四七四
吉卜生(H. E. Gibson)
　　　上海亞洲文會博物館藏甲骨卜辭　九六
　　　從商代象形文字看中國文字之

進化	一二三
商代象形文字	一三二
商周的貞卜和儀節	四七〇
商代的家畜和祭祀	四七一
商代之農業	五四四
商代的田獵	五五三
商代文字中之動物	五五五
中國商代之交通	五六〇
商代之文字	七〇二
商代之甲骨文字	七〇六
朱芳圃	
殷卜辭所見先公先王再續考	四三一
甲骨學文字編	八二七
甲骨學商史編	八三七
朱耘菴	
龜卜通考	六六一
汐翁	
龜甲文	六九四
七畫	
何天行	
甲骨文已現於古代說	四九
陝西曾發現甲骨文之推測	五〇
何日章	
發掘安陽殷墟文字之經過	二三
陳列安陽殷墟甲骨暨器物之感言	八五六
何定生	
漢以前的乂法研究	三四三
何遂	
敔圃甲骨釋要	一〇二
佐野袈裟美	
氏族制社會	五一六
余永梁	
殷虛文字考	一四六
殷虛文字續考	一四七

新獲卜辭寫本後記跋	七八〇
吳三立	
甲骨銅器文字研究	一六九
吳其昌	
殷虛書契解詁	一一一
殷卜辭所見先公先王三續考	四三〇
殷代人祭考	四六九
秦以前中國田制史	四九一
甲骨金文中所見的殷代農稼情況	五四五
叢瓿甲骨金文中所涵殷曆推證	五九八
吳澤	
古代史	三九一
甲骨地名與殷代地理新考	四〇八
殷代帝王名諡世次世系家族與繼承制研究	四八二
殷代貢納制考辨	四八八
殷代經濟研究	五三九
呂炯	
關於殷代之氣候	六四〇
呂振羽	
殷代奴隸制度研究	五二一
殷代——種族國家的奴隸制	五二二
中國社會史上的奴隸制度問題	五二四
殷代的奴隸制度社會	五三〇
岑仲勉	
仲康日食內在的難題	六三一
抗父	
殷虛文字之發現與研究	二五
李天根	
論甲骨文	七四六
李旦丘	
鐵雲藏龜零拾	六二
殷契摭佚	八三
古代文字學的方法論	七三八

李玄伯
 中國古代社會新研   五〇二
 古代社會與現代初民社會   五〇三
李孝定
 中央大學藏甲骨文字   九五
李星可
 釋女   二三七
 易經與卜辭的比較研究   三四六
 甲骨學目錄並序   八四三
李泰華
 殷代之農業與物質文化   五四八
李得賢
 殷周制度新論   四五四
李夢英
 從卜辭中所見的殷民族   三九四
李劍農
 甲骨文時代之經濟史影   五四〇
李　濟
 民國十八年秋季發掘殷墟之經過
  及其重要發現   一三
 河南考古之最近發現   一四
 安陽最近發掘報告及六次工作之
  總估計   一七
 小屯地面下情形分析初步   六四八
 現代考古學與殷墟發掘   六六七
束世澂
 殷商制度考   四五八
 殷商之社會組織   五一四
沈西林
 殷代國際地位蠡測   四一〇
沈兼士
 從古器款識上推尋六書以前之
  文字畫   一三四
 初期意符字發微   一三五

 希殺祭古語同原考   一八九
 鬼字原始意義之試探   二一五
沈啟无
 龜卜通考   六六一
 卜辭中之繇辭及其他   六六二
沙　畹 (E. Chavannes)
 論殷曆   六一七
 中國古代之甲骨卜辭   六八〇

八畫

周予同
 最近安陽殷墟之發掘與研究   三三
 關於甲骨學   三四
周祖謀
 甲骨卜辭中的蚰字   四五〇
周傳儒
 甲骨文字與殷商制度   六七五
 甲骨文字的研究   七一三
周鐵錚
 書釋◯後   二八二
明義士 (James M. Menzies)
 殷虛龜甲文字發掘的經過   六
 柏根氏舊藏甲骨文字   六七
 殷虛卜辭   一〇〇
 表較新舊版殷虛書契前編並記
  所得之新材料   四一四
 商代之文化   五六二
 商代文化   五六三
 商周的美術   五七二
 商代的文化與宗教思想   五七五
 中國古代之上帝   五七六
 甲骨研究初論   六七三
 中國商代之卜骨   六九八
屈萬里
 甲骨文从比二字辨   二〇六

自不跋解	三六六	剖面的殷代社會舉例	五〇一
謚法濫觴於殷代論	四八五	殷虛卜辭講話	六七六

林泰輔
龜甲獸骨文字	六九	甲骨文辨證	七五二
甲骨文地名考	四〇三	章太炎先生書後跋	七八五
清國河南湯陰發現之龜甲獸骨	六七八	閒話甲骨文	八六一
殷虛遺物研究	六八八	孔德所藏卜辭寫本錄副	八六八

金　璋(L. C. Hopkins)
林義光
文源	一六七	中國古文字中之人形	一二八
釋栽甾	一九五	象形文字研究	一三一
卜辭𢆉即熒惑說	三四九	中國古今文字考	一三七
鬼方黎國並見卜辭說	四一七	中國古代文字專題研究	一三八
論殷人祖妣之稱	四八三	風鳳朋貝考	一八五

松田壽男
		古代骨刻文中龍龜之研究	一九二
殷卜辭與古代中國人之生活	五八四	釋龍辰	一九四

牧野巽
		骨上所刻之哀文與家譜	四三四
古代中國之制度與社會	五〇八	商代之帝王	四三五

竺可楨
殷虛甲骨上所載王室譜系及
二十八宿起源之時代與地點	六二六	商代之記載	四三六

武龍章
		蘇格蘭與中國古代剗形耕作考	五四三
安陽洹上之特產及其發現物	二四	中國㓞之服用	五五一

邵子風
		商王獵鹿之記載	五五四
哭噩同源考	二一一	占卜之方法	六五六
增訂殷虛書契考釋後記	七五七	最近發現之周朝文字	六八一
甲骨書錄解題	八四八	中國古代之皇家遺物	六八二
		河南遺物之新的研究家及其結果	六八九

邵慎之
長瀨誠
安陽殷代祭器出土記	一〇	殷墟卜辭	七〇三

秉志

九畫

侯外廬
河南安陽之龜殼	六五一	殷代社會的特性	五一二

金祖同
保坂三郎
殷契遺珠	七〇	評甲骨文錄	七九七
龜卜	九〇		

勃漢第(Anna Bernhardi)
郼齋藏甲骨拓本	九一		
中國文字形體的演變	一二二	中國古代之卜骨	六八四

姚紹華
　　近四十年中國考古學上之重要
　　　　發現與古史之展望　　　　四一
姜亮夫
　　文字樸識　　　　　　　　　一七三
　　釋王　　　　　　　　　　　二七〇
　　釋示　　　　　　　　　　　三二二
姜蘊剛
　　殷商民族與文化　　　　　　五七〇
後藤朝太郎
　　中國考古學上所見之象形文字　一三〇
　　龜甲獸骨文字之研究　　　　一三九
　　文字上之卯兔兩字　　　　　一九三
　　殷代龜版文中之族字　　　　二一二
　　中國河南省所發掘龜甲獸骨之
　　　研究　　　　　　　　　　六八六
柯昌濟
　　殷虛書契補釋　　　　　　　一〇九
　　殷金文卜辭所見國名考　　　四〇四
相良克明
　　殷與商　　　　　　　　　　四〇七
昺　衡
　　釋示　　　　　　　　　　　二三五
　　釋南　　　　　　　　　　　二三六
胡吉宣
　　說叕　　　　　　　　　　　二四〇
胡光煒
　　甲骨文例　　　　　　　　　三六八
　　卜辭中之𢆶即昌若說　　　　四四三
　　干支與古曆法　　　　　　　五九一
　　庫方二氏藏甲骨卜辭印本　　七六三
胡厚宣
　　我怎麼蒐集的這一批材料　　　九
　　甲骨文發現之歷史及其材料之統計　四四

甲骨文發現之歷史　　　　　　四五
甲骨學研究之經過　　　　　　四六
五十年來之甲骨學　　　　　　四七
甲骨六錄　　　　　　　　　　六六
廈門大學所藏甲骨文字　　　一〇三
戰後平津新獲甲骨集　　　　一〇四
戰後殷虛出土的新大龜七版　一一八
釋牢　　　　　　　　　　　二五〇
釋丼　　　　　　　　　　　二七三
釋𢆶用𢆶御　　　　　　　　三五五
卜辭同文例　　　　　　　　三七〇
卜辭雜例　　　　　　　　　三七一
卜辭記事文字史官簽名例　　三七四
論殷代的記事文字　　　　　三七五
武丁時五種記事刻辭考　　　三七六
殷代舌方考　　　　　　　　四二〇
卜辭地名與古人居丘說　　　四二五
卜辭下乙說　　　　　　　　四四〇
殷代封建制度考　　　　　　四六〇
殷代婚姻家族宗法生育制度考　四八〇
殷非奴隸社會論　　　　　　五二五
殷人疾病考　　　　　　　　五三六
卜辭中所見之殷代農業　　　五四七
殷代焚田說　　　　　　　　五五二
殷商文化叢考　　　　　　　五六四
甲骨文所見殷代之天神　　　五七七
殷代之天神崇拜　　　　　　五七八
甲骨文四方風名考　　　　　五八五
甲骨文四方風名考補證　　　五八六
論殷代五方觀念及中國稱謂之
　起源　　　　　　　　　　五八八
殷人占夢考　　　　　　　　五八九
"一甲十癸"辨　　　　　　　六二一
甲骨文中之天象紀錄　　　　六二二

殷代年歲稱謂考	六二九		周漢遺寶	五三
氣候變遷與殷代氣候之檢討	六三八	唐　蘭		
關於殷代之氣候	六四〇		天壤閣甲骨文存	五八
論殷卜辭中關於雨雪之記載	六四一		禘郊祖宗報	一八〇
殷代卜龜之來源	六五四		釋示宗及主	一八三
關於殷代卜龜之來源	六五五		釋四方之名	一八四
甲骨學概要	七一〇		獲白兕考	二一四
甲骨學緒論	七一二		釋阤	二四三
甲骨學簡説	七一四		釋内	二四五
甲骨學提綱	七一七		釋井	二五一
齊魯大學對於甲骨學的貢獻	七五三		卜辭彝銘多側書	三七二
讀曾毅公君"殷虛書契續編校記"	七六二		關於尾右甲卜辭	三七三
讀吳澤古代史	八二二		卜辭時代的文學和卜辭文學	三七九
甲骨文材料之統計	八四九		未有謚法以前的易名制度	四八四
五十年來甲骨出土之總計	八五〇		關於歲星	六二五
甲骨學類目	八五一		讀新出版殷虛文字學書六種	
甲骨年表	八五五		（一、甲骨文録）	七九六
卜辭零簡	八五八		評鐵雲藏龜零拾	八〇二
中央研究院殷墟出土展品參觀記	八六〇	夏甲盦		
胡婉春			甲骨文中之食	五五七
殷商尚質證	三九八	姬佛陀		
胡韞玉			戩壽堂所藏殷虛文字	六三
論甲文	七二三	孫伏園		
甲文	七二六		甲骨與學術	七一五
故　吾		孫次舟		
訪殷墟記	八		釋狄狄	一九九
香山陽坪		孫海波		
關於夏殷周	四〇〇		甲骨文録	八〇
紀龢宣			誠齋殷虛文字	八二
商史徵	三九〇		卜辭文字小記	一五七
重澤俊郎			卜辭文字小記續	一五八
周末社會與商之文化	五六八		甲金文中説文之逸文	一七一
十畫			説文籀文古文考	一七六
原田淑人			釋采	二三八

釋眉	二三九	士王皇三字之探原	一八七
釋自	二四四	殷周史料考訂大綱	三九五
由甲骨卜辭推論殷周之關係	四一一	殷代兄終弟及即選舉制說	四七八
說弄	四一二	井田制度探原	四九二
讀王靜安先生古史新證書後	四二九	耒耜考	五四九
卜辭曆法小記	六〇〇	徐文鏡	
說十三月	六二〇	古籀彙編	八三〇
簠室殷契徵文校錄	七五九	徐宗元	
評殷契遺珠	七九九	甲骨文字小記	一六四
評鐵雲藏龜零拾	八〇一	甲骨文	七一八
評殷虛書契續編校記	八〇六	徐協貞	
評甲骨地名通檢	八〇七	殷契通釋	五一三
評金璋所藏甲骨卜辭	八〇八	關於殷契通釋之討論	七九一
評甲骨叕存	八〇九	徐英	
甲骨文編	八二六	甲骨文字理惑	七四三
古文聲系	八三一	徐景賢	
孫詒讓		釋徐	三二三
契文舉例	一〇五	徐嘉瑞	
名原	一六六	日本甲骨之收藏與研究	七二七
容庚		振宜	
甲骨文之發現及其考釋	二七	介紹董作賓先生的殷曆譜	八一〇
殷契卜辭	六五	時經訓	
卜辭研究	六七七	商簡	七四七
甲骨文	七二二	高田忠周	
甲骨文書籍目錄	八五二	龜刻文字體說	一二〇
容媛		古籀篇	八二八
甲骨類目	八四〇	高魯	
容肇祖		殷周年代質疑	五九五
占卜之源流	六五七	浦江清	
庫壽齡(Samuel Couling)		殷墟甲骨之新發現	三〇
河南之卜骨	六八五	馬元材	
袁亦山		卜辭時代的經濟生活	五三八
中國氏族社會與土地共有制	五一七	馬伯樂	
徐中舒		評郭沫若近著兩種	八一一

馬敍倫
　　中國文字之源流與研究方法之新傾向
　　　　　　　　　　　　　　　七三九
馬德璋
　　古籀文彙編　　　　　　　　八二九
馬　衡
　　三千年前的龜甲和獸骨　　　六九〇
　　甲骨　　　　　　　　　　　七二〇
索雅白（Arthur De Carle Sowerby）
　　中國美術中之爬蟲類魚類及無脊
　　　　椎動物　　　　　　　　五七一

十一畫

商承祚
　　福氏所藏甲骨文字　　　　　六四
　　殷契佚存　　　　　　　　　八四
　　殷虛文字用點之研究　　　　一二六
　　殷虛文字考　　　　　　　　一四五
　　殷虛文字　　　　　　　　　一四八
　　甲骨文字研究　　　　　　　一五四
　　甲骨文及鐘鼎文字研究　　　一六八
　　說文中之古文考　　　　　　一七〇
　　殷商無四時考　　　　　　　六一八
　　研究甲骨文應該注意的一個問題　七三六
　　商辭序　　　　　　　　　　七六七
　　殷虛文字類編　　　　　　　八二五
張子祺
　　甲骨綴合小記　　　　　　　八六四
張世祿
　　金石骨甲古文學及文字形體之
　　　　發明　　　　　　　　　七一九
張宗騫
　　卜辭弜弗通用考　　　　　　二〇五
張　述
　　甲骨文發現之經過及其貢獻　三八

張　炳
　　中國原始文字考　　　　　　一四二
張政烺
　　關於奭字說　　　　　　　　二七八
　　說文燕召公史篇名醜解　　　二七九
　　奭字解　　　　　　　　　　二八〇
　　六書古義　　　　　　　　　六三六
　　關於殷代卜龜之來源　　　　六五五
張　鳳
　　𣏟解　　　　　　　　　　　三三九
　　河南甲骨之研究　　　　　　六九二
張慰然
　　殷墟地層研究　　　　　　　六四九
張蔭麟
　　中國史黎明期的大勢　　　　三八七
張龍炎
　　殷史蠡測　　　　　　　　　三八三
梁啓超
　　中國考古之過去與將來　　　六七一
戚公田
　　殷墟之研究　　　　　　　　六四六
曹　銓
　　殷商甲骨刻文考　　　　　　一五六
梅原末治
　　河南安陽遺寶　　　　　　　五七
　　河南安陽遺物之研究　　　　六七〇
梅峙鶴雄
　　殷墟文字之發現與研究　　　三二
瓠　廬
　　瓠廬謝氏殷虛遺文　　　　　八九
畢沙普（C. W. Bishop）
　　中國古代的年曆　　　　　　五九七
畢任庸
　　甲文嘗鼎談　　　　　　　　七〇五

章炳麟
 理惑論 七四〇
 與金祖同論甲骨文書(一) 七四四
 與金祖同論甲骨文書(二) 七四五

章鴻釗
 殷周年曆問題之商討 六一六
 殷人祀歲星考 六二八

莫非斯
 春秋周殷曆法考 六〇四

許以粟
 農字源流考 二一八

許敬參
 殷虛文字存真考釋 一一二
 契文卜王釋例 三七七
 戩壽堂殷虛文字考釋補正 七五八
 鐵雲藏龜釋文補正 七六〇

郭沫若
 殷契粹編 八一
 卜辭通纂 九二
 甲骨文字研究 一五三
 釋勹勿 一九六
 釋丙子 一九八
 釋七十 三七八
 骨臼刻辭之一考察 四八七
 卜辭中之古代社會 四九四
 論古代社會 四九六
 殷周是奴隸社會考 五二六
 殷墟之發掘 六六八
 殷墟中仍無鐵的發現 六六九
 古代研究的自我批判 七六五
 甲骨文辨證序 七六八
 答馬伯樂先生 八一二
 評章太炎先生與金祖同論甲骨
  文書 八一九

 殷契餘論 八五七
 卜辭復合之一新例 八六二

郭寶鈞
 B區發掘記之一 一五
 B區發掘記之二 一六

陳子展
 龜曆歌 六一一
 關於殷曆譜糾謬 六一二

陳兆年
 釋癸🉐🉐三字 一八八

陳伯達
 殷商社會略考 五〇〇

陳村牧
 甲骨文之發現及其價值 四〇

陳邦直
 殷契賸義 一五二

陳邦福
 殷契辨疑 一五〇
 殷契說存 一五一
 殷契瑣言 一五五
 商代失國蓺卜考 六四五
 龜甲 六九三

陳邦懷
 殷虛書契考釋小箋 一〇八
 殷契拾遺 一四九
 續殷禮徵文 四五七

陳　庚
 評甲骨文字理惑 七九四

陳松茂
 殷墟甲骨文字辨偽初論 七三四

陳　柱
 守玄閣字說 一七五

陳恭祿
 商史 三八八

陳振東
 殷契書錄 　　　　　　　　　　　八四七
陳　晉
 龜甲文字概論 　　　　　　　　　六七四
陳啓彤
 釋干支 　　　　　　　　　　　　一七七
陳窘憲
 貞人質疑 　　　　　　　　　　　八一六
陳　準
 殷契書目録 　　　　　　　　　　八四二
陳夢家
 收買甲骨者日記 　　　　　　　　五
 甲骨攝影 　　　　　　　　　　　五二
 釋敊釋豕 　　　　　　　　　　　二〇一
 史字新釋 　　　　　　　　　　　二一六
 史字新釋補證 　　　　　　　　　二一七
 釋冎 　　　　　　　　　　　　　三五二
 商代地理小記 　　　　　　　　　四〇五
 隹夷考 　　　　　　　　　　　　四一五
 商王名號考 　　　　　　　　　　四三二
 祖廟與神主之起源 　　　　　　　四六二
 射與郊 　　　　　　　　　　　　四六五
 古文字中之商周祭祀 　　　　　　四六八
 商代的神話與巫術 　　　　　　　五七九
 五行之起源 　　　　　　　　　　五八一
 述方法斂所摹甲骨卜辭 　　　　　七四九
 述方法斂所摹甲骨卜辭補 　　　　七五〇
 評殷契遺珠並論羅氏前編的來源 　七九八
 評鐵雲藏龜零拾 　　　　　　　　八〇〇
 讀天壤閣甲骨文存 　　　　　　　八〇三
 郭沫若周易的構成時代書後 　　　八五九
陳　槃
 卜辭中之田漁與祭祀關係 　　　　四七二
陳德鉅

 讀契瑑記 　　　　　　　　　　　一五九
陳震異
 中國原始社會之母系制的考證 　　五三三
陳競明
 三十五年來的甲骨學 　　　　　　三九
陳覺玄
 殷代社會史之探究 　　　　　　　五〇九
陸和九
 契文 　　　　　　　　　　　　　七二四
陸懋德
 甲骨文之歷史及其價值 　　　　　二六
 商民族之崛起 　　　　　　　　　三八一
 商民族之盛衰 　　　　　　　　　三八二
 由甲骨文考見商代之文化 　　　　五六一

十二畫

傅東華
 鬼方塙見卜辭説 　　　　　　　　四一八
傅斯年
 國立中央研究院歷史語言研究
  所發掘安陽殷墟之經過 　　　　二二
 新獲卜辭寫本後記跋 　　　　　　七八二
傅築夫
 關於殷人不常厥邑的一個經濟
  解釋 　　　　　　　　　　　　五五〇
富岡謙藏
 古羑里城出土龜甲之説明 　　　　六七九
温丹銘
 殷卜辭婚嫁考 　　　　　　　　　四七九
 新獲卜辭寫本後記書後 　　　　　七八三
曾昭燏
 讀契文舉例 　　　　　　　　　　七五五
曾毅公
 殷虛書契續編校記 　　　　　　　七六一
 甲骨地名通檢 　　　　　　　　　八五三

殷契叕存	八六三	衡齋金石識小錄	八六
曾璧中		鄴中片羽二集	八七
殷商文學史論	三八〇	鄴中片羽三集	八八
曾謇		**十三畫**	
殷周之際的農業的發達與宗法		楊樹達	
社會的產生	四七六	甲骨文蠡測擷要	一六三
森安太郎		積微居字說	一七四
殷商祖神考	四六三	釋塵毌兆殑馳	一八一
無　闕		釋 ᙈ ᓂ ᔌ	一九〇
殷墟及周文字	六九一	釋启啟	二〇四
程　憬		釋追逐	二〇七
殷民族的社會	四九八	說瑟登	二〇八
殷民族的氏族社會	五一五	釋荆	二五四
商民族的經濟生活之推測	五三七	釋芇	二五五
郙　齋		釋豈	二五六
卜辭中戈巛囬庚之研究	三五〇	釋正	二五七
雲　齋		釋臧	二五八
評孫海波甲骨文編	七九五	釋 ᙇ	二五九
馮宗麟		釋滴	二六〇
甲骨文字學史	三一	釋異	二六一
馮漢驥		釋椎	二六二
由尚書盤庚觀察殷商社會	五一〇	釋祂	二六三
黃永鎮		釋乎	二六四
中國原始文字考	一四一	釋㞢	二六五
黃立猷		釋物	二六六
甲骨類書目	八三九	釋獸	二七一
黃仲琴		釋反	二七二
甲骨金石書目分類略述	八四六	釋㐫	二七四
黃淬伯		釋凡	二七五
殷周之社會及其文化	五六七	釋尢	二七六
黃爾鏗		釋䤈	二七七
論中國奴隸社會	五二八	釋 ᙈ	二八一
黃　濬		釋方	二八三
鄴中片羽初集	八五	釋歲	二八四

釋夾	二八五	釋弜	三一八
釋𢎥	二八六	說蘿	三一九
說異	二八七	釋兄	三二〇
說昌	二八八	釋豖	三二一
說戾	二八九	甲骨文中之先置賓辭	三四五
釋𢎥	二九〇	脅日考	三五七
書釋𢎥後	二九一	余卜考	三五八
說叀	二九二	其牢兹用考	三五九
說灵	二九三	多介父考	三六〇
釋肖	二九四	舌河說	三六一
釋畱	二九五	新宗考	三六二
說星	二九六	又宗西宗考	三六三
釋歗	二九七	冬蜀考	三六四
說冊	二九八	邠史考	三六五
說征	二九九	犬方考	四二一
說于	三〇〇	凡方考	四二二
說易	三〇一	方族考	四二三
說即	三〇二	說羔	四四四
釋禮	三〇三	釋𢍰	四四五
釋𦎫	三〇四	補𢍰釋	四四六
釋𦎫補	三〇五	黃尹黃奭伊奭考	四四七
釋司	三〇六	田匚匚匚	四四八
再說方	三〇七	殷先公稱王說	四五二
說攸	三〇八	殷封建考	四六一
說曰	三〇九	高禖說	四六七
釋㬢	三一〇	甲骨文中之四方神名與風名	五八七
說雀	三一一	殷人尚白說	五九〇
釋䥽	三一二	讀甲骨文編記	七六四
說亦	三一三	讀胡厚宣君殷人疾病考	七七六
釋迏	三一四	說湯盤	八六六
說靈	三一五	楊憲益	
說高	三一六	中康日食考辨	六三一
釋興	三一七	萬國鼎	
		殷商之土地制度	四八九

殷代的農業　　　　　　　　　五四二
葉玉森
　　鐵雲藏龜拾遺　　　　　　　　六一
　　殷虛書契前編集釋　　　　　　一一〇
　　說契　　　　　　　　　　　　一四四
　　殷契鉤沈　　　　　　　　　　三九六
　　𢶒契枝譚　　　　　　　　　　四五五
　　芝加哥博物館殷契攝影記　　　七八四
葉慈（W. P. Yetts）
　　最近安陽附近之發掘　　　　　三七
　　商朝與安陽古物　　　　　　　六九七
葛啓揚
　　卜辭所見之殷代家族制度　　　四七五
葛毅卿
　　說滴　　　　　　　　　　　　二四七
董作賓
　　安陽甲骨文字報告及發掘計劃書　一一
　　中華民國十七年十月試掘安陽小
　　　屯報告書　　　　　　　　　一二
　　殷虛文字甲編　　　　　　　　七七
　　殷虛文字乙編　　　　　　　　七八
　　新獲卜辭寫本　　　　　　　　一〇一
　　新獲卜辭寫本後記　　　　　　一一四
　　大龜四版考釋　　　　　　　　一一五
　　釋後岡出土的一片卜辭　　　　一一六
　　安陽侯家莊出土之甲骨文字　　一一七
　　獲白麟解　　　　　　　　　　二一三
　　說董　　　　　　　　　　　　二四二
　　釋馭㚇　　　　　　　　　　　三五三
　　王若曰古義　　　　　　　　　三五六
　　骨文例　　　　　　　　　　　三六九
　　柬畫與遭　　　　　　　　　　四一三
　　殷代的羌與蜀　　　　　　　　四一九
　　論雍己在殷代祀典中的位置　　四四一

　　五等爵在殷商　　　　　　　　四五九
　　帚矛說　　　　　　　　　　　四八六
　　從高宗諒陰說到武丁父子們的
　　　健康　　　　　　　　　　　五三五
　　卜辭中所見之殷曆　　　　　　五九二
　　殷曆中幾個重要問題　　　　　五九九
　　殷商疑年　　　　　　　　　　六〇三
　　研究殷代年曆的基本問題　　　六〇五
　　殷曆譜　　　　　　　　　　　六〇八
　　殷曆譜後記　　　　　　　　　六〇九
　　殷周年曆問題之商討　　　　　六一六
　　中康日食　　　　　　　　　　六三〇
　　䄍三百有六旬有六日新考　　　六三五
　　殷文丁時卜辭中一旬間之氣象
　　　紀錄　　　　　　　　　　　六三九
　　再談殷代氣候　　　　　　　　六四二
　　殷虛沿革　　　　　　　　　　六四三
　　商代龜卜之推測　　　　　　　六五八
　　殷人之書與契　　　　　　　　六六三
　　殷虛甲骨文字　　　　　　　　七一一
　　甲骨文研究的擴大　　　　　　七三二
　　今後怎樣研治甲骨文　　　　　七三三
　　甲骨文斷代研究例　　　　　　七三五
　　方法斂博士對於甲骨文之貢獻　七五一
　　摩些象形文字字典序　　　　　七八六
　　魏特夫商代卜辭中的氣象紀錄　八二〇
　　甲骨文論著目錄　　　　　　　八四一
　　甲骨年表　　　　　　　　　　八五四
　　甲骨年表　　　　　　　　　　八五五
　　我在最近　　　　　　　　　　八七一
　　國立中央研究院董作賓氏之
　　　甲骨學研究工作　　　　　　八七二
董書方
　　殷商家族制度與親族制度的

一個解釋	四七七	釋䕻	三二九
愛伯漢(W. Eberhard)		釋奄	三三〇
河南安陽發掘的報告	六九九	釋不🦴🦴	三六七
虞　廷		聞　宥	
介紹天下第一奇書——徐協貞先生新著殷契通釋	七八九	甲骨文之過去與將來	二九
		中國文字本質的研究	一二四
雷海宗		甲骨文字X文之研究	一二七
殷周年代考	五九四	上代象形文字中目文之研究	一二九
飯島忠夫		殷虛文字孳乳研究	一四〇
干支之起源	六三四	甲文彡飾初論	六六四
殷墟文字之批判	七四一	研究甲骨文字之兩條新路	七三一
殷墟文字之年代	七四二	齊伯守	
頌　餘		甲骨文字說	一六五
殷虛文考	八六九	**十五畫**	
十四畫		劉盼遂	
圖書週刊編者		釋丙等十四文	一七八
胡厚宣氏甲骨學研究近況	八七三	釋工玉同字	一九七
裴文中		釋工	三三七
跋董作賓獲白麟解	八一五	甲骨中殷商廟制徵	四六四
趙世昌		劉朝陽	
殷之社會	四九九	殷曆質疑	五九三
趙華煦		再論殷曆	五九六
金石甲骨文字學者疑許書古文平議	七四八	三論殷曆	六〇二
		殷曆的輪廓	六〇七
銀格蘭姆(J. Ingram)		晚殷長曆	六一三
商代之文化與宗教	五七三	關於殷周曆法之基本問題	六一四
聞一多		甲骨文之日珥觀測紀錄	六二三
釋爲釋豖	二〇〇	殷末周初日月食考	六二四
釋省省	二〇二	夏書日食考	六三三
釋𪙢	二五三	劉　節	
釋齟	三二五	釋嬴	三二四
釋余	三二六	評卜辭通纂	七八七
釋羔	三二七	評殷契佚存	七八八
釋桑	三二八	中國金石學緒言	八七六

劉　鶚
　　抱殘守缺齋日記　　　　　　　三
　　鐵雲藏龜　　　　　　　　　　五九
翦伯贊
　　古代社會　　　　　　　　　　四九七
　　略論殷商青銅器文化　　　　　五六九
　　殷代奴隸制度研究之批判　　　八二一
蔣大沂
　　甲骨學小史　　　　　　　　　四三
　　說父　　　　　　　　　　　　三四〇
　　從古文字中觀察古代家宅演進
　　　之情形　　　　　　　　　　五八三
蔣逸雪
　　殷商拓地朝鮮考　　　　　　　四〇九
蔡元邦
　　中國古代社會的檢討　　　　　五〇四
魯實先
　　斥傅斯年殷曆譜序之謬　　　　六一〇
鄧初民
　　夏殷時代的中國奴隸社會　　　五二三
　　奴隸社會　　　　　　　　　　五二七
鄧爾雅
　　跋董作賓新獲卜辭寫本　　　　七七九
鄭子田
　　中國原始社會研究　　　　　　五〇六
鄭師許
　　我國甲骨學發現史　　　　　　三六
　　讀殷商無四時說　　　　　　　六一九
　　讀殷墟文字之批判　　　　　　八一八
駒井和愛
　　殷虛文化私考　　　　　　　　五六六
黎徵賦
　　由甲骨文窺見殷商社會的宗教
　　　生活　　　　　　　　　　　五七四

十六畫

隨　河
　　殷代的巫覡階級與占卜　　　　五八〇
衛聚賢
　　殷墟考古小史　　　　　　　　三五
　　秦漢時發現甲骨文說　　　　　四八
　　吳越釋名　　　　　　　　　　二〇三
　　中國奴隸社會　　　　　　　　五二〇
　　讀釋干支　　　　　　　　　　八一三
學術社
　　殷代研究　　　　　　　　　　八三八
積　微
　　讀商承祚君殷契佚存　　　　　三五四
穆　勒（H. Mueller）
　　中國古代卜骨論　　　　　　　六八三
錢健夫
　　中國社會經濟史上的奴隸制
　　　問題　　　　　　　　　　　五二九
錢寶琮
　　論二十八宿之來源　　　　　　六二七
鮑　鼎
　　鐵雲藏龜釋文　　　　　　　　一一三
　　鐵雲藏龜之餘釋文　　　　　　一一九
默　厂
　　談龜　　　　　　　　　　　　六九六
龜井基茂
　　殷代夏民族系略說　　　　　　四〇一

十七畫

濤
　　甲骨文中之衣　　　　　　　　五五六
　　鐘鼎甲骨概說　　　　　　　　七〇一
繆鳳林
　　與某君論古史書　　　　　　　八六五
邁　五

從殷虛遺文窺見上古風俗之
　　一斑　　　　　　　　　五八二
十八畫
蕭炳實
　　殷墟甲骨文之發現及其著錄與
　　　　研究　　　　　　　二八
　　以甲骨文證商代歷史　　三九二
蕭　璋
　　釋至　　　　　　　　　三四二
藍文徵
　　商代　　　　　　　　　三八九
簡琴齋
　　甲骨集古詩聯上編　　　八三五
儲皖峯
　　評天壤閣甲骨文存　　　八〇五
戴家祥
　　釋千　　　　　　　　　三三一
　　釋百　　　　　　　　　三三二
　　釋皂　　　　　　　　　三三三
　　釋甫　　　　　　　　　三三四
　　罡字説　　　　　　　　三三五
　　商周字例　　　　　　　三四四
　　評殷契通釋　　　　　　七九〇
　　關於殷契通釋之討論　　七九一
　　評龜甲文字概論　　　　七九二
　　評甲骨學文字編　　　　七九三
戴蕃豫
　　殷契亡囚説　　　　　　三五一
瞿潤緡
　　釋·囗二 一之演變　　　一二五
　　説壹　　　　　　　　　二三四
　　釋不　　　　　　　　　二四九
　　骨卜考　　　　　　　　六五九
　　大龜四版考釋商榷　　　八一七

魏建功
　　釋午　　　　　　　　　三三八
　　論六書條例不可逕用於甲骨文字
　　　　責彥堂　　　　　　七三〇
　　讀天壤閣甲骨文存及考釋　八〇四
魏特夫格（Karl August Wittfugel）
　　商代卜辭中之氣象紀錄　　六三七
十九畫
關玉潤
　　示爲古之祭器説　　　　三四一
關葆謙
　　殷墟文字存真　　　　　七九
羅振玉
　　五十日夢痕錄　　　　　七
　　殷虛書契菁華　　　　　五四
　　殷虛古器物圖錄　　　　五五
　　鐵雲藏龜之餘　　　　　六〇
　　殷虛書契　　　　　　　七三
　　殷虛書契後編　　　　　七四
　　殷虛書契續編　　　　　七五
　　殷商貞卜文字考　　　　一〇六
　　殷虛書契考釋　　　　　一〇七
　　釋叔　　　　　　　　　二一九
　　釋妥　　　　　　　　　二二〇
　　釋行　　　　　　　　　二六七
　　釋止　　　　　　　　　二六八
　　釋奚　　　　　　　　　二六九
　　與林浩卿博士論卜辭玉賓書　三四七
　　與王静安徵君論卜辭上甲書
　　　　二札　　　　　　　四三九
　　殷商貞卜文字考補正　　七五六
　　殷虛書契待問編　　　　八三二
　　集殷虛文字楹帖　　　　八三三
　　集殷虛文字楹帖彙編　　八三四

羅振常
 洹洛訪古遊記   四
羅福成
 傳古別錄第二集   七六
羅榮宗
 研究商代社會組織材料之商榷 七三七
藪內清
 自殷周至隋之曆法史 六〇六
藪田嘉一郎
 上代金石文雜考   一七二
二十一畫
顧立雅(H. G. Creel)
 中國古代的象形文字 一三三
 釋天   二四一

商代   三八五
近年來中國考古學之進步 六七二
中國象形文字之本質 七〇七
顧　實
 釋士皇皀   一八六
 釋中史   二一〇
顧頡剛
 商王國的始末   三八六
饒宗頤
 🉂爲根圍説   四四二
饒　頤
 葡朱困三字釋   一九一
 殷困民國考   四二四

篇名索引

一畫
"一甲十癸"辨	六二一

二畫
二十八宿起源之時代與地點	六二六
十批判書之批判	八二三
卜法管見	六六〇
卜骨中之顏料	六六六
卜骨拓本	七七八
卜辭下乙說	四四〇
卜辭中之古代社會	四九四
卜辭中之田漁與祭祀關係	四七二
卜辭中之繇辭及其他	六六二
卜辭中之𢀛即昌若說	四四三
卜辭中戋巛田庚之研究	三五〇
卜辭中所見之殷代農業	五四七
卜辭中所見之殷曆	五九二
卜辭文字小記	一五七
卜辭文字小記續	一五八
卜辭同文例	三七〇
卜辭地名與古人居丘說	四二五
卜辭弜弗通用考	二〇五
卜辭所見之殷代家族制度	四七五
卜辭時代的文學和卜辭文學	三七九
卜辭時代的經濟生活	五三八
卜辭記事文字史官簽名例	三七四
卜辭通纂	九二
卜辭研究	六七七
卜辭復合之一新例	八六二
卜辭零簡	八五八
卜辭曆法之爭論	六一五
卜辭曆法小記	六〇〇
卜辭雜例	三七一
卜辭彝銘多側書	三七二
卜辭𢀛𠂤即熒惑說	三四九
又宗西宗考	三六三

三畫
三十五年來的甲骨學	三九
三千年前的龜甲和獸骨	六九〇
三論殷曆	六〇二
上代金石文雜考	一七二
上代象形文字中目文之研究	一二九
上海亞洲文會博物館藏甲骨卜辭	九六
凡方考	四二二
士王皇三字之探原	一八七
大龜四版考釋	一一五
大龜四版考釋商榷	八一七
小屯地面下情形分析初步	六四八
小屯的文化層	六五〇
小屯後五次發掘的重要發現	一九
干支之起源	六三四
干支與古曆法	五九一

四畫
中央大學藏甲骨文字	九五

中央研究院殷墟出土展品參觀記	八六〇	中國原始社會之母系制的考證	五三三
中國卜骨塗色之顯微分析	六六五	中國原始社會形態	五〇五
中國文字之本質的研究	一二四	中國原始社會研究	五〇六
中國文字之源流與研究方法之新傾向	七三九	中國冕之服用	五五一
		中國商代之卜骨	六九八
中國文字形體的演變	一二二	中國商代之交通	五六〇
中國古今文字考	一三七	中國象形文字之本質	七〇七
中國古文字中之人形	一二八	中華民國十七年十月試掘安陽小屯報告書	一二
中國古代卜骨論	六八三		
中國古代之卜骨	六八四	中康日食	六三〇
中國古代之上帝	五七六	中康日食考辨	六三一
中國古代之甲骨卜辭	六八〇	五十日夢痕錄	七
中國古代之社會狀態	四九三	五十年來之甲骨學	四七
中國古代之皇家遺物	六八二	五十年來甲骨出土之總計	八五〇
中國古代文字專題研究	一三八	五行之起源	五八一
中國古代甲骨文及金文之田地	四九〇	五等爵在殷商	四五九
中國古代的年曆	五九七	井田制度探原	四九二
中國古代的象形文字	一三三	介紹天下第一奇書——徐協貞先生新著殷契通釋	七八九
中國古代社會的檢討	五〇四		
中國古代社會新研	五〇二	介紹董作賓先生的殷曆譜	八一〇
中國史黎明期的大勢	三八七	今後怎樣研究甲骨文	七三三
中國奴隸社會	五二〇	六書古義	六三六
中國氏族社會與土地共有制	五一七	天問吳獲迄古解	四四九
中國考古之過去與將來	六七一	天壤閣甲骨文存	五八
中國考古學上所見之象形文字	一三〇	孔德所藏卜辭寫本錄副	八六八
中國河南省所發掘龜甲獸骨之研究	六八六	文字上之卯兔兩字	一九三
中國社會史上的奴隸制度問題	五二四	文字樸識	一七三
中國社會經濟史上的奴隸制問題	五二九	文字學入門	八七五
中國金石學緒言	八七六	文字學上中國古代社會勾沈	五〇七
中國美術中之爬蟲類魚類及無脊椎動物	五七一	文源	一六七
		方法斂博士對於甲骨文之貢獻	七五一
中國原始文字考	一三六	方族考	四二三
中國原始文字考	一四一	日本甲骨之收藏與研究	七二七
中國原始文字考	一四二	氏族制社會	五一六

犬方考	四二一	由甲骨文考見商代之文化	五六一
王亥	四三七	由甲骨文窺見殷商社會的宗教生活	五七四
王若曰古義	三五六	由尚書盤庚觀察殷商社會	五一〇
五畫		由陳侯因資錞銘黃帝論五帝	四三三
以甲骨文證商代歷史	三九二	甲文	七二六
冬蜀考	三六四	甲文彡飾初論	六六四
占卜之方法	六五六	甲文嘗鼎談	七〇五
占卜之源流	六五七	甲金文中說文之逸文	一七一
古文字中之商周祭祀	四六八	甲骨	七二〇
古文聲系	八三一	甲骨卜辭七集	九八
古代中國之制度與社會	五〇八	甲骨卜辭中的虵字	四五〇
古代中國之曆法	六〇一	甲骨及鐘鼎文字研究	一六八
古代文字學的方法論	七三八	甲骨中殷商廟制徵	四六四
古代史	三九一	甲骨六錄	六六
古代的中國社會	四九五	甲骨文	九三
古代社會	四九七	甲骨文	七一八
古代社會與現代初民社會	五〇三	甲骨文	七二二
古代骨刻文中龍龜之研究	一九二	甲骨文	七二五
古代研究的自我批判	七六五	甲骨文之日珥觀測紀錄	六二三
古史新證	三九七	甲骨文之發現及其考釋	二七
古羑里城出土龜甲之說明	六七九	甲骨文之發現及其價值	四〇
古董錄	二	甲骨文之過去與將來	二九
古籀文彙編	八二九	甲骨文之歷史及其價值	二六
古籀彙編	八三〇	甲骨文已現於古代說	四九
古籀篇	八二八	甲骨文中之天象紀錄	六二二
史字新釋	二一六	甲骨文中之四方神名與風名	五八七
史字新釋補證	二一七	甲骨文中之先置賓辭	三四五
奴隸社會	五二七	甲骨文中之衣	五五六
斥傅斯年殷曆譜序之謬	六一〇	甲骨文中之食	五五七
未有謚法以前的易名制度	四八四	甲骨文中之食	五五八
民國十八年秋季發掘殷墟之經過及其重要發現	一三	甲骨文从比二字辨	二〇六
		甲骨文四方風名考	五八五
由三代都邑論其民族文化	五六五	甲骨文四方風名考補證	五八六
由甲骨卜辭推論殷周之關係	四一一	甲骨文字	七一六

甲骨文字X文之研究	一二七	甲骨研究初論	六七三
甲骨文字小記	一六四	甲骨集古詩聯上編	八三五
甲骨文字的研究	七一三	甲骨與學術	七一五
甲骨文字書體之變遷	一二一	甲骨綴合小記	八六四
甲骨文字理惑	七四三	甲骨銅器文字研究	一六九
甲骨文字研究	一五三	甲骨學之新展開	四二
甲骨文字研究	一五四	甲骨學之新研究	七〇〇
甲骨文字與殷商制度	六七五	甲骨學小史	四三
甲骨文字說	一六五	甲骨學文字編	八二七
甲骨文字學史	三一	甲骨學目錄並序	八四三
甲骨文地名考	四〇三	甲骨學商史編	八三七
甲骨文材料之統計	八四九	甲骨學研究之經過	四六
甲骨文例	三六八	甲骨學提綱	七一七
甲骨文所見殷代之天神	五七七	甲骨學緒論	七一二
甲骨文時代之經濟史影	五四〇	甲骨學概要	七一〇
甲骨文書籍目錄	八五二	甲骨學簡說	七一四
甲骨文研究的擴大	七三二	甲骨學類目	八五一
甲骨文發現之經過及其貢獻	三八	甲骨類目	八四〇
甲骨文發現之歷史	四五	甲骨類書目	八三九
甲骨文發現之歷史及其材料之統計	四四	甲骨攝影	五二
甲骨文編	八二六	示爲古之祭器說	三四一
甲骨文論著目錄	八四一	田匚匧匚	四四八
甲骨文辨證	七五二	**六畫**	
甲骨文辨證序	七六八	仲康日食內在的難題	六三二
甲骨文錄	八〇	再說方	三〇七
甲骨文斷代研究例	七三五	再論殷曆	五九六
甲骨文蠡測擷要	一六三	再談殷代氣候	六四二
甲骨地名通檢	八五三	名原	一六六
甲骨地名與殷代地理新考	四〇八	多介父考	三六〇
甲骨金文中所見的殷代農稼情況	五四五	安陽古器物與美國甲骨學	七二九
甲骨金石書目分類略述	八四六	安陽甲骨文字報告及發掘計劃書	一一
甲年表	八五四	安陽侯家莊出土之甲骨文字	一一七
甲骨年表	八五五	安陽洹上之特產及其發現物	二四
甲骨書錄解題	八四八	安陽殷代祭器出土記	一〇

安陽最近發掘報告及六次工作之總估計	一七	河南出土之龜甲獸骨	六八七
安陽龜甲獸骨	七〇四	河南安陽之龜殼	六五一
守玄閣字說	一七五	河南安陽發掘的報告	六九九
收買甲骨者日記	五	河南安陽遺物之研究	六七〇
耒耜考	五四九	河南安陽遺寶	五七
自殷周至隋之曆法史	六〇六	河南安陽遺龜	六五二
舌河說	三六一	河南考古之最近發現	一四
自不踪解	三六六	河南遺物之研究及其結果	六八九

七畫

表較新舊版殷虛書契前編並記所得之新材料　　四一四

余卜考	三五八		
吳越釋名	二〇三	近四十年中國考古學上之重要發現與古史之展望	四一
我在最近	八七一		
我怎麼蒐集的這一批材料	九	近年來中國考古學之進步	六七二
我國甲骨學發現史	三六	郲其卣三器銘文考釋	八六七
芝加哥博物館殷契攝影記	七八四	金石骨甲文字學者疑許書古文平議	七四八
初期意符字發微	一三五	金石骨甲古文學及文字形體之發明	七一九
見於卜辭之殷代農業	五四六	金璋所藏甲骨卜辭	九九
邠史考	三六五		

八畫　　　　　　　　　　　　　　　**九畫**

佳夷考	四一五	俄國之甲骨學研究	七二八
其牢茲用考	三五九	契文	七二四
周末社會與商之文化	五六八	契文卜王釋例	三七七
周漢遺寶	五三	契文舉例	一〇五
宗法考源	四七三	春秋周殷曆法考	六〇四
帚矛說	四八六	柏根氏舊藏甲骨文字	六七
帚殺祭古語同原考	一八九	洹洛訪古遊記	四
抱殘守缺齋日記三則	三	胡厚宣氏甲骨學研究近況	八七三
易經與卜辭的比較研究	三四六	胡厚宣教授訪問記	八七四
東武王氏商盉堂金石叢話	一	貞人質疑	八一六
東畫與溝	四一三	述方法斂所摹甲骨卜辭	七四九
"武丁大龜之腹甲"提要	六五三	述方法斂所摹甲骨卜辭補	七五〇
武丁時五種紀事刻辭考	三七六	風鳳朋貝考	一八五

十畫

河南之卜骨	六八五	剖面的殷代社會舉例	五〇一
河南甲骨之研究	六九二	哭罨同源考	二一一

夏書日食考	六三三	殷代社會史之探究	五〇九
夏殷時代的中國奴隸社會	五二三	殷代的奴隸社會	五三〇
射與郊	四六五	殷代的羌與蜀	四一九
庫方二氏藏甲骨卜辭	九七	殷代的巫覡階級與占卜	五八〇
庫方二氏藏甲骨卜辭印本	七六三	殷代的農業	五四二
書道	七一	殷代封建制度考	四六〇
書釋❀後	二八二	殷代帝王名謚世次世系家族與繼承	
書釋❀後	二九一	制研究	四八二
殷卜辭中所見先公先王考	四二六	殷代貢納制度考辨	四八八
殷卜辭中所見先公先王續考	四二七	殷代夏民族系略説	四〇一
殷卜辭中所見先公先王再續考	四三一	殷代國際地位蠡測	四一〇
殷卜辭所見先公先王三續考	四三〇	殷代研究	八三八
殷卜辭婚嫁考	四七九	殷代婦女地位的推測	五三四
殷卜辭與古代中國人之生活	五八四	殷代焚田説	五五二
殷人之書與契	六六三	殷代婚姻家族宗法生育制度考	四八〇
殷人占夢考	五八九	殷代——種族國家的奴隸制	五二二
殷人尚白説	五九〇	殷代經濟研究	五三九
殷人疾病考	五三六	殷代龜版文中之族字	二一二
殷人祀歲星考	六二八	殷史蠡測	三八三
殷之社會	四九九	殷末周初日月食考	六二四
殷文丁時卜辭中一旬間之氣象紀録	六三九	殷先公先王考附注	四二八
殷代人祭考	四六九	殷先公稱王説	四五二
殷代卜龜之來源	六五四	殷民族的社會	四九八
殷代之天神崇拜	五七八	殷民族的奴隸制度	五一八
殷代之産業	五四一	殷民族的氏族社會	五一五
殷代之農業與物質文化	五四八	殷君宋君繼統制討論	四七四
殷代兄終弟及即選舉制説	四七八	殷困民國考	四二四
殷代舌方考	四二〇	殷金文卜辭所見國名考	四〇四
殷代奴隸史	五一九	殷周之社會及其文化	五六七
殷代奴隸制度研究	五二一	殷周之際的農業的發達與宗法社	
殷代奴隸制度研究之批判	八二一	會的産生	四七六
殷代年歲稱謂考	六二九	殷周史料考訂大綱	三九五
殷代金文所見圖象文字❀考	二四八	殷周年代考	五九四
殷代社會之特性	五一二	殷周年代質疑	五九五

殷周年曆問題之商討	六一六	殷商社會略考	五〇〇
殷周制度新論	四五四	殷商拓地朝鮮考	四〇九
殷周制度論	四五三	殷商貞卜文字考	一〇六
殷周是奴隸社會考	五二六	殷商貞卜文字考補正	七五六
殷周革命	三九九	殷商家族制度與親族制度的一個	
殷周貨幣考	五五九	解釋	四七七
殷非奴隸社會論	五二五	殷商時代的婦女婚姻及族制	四八一
殷契卜辭	六五	殷商祖神考	四六三
殷契亡尤說	三四八	殷商無四時考	六一八
殷契亡𡆥說	三五一	殷商疑年	六〇三
殷契佚存	八四	殷與商	四〇七
殷契叕存	八六三	殷墟卜甲拓本及釋文	七七四
殷契拾遺	一四九	殷墟卜辭	一〇〇
殷契書目錄	八四二	殷墟卜辭	七〇三
殷契書錄	八四七	殷墟卜辭中所見地名考	四〇二
殷契通釋	五一三	殷虛卜辭講話	六七六
殷契鉤沈	三九六	殷墟之研究	六四六
殷契摭佚	八三	殷墟之發掘	六六八
殷契說存	一五一	殷墟及周文字	六九一
殷契瑣言	一五五	殷墟中仍無鐵的發現	六六九
殷契粹編	八一	殷虛文化私考	五六六
殷契餘論	八五七	殷墟文字	一四八
殷契遺珠	七〇	殷虛文字乙編上中輯	七八
殷契辨疑	一五〇	殷墟文字之年代	七四二
殷契賸義	一五二	殷墟文字之批判	七四一
殷封建考	四六一	殷墟文字之發現與研究	二五
殷商之土地制度	四八九	殷墟文字之發現與研究	三二
殷商之社會組織	五一四	殷虛文字甲編	七七
殷商文化叢考	五六四	殷墟文字用點之研究	一二六
殷商文學史論	三八〇	殷虛文字存真第一至八集	七九
殷商甲骨刻文考	一五六	殷虛文字存真一至三集考釋	一一二
殷商民族與文化	五七〇	殷虛文字考	一四五
殷商制度考	四五八	殷虛文字考	一四六
殷商尚質證	三九八	殷虛文字孳乳研究	一四〇

殷虛文字類編	八二五	殷墟虛文獻小志	八四四
殷虛文字續考	一四七	殷墟虛文獻小志補	八四五
殷虛文考	八六九	殷墟龜甲文字發掘的經過	六
殷虛古器物圖錄	五五	殷曆中幾個重要問題	五九九
殷墟甲骨之新發現	三〇	殷曆的輪廓	六〇七
殷墟甲骨上所載王室譜系及商代之記載	四三六	殷曆質疑	五九三
		殷曆譜	六〇八
殷墟甲骨文之發現及其著錄與研究	二八	殷曆譜後記	六〇九
殷墟甲骨文字	七一一	殷禮徵文	四五六
殷虛甲骨文字及書目	七二一	氣候變遷與殷代氣候之檢討	六三八
殷墟甲骨文字辨偽初論	七三四	哭字說	三三五
殷墟甲骨相片	五一	祖廟與神主之起源	四六二
殷墟甲骨紀略	六九五	秦以前中國田制史	四九一
殷墟甲骨搨片	六八	秦漢時發現甲骨文說	四八
殷墟地層研究	六四九	脅日考	三五七
殷虛考	六四四	陝西曾發現甲骨文之推測	五〇
殷墟考古小史	三五	骨卜考	六五九
殷虛沿革	六四三	骨上所刻之哀文與家譜	四三四
殷虛書契	七三	骨文例	三六九
殷虛書契考釋	一〇七	骨臼刻辭之一考察	四八七
殷虛書契考釋小箋	一〇八	高禖考	四六六
殷虛書契前編集釋	一一〇	高禖說	四六七
殷虛書契後編	七四	鬼方塙見卜辭說	四一八
殷虛書契待問編	八三二	鬼方黎國並見卜辭說	四一七
殷虛書契解詁	一一一	鬼字原始意義之試探	二一五
殷虛書契萃菁	九四	**十一畫**	
殷虛書契菁華	五四	商卜文字集聯附詩	八三六
殷虛書契補釋	一〇九	商王名號考	四三二
殷虛書契續編	七五	商王國的始末	三八六
殷虛書契續編校記	七六一	商王獵鹿之記錄	五五四
殷墟發掘之甲骨文字	七〇八	商代	三八五
殷墟發掘之甲骨文概說	七〇九	商代	三八九
殷墟最近之重要發現附論小屯地層	二〇	商代卜辭中之氣象紀錄	六三七
殷墟遺物研究	六八八	商代之文化	五六二

商代之文化與宗教	五七三	掘安陽殷墟之經過	二二
商代之文字	七〇二	從卜辭中所見的殷民族	三九四
商代之甲骨文字	七〇六	從古文字中觀察古代家宅演進之	
商代之帝王	四三五	情形	五八三
商代之象形文字	一三二	從古器款識上推尋六書以前之文	
商代之農業	五四四	字畫	一三四
商代文化	五六三	從高宗諒陰說到武丁父子們的健康	五三五
商代文字中之動物	五五五	從殷墟遺文窺見上古風俗之一斑	五八二
商代失國蓺卜考	六四五	從商代象形文字看中國文字之進化	一二三
商代母系制的諸形態	五三一	晚殷長曆	六一三
商代地理小記	四〇五	清國河南湯陰縣發現之龜甲獸骨	六七八
商代的文化與宗教思想	五七五	敊圍甲骨釋要	一〇二
商代的田獵	五五三	現代考古學與殷墟發掘	六六七
商代的家畜與祭祀	四七一	理惑論	七四〇
商代的浙江	四一六	瓠廬謝氏殷虛遺文	八九
商代的神話與巫術	五七九	略論殷商青銅器文化	五六九
商代龜卜之推測	六五八	研究甲骨文字之兩條新路	七三一
商史	三八八	研究甲骨文字應該注意的一個問題	七三六
商史徵	三九〇	研究殷代年曆的基本問題	六〇五
商民族的經濟生活之推測	五三七	研究商代社會組織材料之商榷	七三七
商民族之盛衰	三八二	章太炎先生書後跋	七八五
商民族之崛起	三八一	第七次殷墟發掘 B 區工作報告	一八
商刻玉匕飾	七七二	荀朱困三字釋	一九一
商周字例	三四四	訪殷墟記	八
商周的美術	五七二	郭沫若周易的構成時代書後	八五九
商周的貞卜和儀節	四七〇	閒話甲骨文	八六一
商朝與安陽古物	六九七	陳列安陽殷墟甲骨暨器物之感言	八五六
商簡	七四七	**十二畫**	
商辭序	七六七	黃尹黃奭伊奭考	四四七
國立中央研究院十七年度至二十五		最近發現之周朝文字	六八一
年度總報告	二一	最近安陽殷墟之發掘與研究	三三
國立中央研究院董作賓氏之甲骨學		最近安陽附近之發掘	三七
研究工作	八七二	集殷虛文字楹帖	八三三
國立中央研究院歷史語言研究所發		集殷虛文字楹帖彙編	八三四

湯誓和盤庚裏的眾與有眾	五一一	新獲卜辭寫本後記跋	七八〇
發掘安陽殷墟文字之經過	二三	新獲卜辭寫本後記跋	七八二
答馬伯樂先生	八一二	稘三百有六旬有六日新考	六三五
評卜辭通纂	七八七	補釋䰜	四四六
評天壤閣甲骨文存	八〇五	農字源流考	二一八
評甲骨文字理惑	七九四	**十四畫**	
評甲骨文錄	七九七	戩壽堂所藏虛墟文存	六三
評甲骨地名通檢	八〇七	戩壽堂殷虛文字考釋補正	七五八
評甲骨叕存	八〇九	漢以前的文法研究	三四三
評甲骨學文字編	七九三	漢字起源考	一四三
評金璋所藏甲骨卜辭	八〇八	福氏所藏甲骨文字	六四
評殷契佚存	七八八	禘郊祖宗報	一八〇
評殷契通釋	七九〇	翠濤園讀書記	八七〇
評殷虛書契續編校記	八〇六	與王靜安徵君論卜辭上甲書二札	四三九
評殷契遺珠	七九九	與林浩卿博士論卜辭王賓書	三四七
評殷契遺珠並論羅氏前編的來源	七九八	與金祖同論甲骨文書(一)	七四四
評孫海波甲骨文編	七九五	與金祖同論甲骨文書(二)	七四五
評章太炎先生與金祖同論甲骨文書	八一九	與某君論古史書	八六五
評郭沫若近著兩種	八一一	誠齋殷虛文字	八二
評龜甲文字概論	七九二	說十三月	六二〇
評鐵雲藏龜零拾	八〇〇	說于	三〇〇
評鐵雲藏龜零拾	八〇一	說井	二五一
評鐵雲藏龜零拾	八〇二	說文中之古文考	一七〇
象形文字研究	一三一	說文燕召公史篇名醜解	二七九
跋董作賓新獲卜辭寫本	七七九	說文籀文古文考	一七六
跋董作賓獲白麟解	八一五	說方	二八三
鄴齋藏甲骨拓本	九一	說曰	三〇九
十三畫		說父	三四〇
廈門大學所藏甲骨文字	一〇三	說ㄅ	二八九
傳古別錄第二集	七六	說冊	二九八
新殷本紀	三九三	說亦	三一三
新獲卜辭寫本	一〇一	說㸚	二四〇
新獲卜辭寫本後記	一一四	說攸	三〇八
新獲卜辭寫本後記書後	七八三	說即	三〇二

說彶	二九九	論六書條例不可逕用於甲骨文字	
說易	三〇一	責彥堂	七三〇
說珏	二〇九	論古代社會	四九六
說叀	二九二	論甲文	七二三
說壴	二三四	論甲骨文	七四六
說契	一四四	論殷人祖妣之稱	四八三
說弄	四一二	論殷卜辭中關於雨雪之記載	六四一
說星	二九六	論殷代五方觀念及中國稱謂之起源	五八八
說高	三一六	論殷代的記事文字	三七五
說羔	四四四	論殷曆	六一七
說耿	二二八	論雍己在殷代祀典中的位置	四四一
說昌	二八八	**十六畫**	
說菫	二四二	薪宗考	三六二
說湯盤	八六六	戰後平津新獲甲骨集	一〇四
說戠	二八四	戰後殷墟出土的新大龜七版	一一八
說滴	二四七	歷史之起源——殷朝	三八四
說瑟登	二〇八	積微居字說	一七四
說冀	二三三	衡齋金石識小錄	八六
說蒦	三一九	辨殷商	四〇六
說圙	二五三	鄴中片羽二集	八七
說靈	三一五	鄴中片羽三集	八八
說灵	二九三	鄴中片羽初集	八五
說雀	三一一	隨庵所藏殷虛文字跋	七八一
說彝	二八七	龜卜	九〇
齊魯大學對於甲骨學的貢獻	七五三	龜卜通考	六六一
十五畫		龜甲	六九三
增訂殷虛書契考釋後記	七五七	龜甲文	六九四
奭字解	二八〇	龜甲文字概論	六七四
摩些象形文字字典序	七八六	龜甲獸骨文	六九
挈契枝譚	四五五	龜甲獸骨文字之研究	一三九
數名古誼	一七九	龜刻文字體說	一二〇
談龜	六九六	龜曆歌	六一一
論二十八宿之來歷	六二七	**十七畫**	
論中國奴隸社會	五二八	獲白兕考	二一四

獲白麟解	二一三	二十畫	
獲白麟解質疑	八一四	釋七十	三七八
謚法濫觴於殷代論	四八五	釋人尸仁尼夷	一八二
十八畫		釋凡	二七五
叢瓶甲骨金文中所涵殷曆推證	五九八	釋勹勿	一九六
簠室殷契徵文	七二	釋千	三三一
簠室殷契徵文校錄	七五九	釋士皇坒	一八六
簠室殷契類纂	八二四	釋女	二三七
雙劍誃古器物圖錄	五六	釋工	三三七
雙劍誃殷契駢枝	一六〇	釋工玉同字	一九七
雙劍誃殷契駢枝三編	一六二	釋干支	一七七
雙劍誃殷契駢枝續編	一六一	釋不	二四九
題甲子表	七七〇	釋不𠄎𠄏	三六七
題易穭園殷契拓册	七七七	釋中史	二一〇
題所錄貞卜文册	七七三	釋內	二四五
題所錄殷契	七七六	釋尢	二七六
題貞卜文	七七一	釋午	三三八
題殷契拓本	七七五	釋反	二七二
題寄釗弟貞卜文題字	七六九	釋天	二二九
魏特夫商代卜辭中的氣象紀錄	八二〇	釋天	二四一
十九畫		釋屯	二五二
關於中國古代母系社會的考證	五三二	釋止	二六八
關於甲骨學	三四	釋王	二七〇
關於尾右甲卜辭	三七三	釋丙子	一九八
關於夏殷周	四〇〇	釋乎	二六四
關於殷人不常厥邑的一個經濟解釋	五五〇	釋兄	三二〇
關於殷代卜龜之來源	六五五	釋史	二二五
關於殷代之氣候	六四〇	釋四方之名	一八四
關於殷周曆法之基本問題	六一四	釋正	二五七
關於殷契通釋之討論	七九一	釋示	二三五
關於殷虛	六四七	釋示	三二二
關於殷曆譜糾謬	六一二	釋示宗及主	一八三
關於歲星	六二五	釋阤	二四三
關於爽字說	二七八	釋酉等十四文	一七八

釋荊	二五四	釋追逐	二〇七
釋旬	二二四	釋徐	三二三
釋羽	三一八	釋旁	三三六
釋狄狄	一九九	釋桑	三二八
釋百	三三二	釋栽䒳	一九五
釋至	三四二	釋羔	三二七
釋行	二六七	釋奚	二六九
釋西	二二三	釋神	二六三
釋自	二四四	釋豈	二五六
釋艼	二五五	釋疾	二三〇
釋冎	三五二	釋異	二六一
釋丝用丝御	三五五	釋酥	二七七
釋井	二七三	釋馭叝	三五三
釋余	三二六	釋為釋豕	二〇〇
釋牢	二五〇	釋椎	二六二
釋启啟	二〇四	釋歊	二九七
釋歮釋豕	二〇一	釋滴	二六〇
釋甫	三三四	釋臧	二五八
釋皂	三三三	釋蒙	二三二
釋辵	三一四	釋塵牪㺊死馳	一八一
釋宗	二四六	釋奄	三三〇
釋叔	二一九	釋興	三一七
釋采	二三八	釋噩	三二九
釋物	二二二	釋龍辰	一九四
釋物	二六六	釋鏖	三一二
釋豕	三二一	釋辭	二二七
釋南	二三六	釋禮	二二六
釋臤	二七四	釋獸	二七一
釋後岡出土的一片卜辭	一一六	釋贏	三二四
釋昱	二二一	釋瘳	二三一
釋爰	二二〇	釋麟	三二五
釋癸𠦂三字	一八八	釋・口=一	一二五
釋省眚	二〇二	釋㞢	二六五
釋眉	二三九	釋𦣞	二九四

釋㠯	三〇六	鐵雲藏龜釋文補正	七六〇
釋㕣	二五九	**二十二畫**	
釋夾	二八五	讀天壤閣甲骨文存	八〇三
釋斤覓斧	一九〇	讀天壤閣甲骨文存及考釋	八〇四
釋❐	二八一	讀王靜安先生古史新證書後	四二九
釋弘	二九〇	讀甲骨文編記	七六四
釋❐	四四五	讀吳澤古代史	八二二
釋❐	三一〇	讀胡厚宣君殷人疾病考	七六六
釋❐	三〇三	讀契文舉例	七五五
釋❐	三〇四	讀契枝記	一五九
釋❐補	三〇五	讀殷商無四時說	六一九
釋❐	二八六	讀殷墟文字之批判	八一八
釋❐	二九五	讀殷墟發掘調查報告	七五四
蘇格蘭與中國古代之剡形耕作考	五四三	讀商承祚君殷契佚存	三五四
鐘鼎甲骨概說	七〇一	讀曾毅公君殷虛書契續編校記	七六二
二十一畫		讀新出版殷墟文字學書六種	
續王亥	四三八	（一、甲骨文錄）	七九六
續殷禮徵文	四五七	讀釋干支	八一三
鐵雲藏龜	五九	**不分畫**	
鐵雲藏龜之餘	六〇	❐爲小甲合文說	四五一
鐵雲藏龜之餘釋文	一一九	❐爲根圉說	四四二
鐵雲藏龜拾遺	六一	❐解	三三九
鐵雲藏龜零拾	六二	B區發掘記之一	一五
鐵雲藏龜釋文	一一三	B區發掘記之二	一六

編年索引

一九〇三年
鐵雲藏龜　　　　　　　　　　　　五九
一九〇五年
名原　　　　　　　　　　　　　　一六六
一九〇六年
中國原始文字考　　　　　　　　　一三六
一九〇九年
清國河南湯陰發現之龜甲獸骨　　　六七八
一九一〇年
殷商貞卜文字考　　　　　　　　　一〇六
古羑里城出土龜甲之說明　　　　　六七九
一九一一年
安陽洹上之特產及其發現物　　　　二四
殷虛書契　　　　　　　　　　　　七三
中國古代之甲骨卜辭　　　　　　　六八〇
最近發現之周朝文字　　　　　　　六八一
一九一二年
骨上所刻之哀文與家譜　　　　　　四三四
中國古代之皇家遺物　　　　　　　六八二
一九一三年
古代骨刻文中龍龜之研究　　　　　一九二
中國古代卜骨論　　　　　　　　　六八三
中國古代之卜骨　　　　　　　　　六八四
一九一四年
殷虛書契菁華　　　　　　　　　　五四
殷虛書契考釋　　　　　　　　　　一〇七
河南之卜骨　　　　　　　　　　　六八五

中國河南省所發掘龜甲獸骨之研究　六八六
一九一五年
五十日夢痕錄　　　　　　　　　　七
鐵雲藏龜之餘　　　　　　　　　　六〇
龜甲獸骨文字之研究　　　　　　　一三九
文字上之卯兔兩字　　　　　　　　一九三
殷虛卜辭中所見地名考　　　　　　四〇二
河南出土之龜甲獸骨　　　　　　　六八七
一九一六年
殷虛古器物圖錄　　　　　　　　　五五
殷虛書契後編　　　　　　　　　　七四
王亥　　　　　　　　　　　　　　四三七
殷虛書契待問編　　　　　　　　　八三二
一九一七年
戩壽堂所藏殷虛文存　　　　　　　六三
殷虛卜辭　　　　　　　　　　　　一〇〇
契文舉例　　　　　　　　　　　　一〇五
中國考古學上所見之象形文字　　　一三〇
象形文字研究　　　　　　　　　　一三一
風鳳朋貝考　　　　　　　　　　　一八五
殷卜辭中所見先公先王考　　　　　四二六
殷卜辭中所見先公先王續考　　　　四二七
商代之帝王　　　　　　　　　　　四三五
續王亥　　　　　　　　　　　　　四三八
殷周制度論　　　　　　　　　　　四五三
中國古代之社會狀態　　　　　　　四九三

一九一九年

殷代龜版文中之族字	二一二
占卜之方法	六五六
殷墟遺物研究	六八八
商簡	七四七

一九二〇年

文源	一六七
釋叔	二一九
釋爰	二二〇
與林浩卿博士論卜辭王賓書	三四七
與王靜安徵君論卜辭上甲書二札	四三九
簠室殷契類纂	八二四

一九二一年

龜甲獸骨文字	六九
殷虛書契補釋	一〇九
殷虛考	六四四
河南遺物之新的研究家及其結果	六八九
集殷虛文字楹帖	八三三

一九二二年

殷墟文字之發現與研究	二五
殷墟甲骨上所載王室譜系及商代之記載	四三六

一九二三年

說玨朋	二〇九
釋昱	二二一
釋物	二二二
釋西	二二三
釋旬	二二四
釋史	二二五
釋禮	二二六
釋辥	二二七
說耿	二二八
釋天	二二九
殷商尚質證	三九八

甲骨	七二〇
甲文	七二六
金石骨甲文字學者疑許書古文評議	七四八
殷虛文字類編	八二五

一九二四年

甲骨文之發現及其考釋	二七
說契	一四四
殷周革命	三九九
挈契枝譚	四五五
三千年前的龜甲和獸骨	六九〇

一九二五年

鐵雲藏龜拾遺	六一
簠室殷契徵文	七二
殷虛書契考釋小箋	一〇八
中國古今文字考	一三七
殷虛文字考	一四五
古史新證	三九七
殷代之產業	五四一
商代之文化與宗教	五七三
從殷虛遺文窺見上古風俗之一斑	五八二
殷墟及周文字	六九一
河南甲骨之研究	六九二
殷虛甲骨文字及書目	七二一
古籀篇	八二八
集殷虛文字楹帖彙編	八三四

一九二六年

殷虛文字考	一四六
金石骨甲古文學及文字形體之發明	七一九
甲骨類書目	八三九

一九二七年

殷虛文字	一四八
殷契拾遺	一四九
殷先公先王考附注	四二八
殷禮徵文	四五六

由甲骨文考見商代之文化	五六一	殷契說存	一五一
干支之起源	六三四	甲骨文地名考	四〇三
甲骨文	七二二	商民族的經濟生活之推測	五三七
日本甲骨之收藏與研究	七二七	干支與古曆法	五九一
甲骨金石書目分類略述	八四六	小屯地面下情形分析初步	六四八

一九二八年

殷墟龜甲文字發掘的經過	六	龜甲	六九三
安陽甲骨文字報告及發掘計劃書	一一	論甲文	七二三
殷墟甲骨文之發現及其著錄與研究	二八	論六書條例不可逕用於甲骨文字賣	
甲骨文之過去與將來	二九	彥堂	七三〇
傳古別錄	七六	研究甲骨文字之兩條新路	七三一
新獲卜辭寫本	一〇一	跋董作賓新獲卜辭寫本	七七九
新獲卜辭寫本後記	一一四	新獲卜辭寫本後記跋	七八〇
殷虛文字孳乳研究	一四〇		

一九三〇年

殷虛文字續考	一四七	東武王氏商盉堂金石叢話	一
數名古誼	一七九	民國十八年秋季發掘殷墟之經過及	
漢以前的文法研究	三四三	其重要發現	一三
殷契亡尤說	三四八	國立中央研究院歷史語言研究所發	
甲骨文例	三六八	掘安陽殷墟之經過	二二
殷民族的社會	四九八	發掘安陽殷墟文字之經過	二三
殷民族的氏族社會	五一五	殷墟文字之發現與研究	三二
商代失國薛卜考	六四五	最近安陽殷墟之發掘與研究	三三
占卜之源流	六五七	中國文字本質的研究	一二四
殷虛文考	八六九	殷墟文字用點之研究	一二六

一九二九年

中華民國十七年十月試掘安陽小屯		甲骨文字X文之研究	一二七
報告書	一二	中國古文字中之人形	一二八
國立中央研究院十七年度至二十五		殷契賸義	一五二
年度總報告	二一	甲骨及鐘鼎文字研究	一六八
殷墟甲骨之新發現	三〇	獲白麟解	二一三
甲骨文字學史	三一	釋疾	二三〇
從古器款識上推尋六書以前之文		釋瘳	二三一
字畫	一三四	釋蒙	二三二
殷契辨疑	一五〇	釋冀	二三三
		商民族之崛起	三八一

商民族之盛衰	三八二	鬼方黎國並見卜辭說	四一七
殷代國際地位蠡測	四一〇	殷民族的奴隸制度	五一八
殷商制度考	四五八	商代之文化	五六二
甲骨中殷商廟制徵	四六四	卜辭中所見之殷曆	五九二
卜辭中之古代社會	四九四	殷曆質疑	五九三
卜辭時代的經濟生活	五三八	殷周年代考	五九四
殷代的農業	五四二	河南安陽之龜殼	六五一
耒耜考	五四九	骨卜考	六五九
殷虛沿革	六四三	中國考古之過去與將來	六七一
殷墟地層研究	六四九	龜甲文	六九四
現代考古學與殷墟發掘	六六七	殷墟甲骨紀略	六九五
殷墟之發掘	六六八	讀釋干支	八一三
殷墟中仍無鐵的發現	六六九	獲白麟解質疑	八一四
契文	七二四	**一九三二年**	
甲骨文研究的擴大	七三二	河南考古之最近發現	一四
讀殷墟發掘調查報告	七五四	周漢遺寶	五三
隨庵所藏殷虛文字跋	七八一	上代象形文字中目文之研究	一二九
新獲卜辭寫本後記跋	七八二	甲骨文字研究	一五四
芝加哥博物館殷契攝影記	七八四	獲白兕考	二一四
甲骨類目	八四〇	說壴	二三四
殷契書錄	八四七	釋示	二三五
甲骨年表	八五四	卜辭中戈巛囚戾之研究	三五〇
陳列安陽殷墟甲骨暨器物之感言	八五六	以甲骨文證商代歷史	三九二
一九三一年		殷代人祭考	四六九
關於甲骨學	三四	論殷人祖妣之稱	四八三
殷虛文字存真第一至八集	七九	殷契通釋	五一三
鐵雲藏龜釋文	一一三	商代文化	五六三
大龜四版考釋	一一五	殷商無四時考	六一八
鐵雲藏龜之餘釋文	一一九	說十三月	六二〇
甲骨文字研究	一五三	殷墟之研究	六四六
釋龍辰	一九四	卜法管見	六六〇
釋栽苗	一九五	甲文彡飾初論	六六四
卜辭㞢㚔即熒惑說	三四九	談龜	六九六
說弇	四一二	今後怎樣研治甲骨文	七三三

題寄釗弟貞卜文題字	七六九	文字學上中國古代社會句沈	五〇七
題甲子表	七七〇	殷代奴隸史	五一九
題貞卜文	七七一	中國奴隸社會	五二〇
商刻玉匕飾	七七二	商代母系制的諸形態	五三一
甲骨文論著目錄	八四一	殷商文化叢考	五六四
		由甲骨文窺見殷商社會的宗教生活	五七四

一九三三年

古董錄	二	再論殷曆	五九六
B區發掘記之一	一五	中國古代的年曆	五九七
B區發掘記之二	一六	甲骨研究初編	六七三
安陽最近發掘報告及六次工作之總估計	一七	龜甲文字概論	六七四
第七次殷墟發掘B區工作報告	一八	商朝與安陽古物	六九七
殷墟考古小史	三五	中國商代之卜骨	六九八
福氏所藏甲骨文字	六四	河南安陽發掘的報告	六九九
殷契卜辭	六五	甲骨學之新研究	七〇〇
殷虛書契續編	七五	甲骨文	七二五
殷契佚存	八四	殷墟甲骨文字辨偽初論	七三四
卜辭通纂	九二	殷墟文字之批判	七四一
甲骨文	九三	殷墟文字之年代	七四二
殷虛書契前編集釋	一一〇	題所錄貞卜文冊	七七三
殷虛文字存真第一至三集考釋	一一二	新獲卜辭寫本後記書後	七八三
釋後岡出土的一片卜辭	一一六	評卜辭通纂	七八七
釋馭夋	三五三	評殷契佚存	七八八
殷史蠡測	三八三	貞人質疑	八一六
歷史之起源——殷朝	三八四	大龜四版考釋商榷	八一七
殷周史料考訂大綱	三九五	讀殷墟文字之批判	八一八
殷契鉤沈	三九六	甲骨學文字編	八二七
表較新舊版殷虛書契前編並記所得之新材料	四一四	殷契書目錄	八四二
		殷契餘論	八五七
殷卜辭所見先公先王三續考	四三〇		

一九三四年

由陳侯因資鐘銘黃帝論五帝	四三三	上海亞洲文會博物館藏甲骨卜辭	九六
殷卜辭婚嫁考	四七九	殷虛書契解詁	一一一
帚矛說	四八六	商代象形文字	一三二
古代的中國社會	四九五	中國原始文字考	一四一
		殷契瑣言	一五五

說文中之古文考	一七〇	殷虛學文獻小志	八四四
士王皇三字之探原	一八七	中國金石學緒言	八七六
釋勹勿	一九六	**一九三五年**	
釋女	二三七	我國甲骨學發現史	三六
釋釆	二三八	最近安陽附近之發掘	三七
釋眉	二三九	甲骨文發現之經過及其貢獻	三八
說叜	二四〇	三十五年來的甲骨學	三九
易經與卜辭的比較研究	三四六	甲骨文之發現及其價值	四〇
讀商承祚君殷契佚存	三五四	殷墟甲骨相片	五一
釋七十	三七八	柏根氏舊藏甲骨文字	六七
辨殷商	四〇六	鄴中片羽初集	八五
由甲骨卜辭推論殷周之關係	四一一	衡齋金石小識	八六
宗法考源	四七三	郙齋藏甲骨文字	九一
骨臼刻辭之一考察	四八七	庫方二氏藏甲骨卜辭	九七
殷之社會	四九九	殷商甲骨刻文考	一五六
殷代奴隸制度研究	五二一	卜辭文字小記	一五七
甲骨文中之食	五五八	釋丙等十四文	一七八
叢瓿甲骨金文中所涵殷曆推證	五九八	釋癸✦✦三字	一八八
殷曆中幾個重要問題	五九九	釋工玉同字	一九七
讀殷商無四時說	六一九	哭䍙同源考	二一一
甲骨文字與殷商制度	六七五	釋天	二四一
鐘鼎甲骨概說	七〇一	從卜辭中所見的殷民族	三九四
增訂殷虛書契考釋後記	七五七	讀王靜安先生古史新證書後	四二九
殷墟卜甲拓本及釋文	七七四	商周的貞卜和儀節	四七〇
介紹天下第一奇書——徐協貞先生新著殷契通釋	七八九	殷君宋君繼統制討論	四七四
讀殷契通釋	七九〇	殷周之際的農業的發達與宗法社會的產生	四七六
關於殷契通釋之討論	七九一	秦以前中國田制史	四九一
評龜甲文字概論	七九二	殷商之社會組織	五一四
評甲骨學文字編	七九三	關於中國古代母系社會的考證	五三二
跋董作賓獲白麟解	八一五	殷代經濟研究	五三九
甲骨文編	八二六	蘇格蘭與中國古代叙形耕作考	五四三
古籀文彙編	八二九	甲骨文中之衣	五五六
甲骨學目錄並序	八四三	甲骨文中之食	五五七

殷周貨幣考	五五九	釋四方之名	一八四
由三代都邑論其民族文化	五六五	釋丙子	一九八
卜辭曆法小記	六〇〇	鬼字原始意義之試探	二一五
古代中國的曆法	六〇一	史字新釋	二一六
近年來中國考古學之進步	六七二	史字新釋補正	二一七
殷虛卜辭講話	六七六	說董	二四二
商代之文字	七〇二	釋陀	二四三
殷墟卜辭	七〇三	殷契亡囚說	三五一
安陽龜甲獸骨	七〇四	釋凸	三五二
甲骨文斷代研究例	七三五	骨文例	三六九
戩壽堂殷虛文字考釋補正	七五八	關於尾右甲卜辭	三七三
鐵雲藏龜釋文補正	七六〇	卜辭時代的文學和卜辭文學	三七九
庫方二氏藏甲骨卜辭印本	七六二	商代	三八五
題殷契拓本	七七五	東畫與澶	四一三
題所錄殷契	七七六	佳夷考	四一五
題易穭園殷契拓册	七七七	五等爵在殷商	四五九
卜骨拓本	七七八	古文字中之商周祭祀	四六八
殷代奴隸制度研究之批判	八二一	夏殷時代的中國奴隸社會	五二二
古籀彙編	八三〇	甲骨文時代之經濟史影	五四〇
古文聲系	八三一	殷虛文化私考	五六六
甲骨學商史編	八三七	中國美術中之爬蟲類魚類及無脊椎	
甲骨書錄解題	八四八	動物	五七一
翠濤園讀書記	八七〇	商周的美術	五七二
我在最近	八七一	商代的文化與宗教思想	五七五
文字學入門	八七五	中國古代之上帝	五七六
一九三六年		商代的神話與巫術	五七九
抱殘守缺齋日記三則	三	三論殷曆	六〇二
洹洛訪古遊記	四	殷商疑年	六〇三
近四十年中國考古學上之重要發現		春秋周殷曆法考	六〇四
與古史之展望	四一	關於殷虛	六四七
甲骨學之新展開	四二	甲文嘗鼎談	七〇五
安陽侯家莊出土之甲骨文字	一一七	商代之甲骨文字	七〇六
卜辭文字小記續	一五八	中國象形文字之本質	七〇七
甲金文中說文之逸文	一七一	俄國之甲骨學研究	七二八

研究甲骨文應該注意的一個問題	七三六	殷人之書與契	六六三
甲骨文字理惑	七四三	中國卜骨塗色之顯微分析	六六五
讀契文舉例	七五五	卜骨中之顏料	六六六
殷商貞卜文字考補正	七五六	安陽古器物與美國甲骨學	七二九
商辭序	七六七	與金祖同論甲骨文書(一)	七四四
評郭沫若近著兩種	八一一	與金祖同論甲骨文書(二)	七四五
答馬伯樂先生	八一二	簠室殷契徵文校錄	七五九
殷虛學文獻小志補	八四五	評甲骨文字理惑	七九四
一九三七年		評孫海波甲骨文編	七九五
甲骨學小史	四三	甲骨集古詩聯上編	八三五
殷墟甲骨拓片	六八	甲骨文材料之統計	八四九
殷契粹編	八一	甲骨年表	八五五
鄴中片羽二集	八七	中央研究院殷墟出土展品參觀記	八六〇
中國古代文字專題研究	一三八	一九三八年	
禘郊祖宗報	一八〇	甲骨文錄	八〇
釋示宗及主	一八三	甲骨卜辭七集	九八
釋犾狄	一九九	中國古代的象形文字	一三三
釋爲釋豕	二〇〇	説滴	二四七
釋敊釋豕	二〇一	殷代金文所見圖象文字考	二四八
釋省眚	二〇二	商代的家畜和祭祀	四七一
釋自	二四四	卜辭所見之殷代家族制度	四七五
釋內	二四五	古代中國之制度與社會	五〇八
釋宗	二四六	卜辭中所見之殷代農業	五四七
卜辭彝銘多側書	三七二	五行之起源	五八一
論殷代的記事文字	三七五	一九三九年	
契文卜王釋例	三七七	秦漢時發現甲骨文説	四八
商代地理小記	四〇五	天壤閣甲骨文存	五八
祖廟與神主之起源	四六二	鐵雲藏龜零拾	六二
氏族制社會	五一六	殷契遺珠	七〇
商代之農業	五四四	金璋所藏甲骨卜辭	九九
甲骨金文中所見的殷代農稼情況	五四五	中國文字形體的演變	一二二
商代的田獵	五五三	從商代象形文字看中國文字之進化	一二三
中國商代之交通	五六〇	釋・囗＝之演變	一二五
河南安陽遺龜	六五二	讀契璅記	一五九

氒殺祭古語同源考	一八九	河南安陽遺寶	五七
吳越釋名	二〇三	誠齋殷虛文字	八二
釋不	二四九	中央大學藏甲骨文字	九五
釋牢	二五〇	雙劍誃殷契駢枝	一六〇
說井	二五一	釋启啟	二〇四
釋屯	二五二	卜辭弜弗通用考	二〇五
卜辭雜例	三七一	說圖	二五三
商王國的始末	三八六	釋荊	二五四
商王名號考	四三二	釋芇	二五五
卜辭中之田漁與祭祀關係	四七二	釋豈	二五六
未有謚法以前的易名制度	四八四	釋正	二五七
見於卜辭之殷代農業	五四六	釋臧	二五八
中國冢之服用	五五一	釋𩰬	二五九
殷代焚田說	五五二	釋滴	二六〇
商王獵鹿之記錄	五五四	釋異	二六一
商代文字中之動物	五五五	釋椎	二六二
關於歲星	六二五	釋𬀩	二六三
殷墟發掘之甲骨文字	七〇八	釋丝用丝御	三五五
殷虛書契續編校記	七六一	中國史黎明期的大勢	三八七
章太炎先生書後跋	七八五	商史	三八八
評鐵雲藏龜零拾	八〇〇	新殷本紀	三九三
讀天壤閣甲骨文存	八〇三	鬼方塙見卜辭說	四一八
讀天壤閣甲骨文存及考釋	八〇四	卜辭下乙說	四四〇
評天壤閣甲骨文存	八〇五	論雍己在殷代祀典中的位置	四四一
評章太炎先生與金祖同論甲骨文書	八一九	𩰬爲根圍說	四四二
甲骨地名通檢	八五三	剖面的殷代社會舉例	五〇一
閒話甲骨文	八六一	殷非奴隸社會論	五二五
殷契駁存	八六三	殷周之社會及其文化	五六七
一九四〇年		從古文字中觀察古代家宅演進之情形	五八三
收買甲骨者日記	五	研究殷代年曆的基本問題	六〇五
訪殷墟記	八	稘三百有六旬有六日新考	六三五
甲骨文已現於古代說	四九	商代卜辭中之氣象紀錄	六三七
陝西曾發現甲骨文之推測	五〇	研究商代社會組織材料之商榷	七三七
雙劍誃古器物圖錄	五六	古代文字學的方法論	七三八

述方法斂所摹甲骨卜辭	七四九	中國文字之源流與研究方法之新傾向	七三九
述方法斂所摹甲骨卜辭補	七五〇	甲骨文辨證	七五二
方法斂博士對於甲骨文之貢獻	七五一	讀曾毅公君"殷虛書契續編校記"	七六二
讀甲骨文編記	七六四	評鐵雲藏龜零拾	八〇二
讀新出版殷墟文字學書六種		卜辭零簡	八五八
（一、甲骨文錄）	七九六	一九四二年	
評殷契遺珠並論羅氏前編的來源	七九八	鄴中片羽三集	八八
評殷契遺珠	七九九	釋王	二七〇
評鐵雲藏龜零拾	八〇一	釋獸	二七一
評殷虛書契續編校記	八〇六	釋反	二七二
評甲骨地名通檢	八〇七	商代的浙江	四一六
評金璋所藏甲骨卜辭	八〇八	殷代的羌與蜀	四一九
評甲骨叕存	八〇九	殷商祖神考	四六三
評郭沫若周易的構成時代書後	八五九	高禖考	四六六
一九四一年		夏殷時代的中國奴隸社會	五二三
甲骨攝影	五二	殷周是奴隸社會考	五二六
殷契摭佚	八三	奴隸社會	五二七
敍圃甲骨釋要	一〇二	從高宗諒陰說到武丁父子們的	
雙劍誃殷契駢枝續編	一六一	健康	五三五
釋乎	二六四	周末社會與商之文化	五六八
釋㞢	二六五	甲骨文四方風名考補證	五八六
釋物	二六六	自殷周至隋之曆法史	六〇六
釋行	二六七	殷代年歲稱謂考	六二九
釋止	二六八	六書古義	六三六
釋奚	二六九	龜卜通考	六六一
商代	三八九	卜辭研究	六七七
射與郊	四六五	甲骨文辨證序(爲章太炎致金祖同	
中國古代社會新研	五〇二	論甲骨文書)	七六八
中國社會史上的奴隸制度問題	五二四	魏特夫商代卜辭中的氣象紀錄	八二〇
甲骨文所見殷代之天神	五七七	一九四三年	
殷卜辭與古代中國人之生活	五八四	上代金石文雜考	一七二
甲骨文四方風名考	五八五	商史徵	三九〇
"一甲十癸"辨	六二一	卜辭中之㞢即昌若說	四四三
甲骨文中之天象紀錄	六二二	論古代社會	四九六

中國古代社會的檢討	五〇四	井田制度探原	四九二
中國氏族社會與土地共有制	五一七	古代社會	四九七
論中國奴隸社會	五二八	中國原始社會之母系制的考證	五三三
殷人疾病考	五三六	殷代婦女地位的推測	五三四
略論殷商青銅器文化	五六九	殷代之農業與物質文化	五四八
中康日食	六三〇	關於殷人不常厥邑的一個經濟解釋	五五〇
殷文丁時卜辭中一旬間之氣象紀錄	六三九	殷商民族與文化	五七〇
		殷代之天神崇拜	五七八
"武丁大龜之腹甲"提要	六五三	殷代的巫覡階級與占卜	五八〇
卜辭中之繇辭及其他	六六二	論殷代五方觀念及中國稱謂之起源	五八八
甲骨學概要	七一〇	殷人占夢考	五八九
殷墟甲骨文字	七一一	殷曆的輪廓	六〇七
孔德所藏卜辭寫本副錄	八六八	殷末周初日月食考	六二四
一九四四年		氣候變遷與殷代氣候之檢討	六三八
甲骨文發現之歷史及其材料之統計	四四	關於殷代之氣候	六四〇
廈門大學所藏甲骨文字	一〇三	殷代卜龜之來源	六五四
雙劍誃殷契駢枝三編	一六二	關於殷代卜龜之來源	六五五
釋丼	二七三	河南安陽遺物之研究	六七〇
釋䀠	二七四	齊魯大學對於甲骨學的貢獻	七五三
釋凡	二七五	古代研究的自我批判	七六五
釋尢	二七六	摩些象形文字字典序	七八六
釋䟽	二七七	國立中央研究院董作賓氏之甲骨學研究工作	八七二
關於爽字說	二七八		
王若曰古義	三五六	**一九四五年**	
武丁時五種記事刻辭考	三七六	小屯後五次發掘的重要發現	一九
甲骨地名與殷代地理新考	四〇八	甲骨六錄	六六
殷代舌方考	四二〇	甲骨文蠡測摘要	一六三
卜辭地名與古人居丘說	四二五	釋塵羋虎虎䭸	一八一
殷周制度新論	四五四	釋𠂤𪚔𡨄	一九〇
殷代封建制度考	四六〇	甲骨文从比二字辨	二〇六
殷代婚姻家族宗法生育制度考	四八〇	說文燕召公史篇名醜解	二七九
殷代帝王名諡世次世系家族與繼承制研究	四八二	爽字解	二八〇
		釋𠂤	二八一
殷商之土地制度	四八九	書釋𠂤後	二八二

說方	二八三	說高	三一六
說戠	二八四	甲骨文中之先置賓辭	三四五
釋夾	二八五	脅日考	三五七
釋𢆶	二八六	余卜考	三五八
說𢍌	二八七	其牢茲用考	三五九
說昌	二八八	多介父考	三六〇
說𠬝	二八九	舌河說	三六一
釋引	二九〇	新宗考	三六二
書釋引後	二九一	又宗西宗考	三六三
說吏	二九二	冬蜀考	三六四
說灵	二九三	邠史考	三六五
釋𦣞	二九四	自不踬解	三六六
釋䛐	二九五	殷商拓地朝鮮考	四〇九
說星	二九六	犬方考	四二一
說𣪘	二九七	凡方考	四二二
說田	二九八	方族考	四二三
說征	二九九	說羌	四四四
說于	三〇〇	釋𢀛	四四五
說易	三〇一	補釋𢀛	四四六
說即	三〇二	黃尹黃奭伊奭考	四四七
說𤔲	三〇三	殷先公稱王說	四五二
釋𣎵	三〇四	殷封建考	四六一
釋𣎵補	三〇五	高禖說	四六七
釋司	三〇六	殷代兄終弟及即選舉制說	四七八
再說方	三〇七	謚法濫觴於殷代論	四八五
說攸	三〇八	中國原始社會研究	五〇六
說曰	三〇九	殷代社會史之探究	五〇九
釋𤉢	三一〇	由尚書盤庚觀察殷商社會	五一〇
說雀	三一一	甲骨文中之四方神名與風名	五八七
釋䴿	三一二	殷人尚白說	五九〇
說亦	三一三	殷曆譜	六〇八
釋迻	三一四	殷曆譜後記	六〇九
說靈	三一五	斥傅斯年殷曆譜序之謬	六一〇
		龜曆歌	六一一

晚殷長曆	六一三	再談殷代氣候	六四二
關於殷周曆法之基本問題	六一四	甲骨文字的研究	七一三
甲骨文之日珥觀測紀錄	六二三	甲骨學簡說	七一四
中康日食考辨	六三一	甲骨與學術	七一五
夏書日食考	六三三	**一九四七年**	
論殷卜辭中關於雨雪之記載	六四一	殷墟最近之重要發現附論小屯地層	二〇
小屯的文化層	六五〇	戰後殷墟出土的新大龜七版	一一八
甲骨學緒論	七一二	積微居字說	一七四
讀胡厚宣君殷人疾病考	七六六	釋人尸仁尸夷	一八二
甲骨學類目	八五一	釋徐	三二三
與某君論古史書	八六五	卜辭同文例	三七〇
說湯盤	八六六	殷卜辭中所見先公先王再續考	四三一
一九四六年		天問吳獲迄古解	四四九
我怎麼蒐集的這一批材料	九	殷商時代的婦女婚姻及族制	四八一
安陽殷代祭器出土記	一〇	殷代貢納制考辨	四八八
甲骨文發現之歷史	四五	湯誓和盤庚裏的眾和有眾	五一一
甲骨學研究之經過	四六	關於殷曆譜糾謬	六一二
戰後平津新獲甲骨集	一〇四	論二十八宿之來歷	六二七
初期意符字發微	一三五	殷人祀歲星考	六二八
文字模識	一七三	仲康日食內在的難題	六三二
葡枲困三字釋	一九一	甲骨文字	七一六
釋追逐	二〇七	甲骨學提綱	七一七
說瑟登	二〇八	介紹董作賓先生的殷曆譜	八一〇
釋興	三一七	十批判書之批判	八二三
釋弔	三一八	邲其卣三器銘文考釋	八六七
說蘁	三一九	胡厚宣氏甲骨學研究近況	八七三
釋兄	三二〇	**一九四八年**	
釋豕	三二一	殷虛文字甲編	七七
釋示	三二二	龜卜	九〇
殷困民國考	四二四	釋羸	三二四
田匚匜匚	四四八	釋齲	三二五
古代社會與現代初民社會	五〇三	釋余	三二六
殷周年曆問題之商討	六一六	釋羔	三二七
二十八宿起源之時代與地點	六二六	釋桑	三二八

釋晶	三二九	釋南	二三六
釋㐭	三三〇	釋千	三三一
釋不𠭰𤱳	三六七	釋百	三三二
卜辭記事文字史官簽名例	三七四	釋皀	三三三
甲骨卜辭中的蚰字	四五〇	釋甫	三三四
粜爲小甲合文説	四五一	哭字説	三三五
中國社會經濟史上的奴隸制問題	五二九	釋旁	三三六
甲骨綴合小記	八六四	釋工	三三七
胡厚宣教授訪問記	八七四	釋午	三三八
一九四九年		饗解	三三九
五十年來之甲骨學	四七	説父	三四〇
殷虛文字乙編上中輯	七八	示爲古之祭器説	三四一
古代史	三九一	釋至	三四二
殷代社會的特性	五一二	商周字例	三四四
殷代的奴隸制社會	五三〇	殷商文學史論	三八〇
讀吳澤古代史	八二二	關於夏殷周	四〇〇
五十年來甲骨出土之總計	八五〇	殷代夏民族系略説	四〇一
		殷金文卜辭所見國名考	四〇四
待查		殷與商	四〇七
書道第一卷	七一	續殷禮徵文	四五七
瓠廬謝氏殷虛遺文	八九	殷商家族制度與親族制度的一個	
殷虛書契萃菁	九四	解釋	四七七
龜刻文字體説	一二〇	中國古代甲骨文及金文之田地	四九〇
甲骨文字書體之變遷	一二一	殷商社會略考	五〇〇
中國原始文字考	一四二	中國原始社會形態	五〇五
漢字起源考	一四三	殷周年代質疑	五九五
甲骨文字小記	一六四	卜辭曆法之爭論	六一五
甲骨文字説	一六五	論殷曆	六一七
甲骨銅器文字研究	一六九	殷墟發掘之甲骨文概説	七〇九
守玄閣字説	一七五	甲骨文	七一八
説文籀文古文考	一七六	理惑論	七四〇
釋干支	一七七	論甲骨文	七四六
釋士皇㝿	一八六	評甲骨文錄	七九七
釋中史	二一〇	商卜文字集聯附詩	八三六
農字源流考	二一八		

殷代研究　　　　　　　　八三八　　　更正 本目(七二五)誤與(九三)重出，應
甲骨文書籍目錄　　　　　八五二　　　　　删去。
卜辭復合之一新例　　　　八六二

殷墟發掘

目　錄

緒言 …………………………………………………………………… 265
第一章　早期甲骨文的發現和研究 …………………………………… 267
　　一　甲骨文的埋藏、破壞和認識 ……………………………… 267
　　二　甲骨文的蒐集和流傳 ……………………………………… 275
　　三　帝國主義者對於我國甲骨文的劫掠 ……………………… 285
　　四　前三十年甲骨文的著錄和研究 …………………………… 292
第二章　解放前的殷墟發掘工作 ……………………………………… 299
　　一　前中央研究院殷墟發掘的緣起和準備 …………………… 299
　　二　殷墟發掘的階段和第一、二、三次的試掘工作 ………… 303
　　三　第四、五、六次發掘的改進和前六次工作的成績 ……… 309
　　四　第七、八、九次發掘的擴展和"殷虛文字甲編" ………… 316
　　五　第十、十一、十二次的殷陵發掘和豐富的遺跡遺物的發現 … 321
　　六　第十三、十四、十五次的"平翻"工作和完整甲骨坑及古建築的遺存
　　　　…………………………………………………………………… 338
　　七　殷墟以外殷代諸遺址的調查 ……………………………… 346
　　八　前河南博物館的發掘和發現 ……………………………… 348
　　九　解放前發掘工作的局限 …………………………………… 348
　　十　抗日戰爭後殷墟遺物的破壞和損失 ……………………… 350
第三章　新中國人民的殷墟考古學 …………………………………… 354
　　一　新中國人民的考古學 ……………………………………… 354
　　二　一九五〇年春季的殷墟發掘工作 ………………………… 358
　　三　殷墟以外殷代遺址墓葬的發掘和調查 …………………… 364
　　四　未來的展望 ………………………………………………… 372

圖版目錄

圖版 壹	圖一	殷墟位置及歷次發掘工作圖 ……………………………	373
圖版 貳	圖二	河南安陽小屯村、洹水及殷墟遺跡圖 …………………	374
圖版 叁	圖三	《殷虛書契菁華》著録的武丁時牛胛骨卜辭拓本之一 …………………………………………………………	375
圖版 肆	圖四	《殷虛書契菁華》著録的武丁時牛胛骨卜辭拓本之二 …………………………………………………………	376
圖版 伍	圖五	日本岩間德也藏帝乙、帝辛時龜腹甲卜辭 ……………	377
圖版 陸	圖六	日本京都大學人文科學研究所藏廩辛、康丁時牛胛骨卜辭 …………………………………………………	378
圖版 柒	圖七	加拿大多倫多博物館藏帝乙、帝辛時雕花骨版刻辭 …………………………………………………………	379
圖版 捌	圖八	安陽小屯發掘分區圖 ……………………………………	380
圖版 玖	圖九	1929年第三次發掘殷墟所得武丁時"大龜四版"之一 …………………………………………………………	381
圖版 拾	圖一〇	1929年第三次發掘殷墟所得武丁時"大龜四版"之二 …………………………………………………………	382
圖版拾壹	圖一一	1929年第三次發掘殷墟所得帝乙、帝辛時牛頭刻辭 ……	383
圖版拾貳	圖一二	1929年第三次發掘殷墟所得帝乙、帝辛時鹿頭刻辭 ……	384
	圖一三	1929年第三次發掘殷墟所得的彩色陶片 ……………	384
圖版拾叁	圖一四	1929年第三次發掘殷墟所得的抱膝石像 ……………	385
圖版拾肆	圖一五	1931年第四次發掘殷墟所得帝乙、帝辛時鹿頭刻辭 ……	386
圖版拾伍	圖一六	1931年安陽後岡發現的三文化期堆積的平面分佈 …………………………………………………………	387
	圖一七	1932年第七次發掘殷墟所得的墨書陶片 ……………	387

圖版拾陸	圖一八	1932年第七次發掘殷墟所得建築基址圖 ……………	388
圖版拾柒	圖一九	1934年後岡發現的殷代大墓圖 ……………	389
	圖二〇	同前大墓底部的亞形槨和腰坑……………	389
圖版拾捌	圖二一	1934年第九次發掘殷墟所得廩辛、康丁時"大龜七版"之一……………	390
圖版拾玖	圖二二	1934年第七次發掘殷墟所得廩辛、康丁時"大龜七版"之二……………	391
圖版貳拾	圖二三	安陽侯家莊西北岡殷墓的發掘……………	392
圖版貳壹	圖二四	侯家莊西北岡殷代大墓墓形之一……………	393
圖版貳貳	圖二五	侯家莊西北岡殷代大墓墓形之二……………	394
圖版貳叁	圖二六	1934年第十次發掘殷墟侯家莊西北岡1001號大墓出土的大理石饕餮……………	395
圖版貳肆	圖二七	同前大墓出土的大理石鴞……………	396
圖版貳伍	圖二八	1935年第十一次發掘殷墟侯家莊西北岡1003號大墓出土的石毁斷耳銘文……………	397
圖版貳陸	圖二九	1935年第十一次發掘殷墟侯家莊西北岡1004號大墓出土的銅牛鼎……………	398
圖版貳柒	圖三〇	同前大墓中出土的銅鹿鼎……………	399
圖版貳捌	圖三一	同前大墓南墓道出土的銅矛層……………	400
	圖三二	同前大墓南墓道出土的銅盔層中完整的一個……………	400
圖版貳玖	圖三三	1935年第十一次發掘殷墟侯家莊西北岡1435墓出土的大銅圓鼎……………	401
	圖三四	1935年第十一次發掘殷墟侯家莊西北岡1083墓出土的三個銅鏡之一……………	401
圖版叁拾	圖三五	1935年第十一次發掘殷墟侯家莊西北岡1001號大墓出土的雙獸石刻……………	402
圖版叁壹	圖三六	同前大墓出土木器雕刻的虎形泥土印紋……………	403
圖版叁貳	圖三七	1934至1935年第十至十二次發掘殷墟侯家莊西北岡殷墓內出土銅器文字之一……………	404
圖版叁叁	圖三八	同前殷墓內出土銅器文字之二……………	405
圖版叁肆	圖三九	同前殷墓內出土銅器文字之三……………	406

圖版叁伍	圖四〇	同前殷墓內出土銅器文字之四……………………	407
圖版叁陸	圖四一	1935 年第十一次發掘殷墟侯家莊西北岡 1001 號大墓出土的角器文字…………………………………	408
	圖四二	同前大墓出土朱書的石牌文字…………………	408
圖版叁柒	圖四三	1935 年第十二次發掘殷墟侯家莊西北岡 1400 號大墓東墓道出土的銅寢小室盂……………………	409
圖版叁捌	圖四四	同前寢小室盂底和蓋的銘文……………………	410
圖版叁玖	圖四五	同前大墓東墓道出土的銅人面具…………………	411
圖版肆拾	圖四六	1935 年第十二次發掘殷墟侯家莊西北岡 1022 墓出土的銅提梁卣…………………………………	412
圖版肆壹	圖四七	同前提梁卣的側面觀……………………………	413
圖版肆貳	圖四八	同前 1022 墓出土的銅角………………………	414
圖版肆叁	圖四九	1934 年第十次發掘殷墟侯家莊西北岡 1005 墓出土的中柱旋龍盂形銅器兩件之一……………………	415
圖版肆肆	圖五〇	1936 年第十三次發掘殷墟發現的戰車 …………	416
圖版肆伍	圖五一	1936 年第十三次發掘殷墟發現的騎士和馬 ……	417
圖版肆陸	圖五二	1936 年第十三次發掘殷墟所得完整甲骨坑中出土龜背甲的正面……………………………………	418
圖版肆柒	圖五三	同前龜背甲的反面………………………………	419
圖版肆捌	圖五四	同前完整甲骨坑中出土龜腹甲的正面…………	420
圖版肆玖	圖五五	同前龜腹甲的反面………………………………	421
圖版伍拾	圖五六	同前完整甲骨坑中出土龜腹甲上半的正面……………………………………………………	422
圖版伍壹	圖五七	同前龜腹甲上半的反面…………………………	423
圖版伍貳	圖五八	1936 至 1937 年第十三至十五次發掘殷墟所發現的水溝…………………………………………	424
圖版伍叁	圖五九	1936 至 1937 年第十三至十五次發掘殷墟所發現的版築基址和石卵…………………………	425
圖版伍肆	圖六〇	1936 年第十三次發掘殷墟 188 墓出土的銅器 ………	426
圖版伍伍	圖六一	1936 年第十三次發掘殷墟 171 坑出土的陶器 ………	427
圖版伍陸	圖六二	1936 年第十三次發掘殷墟所發現居住用的有台階的	

		灰土坑……………………………………………………	428
	圖六三	1936年第十四次發掘殷墟所發現的龍形小刀 ………	428
圖版伍柒	圖六四	1937年第十五次發掘殷墟所得的陶奴俑三件之二 …	429
圖版伍捌	圖六五	1929年河南博物館發掘所得祖庚、祖甲時完整的牛胛骨卜辭……………………………………………………	430
圖版伍玖	圖六六	劉晦之舊藏武乙、文丁時完整的牛胛骨卜辭正面 ……	431
圖版陸拾	圖六七	同前牛胛骨卜辭的反面…………………………………	432
圖版陸壹	圖六八	顧巨六舊藏帝乙、帝辛時雕花骨版宰丰刻辭 …………	433
圖版陸貳	圖六九	日本住友友成藏銅饕餮食人卣…………………………	434
圖版陸叁	圖七〇	日本住友友成藏雙鳥饕餮紋銅鼓………………………	435
圖版陸肆	圖七一	日本白鶴美術館藏鳥紐蓋饕餮夔鳳紋銅方卣…………	436
圖版陸伍	圖七二	日本白鶴美術館藏象蓋饕餮紋銅觥……………………	437
圖版陸陸	圖七三	日本根津嘉一郎藏犧首夔龍饕餮紋四足銅盉三件之一…………………………………………………………	438
圖版陸柒	圖七四	日本淺野楳吉藏白陶豆…………………………………	439
圖版陸捌	圖七五	日本淺野楳吉藏白陶殷…………………………………	440
圖版陸玖	圖七六	日本淺野楳吉藏白陶罍…………………………………	441
圖版柒拾	圖七七	美國福利爾美術館藏白陶罍……………………………	442
圖版柒壹	圖七八	美國福利爾美術館藏嵌松綠石虬龍紋銅戈……………	443
圖版柒貳	圖七九	英國拉斐爾藏嵌松綠石銅柄玉矛………………………	444
圖版柒叁	圖八〇	日本江口治郎藏虬龍蟬紋象牙容器……………………	445
圖版柒肆	圖八一	日本八木正治及江口治郎所藏玉器……………………	446
圖版柒伍	圖八二	美國福利爾美術館所藏玉器……………………………	447
圖版柒陸	圖八三	《衡齋藏見古玉圖》所著錄的鳥形玉飾…………………	448
圖版柒柒	圖八四	《鄴中片羽》所著錄的獸形玉飾…………………………	449
圖版柒捌	圖八五	《鄴中片羽》所著錄的魚形玉飾…………………………	450
圖版柒玖	圖八六	《古玉圖錄》所著錄的玉龜和蟾蜍………………………	451
圖版捌拾	圖八七	《雙劍誃古器物圖錄》所著錄的銅鉢……………………	452
圖版捌壹	圖八八	《雙劍誃古器物圖錄》所著錄的玉磬……………………	453
圖版捌貳	圖八九	南京博物院所藏的"司母戊鼎"…………………………	454
圖版捌叁	圖九〇	同前"司母戊鼎"的銘文…………………………………	455

圖版捌肆	圖九一	武官大墓模型影片	456
圖版捌伍	圖九二	武官大墓所屬的排葬坑	457
圖版捌陸	圖九三	武官大墓附屬的無頭葬	458
圖版捌柒	圖九四	武官大墓出土的虎紋大石磬	459
圖版捌捌	圖九五	武官大墓出土馬轡飾復原模型影片	460
圖版捌玖	圖九六	安陽四盤磨出土的字骨拓本	461
圖版玖拾	圖九七	1950年發掘殷墟所得的銅器銘文	462
圖版玖壹	圖九八	河南鄭州附近新石器時代及殷代遺址分佈圖	463
圖版玖貳	圖九九	鄭州二里崗出土殷代的釉陶尊	464
	圖一〇〇	鄭州二里崗出土殷代的硬陶尊	464
圖版玖叁	圖一〇一	鄭州二里崗出土殷代的銅鑽和卜骨	465
圖版玖肆	圖一〇二	鄭州二里崗發現殷代的字骨	466
圖版玖伍	圖一〇三	山東濟南大辛莊出土殷代的卜龜和卜骨	467
圖版玖陸	圖一〇四	陝西岐山青化鎮出土的殷代銅器	468
圖版玖柒	圖一〇五	河南新鄉人民圖書館所藏的殷代玉器	469
圖版玖捌	圖一〇六	安陽小屯保管所所藏的殷代玉器	470
圖版玖玖	圖一〇七	安陽小屯保管所所藏的殷代玉人	471
圖版壹佰	圖一〇八	安陽小屯保管所所藏的殷代玉蟬	472

緒　言

　　殷墟發掘是我國近代考古學上的重要工作之一。
　　先是一八九九年，王懿榮在河南省安陽縣小屯村出土多少年來被認爲龍骨藥材的龜甲牛骨上，發現了甲骨文。羅振玉最初斷定是"夏殷之龜"，劉鶚定爲"殷人刀筆文字"。後來羅振玉作《殷商貞卜文字考》，"於刻辭中得殷帝王名諡十餘，乃恍然悟此卜辭者，實爲殷室王朝之遺物"。後來又作《殷虛書契考釋》，乃以甲骨文所包含的時代爲武乙、文丁、帝乙三世，認爲小屯即殷墟。殷墟建都，乃"徙於武乙，去於帝乙"。到王國維作《古史新證》，説："盤庚以後，帝乙以前，皆宅殷虛。"於是甲骨文的時代，遂又從武乙提早到盤庚十四年遷殷的時候。最後又經其他學者研究，才又證明了殷墟的時代，也就是甲骨文所包含的時代，應該是"自盤庚遷殷至紂之滅"，二百七十三年。
　　關於甲骨文的研究，最先是把它看成古董，後來又把它當成金石學的一門，由文字學的研究到史料的考證，最後才有人初步運用馬克思列寧主義的觀點和方法，根據甲骨文字，作殷代奴隸制社會發展史的研究。
　　甲骨文的發現和研究，引起了一九二八年以後殷墟發掘的工作。殷墟發掘的目的，最初在找甲骨文，後來重點也放在找尋甲骨文字以外的遺物和遺跡。發掘結果，找出了小屯文化同新石器時代末期龍山文化和仰韶文化的先後層位關係，確定了小屯一帶是商朝後半期從盤庚遷殷至紂之滅的都城。在洹河北岸又發現了同一時期統治階級帝王的墓地。在這個都城和墓地的範圍內，發現了殷代居住的穴窖和宮殿建築的基址，殷王的規模宏大的墳坑和大批用以祭祀、殉葬的奴隸的小墓。發現了豐富的青銅器、玉器、灰陶、白陶和釉陶，極精緻的石、骨、象牙雕刻和美麗無比的豬牙、貝、蚌、松綠石鑲嵌的物品。
　　五十幾年來，出土的甲骨共有十六萬片以上；十七次的發掘，發現了大量的物質文化遺存。這對商史的研究提供了一大批豐富可靠的寶貴資料。
　　孔子生在二千五百年以前，那時去古未遠，對於古史，已感資料的缺乏，他說："夏禮吾能言之，杞不足徵也；殷禮吾能言之，宋不足徵也；文獻不足故也，足則吾能徵之矣。"我們看，關於商史的早期文獻記載，有《書經》的《商書》五篇和《詩經》的《商頌》五篇。《商頌》乃是周代宋人祭祀殷祖的詩篇。《商書·湯誓》文字平易，時代亦晚。《高宗肜日》、《西伯戡黎》和《微子》三篇很短。比較長而可信的史料只有《盤庚》一篇，但一千二百八十三個字，僅僅是談的盤庚遷殷一件事情。這樣若據以研究商史，哪能不感覺"文獻不足徵"呢！

現在這十六萬片甲骨，每片平均即以十個字計，已有一百六十萬言。包括內容非常豐富。再加上大量的遺跡遺物的文化遺存，不但商史可以據以研究，就是商以前和商以後好多古史上的問題，也可以從這裏探求獲得解決。

馬克思在《資本論》裏有句名言，說："要認識已經滅亡的動物的身體組織，必須研究遺骨的構造；要判別已經滅亡的社會經濟形態，研究勞動手段的遺物，有相同的重要性。"[1]考古學就是根據實物資料研究人類歷史上過去情況的一種科學。歷史科學除了詳細佔有文獻記錄外，還必須掌握豐富的實物資料，這樣就不能不需要考古的發掘[2]。

斯大林在《辯證唯物主義與歷史唯物主義》中也指示："歷史科學要想成為真正的科學，便不能再把社會發展史歸結為帝王將相底行動，歸結為國家'侵略者'和'征服者'底行動，而是首先應當研究物質資料生產者底歷史，勞動羣衆底歷史，各國人民底歷史。"[3]由於關於勞動羣衆生活的記載，被保存下來的向來很少，所以考古學的研究，便有了特殊的意義。因為特別是廢墟殘跡，很可能顯示出過去的生產過程，揭發出過去的勞動羣衆的生存條件[4]。實物的資料，在真正的歷史科學研究者看來，其重要有時比文字記錄猶有過之。

這便是殷墟發掘在中國古代史特別是商史研究上的重要意義。

《殷墟發掘》就是為了這個緣故而寫的。希圖由此對殷墟發掘的前期，即甲骨文字的發現，以及殷墟發掘的經過和成績，作一概括的敘述。至於從殷墟發掘所見商代的社會和文化，因限於篇幅，當續於《商代文化》一書中詳之。

---

[1] 馬克思：《資本論》第一卷，人民出版社一九五三年版，第一九四、一九五頁。
[2] 阿爾奇浩夫斯基：《考古學》，《蘇聯大百科全書選譯》，人民出版社一九五四年版。
[3] 《聯共(布)黨史簡明教程》，人民出版社一九五四年版，第一五九頁。
[4] 參看《吉謝列夫講演集》，新華書店一九五〇年版。

第一章　早期甲骨文的發現和研究

一　甲骨文的埋藏、破壞和認識①

"殷墟"是指現在河南省安陽縣城西北五里小屯村北洹河以南及其附近的地方。這裏是殷代後半期從盤庚遷殷到紂亡國，八世十二王二百七十三年間的舊都。《史記殷本紀正義》引《竹書紀年》説：

自盤庚徙殷，至紂之滅，二百七十三年，更不遷都。

《史記·項羽本紀》："洹水南，殷虛上。"《水經·洹水注》："洹水出山東，逕殷虛北。"《史記·殷本紀正義》引《括地志》："相州安陽本盤庚所都，即北冢殷虛。"又説："洹水南岸三里有安陽城，西有城名殷虛，所謂北冢者也。"就是這個地方②。

唐人杜佑《通典》③、宋人羅泌《路史》④及吕大臨《考古圖》⑤都以"安陽西北五里""洹水之濱"殷墟所在爲河亶甲城和河亶甲墓。元人納新在《河朔訪古記》中也説：

安陽縣西北五里四十步洹水南岸河亶甲城，有塚一區，世傳河亶甲所葬之所也。⑥

---

① 參看胡厚宣《五十年甲骨文發現的總結》，第三節，商務印書館一九五一年版。
② 參看王國維《觀堂集林》十二卷《説殷》；又《古史新證》第五章。董作賓《殷虛沿革》，載一九三〇年八月前中央研究院《歷史語言研究所集刊》二本二分；又《殷商疑年》，載一九三六年同上《集刊》七本一分；又《甲骨文斷代研究例》，載一九三三年同上《集刊》外編《慶祝蔡元培先生六十五歲論文集》上冊。胡厚宣《甲骨學提綱》，載一九四七年一月十五日上海及天津《大公報》。
③ 參看《通典》一七八卷，《州郡》八《鄴郡》。
④ 參看《路史國名紀》卷丁《商氏後》。
⑤ 參看《考古圖》一、四、五卷。
⑥ 《河朔訪古記》中卷。

按河亶甲居相，見《太平御覽》八十三引古本《竹書紀年》。據《史記殷本紀正義》引《括地志》說相在內黃縣東南十三里，並不在安陽。說安陽是河亶甲城，雖然錯誤①，但這塊地方是殷都，也有墓葬，由殷墟發掘看來，則是事實。

《禮記·表記》說："殷人尊神，率民以事神，先鬼而後禮。"殷人"尚鬼"，是最爲迷信的。那時的統治階級奴隸主，無論什麼事情都要占卜。占卜是用龜的背甲和腹甲，牛的肩胛骨和肋骨。占卜以後，常常在甲骨上面寫刻卜辭和同占卜有關的一些簡單的記事文字，這就叫做"甲骨文"②。

這些寫刻着卜辭的千千萬萬片甲骨，在當時用過以後，有的被有意的保藏起來，有的無用的被丟在垃圾堆裏③。殷紂亡國，都城成了廢墟，它就完全被埋在所謂殷墟的地下。殷亡以後，殷墓很可能被周人挖掘。安陽小屯村是殷墟，也有墓葬。在殷墓被周人挖掘的時候，無意中掘出甲骨，這是極可能的事。

有人說秦漢時代曾發現過甲骨④。這也很有可能。因爲從戰國到秦漢以來，盜墓的風氣很爲盛行。許慎《說文解字叙》：

郡國亦往往於山川得鼎彝。

所謂"鼎彝"，就是古墓殉葬的青銅器。

到宋朝金石學發達，古墓的發現就愈多了。如《考古圖》所載：

乙鼎，得於鄴郡亶甲城。（一卷二二葉）
饕餮鼎，得於鄴郡漳河之濱。（一卷二三葉）
商兄癸彝，得於鄴。（四卷五葉）
足跡罍，得於鄴。聞此器在洹水之濱亶甲墓旁得之。（四卷四四葉）
亶甲觚，得於鄴亶甲城。（五卷一二葉）

這些殷代的青銅器都是從殷墟出土的。前引《路史》說，"亶甲故城在安陽西北五

---

① 參看雷學淇《竹書紀年義證》十二卷；羅振玉《殷虛書契考釋·都邑》第一，一九一四年。
② 參看胡厚宣《甲骨學提綱》，載一九四七年一月十五日上海及天津《大公報》。
③ 同上。
④ 參看吳昌綬《鐵雲藏龜序》，一九〇三年。衛聚賢《秦漢時發現甲骨文說》，載一九三九年《說文月刊》一卷四期。何天行《甲骨文已現於古代說》，又《陝西曾發現甲骨文之推測》，皆載一九四〇年上海《學術》第一輯。

里"，《河朔訪古記》說在"安陽縣西北五里四十步洹水南岸"，正是指的安陽小屯的殷墟，便是證明。以殷墟爲亶甲墓、亶甲城，是沿唐宋一般人之誤，把殷墟當成了河亶甲所都的相。

除此以外，見於王黼等《博古圖錄》、王俅《嘯堂集古錄》、薛尚功《歷代鐘鼎彝器款識》、無名氏《續考古圖》和王厚之《復齋鐘鼎款識》的，還有：

召夫鼎（《博》一卷一七葉。《嘯》一葉。《薛》一卷一五葉。）

册命鼎（《博》一卷二一葉。《薛》一卷一五葉。）

父癸鼎（《博》一卷二六葉。《嘯》四葉。《薛》一卷一一葉。《復》五葉。）

父癸鼎（《博》一卷四三葉。《嘯》六葉。《薛》一卷一三葉。《續》四卷二三葉。）

父癸鼎（《博》一卷二五葉。《嘯》四葉。《薛》一卷一三葉。《復》六葉。）

單父乙鼎（《博》二卷三七葉。《嘯》一二葉。《薛》九卷四葉。）

單從鼎（《博》三卷五葉。《嘯》一五葉。《薛》九卷五葉。）

己酉戊命彝（《博》八卷二〇葉。《嘯》二八葉。《薛》二卷一二葉。應叫殷。）

乙酉父丁彝（《薛》二卷一二葉。應叫殷。）

從彝（《續》三卷三葉。應叫殷。）

單從彝（《薛》一二卷三葉。《續》三卷三葉。應叫甌。）

單從彝（《續》三卷二葉。《薛》一二卷三葉。應叫殷。）

單從彝（《博》一九卷三六葉。《薛》一五卷一二葉。應叫盂。）

單從彝（《薛》一二卷三葉。應叫觚。）

子父癸卣（《薛》三卷一五葉。應叫觶。）

等器，雖然沒有像《考古圖》那樣註明出土的地方，但就形制、花紋、款識各方面看來，都是殷代的青銅器，大概也是宋代從殷墟出土的東西。

《河朔訪古記》說：

父老云："宋元豐二年，夏，霖雨，安陽河漲水，囓（河亶甲）塚破。野人探其中，得古銅器，質文完好，略不少蝕。衆恐觸官法，不敢全貨於市，因擊破以鬻之。復塞其塚以滅跡，自是銅器不復出矣。"

記載宋代殷墟銅器出土的情況更詳細①。

前中央研究院歷史語言研究所在安陽侯家莊西北岡因發掘殷墟而發現的殷王陵墓,也沒有一個不是經過漢宋人盜掘的②。

殷墟的墓葬既然曾經漢宋兩朝大規模地盜掘,古墓裏殉葬的青銅器既然曾經大批地出土,甲骨文在殷墟,尤其在小屯村和小屯村北,幾乎遍地都是,那末,一同被發現的,就一定很多。

在漢宋之間的隋唐時代,殷墟地方是一塊廣大的公共墓地。就殷墟發掘的情況看來,殷商以後的堆積,以隋唐墓葬爲數最多,幾乎到處都有。據《小屯地面下情形分析初步》說:

> 却是地面下的擾動,不但遠在挖古董的以前,並在小屯成立以前。自殷商廢棄此地直到小屯成立,中間經過了約有兩千七百年。這兩千七百年中,在此地有多少變動發生過?換句話說,這地方在這兩千七百年內是完全荒廢的,還是有人經營過?我們這一季的觀察,只能答覆這疑問的一部分。我們可以斷定這地在南北朝及隋唐時代,一定是一塊公共的葬地。因爲在我們有限的發掘區域內,發現了總有五所墓葬是屬此時代的。③

《小屯的文化層》一文也說:

> 小屯這個遺址,自殷末周初廢棄之後,由錦繡的帝都變作了荒凉的廢墟,以致箕子過殷墟而歌麥秀。其間由周初到隋前,僅有些不能確定絕對年代的零星堆積,降至隋代,又大昌盛,不過變作枯骨的寄托所了。④

又說:

---

① 參看董作賓《殷虛沿革》,載一九三〇年八月前中央研究院《歷史語言研究所集刊》二本二分。徐中舒《殷代銅器足徵說兼論鄴中片羽》,載一九三五年《考古社刊》第二期。
② 參看《國立中央研究院二十三年度總報告》和《國立中央研究院二十四年度總報告》歷史語言研究所部分。
③ 李濟:《小屯地面下情形分析初步》,載一九二九年《安陽發掘報告》第一期。
④ 石璋如:《小屯的文化層》,載一九四五年《六同別錄》上冊;又《殷墟最近之重要發現附論小屯地層》,載一九四七年《中國考古學報》第二冊。

隋唐墓葬,在殷墟到處皆有。①

又説:

隋唐時期的墓葬,爲數最多,所謂殷後的大量遺存,就是指此而言。②

　　隋唐時代,既然曾把這裏當作廣大的墓地,爲了埋葬,經常不斷的向下挖掘,甲骨文遍地都是,又安有不被發現之理?

　　可惜幾千年來,所謂"甲骨文"者,從没有見於任何古書的記載。也許因爲古代盜掘的人們只知道要鼎彝銅器,不曉得這甲骨上面還刻着極寶貴的殷代的卜辭,因而就把它和陶、骨、蚌、石一類殘碎的器物一同毁棄掉,或者把它當作别的用途。

　　舊醫處方,有"龍骨"一藥,最初見於《本草》,《本草》一書,"著者之年代,不出東漢末訖宋齊之間"③。梁陶弘景註《本草》和《名醫别録》,宋沈括作《夢溪筆談》,對"龍骨"都曾作過解説。明李時珍《本草綱目》對"龍骨"在中醫裏的用途説得更爲詳細,説它主治小兒婦科和男子虚弱各症。所謂"龍骨"者,據近代記載,一種是古脊椎動物骨骼化石,貨分南北兩路,北路貨出於河北山西,銷在華北上海;南路貨出於川、黔、湘、桂、滇、粤的山洞,銷在廣州、香港和南洋④。另一種就是殷墟出土的甲骨,除在本地零售以外,主要銷路在河北的安國和北京。

　　殷墟的甲骨究竟從什麽時候開始被用作"龍骨"藥,不得而知。不過,可以斷言,歷史一定相當長久。這情況,一直沿傳到近代。在一八九九年也就是清朝光緒二十五年以前的幾十年乃至幾百年中,小屯村居民在農閒的時候,幾乎家家都到地裏去撿拾"龍骨",聚攏來一道賣給收藥材的人。有的人,往往一生或幾代,都以售"龍骨"爲業。售法,有零有整。零售的方法,是用鋼銼把甲骨銼成細粉,

---

①　石璋如:《小屯的文化層》。
②　參看註①。董作賓《殷虚沿革》,載一九三〇年八月前中央研究院《歷史語言研究所集刊》二本二分。
③　梁啓超:《古書真僞及其年代》,收入《飲冰室全集》,又單行本。
④　參看楊鍾健《中國龍骨商與脊椎動物化石之研究》,載一九三三年《科學》十七卷一期,又收入《自然論略》,商務印書館一九四四年版。裴文中《關於龍骨的一些問題》,載一九五四年《文物參考資料》第六期。劉憲亭《舊醫處方用的龍骨應改用代用品》,載一九五四年《科學通報》七月號。劉壽山《龍骨治病的歷史及其代用品》,載一九五五年一月三日《光明日報》。

叫做"刀尖藥"，據説可以治破傷，每年到各處趕廟會擺地攤出賣。整批的就賣給藥材商，或批發到北京和安國，安國是華北有名的藥市。骨頭硬的，丟掉不要。有字的常被挖掉或刮平①。

王懿榮是第一個認識甲骨、蒐集甲骨的人。他的次子王漢章作《古董録》説：

> 迴憶光緒己亥、庚子間，濰縣估人陳姓，聞河南湯陰縣境小商屯地方（按當作安陽小屯村，估人詭言出自湯陰縣，見羅振玉《五十日夢痕録》）出有大宗商代銅器，至則已爲他估席載以去，僅獲殘鱗賸甲，爲之嗒然！乃親赴發掘處查看，見古代牛骨龜版，山積其間。詢之土人，云牛骨可椎以爲肥田之用，龜版則藥商購爲藥材耳。②

一九一一年羅振玉爲了蒐購甲骨，曾派他的介弟羅振常和妻弟范兆昌親往安陽，羅振常作《洹洛訪古遊記》一書，説：

> 此地埋藏龜骨，前三十餘年已發現，不自今日始也。謂某年某姓犁田，忽有數骨片，隨土翻起，視之，上有刻畫，且有作殷色者（即塗朱者），不知爲何物。北方土中，埋藏物多，每耕耘，或見稍奇之物，隨即其處掘之，往往得銅器、古泉、古鏡等，得善價。是人得骨，以爲異，乃更深掘，又得多數，姑取藏之，然無過問者。其極大胛骨，近代無此獸類，土人因目之爲龍骨，攜以視藥舖。藥物中固有龍骨、龍齒，今世無龍，每以古骨充之，不論人畜。且古骨研末，又愈刀創，故藥舖購之，一斤才得數錢。骨之堅者，或又購以刻物。鄉人農暇，隨地發掘，所得甚夥，揀大者售之。購者或不取刻文，則以鏟削之而售。其小塊及字多不易去者，悉以填枯井。③

駐安陽長老會牧師加拿大人明義士，在他的《甲骨研究》中説：

> 起初有人收藏甲骨，可不知道出處。在一八九九年以前，小屯人用甲骨當藥材，名爲龍骨。最初發現的甲骨，都經過濰縣范氏（維卿）的手。范氏知

---

① 參看董作賓胡厚宣《甲骨年表》，商務印書館一九三七年版，第一頁。
② 王漢章：《古董録》，載一九三三年《河北第一博物院畫報》第五十期。
③ 羅振常：《洹洛訪古遊記》，宣統三年二月二十三日條，上海蟬隱廬書店版。

道最詳。先時范氏不肯告人正處,如告劉鐵雲湯陰牖里。余既找到正處,又屢向范氏和小屯人打聽,得知前清光緒二十五年(一八九九)以前,小屯有薙頭商名李成,常用龍骨粉作刀尖藥。北地久出龍骨,小屯居民不以爲奇。乃以骨片、甲版、鹿角等物,或有字或無字,都爲龍骨。當時小屯人以爲字不是刻上的,是天然長成的。並說有字的不好賣,刮去字藥店才要。李成收集龍骨,賣與藥店,每斤制錢六文。①

這樣,幾千年來,或把它當作廢物,或把它當作藥材,或用它肥田,或用它鎮井,不知毀滅了多少萬片殷代甲骨,寶貴的直接可信的史料!

又據《小屯地面下情形分析初步》一文説:

> 現在小屯村的原始遠在明朝。在這幾百年中,村民在這地方建過房屋,挖過井,種過樹,埋過人。他們在低的地方堆過垃圾,爲種地的方便,把高的地方剷平了。甲骨的發現就是由於農人挖地及剷地。

這樣發現了甲骨,隨着毀滅了它,幾百年來,更是不計其數!

直到一八九九年,也就是清朝光緒二十五年,山東福山人王懿榮才首先認識了甲骨上刻的乃是古代的文字。據傳說那年王懿榮在北京作官,患瘧疾,吃中藥,其中有一味藥是龍骨。當那包藥從宣武門外菜市口達仁堂買回來時,王氏親自打開審視,發現龍骨上面刻有篆文,大爲驚訝。王氏本來就是金石學家,精研銅器銘文之學,知道這種骨頭一定很古,就派人到那家藥舖,問明來歷,選了一些文字比較鮮明者,全部買下。就是這樣偶然地認識了甲骨,從此甲骨文字才見重於世。

王漢章《古董錄》説:

> 估取骨之稍大者,則文字行列整齊,非篆非籀,攜歸京師,爲先公述之,先公索閱,細爲考訂,始知爲商代卜骨,至其文字,則確在篆籀之前,乃畀以重金,囑令悉數購歸。

---

① 明義士:《甲骨研究》,齊魯大學一九三三年石印本。

以王懿榮首先考訂，斷定它是商代的卜骨。

明義士《甲骨研究》説：

> 一八九九年（己亥，光緒二十五年）有學者名王懿榮（字廉生，謚文敏公）到北京某藥店買龍骨，得了一塊有字的龜版，見字和金文相似，就問來源，並許再得了有字的龍骨，他要，價每字銀二兩。回家研究，頗有所得。王廉生是研究甲骨的第一人。

以王氏爲認識和研究甲骨的第一人。

但汐翁《龜甲文》却説：

> 丹徒劉鶚鐵雲客遊京師，寓福山王懿榮正儒私第。正儒病店，服藥用龜版，購自菜市口達仁堂。鐵雲見龜版有契刻篆文，以示正儒，相與驚訝。正儒故治金文，知爲古物，至藥肆詢其來歷，言河南湯陰安陽，居民掊地得之，輦載衙粥，取價至廉，以其無用，鮮過問者，惟藥肆買之云云。鐵雲徧歷諸肆，擇其文字較明者購以歸。①

以劉鶚與王氏共同認識甲骨，並且説鐵雲先見龜版有契刻篆文，徧歷諸肆，先買甲骨，則不可盡信。羅振玉《殷商貞卜文字考》自序説：

> 光緒己亥，予聞河南之湯陰（實爲安陽）發現古龜甲獸骨，其上皆有刻辭，爲福山王文敏公所得，恨不得遽見也。翌年"拳匪"起京師，文敏殉國難，所藏悉歸丹徒劉氏。又翌年，始傳至江南，予一見，詫爲奇寶。

就是劉鶚的《鐵雲藏龜》自序也説：

> （甲骨）既出土後，爲山左賈人所得，咸寶藏之，冀獲善價。庚子歲，有范姓客，挾百餘片走京師，福山王文敏公懿榮見之狂喜，以厚值留之。後有濰縣趙君執齋得數百片，亦售歸文敏。未幾，義和拳亂起，文敏遂殉難。壬寅

---

① 汐翁：《龜甲文》，載一九三一年北京《華北日報》《華北畫刊》，第八十九期。

年,其喆嗣翰甫觀察售所藏清公夙賁,龜版最後出,計千餘片,予悉得之。

連劉鶚自己都説他蒐集甲骨是在王懿榮死的前後,那末,首先認識甲骨和最早蒐集甲骨的當然不會是劉鶚,而必然是王懿榮了。

二 甲骨文的蒐集和流傳①

王懿榮在一八九九年首先認識了甲骨文字,他也是第一個蒐購甲骨的人。那時山東濰縣有個古董商范維卿,知道王氏喜歡甲骨,就先賣給他十二片,每片價銀二兩。一九〇〇年春天,姓范的商人又帶了甲骨一百多片到北京,給王懿榮看,王氏很高興,出了很高的價錢把它買下來。後來范賈又得到八百片,也都賣給了王懿榮,價"二百金";據説其中有全甲一版,共五十二字。濰縣還有一個古董商人趙執齋,收有幾百片,後來也賣給王氏,價"百餘金"。總計王氏前後所得,約有一千五百片②。

一九〇〇年秋,義和團運動起,王懿榮當時以清朝的國子監祭酒任團練大臣,帝國主義者的八國聯軍入京,王氏死難。所藏甲骨大部分後來都賣給了劉鶚③。一小部分贈給天津新學書院,由美國人方法斂摹寫,編入《甲骨卜辭七集》,於一九三八年出版④。又一小部分在一九三九年由唐蘭編爲《天壤閣甲骨文存》一書⑤。聽説王氏後人到現在還保存着一百多片,歸王氏一個孫女所有,她曾以兩片贈方豪⑥。

和王懿榮同時蒐購甲骨的,還有王襄和孟定生。王襄《題所錄貞卜文册》説:

前清光緒己亥年,河南安陽縣出貞卜文。是年秋,濰賈始攜來鄉求售。鉅大之骨,計字之價,字償一金。一骨之值,動即十數金。鄉人病其值昂,兼之骨朽脆薄,不易收藏,皆置而不顧。惟孟定老世叔及予,知爲古人之契刻

---

① 參看胡厚宣《五十年甲骨文發現的總結》,第三節,商務印書館一九五一年版。
② 參看劉鶚《鐵雲藏龜自序》,一九〇三年;又《抱殘守缺齋日記》,載一九三六年《考古社刊》第五期。明義士《甲骨研究》,齊魯大學一九三三年石印本。容庚《甲骨學概况》,載一九四七年《嶺南學報》七卷二期。董作賓胡厚宣《甲骨年表》,商務印書館一九三七年版,第一、二頁。
③ 參看劉鶚《鐵雲藏龜自序》;董作賓胡厚宣《甲骨年表》,第二頁。
④ 參看方法斂《甲骨卜辭七集材料來源表》,紐約一九三八年版。
⑤ 參看唐蘭《天壤閣甲骨文存自序》,一九三九年《輔仁大學叢書》本。
⑥ 據方豪説。

也，可以墨蹟視之。奔走相告，竭力購求。惜皆寒素，力有不逮，僅於所見十百數中獲得一二，意謂不負所見，藉資考古而已。後聞人云，吾儕未購及未見之品，盡數售諸福山王文敏矣。翌年，濰賈復來，所攜亦夥。定老與予，各有所獲。值稍貶，故吾儕得償所願焉。未幾，"拳匪"亂作，避地他鄉，不復講求此學。比歸鄉里，定老出所藏貞卜文寫本見示，因假錄之為一編，凡三百三十品。集予自藏者為二編，凡二百二十品。三編百十品，錄自濰賈。最括五百六十四品，成書一卷。其文多殘闕，字尤簡古，不易屬讀，爾時究不知為何物。予方肆力於帖括業，遂亦置之，不復校理。後學於京師高等實業學堂，甲辰乙巳年間，日課餘閒，始治其文字，知此骨有龜甲象骨二種，乃古占卜之用品，交即卜時所記，所謂命龜之辭與占驗之兆也。字之可識者多，因加詮釋，與諸同志討論之。庚戌秋，羅叔老貽所著《殷商貞卜文字考》，説多符合，並證予説不誣。羅氏定為殷商遺物，亦足徵信。今年《簠室殷契類纂》頗收此錄中字。惟釋文有未當者，《類纂》中一一是正。至此錄之舊釋，不加刪改，欲讀者知予治此學問，今昔之進退果何如耶。①

又《題易穭園殷契拓册》，説：

當發現之時，村農收落花生果，偶於土中撿之，不知其貴也。濰賈范壽軒輩見而未收，亦不知其貴也。范賈售古器物來余齋，座上訟言所見，鄉人孟定生世叔聞之，意謂古簡，促其詣車訪求，時則清光緒戊戌冬十月也。翌年秋，攜來求售，名之曰"龜版"。人世知有殷契自此始。甲骨之大者，字酬一金。孟氏與余皆困於力，未能博收。有全甲之上半，珍貴逾他品，聞售諸福山王文敏公。觀范賈所攜，知有龜甲獸骨二種。余藏有數骨，色變黑褐，質仍未朽，疑為象或駝骨。且由卜字上吉字，知為三古占卜之物。至於殷世，猶未能知。清季出土日富，購求者鮮，其值大削。余時讀書故京師，凡京津兩地所遇，盡以獲得。汰其習見之文字，細屑之甲骨，最括存四千餘品。拙著《殷契徵文》所錄，皆寒齋舊儲。②

---

① 王襄：《題所錄貞卜文册》，載一九三三年《河北博物院半月刊》，第三二至三三期。
② 王襄：《題易穭園殷契拓册》，載一九三五年《河北博物院半月刊》，第八五期。

文中説,孟定生在一八九八年就疑心這些東西或是古簡,但因没有見着原物,所以未能明確認識。等到"翌年秋,攜來求售"時,則已爲王懿榮認出,"名之曰龜版"了。孟王兩氏在最初所購,約有五六百片左右。後來王襄在京津兩地,陸續購買,約有四五千片之多。一部分著録在他的《簠室殷契徵文》裹。這書印刷不精,且多割剪,所以書剛出來,大家多以材料可疑,摒而不用①。其實王氏精於鑒别,書中並無僞品②。後來一部分完整的拓本,又著録在羅振玉的《殷虚書契續編》裹,這個疑案,才得到解决。

一九四五年,抗日戰争勝利後,我由四川回到北京,曾以朋友的介紹,往天津訪問王氏。他老先生年逾七旬,精神矍鑠。所藏甲骨,還有三千多片。他很想就自己所藏,没有著録過的材料,再重新研究一番③。解放後,聞所藏盡歸中央文化部社會文化事業管理局。

王懿榮死後,在一九〇二年,他的長子王翰甫爲了還債,出賣家藏的東西。一千多片甲骨,最後拿出來,全部賣給了劉鶚。在這以前,一九〇一年,劉氏就已經開始蒐集甲骨④。方藥雨曾經從范維卿那裏買了甲骨三百多片,後來也都爲劉氏所得。趙執齋爲劉氏"奔走齊、魯、趙、魏之郊,凡一年",前後買得甲骨三千餘片。劉氏又派他第三個兒子大紳,親往河南搜羅,也得了一千多片。總計劉氏前後所得,約有五千片,也許還多⑤。一九〇三年,他就所藏甲骨,選拓了一千〇五十八片,編成《鐵雲藏龜》一書,是爲甲骨文字著録行世的第一部書。一九一五年,羅振玉又從劉氏所贈拓本裹,"選《藏龜》所未載者"四十片,編印爲《鐵雲藏龜之餘》⑥。

一九一〇年劉氏因爲庚子買賣倉糧事,獲罪,流死在新疆。所藏甲骨,其中一部分約一千片左右,歸其中表卞子休,後來賣給上海英籍猶太人大資本家哈同

---

① 參看郭沫若《中國古代社會研究》,一九三〇年聯合版,又一九四七年羣益版;又《甲骨文字研究》,大東書局一九三一年石印本。
② 參看董作賓《尋矛説》,載一九三三年《安陽發掘報告》第四期。郭沫若《卜辭通纂後記》,東京文求堂書店一九三三年石印本。商承祚《殷契佚存考釋》前金陵大學中國文化研究所一九三三年影印本,第五一頁;邵子風《甲骨書録解題》,商務印書館一九三五年石印本,第八四頁;孫海波《簠室殷契徵文校録》,載一九三七年《考古社刊》第六期。
③ 參看胡厚宣《我怎麼蒐集的這一批材料》,載一九四六年四月二十日成都《新中國日報》。
④ 參看劉鶚《抱殘守缺齋日記》,載一九三六年《考古社刊》第五期。
⑤ 參看劉鶚《鐵雲藏龜自序》,一九〇三年。
⑥ 參看羅振玉《鐵雲藏龜之餘自序》,一九一五年。

的夫人羅氏①。一九一七年由王國維編成《戩壽堂所藏殷虛文字》一書②。哈同死後,在抗日戰爭期間,這批甲骨,先賣給上海武進同鄉會,後歸誠明文學院。《戩壽堂》一書所未著錄的一些重要甲骨,我曾編爲《誠明文學院所藏甲骨文字》,收入《戰後南北所見甲骨錄》一書,一九五一年出版。解放後,這批甲骨歸了上海文物管理委員會,現藏上海博物館。一部分一千三百片歸葉玉森。葉氏選其中的二百四十片,於一九二五年編爲《鐵雲藏龜拾遺》③。甲骨實物於葉氏故後流出,先歸周連寬,後售與上海市歷史博物館,解放後一並由上海博物館保存④。一部分幾十片歸美國人福開森,後來在一九三三年由商承祚編爲《福氏所藏甲骨文字》⑤。一部分百餘片歸吳振平,後來在一九三九年由李旦丘編成《鐵雲藏龜零拾》⑥。一部分約共二千五百片左右,在一九二六年由商承祚和幾個朋友合購。商氏曾選文辭少見和字之變異不同者,手拓六百多片,在一九三三年編入《殷契佚存》⑦。其中一部分歸前中央大學,一九四一年曾由李孝定編爲《中央大學史學系所藏甲骨文字》。一部分歸束世澂,一九四七年讓與上海暨南大學,解放後先歸上海停辦高校聯合辦事處,最近撥歸復旦大學。一部分歸陳中凡,曾由董作賓編入《甲骨文外編》,尚未出版。以上三部分,又都在一九四五年由我編入《甲骨六錄》一書⑧。一部分歸王瀣,王氏故後,原物於一九四八年售歸前中央研究院歷史語言研究所,一九五一年由我編入《戰後南北所見甲骨錄》⑨。一部分歸沈維鈞,後歸蘇州蘇南文物管理委員會,今歸江蘇博物館保存。一部分歸酈承詮,今歸杭州浙江文物管理委員會。一部分歸胡光煒,一部分歸柳詒徵。解放前,我在上海也曾蒐集了一些,著錄在《戰後南北所見甲骨錄》中⑩。

早期出土的甲骨,以劉氏所得爲最多。劉氏《鐵雲藏龜自序》説:

---

① 參看陳振東《殷契書錄·戩壽堂所藏殷虛文字》條,一九三〇年。
② 參看王國維《隨庵所藏殷虛文字跋》,載《觀堂別集補遺》;又《觀堂遺墨》,一九三〇年。容庚《甲骨學概況》,第三章第七節,載一九四七年《嶺南學報》七卷二期。
③ 參看葉玉森《鐵雲藏龜拾遺序》,一九二五年。董作賓胡厚宣《甲骨年表》,商務印書館一九三七年版,第三一頁。
④ 前上海市歷史博物館所藏甲骨,聞係抗戰前胡肇椿長館時購自周連寬,周氏從何處購得,未詳。據葉玉森的哲嗣葉粟如先生説,這批甲骨,像是他老先生的舊藏。
⑤ 參看商承祚《福氏所藏甲骨文字序》,金陵大學中國文化研究所一九三三年影印本。
⑥ 參看李旦丘《鐵雲藏龜零拾序》,前上海中法文化出版委員會一九三九年版。
⑦ 參看商承祚《殷契佚存自序》,金陵大學中國文化研究所一九三三年影印本;又明義士《甲骨研究》,齊魯大學一九三三年石印本。
⑧ 參看胡厚宣《甲骨六錄序》,齊魯大學研究所一九四五年版。
⑨ 參看胡厚宣《戰後南北所見甲骨錄序例》,上海來薰閣書店一九五一年版。
⑩ 參看上書《南北坊間所見甲骨錄》卷三。

　　　　總計予之所藏，約過五千片。己亥一坑所出，雖不敢云盡在於此，其遺亦僅矣。

但劉氏死後，分散的也最爲零碎。

　　王劉以後，羅振玉在甲骨材料的蒐集和流轉上，做過相當多的工作。他在一八九九年就聽說"河南之湯陰發現古龜甲獸骨，其上皆有刻辭，爲福山王文敏公所得，恨不得遽見"。一九〇一年，甲骨"始傳至江南"，他"一見詫爲奇寶"。在劉鶚家看見甲骨拓本，嘆爲"漢以來小學家若張、杜、楊、許諸儒所不得見"的文字。於是慫恿劉氏編了《鐵雲藏龜》一書，並替他作了序文①。到一九〇六年，他自己才開始蒐集。一九〇九年，小屯村地主張學獻家的地裏，因挖山藥溝，發現了刻有文字的甲骨。村人相約發掘，得骨臼和骨條不少，都賣給了羅氏②。不過羅氏這時候還只是從古董商人的手裏間接買來。並且沿着劉鶚等人的錯誤，信范賈所言，以爲甲骨是出自湯陰③。

　　到一九一〇年，乃"從估人之來自中州者，博觀龜甲獸骨數千枚，選其尤殊者七百。並詢知發現之地，乃在安陽縣西五里之小屯，而非湯陰"。"又於刻辭中得殷帝王名謚十餘，乃恍然悟此卜辭者，實爲殷室王朝之遺物"④。又"恍然實物之幸存者有盡，又骨甲古脆，文字易滅，今出世逾十年，世人尚未知貴重，不汲汲蒐求，則出土之日，即澌滅之期。矧所見未博，考釋亦詎可自信。由此觀之，則蒐求之視考釋，不尤急歟"，"因遣山左及廠肆估人至中州，瘁力以購之。一歲所獲，殆逾萬"⑤。這還覺得不夠，一九一一年，又"命家弟子敬振常，婦弟范恒齋兆昌，至洹陽采掘之，所得又再倍焉"⑥。

　　羅振常作有《洹洛訪古遊記》，記載當時蒐購甲骨的情況很詳細。現在摘錄幾段，以見一斑：

　　　　出龜甲地，在村後田中。有二段，一爲舊發掘地，在村北偏東二三百步，掘之於三十餘年前，今無骨矣。一爲新發掘地，又在舊地北數百步，始掘於

---

① 參看羅振玉《殷商貞卜文字考序》，玉簡齋一九一〇年石印本。
② 參看董作賓胡厚宣《甲骨年表》，商務印書館一九三七年版，第五頁。
③ 參看羅振玉《殷商貞卜文字考序》；又《五十日夢痕錄》，一九一五年收入《雪堂叢刊》。
④ 參看羅振玉《殷商貞卜文字考序》，玉簡齋一九一〇年石印本。
⑤ 容庚：《甲骨學概況》，載一九四七年《嶺南學報》七卷二期。
⑥ 羅振玉：《殷虛書契前編序》，一九一一年。

十餘年前,骨尚未盡。"土人"掘一坎,取骨後,即填平。今舊地尚有二穴,未填滿。每穴長約七八尺,闊四五尺,深二三尺,作長方形。新地有一穴,正掘。云此爲田主僱人發掘,已七八日,尚未得骨。由村後北至洹河約二里弱,東至洹水僅數百步,約當北面三之一。由村後逶迤而北,中間爲一帶高地,較平地高二三尺,龜甲多出此。及近水涘,地漸低削,"土人"謂出骨最多處,面積約十三畝云。村口亦有一坎未填滿,較前坎大,深三四尺。據云此穴向亦出骨,因掘時土塊崩落,壓損掘者韓姓之腰,遂輟工。可知有骨地,不必盡在村後,村中亦有之,惟上有村宅,不便發掘耳。①

　　前昨兩日,有京估康某等來,頗探詢吾輩收買情形。恒軒(案即羅振玉所說的恒齋)因言今日至小屯,必完全收買。劣者垂盡,已可放價,收其精者,勿令若輩得之。乃提前午膳,邁步出門,至彼後,專議佳品,謂吾輩將他往,今將價加足,更不成,則將舍旃。磋議良久,皆就緒。尋常品亦購數宗。最後僅餘二三筐未購,皆棄材也。滿載而歸,兩人皆欣躍。②

又記載當時購買《殷虛書契菁華・殷虛古器物圖錄》所收幾片大骨的情形説:

　　昨日所得,以小塊龜甲爲多,中大者少。然得二大塊(見《殷虛書契菁華》第三葉第五葉)。尚有一塊全版,滿字而塗朱者,索價過昂,未能購定。

　　是日計所得龜骨已不少,而資斧將竭,餘資僅可再收二日。恒軒謂余,此次大塊不多,前僅得大塊一(《菁華》第四葉),然骨雖大而字少;昨得二片,則骨大字多,然有破缺,終不如昨見塗朱之大片。此片京估至,必以善價將去,殊不能捨,不如以二日之資,單購此片。余亦謂然。餐後渠獨至小屯,留余在寓,檢點包紮各物。並約如此片可得,明日即運物北行,再攜資來購買。不成,明日續收一日,後日成行。匆匆遂去。

　　恒軒去二三時,欣然歸來,隨一"土人",提柳筐,臥大骨片於中。恒軒出骨於筐,如捧圭璧,蓋即昨日議價未成者也(《菁華》第一葉)。"土人"收資去,恒軒乃言,初雖增價,彼愈堅持。後告以余等將他往,可售則售,不可則已。匆匆欲行。有一老者,留其姑坐。而與其子及諸人密議,似欲買某姓之

---

① 羅振常:《洹洛訪古遊記》,宣統三年二月二十一日條。
② 同上書,宣統三年三月十三日條。

地,將以此爲地價者。良久,乃議決售之。此片有百餘字,數段皆文字完全,爲骨片中所僅見。此家有此片已久,小屯人及估客多知之。待價而估,不肯輕售。余等初至小屯時,即向索觀,時並無價,遂無可商。昨日忽出此,且有定價,即因欲購地之故①。

檢昨日所得,大小相錯,分別之,則大者中者二百五十五塊,小者一千零三十塊,爲到此收買最多之一日。有數大片,有一片滿字,雖非全文,所缺不多(《菁華》第二葉),比骨片之王,猶多數字,彼稱王,此亦稱公也。又一片,字不多,中間亦全文(《菁華》第六葉)。又一片,字雖少,然骨大無倫比(《圖錄》第四十四圖)。其最精之一宗,條骨不少②。

陳振東的《殷契書錄》,記購買《殷虛書契菁華》所著錄的大骨説:

羅氏(振玉)介弟振常,嘗語吾師陳保之先生云,其中最大之一片,渠在河南從一"土人"手中得來,僅費十九銀幣耳。

可以看出當時甲骨的價格。又每天購買甲骨,有記載宗數和片數者,如言:

(一九一一年二月)二十五日　至小屯,各家爭出甲骨,成七八宗。

二十七日　檢昨所得,視前日爲多,計大小一千數百塊,爲到此得骨最多之一日。

二十九日　每日所得甲骨,皆記其數,至昨日止,共得六千七百餘塊。

三月初一日　將及小屯,有自後狂呼者,則"土人"崔姓,即邀至其家,衆人隨之。既購二三十份,少憩,又看骨十餘份。

初二日　檢昨所得,計小塊甲骨四十四宗,一千三百餘塊。

初五日　檢昨日價條計七十九紙,即七十九宗,都甲骨一千四百四十塊。

初六日　至小屯,逐户巡查,有一户最精,似向所未見;又一户次之;餘無菁華,且有以前見過不取者。別有一户,貯骨木匣,封鈐甚密。令其啓視,

---

① 羅振常:《洹洛訪古遊記》,宣統三年二月二十八日條。
② 同上書,宣統三年三月十四日條。

不允,謂中皆骨條,須臨時再啓,遂亦聽之。合計大片精者,不過數塊,塊大字少者二三十塊,中等及長條骨節四五百塊。

  初八日 小屯人來,成八九宗,大中小共六百餘塊。

  初十日 數昨所得骨,計四百五十塊,中亦頗有精者。

  十二日 至小屯,有一宗約三百塊,小龜甲爲多,無一不精,物乃初見,價復不昂。又有一宗,計百五十塊,雖無甚新異,然骨質好,刻字佳,亦自可取。

  十四日 檢昨日所得,大小相錯,分別之,則大者中者二百五十五塊,小者一千零三十塊。爲到此收買最多之日。

  十七日 昨鈎稽賬目,龜甲獸骨兩次運京者,大小共得一萬二千五百餘塊,可云大觀。

由此可以推知這次收買甲骨所得的數量。一天最多可以買到一千多塊。兩次寄京,就有一萬二千多塊。羅振常范兆昌兩人在安陽共住五十天,總計全部所得,當然不止此數。

  羅振玉從這些甲骨裏,選出"尤異者三千餘片",拓墨類次,編成《殷虛書契前編》二十卷,先後次序是人名、地名、歲名、數名、文之可讀者、字之可識者,最後是字之未可識及書體之特殊者。陸續在《國學叢刊》第一、二、三册上,石印發表了前三卷,共二百九十二片。

  一九一一年,辛亥冬,革命軍起,《叢刊》停刊,以清朝遺老自居的羅氏逃往日本,把所藏甲骨,全部帶去。因"輾轉運輸,及稅吏檢查,損壞者十已五六,幸其尤殊者墨本尚存"。一九一二年,羅氏在日本"乃以一年之力,(重)編爲(《殷虛書契》)《前編》八卷,付工精印"出版①。一九一四年,又"影照精印"其"篋中所存最大之骨,尚未拓墨","並取往者拓墨所遺,脆弱易損者數十枚益之,顏之曰《殷虛書契菁華》"②。

  一九一五年春天,羅氏由日本返國,親去安陽小屯考察殷墟的實際情况。他寫有《五十日夢痕錄》一卷,記載説:

---

  ① 參看羅振玉《殷虛書契前編序》,一九一一年。
  ② 參看羅振玉《殷虛書契菁華序》,一九一四年影印本。

三十日,是日巳刻抵安陽,寓人和昌棧。亟進餐,賃車至小屯。其地在邑之西北五里,東西北三面洹水環焉。《彰德府志》以此爲河亶甲城。近十餘年間,龜甲獸骨,悉出於此。詢之"土人",出甲骨之地,約四十餘畝。因往履其地,則甲骨之無字者,田中累累皆是。拾得古獸角一,甲骨盈數掬。其地種麥及棉,鄉人每以刈棉後,即事發掘。其穴深者二丈許,掘後即填之,後種植焉。所出之物,甲骨以外,蠡殼至多,與甲骨等,往歲所未知也。古獸角亦至多,其角非今世所有。至一鄉人家,見數十具。角之本近額處,相距約一二寸許,有環節一,隆起如人指之著指環者。然土人謂是龍角。往歲曾於此得石磬三,與《周官考工》所言形狀頗不同。予曩又得雕磬斷片,兩面及側均刻鏤與古禮器同。今於小屯更求斷磬不可得。予舊所得,又有骨鏃,有象匕骨匕,有象柶,有骨簡,有石刀石斧,其天生之物,有象牙,有象齒,今求之,亦罕見。然得貝璧一,其材以蠡殼爲之,雕文與古玉蒲璧同,惜已碎矣,爲往昔所未見,獲此奇品,此行爲不虛矣。予久欲撰《殷虛遺物圖錄》,今又得此,歸後當努力成之。閱覽竟,以天氣亢燥,思飲,亟歸寓。

他不但注意甲骨,而且也注意了甲骨以外的殷代器物,後來一九一六年編印了《殷虛古器物圖錄》一書。

　　羅氏後又至日本,"盡出所藏骨甲數萬,遴選《前編》中文字所未備者,復得千餘品,手施氈墨,百日而竣",編成了《殷虛書契後編》[①]。以後十幾年當中,他又曾想種種方法,蒐求國內各家所藏甲骨文的拓片,"百計搆求,復得墨本約三千紙"。到一九三三年,"乃以一月之力,就此三千餘紙,選三之二,成書六卷",這就是《殷虛書契續編》。"中大率爲丹徒劉氏,天津王氏,北京大學,四明馬氏所藏。其什之一,則每見估人所售,於千百中遴選一二,而手拓以存之者"。羅氏乃自謂:"往昔《前後》兩編,約得三千餘紙,合以此編,總得五千餘紙。雖不敢謂殷虛菁華,悉萃於是,然亦略備矣。"[②]

　　總之,在甲骨文的蒐集拓印和流傳方面,羅振玉是較有貢獻的一人。就以五十五年以來整個甲骨資料來說,除了前中央研究院的《殷虛文字甲乙編》之外,至今羅氏四書,還是很重要的部分。

---

① 參看羅振玉《殷虛書契後編序》,一九一六年。
② 參看羅振玉《殷虛書契續編序》,一九三三年。

在抗日戰爭期間，一九四〇年羅氏逝世，著書逾百種，屬於甲骨者十餘種①。所藏甲骨數萬片，多散失。解放後，一部分千餘片，歸濟南山東古代文物管理委員會②，一部分歸旅順旅順博物館，一部分歸瀋陽東北博物館，另有少數歸吉林吉林博物館和長春東北師範大學歷史系。《殷虛書契菁華》所著錄的四大版牛骨（《菁華》印正反兩面，共八版），一在北京歷史博物館夏商周陳列室；一在東北博物館；另二版現由羅氏長孫羅繼祖收藏。今年暑假，我去東北講學，便中晤及羅氏，承出示，知確係《菁華》所錄，可惜已經碎了。最近捐贈中國科學院。《殷虛古器物圖錄》所著錄的那一塊最大的牛胛骨和另外的三片，也都在東北博物館第二部分即商周陳列室中。其餘的絕大部分，下落未詳。

據早年經手買賣甲骨的古董商人像范維卿董所述，很早蒐購甲骨的，還有端方。《甲骨年表》一八九九年説：

<blockquote>
山東濰縣古董商人范維卿，爲端方搜買古物，往來於河南武安彰德間。見甲骨刻有文字，購若干片獻端方，端極喜，每字酬銀二兩五錢。范乃竭力購致。
</blockquote>

只一九〇四年，端方所買即有千片。聽説到現在在他後人的手裏，還存有四百片，都是未經著錄過的東西③。其一部分拓本，今藏北京圖書館。黃心甫約購六百片，徐坊約購一千四百片，也都是范維卿經手的。黃氏甲骨，大概不久就又賣掉；也許一部分在一九三五年，由他的兒子黃濬編入《鄴中片羽》一書。徐氏甲骨，後來賣給燕京大學，一九三三年，由容庚瞿潤緡編成《殷契卜辭》一書④。又一小部分賣給福開森，一九三三年由商承祚編入《福氏所藏甲骨文字》。還有方地山，亦得三百片，現在歸其後人方曾壽收藏，一九五四年十月，曾在揚州文物管理委員會展覽。此外方藥雨、沈曾植、王瑾、盛昱、黃仲慧、劉季纓等，也先後各有所獲，惟下落未詳⑤。

---

① 參看《燕京學報》二十八期，《國内學術界消息》。胡厚宣《五十年甲骨學論著目著者索引》，中華書局一九五二年版。
② 一九五一年《文物參考資料》二卷七期，《山東古代文物管理委員會工作簡述》稱"接收膠東文管會之甲骨文字一千三百餘片，原裝八十四匣"，即此物。
③ 據明義士《甲骨研究》及唐蘭先生所言。
④ 參看明義士《甲骨研究》，齊魯大學一九三三年石印本。
⑤ 同上。

一九二〇年,華北幾省鬧旱災,農民因迫於飢寒,就相約挖掘甲骨於小屯村北的洹河邊上。凡是以前曾經出過甲骨的地方,都搜尋再四。附近各村的農民,也都來參加①。據說出甲骨不少。大半都賣給了霍保祿和王襄。王襄的東西,一部分後來收入《簠室殷契徵文》②。霍保祿的四六三片,於一九二二年捐贈給北京大學研究所國學門③,由唐蘭編爲《北京大學藏甲骨刻辭》一書,迄今尚未出版④。

　　一九二八年春,北伐軍作戰安陽,駐兵在洹河南岸,小屯村的農田,就荒了起來。等軍事結束,村人因受戰事影響,無以爲生,因而和地主商量,共同發掘甲骨。在村前路邊和麥場樹林,都發現了不少。多數都賣給開封和上海的古董商人⑤。

三　帝國主義者對於我國甲骨文的劫掠

　　在過去半殖民地半封建的社會裏,帝國主義者,對我國除了進行政治經濟和軍事侵略以外,還進行文化侵略。無論近代哪一種新的歷史文物的發現,他們沒有不去染指的,甲骨文字也不例外。

　　在甲骨文字被認識後的第四年,就有爲帝國主義服務的傳教士們,在我國境內,對甲骨文字大肆蒐購和劫掠。一九〇三年,美國長老會駐山東濰縣宣教士方法斂和英國浸禮會駐青州宣教士庫壽齡就在濰縣合夥購買了很多甲骨。曾把四百片轉賣給上海英國人所辦的亞洲文會博物館,今只存小片一百九十三片。曾由英人吉卜生在一九三四年摹寫一百八十九片,發表在《中國雜誌》二十一卷六期。又把七十九片讓給濰縣英美教會所辦的廣文學堂(齊魯大學的前身)校長柏根,後歸濟南英美教會辦的廣智院。解放後,廣智院由我政府接管,現改爲自然博物館。這幾十片甲骨,曾於一九三五年由明義士整理發表爲《柏根氏舊藏甲骨文字》,發表在《齊大季刊》第六、七期,另外並出了單行本。以上兩種,又都收入方法斂的《甲骨卜辭七集》,一九三八年出版⑥。

---

①　參看董作賓胡厚宣《甲骨年表》,商務印書館一九三七年版,第一四頁。
②　參看明義士《甲骨研究》,齊魯大學一九三三年石印本。
③　參看①書,第一五頁。
④　參看《考古社刊》第三期,《社員著作表》。
⑤　參看①書,第二五頁。
⑥　參看方法斂《甲骨卜辭七集材料來源表》。明義士《甲骨研究》;又《柏根氏舊藏甲骨文字序》,一九三五年。吉卜生《上海亞洲文會博物館藏甲骨文字》,載一九三四年《中國雜誌》二〇卷六號。

庫方二人,自從買了第一批甲骨之後,就陸續不斷的收購起來①。一九〇四年冬天,小屯村地主朱坤,率領佃户長工,在他村北洹南的十四畝地裏,搭了席棚,作起爐竈,大舉挖掘。工作了很長的時期,據説所得甲骨有幾車②。這些甲骨,從河南流到山東,都由庫方二人一批一批的買了下來③。

一九〇六年,方法斂把一一九片,賣給了美國普林司頓大學。白瑞華在一九三五年發表的《甲骨卜辭相片》和一九三七年刊佈的《殷虛甲骨揭片》,都曾著錄過一部分。這一一九片又曾收入方法斂的《甲骨卜辭七集》。一九〇八年方法斂又代英國駐天津總領事金璋在山東搜求甲骨,"魚雁往還,交誼甚密";一次曾替他買了好的甲骨八百片之多。後由方法斂摹寫發表爲《金璋所藏甲骨卜辭》一書,一九三九年出版。一九〇九年方法斂以甲骨四三八片賣給美國卡內基博物院。同年庫壽齡亦以甲骨七六〇片賣給蘇格蘭皇家博物院。後來庫方二人又買到四八五片。這批甲骨先爲二人合購,後歸庫壽齡一人,最後在一九一一年賣給英國大英博物院。一九一三年,方法斂又以大片四版賣給美國飛爾德博物院。以上四批材料,後來由方法斂摹寫編成《庫方二氏藏甲骨卜辭》一書,一九三五年在中國出版④。

此外德國人威爾次在青島買了甲骨七一一片,這批甲骨後歸德國柏林民俗博物院,第二次世界大戰以後,不知還是否保存⑤。德國人衛禮賢也從青島買了七十二片。其中的七十片現存瑞士巴騷民俗陳列館;一片歸德國佛郎佛中國學院;另一片散失。這七十二片曾收入方法斂的《甲骨卜辭七集》⑥。

一九一四年春天,後來以竊取我國敦煌壁畫而出名的美國華爾納,曾到安陽秘密進行發掘,回國後,還作有正式報告書⑦。

總計早期歐美人劫購的甲骨,至少也當在五千片以上⑧。

---

① 参看庫壽齡《河南之卜骨》,載一九一四年《亞洲文會雜誌》第四十五期。
② 参看董作賓胡厚宣《甲骨年表》,商務印書館一九三七年版,第三頁。
③ 参看庫壽齡《河南之卜骨》,載一九一四年《亞洲文會雜誌》第四十五期。
④ 参看方法斂《甲骨卜辭七集材料來源表》。白瑞華《庫方二氏藏甲骨卜辭序》,一九三五年;又《甲骨卜辭相片》,紐約一九三五年版;又《甲骨卜辭揭片》,紐約一九三七年版。《金璋所藏甲骨卜辭序》,紐約一九三九年版。
⑤ 参看明義士《甲骨研究》,齊魯大學一九三三年石印本。
⑥ 参看方法斂《甲骨卜辭七集材料來源表》,紐約一九三八年版。
⑦ 参看郭寶鈞《一九五〇年春殷墟發掘展覽説明書》。
⑧ 参看陳夢家《述方法斂所摹甲骨卜辭》,載一九四〇年《圖書季刊》新二卷一期;又述《方法斂所摹甲骨卜辭補》,載一九四〇年《圖書季刊》新二卷三期。胡厚宣《美日帝國主義怎樣劫掠我們的甲骨文》,載一九五一年四月二十七日,上海《大公報》及天津《進步日報史學周刊》第十六期。

對於日本帝國主義者,殷墟文物當然也是他們掠奪的對象。據濰縣古董商人范維卿所述,很早在中國蒐購甲骨的,有當時天津《日日新聞》主筆日本人西村博①。又據日本河井荃廬所說,三井源右衛門所藏的三千多片甲骨,其"所得蓋在上虞羅氏前,遣專足自安陽輦來者"②。

又據說當一九〇三年,劉鶚的《鐵雲藏龜》剛剛印出時,日本東京高等師範學校的林泰輔,曾疑心書中所載或者是假的東西。一九〇五年東京文求堂購得甲骨文字一百版,拿來販賣。林泰輔首先買了十塊,既見實物,始覺渙然,於是才相信這是真正的古代文字,史料價值極高。一九〇九年,他作了《清國河南湯陰縣發現之龜甲獸骨》一文。後來他又買到六百片。收藏家聽冰閣繼述堂等也都有搜集。一九一七年林泰輔選擇重要的和摧古齋所自藏者編成《龜甲獸骨文字》一書,一九二一年出版。從此在日本注意甲骨的人,就漸漸多了起來。一九一八年林泰輔來中國,親到安陽小屯村調查殷墟,蒐掠甲骨,並記載甲骨出土地方的區域風土人情。歸國後,作《殷虛遺物研究》。一九二二年,大山柏也曾到安陽調查③。自此以後,日本人蒐藏甲骨的,三五十片,一兩百片,或多至幾千片的,就不可勝數了④。

郭沫若《卜辭通纂自序》說:

> 余以寄寓此邦之便,頗欲徵集諸家所藏,以爲一書。去歲(一九三二)夏秋之交,即從事探訪,計於江戶所見者:東大考古學教室所藏約百片,上野博物館二十餘片,東洋文庫五百餘片,中村不折氏約千片,中島蠔山氏二百片,田中子祥氏四百餘片,已在二千片以上。十一月初旬,攜子祥次子震二君,赴京都,復見京大考古學教室所藏四五十片,內藤湖南博士二十餘片,故富岡君撝氏七八百片,合計已在三千片左右。此外聞尚有大宗蒐集家,因種種關係,未能寓目。

他一九三二年在東京京都兩地,所見九家所藏,已在三千片以上。一九三三年他

---

① 參看明義士《甲骨研究》,齊魯大學一九三三年石印本。
② 參看金祖同《殷契遺珠發凡》,第四六頁,一九三九年;又《龜卜跋》,一九四八年。
③ 參看郭寶鈞《一九五〇年春殷墟發掘展覽說明書》。
④ 參看徐嘉瑞《日本甲骨之收藏與研究》,載一九二七年《國學月報》第二卷第一期。日本林泰輔《龜甲獸骨文字序》,日本一九一七年版;又《殷虛遺物研究》,載一九一七年《東亞之光》十四卷五號。

把重要的編成《日本所藏甲骨擇尤》，收入《卜辭通纂》一書。他說此外所沒有看到的，還有很多。

一九二六年，由濱田耕作出頭，誘致一部分中國人組織東方考古學會，其目的就是想發掘殷墟①。發掘不遂，繼之以搜買。在一九三一年"九一八"事變以後，日本帝國主義者利用"華北特殊化"，進行大走私，殷墟遺物就源源不斷的被盜運到日本去。除了早年所得，被著錄在濱田耕作的《泉屋清賞》、梅原末治的《白鶴吉金集》、容庚的《海外吉金圖錄》②等類分量巨大的圖譜之外，像梅原末治《殷墟白色土器之研究》、《古銅器形態之考古學的研究》、《河南安陽遺寶》、《河南安陽遺物之研究》、《冠斝樓吉金圖》、《支那考古學論考》、《東亞考古學論考》③及其他書籍所著錄的殷墟遺物，便是清楚的證明。

一九三七年抗戰前不久，金祖同在日本蒐拓甲骨，僅東京一地，河井荃廬、中村不折、堂野前種松、中島蠔叟、田中救堂、三井源右衛門等六家所藏，重要的就有三四千片。金氏選其尤殊異者，得一四五九片，編為《殷契遺珠》一書。若連不重要的都算起來，中村一千片，三井三千片，即此兩家，已逾五千。全部當在八千乃至萬片左右。而京都大阪所藏，還沒有算在裏邊④。

目前日本京都大學人文科學研究所藏有甲骨三千片，極精⑤，不知他們在什麼時候，怎樣獲得的。

總之，被日本帝國主義者劫掠的甲骨，在一九二八年以前，約有一萬五千片左右。若連"九一八"以後及八年抗戰期間的算起來，那就更無法統計了。可惜除一九二一年林泰輔《龜甲獸骨文字》著錄一〇二三片，一九三一年下中彌三郎《書道》著錄九七片，一九三二年郭沫若《卜辭通纂》著錄七七片，一九三九年金祖

---

① 參看郭寶鈞《一九五〇年春殷墟發掘展覽說明書》，第三一、三二頁。
② 濱田耕作《泉屋清賞》七冊，《續編》二冊，一九一九年。梅原末治《白鶴吉金集》一冊，一九三四年。又《白鶴吉金選集》一冊，一九五一年。容庚《海外吉金圖錄》三冊，一九三五年。
③ 梅原末治《殷墟白色土器之研究》一冊，一九三二年。又《古銅器形態之考古學的研究》一冊，一九四〇年。又《河南安陽遺寶》一冊，一九四〇年。又《河南安陽遺物之研究》一冊，一九四一年。又《支那考古學論考》一冊，一九三八年。又《東亞考古學論考》一冊，一九四四年。此外，短篇論文有濱田耕作的《支那古銅器研究之新資料》，載一九二一年《國華》第三七九號；《殷虛之白色土器》，載一九二六年《民族》第一至四號。《殷墟發現的大石磬》，載一九二九年《三宅博士古稀紀念論文集》。又都收入《東亞考古學研究》。梅原末治《支那安陽之白色土器》，載一九四四年《學海》第一至四號。德川義寬《傳殷墟出土之象牙罕雕片》，載一九四六年《座右寶》第六期。
④ 參看郭沫若《殷契遺珠序》。金祖同《殷契遺珠發凡》；又《龜卜跋》。
⑤ 參看貝塚茂樹《甲骨文斷代研究法的再檢討》，載《東方學報》京都第二十三冊，《殷代青銅文化之研究》，一九五三年。

同《殷契遺珠》著録一四五九片,一九四〇年梅原末治《河南安陽遺寶》著録一四九片,一九四八年金祖同《龜卜》著録一二五片,一九五三年貝塚茂樹《甲骨文斷代研究法之再檢討》著録二二片,及若干論文間或引用數片之外,絶大多數都不知下落,就連確數也不得而詳。

至於加拿大人明義士,一九一四年在安陽作長老會的牧師時,聽説殷墟出甲骨文字,就常常騎着一匹老白馬徘徊於洹水南岸,考察殷墟古物出土的情形。據他自己説:

> 甲寅始春,作者乘其羸老白馬,徘徊於河南彰德迤北之洹水南岸。時方耕地植棉,碎陶瓦礫,初經翻出,農人拾之,棄諸隴畔,有碎陶數片,厥狀甚古,因動余興。復前行,歷覽碎陶,卒抵河曲,遺毁之物,乃不復可見。非因歷代冲至河中,即蘸入流沙矣。時低窪沙岸一帶,柳始萌芽,穢童數人,半著鶉衣,臂懸筐筥,争採嫩柳,以當茶葉。見外人至,遂環集余旁,蓋余方傍井而坐,檢視小堆陶片也。爲首童子曰:"君何爲?"余曰:"檢視碎陶耳。"曰:"奚用?"曰:"好之。"復冒然問曰:"君好骨耶?"余答曰:"然,視情形何如耳。"彼曰:"余能視君以龍骨,其上且有字焉。"余聆是語,告以甚感興趣。余等遂行,環繞河曲,經一荒涼沙野,抵一小窟,窟在西向斜坡上,坡間滿被骨屑,一片白色,此即殷朝武乙故都,殷虛是也。……嗣後多日,輒跨其羸老白馬,潛行出外,踐此古城遺跡。①

從此以後,他就經常在那裏調查蒐求,不斷的打着劫掠的主意,故所得頗爲不少。這個爲帝國主義服務的傳教士,對甲骨文字,本來毫無所知,他自己嘗説最初所買的大甲骨,都是假的,是用新的牛骨仿製的,不久就腐臭不堪②。以後轉購小片,努力學習,漸漸的才略能分辨出來。一九一七年,他從所得五萬片中,選出二三六九片,編成《殷虛卜辭》一書,在上海出版。

一九二三年的春天,小屯村中,張學獻家的菜園裏,發現了甲骨。張學獻自己挖掘,何國棟作幫工,發現了兩塊大的骨版,文字都很多。何國棟暗暗的記住

---

① 明義士:《殷虛卜辭自序》,一九一七年。此據陳柱譯文,題爲《殷虛龜甲文字發掘的經過》,載一九二八年《東方雜誌》第二十五卷第三號。
② 參看上文;又明義士《甲骨研究》,齊魯大學一九三三年石印本。董作賓胡厚宣《甲骨年表》,商務印書館一九三七年版,第九頁。

這個地方①。一九二四年小屯村人因爲築牆，發現了一坑甲骨，其中有很多大的片子②。一九二五年小屯村人又在村前路邊上，大舉挖掘，據說發現甲骨有幾筐，牛胛骨有長一尺多者③。一九二六年春天，張學獻被土匪綁去，花了很多錢才贖回來。何國棟傳出張學獻家菜園裏發現甲骨的事，村人乘機和他商量，在他的菜園裏大舉挖掘，得了甲骨分給他一半。結果又發現了很多牛胛骨④。這幾批豐富而重要的甲骨，先後都被明義士購去了。

總計明義士所得，在一九一七年編《殷虛卜辭》時，他自稱所藏甲骨已有五萬片⑤。加上一九二三年到一九二六年所得的幾大批，那就更多了。據已故吳金鼎說，明義士早期所得甲骨，曾被軍隊毀掉了一些。但無論如何明義士所得甲骨，三四萬片，總是有的。

明義士早年所得，曾於一九一七年編印《殷虛卜辭》一書，共著録二三六九片。後來所得，於一九二八年覓工選千餘片墨拓五份。一份自存；一份贈馬衡；一份贈容庚，後歸于省吾，再歸清華大學，今歸北京大學；一份贈商承祚，於抗戰期間遺失；一份贈曾毅公，後又索回，轉贈加拿大多倫多大學圖書館⑥。據曾毅公説，明義士曾把它編爲《殷虛文字後編》，但始終未見出版。一九五一年，我曾根據拓本選摹八四七片，收入《戰後南北所見甲骨録》一書。其餘絕大多數尚未見著録發表。

一九三七年，抗日戰争爆發，明義士那時在濟南齊魯大學教書，倉皇回國，後來就在美國軍部作事。臨行，把甲骨一部分存在南京加拿大大使館，一部分存在濟南齊魯大學。先後曾想種種方法，要把它運往美國。一九四五年日本投降後，他的女兒來中國在國民黨反動政府和美帝國主義合組的善後救濟總署作事，也曾多次設法要把這批東西運走。解放後，一九五一年二月，南京加拿大大使館結束，明義士舊存甲骨一箱，由前任加拿大大使館代辦穰傑德交出，再由楊憲益將它送交南京博物院保存。經清點：

---

① 參看董作賓、胡厚宣《甲骨年表》，商務印書館一九三七年版。
② 參看上書，第一七頁；又明義士《甲骨研究》，齊魯大學一九三三年石印本。
③ 參看①書，第一八、一九頁。
④ 同上。
⑤ 參看明義士《殷虛卜辭自序》，一九一七年。
⑥ 參看容庚《甲骨學概況》，載一九四七年《嶺南學報》第七卷第二期；又胡厚宣《戰後南北所見甲骨録序例》，上海來薰閣書店一九五一年版。

字甲、字骨和卜骨，共計貳仟参百玖十片，其中沒有字的六片。最大的字骨長度爲二八公分，最小的和人的指頭一般大，反正兩面都有黃泥，卜辭上沒有剔的痕跡，也未經拓揭。

是明義士一九一七年在《殷虚卜辭》一書中所著錄過的東西①。一九五一年一月，中央人民政府接管了齊魯大學。據齊魯大學傅爲方説，清點校産時，在一所住宅的地下室，發現了明義士埋藏的一百四十箱古物，但沒有甲骨文。直到一九五二年"三反"運動，一萬多片甲骨，才從地下挖出來。據山東師範學院李毅説：

帝國主義通過齊大來掠奪我國古代文物，如傳教士明義士，盜竊我國殷墟出土甲骨文一萬多片，埋藏在齊魯大學校舍内，最近才挖出來。但因時間太久，都已腐爛成粉。②

這批東西現存山東文物管理委員會，數量雖多，都是碎片。此外不少的大片精品，恐怕終究是被他偷運出國了。

另外，加拿大多倫多博物館藏有甲骨三千多片，内有整龜幾版，且有用毛筆沾朱砂寫的"甲橋刻辭"，是記載某一地方貢龜的文字③。又有一片雕花的骨版，刻着兩行記事文字説：

辛酉，王田于鷄麓，獲大霖虎，在十月，隹王三祀，肜日。

看字體，像是殷紂王時的東西。大意説："殷紂王三年十月辛酉這一天，紂王在鷄麓這個地方打獵，捕住了一隻大的老虎，這時正遇着紂王舉行肜日的祭禮。"字體寫刻精美，略似《殷契佚存》第五一八片的"宰丰骨"，筆畫裏還鑲嵌着綠松石④。在已發現的甲骨文中，鑲嵌綠松石的，還有《殷契佚存》第四二七片，也著錄在《衡齋金石識小錄》一書，但文字殘了很多。所以這一片，應該算是全部甲骨文中極精的一片了。這一些寶貴的材料，除了盜掘洛陽金村古墓的加拿大傳教士懷履

---

① 參看一九五一年五月三十一日《南博旬刊》第三十七期。
② 載一九五二年五月二十日《光明日報》。
③ 參看胡厚宣《武丁時五種記事刻辭考》，載一九四四年《甲骨學商史論叢》初集第三册。
④ 參看懷履光《骨的文化》，一九四五年。

光,曾在《骨的文化》一書中略舉二十四片①之外,還一直沒有發表。想來,也一定是明義士或懷履光所偷弄出去的東西②。

四　前三十年甲骨文的著録和研究

從一八九九年到一九二八年三十年當中,殷墟出土的甲骨:

一、王懿榮所得	約一五〇〇片
二、孟定生、王襄所得	約四五〇〇片
三、劉鶚所得	約五〇〇〇片
四、羅振玉所得	約三〇〇〇〇片
五、其他藏家所得	約四〇〇〇片
六、庫壽齡、方法斂等所得	約五〇〇〇片
七、日本人所得	約一五〇〇片
八、明義士所得	約三五〇〇片

八宗共約十萬片左右。《小屯地面下情形分析初步》一文裏也説:"三十年來,甲骨出土的不下十萬片。"③這個統計數字,雖然不可能絶對確實,但大概是差不多的。

把甲骨文字,著録成書的,有:

一、劉　鶚	鐵雲藏龜④	一九〇三年	一〇五八片
二、羅振玉	殷虛書契前編	一九一二年	二二二九片
三、羅振玉	殷虛書契菁華	一九一四年	六八片
四、羅振玉	鐵雲藏龜之餘	一九一五年	四〇片
五、羅振玉	殷虛書契後編	一九一六年	一一〇四片
六、羅振玉	殷虛古器物圖録	一九一六年	四片

---

① 參看懷履光《骨的文化》,一九四五年。
② 參看胡厚宣《美日帝國主義怎樣劫掠我們的甲骨文》,載一九五一年四月二十七日上海《大公報》及天津《進步日報》。
③ 李濟:《小屯地下情形分析初步》,載一九二九年《安陽發掘報告》第一期。
④ 出版處和版本參看胡厚宣《五十年甲骨學論著目》,中華書局一九五三年版;下同。

七、明義士	殷虛卜辭	一九一七年	二三六九片
八、姬佛陀①	戩壽堂所藏殷虛文字	一九一七年	六五五片
九、林泰輔	龜甲獸骨文字	一九二一年	一〇二三片
一〇、王　襄	簠室殷契徵文	一九二五年	一一二五片
一一、葉玉森	鐵雲藏龜拾遺	一九二五年	二四〇片
一二、羅福成	傳古別錄第二集	一九二八年	四片

十二種書，共九九一九片。發表的材料，雖然只佔全部出土甲骨文字的十分之一，但重要的材料，已經公佈不少，這對開展甲骨文的研究，有很大的作用。

三十年中，研究甲骨而有論著的作者，據拙編《五十年甲骨學論著目》所載，共有五十四人。其中除本國三十五人外，還有一些外國人。計日本十一人，英國三人，德國二人，美國法國加拿大各一人。

三十年中，出版的論著，專書二十八，論文九十，共有一百一十八種。

倘若把這三十年再分成十年一節的三段，則第一個十年從一八九九年到一九〇八年，作家三人，論著三種。第二個十年，從一九〇九年到一九一八年，作家增加到十五人，論著三十八種。第三個十年，從一九一九年到一九二八年，作家又增加到三十六人，論著七十七種。在第一個十年中作家僅有三人，到第二個十年增加五倍，第三個十年又較第二個十年增加了一倍多。在第一個十年中，論著僅有三種，到第二個十年增加十三倍，第三個十年又較第二個十年增加了一倍多。

在這三個十年中，主要的研究甲骨而有著作者，第一個十年有劉鶚和孫詒讓。劉鶚編了第一部著錄甲骨文字的專書《鐵雲藏龜》。孫詒讓作了第一部研究甲骨文字的專書《契文舉例》。此外還有美國人方法歛。

第二個十年增加了羅振玉和王國維。幾十年來羅振玉對於甲骨的蒐集和流傳頗爲有功。王國維對於甲骨文中史學方面的研究，貢獻最大。此外還有武龍章，和法國人沙畹，英國人金璋、庫壽齡，加拿大人明義士，德國人穆勒、勃漢第。日本人最多，有林泰輔、富岡謙藏、内藤虎次郎、後藤朝太郎、石濱純太郎和石濱敬次郎。

---

① 實爲王國維所撰，參看王國維《隨庵所藏殷虛文字跋》，載《觀堂別集補遺》，又《觀堂遺墨》，一九三〇年。

第三個十年又增加了王襄、商承祚、葉玉森、陸懋德、胡光煒、程憬和丁山。王襄的《簠室殷契類纂》和商承祚的《殷虛文字類編》,是最早的甲骨文字典。葉玉森開始對甲骨文字,作了綜合的研究。胡光煒作了第一部《甲骨文例》。丁山作了卜辭成語的研究,陸懋德從甲骨文研究商代的文化。程憬嘗試根據甲骨文字研究殷代的社會經濟形態。此外還有林義光、柯昌濟、馬衡、容庚、聞宥、余永梁、陳邦懷、陳邦福、張鳳、蕭炳實、徐嘉瑞、何定生、胡輻玉、羅福成、張世祿、黃仲琴、容肇祖、抗父、邁五、英國人銀格蘭姆和日本人高田忠周、小島祐馬、丹羽正義、飯島忠夫、無關等。

三十年中,比較重要的著作,可以分成十類。

一　總論甲骨卜辭的一般知識,及其發現著録和研究的大概情形。並特別指出這種新學問在古文字學古史學上的重要意義,以引起一般人的注意。

　　　　一、林泰輔　清國河南湯陰縣發現之龜甲獸骨① 　一九〇九年
　　　　二、富岡謙藏　古羑里城出土龜甲之説明　一九一〇年
　　　　三、武龍章　安陽洹上之特產及其發現物　一九一一年
　　　　四、陸懋德　甲骨文之歷史及其價值　一九二三年
　　　　五、容　庚　甲骨文字之發現及其考釋　一九二四年
　　　　六、馬　衡　三千年前的龜甲和獸骨　一九二四年
　　　　七、聞　宥　甲骨文之過去與將來　一九二八年
　　　　八、蕭炳實　殷虛甲骨文之發現及其著録與研究　一九二八年

二　著録出土甲骨的摹拓影本,編印出書,以供研究的方便。共十二書,已見前。

三　根據已著録的甲骨文,通考殷代的文字、卜法、文化、禮制等。

　　　　一、孫詒讓　契文舉例　一九〇四年
　　　　二、羅振玉　殷商貞卜文字考　一九一〇年
　　　　三、羅振玉　殷虛書契考釋　一九一四年
　　　　四、葉玉森　殷契鈎沈　一九二三年

---

① 出處版本俱見胡厚宣《五十年甲骨學論著目》,中華書局一九五三年版;下同。

五、葉玉森　㓞契枝譚　一九二四年
六、陳邦懷　殷虛書契考釋小箋　一九二五年
七、陸懋德　由甲骨文考見商代之文化　一九二七年

四　編錄甲骨按片逐條的作釋文，有的再加考證。

一、王國維　戩壽堂所藏殷虛文字考釋　一九一七年
二、葉玉森　鐵雲藏龜拾遺考釋　一九二五年
三、王　襄　簠室殷契徵文考釋　一九二五年

五　專考甲骨文字，這類論著最多。除單考一個字的短篇之外，其專書或長篇綜述的著作有：

一、孫詒讓　名原　一九○五年
二、柯昌濟　殷虛書契補釋　一九二一年
三、葉玉森　說契　一九二四年
四、商承祚　殷虛文字考　一九二五年
五、余永梁　殷虛文字考　一九二七年
六、陳邦懷　殷契拾遺　一九二七年
七、余永梁　殷虛文字續考　一九二八年
八、聞　宥　殷虛文字孳乳研究　一九二八年
九、陳邦福　殷虛蕅契考　一九二八年

六　由甲骨文字以考見殷代歷史者，以王國維發明獨多。

一、王國維　殷虛卜辭中所見地名考　一九一五年
二、王國維　殷卜辭所見先公先王考及續考　一九一七年
三、王國維　殷周制度論　一九一七年
四、王國維　古史新證　一九二五年
五、王國維　殷卜辭中所見先公先王考附註　一九二七年
六、王國維　說殷　一九二七年

七、王國維　説亳　一九二七年
八、王國維　殷禮徵文　一九二七年

七　從甲骨文字以考見殷代的社會經濟。

一、小島祐馬　殷代的産業　一九二五年
二、程　憬　殷民族的社會　一九二八年
三、程　憬　殷民族的氏族社會　一九二八年

八　講甲骨卜辭的行例字例辭例和成語。

一、胡光煒　甲骨文例　一九二八年
二、丁　山　殷契亡尤説　一九二八年

九　彙編甲骨文字成爲字典，以供翻檢研究之用。

一、羅振玉　殷虛書契待問編　一九一六年
二、王　襄　簠室殷契類纂　一九二〇年
三、商承祚　殷虛文字類編　一九二三年

十　把甲骨文以外同時出土的殷代器物，編録成書。或作專題研究。

一、羅振玉　殷虛古器物圖録　一九一六年
二、林泰輔　殷虛遺物研究　一九一九年
三、羅福成　傳古別録第二集　一九二八年

　　三十年來，五十幾位作家，發表的一百多種著作，包括了各方面的研究。尤其王國維，他除了對於殷周禮制都邑地理，多有闡明之外，又考證了甲骨卜辭中王亥、王恒、上甲、報乙、報丙、報丁、主壬、主癸、大乙唐、中宗祖乙和祖某父某兄某等先公先王之名，説明"有商一代先公先王之名，不見於卜辭者殆鮮"。又證明了《史記・殷本紀》的世系，除個別地方"乃違事實"之外，大體全與卜辭相合，"而

《世本》《史記》之爲實錄,且得於今日證之"①。《殷本紀》既然可信,則與《殷本紀》同一來源之《夏本紀》即不能全屬子虛。又殷之先世,與夏同時,則夏代即不能無有。且金文也常記禹事,與《詩》《書》所記,正復相合。因而他批評當時學術界正在盛行的疑古之風,說:

> 疑古之過,乃併堯舜禹之人物而疑之。其於懷疑之態度及批評之精神,不無可取。然惜於古史材料,未嘗爲充分之處理也。

他又考證了甲骨卜辭中王亥之名,見於《山海經》《竹書紀年》等書,而《史記·殷本紀》及《三代世表》誤作振。說:"夫《山海經》一書,其文不雅訓,其中人物世亦以子虛烏有視之。《紀年》一書,亦非可盡信者。而王亥之名,竟於卜辭見之。"又考證了甲骨卜辭的王恒,見於《楚辭·天問》。說:"王恒一世,以《世本》《史記》所未載,《山經》《竹書》所不詳,而今於卜辭得之。《天問》之辭,千古不能通其解者,而今由卜辭通之。"因而認爲:

> 古代傳說存於周秦之間,非絕無根據。即百家不雅訓之言,亦不無表示一面之事實。

這對於當時一班勇於疑古的學者們,無疑的是一個有力的糾正。

因此他強調了地下新材料的重要,提出了所謂"二重證據法",說:

> 吾輩生於今日,幸於紙上之材料外,更得地下之新材料。由此種材料,我輩固得據以補正紙上之材料,亦得證明古書之某部分全爲實錄,即百家不雅訓之言,亦不無表示一面之事實。此二重證據法,惟在今日,始得爲之。雖古書之未能證明者,不能加以否定,而其已得證明者,不能不加以肯定,可斷言也。②

王氏的這一些對於古史的發明、創見和主張,對學術界發生了極大的影響,大大

---

① 參看王國維《殷卜辭中所見先公先王考》及《續考》,載一九一七年《學術叢書》;又《觀堂集林》卷九。

② 以上幾段引文俱見王國維《古史新證》。

的引起了學術界對於甲骨學的注意和重視。

在殷墟發掘以前,甲骨文字的研究,到王國維告一段落。從一九二八年殷墟發掘以後,甲骨文字的研究,以郭沫若的《中國古代社會研究》開始,又進入一個新的時期。此將於另處述之。

第二章　解放前的殷墟發掘工作

一　前中央研究院殷墟發掘的緣起和準備

由於甲骨文出土的豐富、學者的蔚起、論著的繁多，一般學術界都知道了這種資料的重要價值。甲骨文比《說文解字》還早一千四五百年。連去古未遠的孔子都嘆文獻不夠、殷禮之不足徵，而我們却看到了這麽多的史料。研究文字學須要依靠它，研究考古學須要依靠它，至於研究古代史，有許多問題，更必須精通甲骨文才能得到解决①。而這種重要的資料，偏偏被帝國主義者大量的搜劫了去。尤其是後來在小屯村出土的幾坑成千成萬片的大版甲骨，被明義士席捲而去②，大大的刺激了國人。

還有，由於出土的甲骨多數是亂挖出來的，因此，與甲骨同時出土的其他物件，以及地面下堆積的層次，往往就全被破壞。前中央研究院《十七年度總報告》說：

> 安陽縣之殷故虛，於三十年前出現所謂龜甲文字者，此種材料，至海寧王國維先生手中，成極重大之發明。但古學知識，不僅在於文字。無文字之器物，亦是研究要件。地下情形之知識，乃爲近代考古學所最要求者。若僅爲取得文字而從事發掘，所得者一，所損者千矣。③

殷墟地下甲骨文字以外的其他遺物和遺跡，同甲骨文一樣重要，甚至其重要性有時還超過甲骨文。但當時挖掘的人目的是在"找寶貝"，因爲甲骨值錢，所以專要

---

① 參看胡厚宣《五十年甲骨學論著目序言》，中華書局一九五二年版。
② 參看胡厚宣《美日帝國主義怎樣劫掠我們的甲骨文》，載一九五一年四月二十七日上海《大公報》及天津《進步日報》。
③ 《國立中央研究院十七年度總報告》，歷史語言研究所部分，《安陽調查》節。

甲骨,甲骨以外,頂多再要一些銅器和玉器,其他東西就全被毀掉了。而地下情形和所有的遺跡,更無從注意到。過去雖然也有人,如羅振玉等,注意蒐集一些殷墟出土的甲骨文字以外的別種古物,但是真是假,究竟是不是殷代的東西,由於發掘的不科學,地下情況的不明,就很難確定。所以說"所得者一,所損者千矣"!

在一九二八年秋季,前中央研究院歷史語言研究所成立後,首先就計劃發掘殷墟。其《本所發掘安陽殷墟之經過》一文,述"發掘之原因及工作之宗旨"說:

> 安陽殷故墟出土龜甲獸骨文字,自前清光緒己亥(公元一八九九年)迄於去歲(公元一九二八年)蓋三十年。此三十年間,初經王、劉兩君注意,繼經羅氏購求,出土者先後數萬片。羅君所得即逾兩萬,而清宣統間及民國初元,每歲仍多私掘,經古董商人輾轉售之歐美日本者,尤不可數計。即英籍牧師明義士所藏已達五萬片。據前年調查,民國九、十三、十六及十七年春,販賣者皆有集眾挖掘之舉,所得龜骨,盡已杳無下落。夫殷人卜辭藏地下者,寧有幾許?經一度之非科學的搜羅,即減損一部之儲積,且因搜求字骨,毀棄他器,紊亂地下情形,學術之損失尤大。……
>
> 殷墟經此三十年之損毀,雖有孫詒讓、羅振玉、王國維諸君文字上之貢獻,以慰學術,然文字以外之材料,因搜尋字骨而消滅者何止什九?故國人頗以為殷墟又更成墟。蓋自舊來玩古董及釋文字者之意義論之,實固如此。然近代的考古學更有其他重大之問題,不專注意於文字彝器之端。就殷墟論,吾等已確知其年代,同時並知其地銅器石器兼出,年來國內發掘古代地方,每不能確定時代,……雖生絕大之學術問題,而標年之基本工作,仍不免於猜度。如將此年代確知之墟中所出器物,為之審定,則其他陶片雜器,可以比較而得其先後,是殷墟知識不啻為其他古墟知識作度量也。又如商周生活狀態,須先知其居室,商周民族之人類學意義,須先量其骨骼。獸骨何種,葬式何類,陶片與其他古代文化區有何關係,此皆前人所忽略……之重要問題。故吾人雖知河南省內棄置三十年從不過問之殷墟已有更無遺留之號(羅振玉說),仍頗思一察其實在情形。……蓋所欲知者為其地下情形,所最欲研究者,為其陶片戰具工具之類,所最切搜集者,為其人骨獸骨。此皆前人所棄,絕無市場價值。至於所謂字骨,有若干人最置意者,乃反是同人

所以爲衆庶重要問題之一，且挖之猶不如買之之廉也。①

李濟在《現代考古學與殷墟發掘》一文中也說：

在我們認定題目範圍之內，除甲骨文字，可作的工作甚多。自然，這遺址的重要，全是因爲有文字存在，時代上沒有許多疑問。所以一切無文字而可斷定與甲骨文同時之實物，均有特別研究的價值。就殷商文化全體說，有好些問題都是文字中所不能解決而就土中情形可以察得出的。這裏面顯而易見的幾個問題，如：這個地方究竟是一個什麼地方？忽然埋藏著這些帶文字的甲骨？又何爲而被廢棄？關於這類問題，就是只有甲骨文字興趣的人，也有時不免要問問。但是要實際解決它們，却很費一番手續。這種題目雖說可以提開問，却並不能提開解決；只有整個的問題解決後，這兩個問題也隨著解決了。②

前中央研究院所以要決定發掘殷墟，首先因爲甲骨文是重要的歷史資料，多少年來，歐美日本帝國主義者大量蒐購甲骨，引起了販賣者集衆挖掘，所出甲骨，多已杳無下落。其次是這樣非科學的挖掘，多經一次，即多一次損失。因只知搜求甲骨，却毀壞了他種器物，攪亂了地下的情形。三則殷墟遺址因有甲骨，時代明確，可以作爲其他遺址的尺度準繩，要想解決其他遺址的問題，必先發掘殷墟。四則應用近代考古學的科學方法發掘殷墟，除了挖掘甲骨文字之外，更重要的是注意地下情形，搜尋其他器物、工具、人骨、獸骨，以解決一切甲骨文字所不能解決的殷代整個文化的問題。

一九二八年八月，前中央研究院歷史語言研究所先派董作賓前往安陽小屯村殷墟調查甲骨出土的情形③。報告作成，存前中央研究院歷史語言研究所圖書室，我們現在錄其要點如下：

（一）張君之談片　據彰德十一中校長張尚德談："予在開封時，即甚注意吾鄉出土之甲骨文字。十四年春，予歸來長此校，即首先親赴縣城西北五

---

① 《本所發掘安陽殷墟之經過》，載一九三〇年《安陽發掘報告》第二期。
② 李濟：《現代考古學與殷墟發掘》，載同上刊；又單行本。
③ 《國立中央研究院十七年度總報告》，歷史語言研究所部分，《安陽調查節》。

里之小屯村調查。蓋出土甲骨之地,爲濱於洹水之農田。吾等曾以物刨地下,不尺許,即可得甲骨殘片,但有文字者甚鮮也。至村,出洋一元,購得小片甲骨盈掬。予曾一再囑村人,此後有出土者,即送至吾校,吾等當以相當代價收買之。然迄今四年,猶不見送來。"

（二）古董肆之訪問　城内古董肆一家,曰尊古齋。肆主王嘉瑞君,甚誠懇。謂若願購求甲骨,彼可代爲蒐集。並出其所藏甲骨文三版,長者寸餘,字頗明晰。云即此需洋五六毫。再大二三寸之品,需數元至十餘元,視字之完缺爲斷。大如掌者,更非五六十元,不可得也。又出贗品相示,謂此是仿製品,價尚廉。其上文字,皆藍寶光君摹刻。刻工精細,酷似原文,海外人士,皆知其名。詢以能得若干,則謂收藏之家甚衆,容徐訪之。又詢以近年出土情形,則曰,民國六七年間,曾出土一大批,殆皆售於外人,近年吾人猶時向鄉間收買,皆零星出土之物也。

（三）小屯之行　花園莊有一私塾,塾師閻君金聲,招待余等入舍,頗客氣。……旋及甲骨文,即請閻君代向村中覓之。……余則私詢兒童,有拾得甲骨上有文字者否？初見,不敢言。繼有一兒,由抽斗取出一片,小如指甲,上有二三殘字,予給以當百銅元一枚。他生皆竊出,歸家取之,共得五六片。閻君歸,亦取來二三片,云是小兒檢得者,與錢二百,小兒歡躍以去。由學塾出,乃赴小屯村北,尋求甲骨出土之地。經小屯已至村北,遇一少婦,詢曰："汝村中小兒女,曾有檢得田中龜版龍骨上有文字者乎？如有,可將來,予等買少許。"婦曰："容或有之,姑少待。"旋取出甲骨一盤,中有碎片數十,皆有文字,且一望而知非膺品,付洋五毫。頃刻之間,男婦老幼麕集,手掬盌盛者,環列求售,予幾於不暇應付。然皆小者如指甲,大塊如卵如棗而已。……一老婦人,持長約二三寸之脛骨及龜版一盤求售,約七八枚,字多完整,至可喜。問其價,不言,反問余與幾何。時予所買零宗,一二毫洋數片,此則與一元,怫然而去。添二元三元,亦不願。知彼有大欲存焉。又一村農同樣者六枚,索價二十元,予益不敢問津矣。村人云,古董商時常來收買,能出高價,惟不要碎片。今之小塊,蓋土人發掘時所棄,而爲小兒女拾得者也,故貶價售之。予計買數宗,需洋二三元,得百餘片,片之大小,字之殘整,所不計矣。以銅元十枚之酬金,請霍氏之子女爲鄉導,引予等至甲骨出土之地。地在洹水西岸,爲一沙丘,與羅氏所云棉田、張君所謂有禾稼之地迥異。豈彼等所至,非此地耶？然此地有足作證據者,一爲新近土人所發掘之十坑,一爲予在坑邊檢得一無字之骨版也。①

經過這次調查,知道殷墟的甲骨文字並没有挖完,還有繼續發掘的價值。董作賓説:

> 吾人可由此次調查而知者,爲甲骨挖掘之確猶未盡。殷墟甲骨,自清光緒二十五年出世,至宣統二年羅雪堂派人大舉搜求之後,數年之間,出土者數萬。自羅氏觀之,蓋已"寶藏一空"矣。然民國以來,如肆估所説,則挖掘而大獲者已不止一次。張君十四年調查,亦云農田之内,到處多有。而吾人於村中親見之品,又皆新近出土者。凡此,皆可爲殷墟甲骨挖掘未盡之證。②

而每私掘一次,就損失一次,爲了避免這種損失,爲了探求文字以外的知識,更有從速進行科學的發掘的必要。前中央研究院《十七年度總報告》説:

> 董君於十七年八月至安陽,經探察後,始知羅振玉所稱洹陽寶藏搜探一空者,實係虛語。今春有多人在小屯左近大肆打探,翻獲甚多,爲其地英國教士明義士買得。如不由政府收其餘地,别探文字以外之知識,恐以後損失更大矣。③

這樣從一九二八年十月第一次試掘起,就開始了殷墟發掘的工作。

二 殷墟發掘的階段和第一、二、三次的試掘工作

前中央研究院歷史語言研究所所組織的殷墟發掘工作,從一九二八年十月第一次試掘起,到一九三七年六月第十五次發掘結束,十年之間,發掘了十五次,這十五次發掘,可以分成五個階段。這五個階段,無論在組織上、設備上、方法

---

① 參看董作賓《民國十七年十月試掘安陽小屯報告書·調查》一節,載一九二九年《安陽發掘報告》第一期。
② 參看董作賓《民國十七年十月試掘安陽小屯報告書·調查》一節,載一九二九年《安陽發掘報告》第一期,第五頁。
③ 《國立中央研究院十七年度總報告》,歷史語言研究所部分,《安陽調查》節。

上、效果上，以及其他種種方面，都有相當顯著的區分和發展。

從第一次到第三次發掘，一切設備都很簡陋，工作方法也幼稚，發掘範圍僅限於小屯村南北和小屯村中。正式工作人員第一次僅董作賓一人，加上臨時工作人員和當時的河南省政府派來參加的人員，合計不過六人。工人只用十五人，後來增加到二十一人。第二、三次正式工作人員都不過五人，經費也很少，第一次發掘才用三百餘元，僅僅是一種規模較大的試探工作而已。這算是殷墟發掘的第一個階段。

到第四次發掘，所派正式工作人員增加到九人，連臨時參加的工作人員，合計達十六人之多。發掘範圍也隨之擴展到小屯村東面的高樓莊後岡和西面的四盤磨東地。到第六次發掘又擴展到小屯村西南的王裕口和霍家小莊以及小屯村北洹河北岸的侯家莊。同時在方法上、記錄上，都有新的改進。對小屯一帶地形，也加以精密的測量。第四次發掘更把遺址分成 A、B、C、D、E 五區，改變了過去的縱橫連坑制度。到第五次發掘又加上了一個 F 區。從第四次到第六次發掘，人員和經費增加了，範圍也擴大了，一切都有了改進，這是殷墟發掘的第二個階段。

從第七次到第九次發掘，工作範圍又從河南安陽縣，擴展到河南濬縣的辛村、劉莊、大賚店，鞏縣的塌坡、趙溝、馬峪溝，成皋縣廣武鎮的陳溝、青苔和山東滕縣的安上村、曹王墓、王墳峪①。從第八次起，發掘團的辦事處由洹上村的三間小屋遷到城裏冠帶巷一個幾進的大院。工作人員的經驗較前豐富了，工人們的技能也提高了一步，發掘的成績雖然不很大，但工作效能却大有改進。這可以說是殷墟發掘的第三個階段。

前三個階段所發掘的地區，多爲活人居住的遺址。但在第八次發掘工作中，在後岡發現了一座大墓，墓室長方，並有南北兩道，棺穴成亞字形，規模極爲雄偉。墓室雖然在很早時期就被盜過，已經擾亂不堪，但就殘餘的遺物看來，却和小屯殷代遺物相類，因此知爲殷墓無疑。據此推想安陽一帶，不但是殷都所在，而且還有發現殷陵的可能。經反覆嚴密調查，確定發掘侯家莊西北岡。從殷墟第十到第十二次發掘，果然在侯家莊西北岡發現了大墓九、小墓一千二百二十八，確定了這裏是殷代後期統治階級的"皇陵"。這三次發掘，規模宏大，人員充

---

① 比較普遍的擴展到河南安陽以外的地區和山東各地進行發掘，是從這一階段開始的。在第一個階段第三次發掘以後，曾經發掘過山東歷城縣龍山鎮城子崖，那是因爲前中央研究院和前河南博物館發生爭執，殷墟發掘工作因而停止，所以才去山東發掘。

實,使用了新的工具,學習了新的技能,在組織上方法上都有了極大的改進。發掘團除了城內的辦事處外,還在鄉村設立了臨時工作站,在工作方面收了極大效果。考古工作已由遺址的尋找而進入墓地的發掘。這是殷墟發掘的第四個階段。

從第十三次起,到第十五次發掘止,發掘工作又由墓地轉回遺址;由侯家莊西北岡轉到小屯村。在組織上方法上及其他一切設施方面,都大異前昔。這次發掘以一千六百平方公尺爲一個工作單位,一百平方公尺爲一小單位,實行了歷次發掘所希冀的"平翻"。又使用了"深度測量"和"比例照像",對於出土陶片也用了新的處理方法。因爲方法技術上的不同,所以遺跡遺物均有空前的重要發現,發掘工作較前大爲擴展。這是殷墟發掘的第五個階段①。

現在按次分述如下:

第一次試掘,自一九二八年十月十三日開工,到十月三十日停止,共作十八天。發掘工作由董作賓主持,另有臨時工作人員李春昱、趙芝庭、王湘三人參加;當時的河南省政府派張錫晉、郭寶鈞二人參加,全部工作人員共六人。先用工人十五名,後增至二十一名。工作地帶在小屯村,分爲三區進行,第一區在村東北洹河之濱,第二區在村北,第三區在村中。

這次主要目的,在發掘甲骨。最初調查,以爲甲骨發現當在洹濱的沙丘。經再次詢訪,則出甲骨地點並不在沙丘,而在沙丘以西的棉田和田北的穀地。發掘時先採用"輪廓求法",即"先由周圍打四坑以探求其輪廓"。後來又改用"集中求法",即"集全力向穀地中地面多甲骨之處求之"。同時又參用了"打探求法"。"輪廓之法,由外而內;集中之法,由內而外。打探之法,爲可知一丈以內之土色計,作交叉形,蓋猶是縮小範圍之輪廓求法也"。因這三種方法,"全屬理想",結果失敗。最後又"舍棄個人之理想,而利用村人之經驗"。就是"博訪周咨",看什麼地方曾經盜掘,出過甲骨,而又沒有挖完,就發掘什麼地方。果然在二區三區都有所獲,尤以三區的三十六坑所獲爲多。

總計這次在三區共開四十坑,坑的面積約以長二公尺寬六公寸爲準,共掘面積約二百八十餘平方公尺左右。發現了字甲五五五片、字骨二九九片,共計甲骨八五四片。還有銅、陶、骨、蚌、石、玉等類器物多種。由這次發掘,知道殷墟"範圍之大,就所知者而言,已自河畔直達村中,一里之內,皆殷墟遺物所在之地也"。

---

① 參看石璋如《殷墟最近之重要發現附論小屯地層》,載一九四七年《中國考古學報》第二册。

"而殷墟遺物如甲骨之類在地下之形狀,又確可斷定其爲漂流淤積所致"。因而建立了殷墟漂没的學説①。

前中央研究院於《十七年度總報告》中記此次試掘所得結果説:

(一) 村北之地,似已有多處毁壞,殘片常見,而大層絶無。村中空地,今春亦被人發掘,但村南尚有可採。若收買村居,必有大獲。

(二) 此次採掘,共得有文字之整碎片計八百餘,無文字之骨亦甚多,錯亂安置,並無次序。其採得較多處,乃在水流之旋渦,並非原置骨處。

(三) 出龜骨之地域,南北二里,東西一里半,斷非當年儲藏所。其零亂參差,至於如此,乃水流冲散之故。不知當時儲藏所是否即羅振玉氏挖探之區。

(四) 非文字品,所得不少。有字品中,已發現數個未曾見過之字。

(五) 發現大批無字骨之處,有未鋸者,若當年材料場然。

(六) 約言之,龜甲文字雖大致未必可多得,而其他知識,必含甚多之材料。如將小屯村收買一部,在其四周,仔細探察,或可得到殷墟之大體。此次初步試探,指示吾人向何處工作,及地下所含無限知識,實不在文字也。

爲了陸續發表發掘的初步報告和研究結果,前中央研究院歷史語言研究所發刊了《安陽發掘報告》一種期刊。關於這次發掘的初步報告,有董作賓的《民國十七年十月試掘安陽小屯報告書》。所得甲骨,由董作賓發表爲《新獲卜辭寫本》和《新獲卜辭寫本後記》②。和他討論的文章,有傅斯年的《新獲卜辭寫本後記跋》③,余永梁的《新獲卜辭寫本後記跋》④,魏建功的《論六書條例不可逕用於甲骨文字責彦堂》⑤,鄧爾雅的《跋董作賓新獲卜辭寫本》⑥,和温丹銘的《新獲卜辭寫本後記書後》⑦。

---

① 參看董作賓《民國十七年十月試掘安陽小屯報告書》,又《新獲卜辭寫本後記》。載一九二九年《安陽發掘報告》第一期。
② 載一九二九年《安陽發掘報告》第一期。
③ 載一九三〇年《安陽發掘報告》第二期。
④ 同②。
⑤ 載一九二九年三月十七日及四月七日北京《新晨報》。
⑥ 載中山大學一九二九年《語言歷史學研究集刊》七集七十五期。
⑦ 載一九三三年《中山大學文學院專刊》第一期。

一九二八年十二月前中央研究院歷史語言研究所成立考古組,由李濟負責,主持殷墟發掘事宜。李濟就帶助理員董光忠並邀同董作賓再去安陽查勘,並籌備明年春天的發掘工作。一九二九年三月七日第二次發掘開工,到五月十日停止,共作六十五天。發掘工作由李濟主持。另有工作人員董作賓、董光忠、王慶昌、王湘,參加人員裴文中。在洹上村設立辦事處。工作地點在小屯村,分在村中、村南、村北三處發掘。村中在廟的西南,以縱、橫、斜、連爲坑名。村南在場上,以 A、B、C 等爲坑名。村北以 T、U、V 爲坑名。進一步應用了近代考古學的方法,特別注意坑層和遺跡的研究。

每坑約以長三公尺寬一公尺五爲標準,共開坑四十三,約佔面積二百八十餘平方公尺。發現了字甲五五片、字骨六八五片,共計甲骨七四〇片。又有大宗陶器、陶片和獸骨,少數石器、銅器及其他遺物。銅器以箭頭居多。陶豕爵殘片,紋飾和銅器相同,後來才知道是鑄銅器用的陶範。牛首陶耳兩片,獸頭形狀也是"商周銅器所常見"①。陶片刻紋的很多,單花紋就有十四種。完整陶器有繩紋尊、繩紋罐、繩紋瓿、素罍、刻紋罍、殷、壺、釜、繩紋鬲、弦紋尊、爵、洗,而以方形簋最爲少見。

遺跡方面,首先認定了小屯地面下的遺存應該分爲三期:

1. 殷商文化層。
2. 隋唐的墟墓,有的也許早此。
3. 現代的堆積。

又進一步證實了第一次發掘時所得出的殷墟淹没的學説。李濟《小屯地面下情形分析初步》説:

  我們這季找了幾件具體的事實,可以證明地下的文化層是由洪水冲積成的。殷商人所以放棄這個都城,也是因爲這次的洪水。②

並以爲大水可以冲動二十磅的大石卵,曾經淹死過將成年的兒童。又以爲甲骨

---

① 李濟:《殷商陶器初論》,載一九二九年《安陽發掘報告》第一期。
② 李濟:《小屯地面下情形分析初步》,載一九二九年《安陽發掘報告》第一期。

存儲,本有固定的地方,而且裝釘成册,今天的甲骨層,乃被水冲過①。但這一學說到第四次發掘時就加以修正了。

關於第二次發掘的初步報告,有李濟的《小屯地面下情形分析初步》和《殷商陶器初論》,俱刊《安陽發掘報告》第一期。一九二九年出版。

一九二九年秋季,舉行第三次發掘。這次發掘分爲兩期:前一期十月七日開工,二十一日停止,共作十五日。後期十一月十五日開工,十二月十二日停止,共作二十八日。前後兩期共作四十三日。發掘工作由李濟主持,工作人員有董作賓、董光忠、張蔚然、王湘等。工作地點在小屯村北的高地,和村西北的霸台。

這次工作計劃,打算在小屯村北掘縱橫溝,繼續研究地層問題。兩期發掘,皆按這一計劃進行。第一期,因棉花未收,只在村北白地工作,又在村西北地試掘。第二期棉花已割,遂照原定計劃工作。總共開了縱溝七、橫溝十四。溝寬一公尺,長三十至四十公尺不等。淺者深兩公尺。深者逾八公尺,到了水面。以寬一公尺長三公尺爲一單位,以甲乙丙等十干名之。共開坑一百一十八,約四十三個單位,佔地約八百三十六平方公尺。

計發現字甲二〇五〇片,有名的"大龜四版"就在這裏邊,字骨九六二片,甲骨共計三〇一二片。此外又發現了兩大獸骨刻辭,一個是牛頭刻辭,一個是鹿頭刻辭。銅器有爵、觚、戈、刀、矛、錛、釘、錐、鏃和銅範。石器有石斧、石鏃,石刀發現尤多,幾乎上千,其用處一定很廣。而以石刻半截抱腿而坐的所謂"人像"最爲特殊。此所謂"人像"者,周身有花,背面有槽,後來才知道是饕餮。陶器有一片彩陶,由它找出了小屯文化和仰韶文化的關係。還有一些帶釉的陶片,"爲殷商時代的產品",應當說是中國瓷器最早的淵源。此外還有蚌器、白陶和雕花的骨器,藝術價值極高。

遺跡方面,有方坑、長方坑和圓坑共十一個,其中所出遺物比較完整,有陶器、石器、骨器、玉器、有字和無字的卜用甲骨,還有獸骨和人骨,有的深到水面,當爲儲藏和居住的遺存。而由地下情形看來,"殷墟的範圍,實超出小屯村境界以外"②。還有墓葬二十四,其中有俯身葬三。

關於第三次發掘的初步報告,有李濟的《民國十八年秋季發掘殷墟之經過及

---

① 李濟:《小屯地面下情形分析初步》,載一九二九年《安陽發掘報告》第一期。
② 李濟:《民國十八年秋季發掘殷墟之經過及其重要發現》,載一九三〇年《安陽發掘報告》第二期。

其重要發現》①。關於俯身葬,有李濟的《俯身葬》②。關於彩陶片,有李濟的《小屯與仰韶》③;討論的文章,有徐中舒的《再論小屯與仰韶》④,梁思永的《小屯龍山與仰韶》⑤。關於大龜四版,有董作賓的《大龜四版考釋》⑥;討論的文章有瞿潤緡的《大龜四版考釋商榷》⑦,陳窞憲的《貞人質疑》⑧。又曾著錄在郭沫若的《卜辭通纂》一書⑨,並附考釋。關於獸頭刻辭,有董作賓的《獲白麟解》⑩;討論的文章有方國瑜的《獲白麟解質疑》⑪、唐蘭的《獲白兕考》⑫和裴文中的《跋董作賓獲白麟解》⑬等。又曾著錄在郭沫若的《卜辭通纂》一書,並附考釋。又曾著錄在商承祚的《殷契佚存自序》中。

另外在小屯村西北的霸台開探溝三個,其單位的面積和名稱與小屯村相同。發現墓葬六處,此外也有灰土的堆積。

以上一至三次發掘,是殷墟發掘的第一個階段。

三 第四、五、六次發掘的改進和前六次工作的成績

前中央研究院歷史語言研究所所組織的殷墟發掘工作,自從一九二九年秋季第三次發掘停工後,因與當時的河南省政府發生爭執,長久不能解決,無形中停頓了一年多⑭。一九三〇年秋季,前中央研究院與當時的山東省政府合組的山東古蹟研究會成立後,就開始在山東發掘,在濟南東南龍山鎮附近城子崖發現了華北東部新石器時代的黑陶文化。這個發現,除了它自身的重要外,並供給了發掘殷墟和研究殷墟問題一批極重要的比較材料,好些疑難問題,因此得了一個可靠的解決的根據。這大大的推動了殷墟第四次以後發

---

① 載一九三〇年《安陽發掘報告》第二期。
② 載一九三一年《安陽發掘報告》第三期。
③ 載一九三〇年《安陽發掘報告》第二期。
④ 載一九三一年《安陽發掘報告》第三期。
⑤ 載《慶祝蔡元培先生六十五歲論文集》下冊,一九三五年。
⑥ 同④。
⑦ 載一九三三年《燕京學報》第十四期。
⑧ 載中山大學一九三三年《文史研究所月刊》第二卷第一期。
⑨ 東京文求堂書店一九三三年版。
⑩ 同③。
⑪ 載一九三一年《師大國學叢刊》第一卷第二期。
⑫ 載一九三二年《史學年報》第四期。
⑬ 載一九三四年三月十八日及二十五日北京《世界日報》。
⑭ 參看《本所發掘安陽殷墟之經過》,載一九三〇年《安陽發掘報告》第二期;又單行本。

掘工作的開展①。

當前中央研究院和當時的河南省政府的爭執獲得解決以後，在一九三一年春季，遂又繼續舉行第四次發掘。三月二十一日開工，至五月十二日停止，共作五十二天。發掘工作由李濟主持，工作人員有董作賓、梁思永、郭寶鈞、吳金鼎、劉嶼霞、李光宇、王湘、周英學，當時的河南省政府參加人員有關百益、許敬參、馬元材、谷重輪、馮進賢，河南大學實習生有劉燿、石璋如，共計工作人員十六人。雇用工人每日平均百餘名。

工作地點在小屯村北，就第三次發掘地區繼續工作，重新測量，確定永久標點。另分遺址為 A、B、C、D、E 等五區。梁思永領 A 區，郭寶鈞領 B 區，董作賓領 C 區。原來計劃"整個的翻"，後來因為這樣做有困難，"那時參加工作的同人，均感覺原來的計劃有變更的必要"。"開工後一禮拜，就決定留數米翻一米的計劃"。"但若某處認為有全翻的必要，仍可全翻"②。坑的面積劃一，以長十公尺寬一公尺為一標準坑，每隔若干公尺平行開坑，各區皆以第一坑開始，依次而下。

總計各區開坑一百七十五，佔地約一千四百七十平方公尺左右。發現了字甲七五一、字骨三一，共七八二片。又發現了一個鹿頭刻辭。遺物有銅器，以 E16 所出者為多，武器有戈、矛、瞿、鏃等，用器有錛、斧、小刀等。又有銅範。陶器有灰陶、紅陶、釉陶、白陶。又有石器、骨器、花骨、牙器、蚌器。還有貝、金、玉和綠松石。至於獸骨，則 E10 坑出了一大堆，除鹿頭刻辭外，尚有虎頭骨、象牙床、鯨肩胛、牛骨和鹿角。尤以象骨和鯨骨的發現，對於當時氣候與交通的研究，更具有重大的意義。李濟説：

    象的記載，雖然早見甲骨文字，象牙器亦發現過，這却是頭一次發現象的遺骸。殷人服象，由此可得實物的證實了。鯨之脊椎及肋骨在第三次已經出現過。這些骨料當然來自東海或南海，可見那時的交通一定是達到海邊。③

遺跡方面，首先是 B、C、D 區有廣泛的版築遺跡發現，李濟説：

---

 ① 參看李濟《安陽最近發掘報告及六次工作之總估計》，載一九三三年《安陽發掘報告》第四期；又《城子崖序》，一九三四年。
 ② 李濟：《安陽最近發掘報告及六次工作之總估計》，載一九三三年《安陽發掘報告》第四期。
 ③ 同上。

版築的存在證實後,我們對於商朝建築的研究,又鼓起新的興趣來。這是我們發掘殷墟的歷史中一個極重要的轉點。①

又發現了穴居和宮室的遺址,並且修正了一至三次發掘所假定的殷墟係漂流淹没的學說。長方坑和圓坑也續有發現,坑壁不但光滑,且有兩壁相對以便上下的脚窩。又發現墓葬十八處,以隋墓居多。

發掘團的同人,自從一九三〇年在山東發掘以後,大家都相信"要了解小屯,必須兼探四境"。在第四次發掘的時候,就"都想用由外求内的方法,發掘小屯四境,以解决小屯"②。小屯村西邊有個小村四盤磨,以出銅器墓葬出名,一九二九年秋,就曾有人在此掘出這類的墓葬。小屯村東邊的後岡,去發掘小屯村時,天天要走過那裏,看它隆然高起,徧佈着古代的繩紋陶片,就動了發掘的念頭。因此第四次發掘,除了小屯村,也還發掘了四盤磨和後岡。

發掘四盤磨的人員是吳金鼎、李光宇。從一九三一年四月十六日到三十日,共作十五日。開拐尺形的溝兩個,東西相距約一百五十公尺,其中以長五公尺寬一公尺或七公寸爲一坑,共開坑二十,佔地約一百多平方公尺。遺跡方面,發現有大的灰土坑和夯土墓葬,墓旁有大石卵,墓中殉物有陶觚爵等。其中有俯身葬一處,地面下情形甚似小屯。遺物方面,有無字的甲骨、翼狀的銅鏃、骨矢、骨鏟、骨椎、石刀和蚌器,形制均與小屯所出同類器物無異,此處大約亦爲殷墟之外郊。吳金鼎以爲"或爲當時平民之居址"③。

發掘後岡的人員是梁思永,後來又有吳金鼎和劉燿。從一九三一年四月十六日到五月十二日止,共作二十七天。由岡頂作起點,向東南西北四方面發展,以長十公尺寬一公尺爲一坑,共開坑二十五,大約佔地二百十六平方公尺。在遺跡方面,最重要的是發現了小屯龍山及仰韶文化的成層堆積,所謂"三層文化"。梁思永説:

> 上層所包含的是白陶文化(即小屯文化)的遺物。中層所包含的是黑陶文化(即龍山文化)的遺物。下層所包含的是彩陶文化(即仰韶文化)的遺物。每層所包含的遺物裏,不但有它所代表的文化的普通器物,並且有那文

---

① 李濟:《安陽最近發掘報告及六次工作之總估計》,載一九三三年《安陽發掘報告》第四期。
② 李濟:《安陽最近發掘報告及六次工作之總估計》,載一九三三年《安陽發掘報告》第四期。
③ 吳金鼎:《摘記小屯迤西之三處小發掘》,載同上刊。

化的特殊製品。這簡單的事實,是城子崖黑陶文化發現後中國考古學上一個極重要的發現。在這發現之前,我們只知道中國在石器時代東部曾有一種黑陶文化,而於這文化與其他文化的關係是一無所知的。在這發現之後,我們才知道他的時代的地位,以及他與白陶文化和彩陶文化的關係。①

又發現了黑陶時期"祭天"用的"白灰面"。這是"以前還沒有見過的新發現"。又發現了同小屯村一類的長方坑和夯土,時代也相同。遺物方面,發現了彩陶時期的彩色陶器、劃紋紅陶、灰粗陶鼎和琢製石器,黑陶時期的方格紋與寬壓紋陶片、骨鏃、石鏃和骨鑿,以及和小屯出土相同的一些陶、骨、蚌、石等。而最有趣的是又發現了一塊字骨,這是小屯村以外地區第一次發現的甲骨文。董作賓以爲這是"民間所用"②。發掘工作未完,因軍事停止,停了半年,才又繼續做完。

關於第四次發掘的初步報告,有李濟的《安陽最近發掘報告及六次工作之總估計》。分區的報告,有郭寶鈞的《B區發掘記之一》③。新發現的鹿頭刻辭,曾發表於董作賓的《甲骨文斷代研究例》④,又曾著錄在郭沫若的《卜辭通纂》和商承祚的《殷契佚存自序》中。關於四盤磨發掘的報告,有吳金鼎的《摘記小屯迤西之三處小發掘》⑤。關於後岡發掘的報告,有梁思永的《後岡發掘小記》⑥和《小屯龍山與仰韶》⑦。關於字骨的研究,有董作賓的《釋後岡出土的一片卜辭》⑧。

一九三一年秋季,舉行第五次發掘。十一月七日開工,到十二月十九日停止,共作四十三天。發掘工作由董作賓主持,工作人員有梁思永、郭寶鈞、劉嶼霞、王湘,參加人員有當時的河南省政府的馬元材,安陽教育局的李英百、郝升霖,實習人員有清華大學的張善,河南大學的劉燿、石璋如,共計十一人。工作地點在小屯村北和村中。在村中又增闢F區。發掘工作分爲三區,郭寶鈞作B區,石璋如作E區,董作賓作F區,大體上繼續春季未完的工作。用工人四十名。開坑九十三,約佔面積八百十八平方公尺。

---

① 梁思永:《後岡發掘小記》,載一九三三年《安陽發掘報告》第四期。
② 董作賓:《釋後岡出土的一片卜辭》,載同上刊。
③ 載一九三三年《安陽發掘報告》第四期。
④ 載《慶祝蔡元培先生六十五歲論文集》上册,一九三三年。
⑤ 同③。
⑥ 同③。
⑦ 載《慶祝蔡元培先生六十五歲論文集》下册,一九三五年。
⑧ 董作賓:《釋後岡出土的一片卜辭》,載一九三三年《安陽發掘報告》第四期。

總計發現字甲二七五片、字骨一○六片，共計三八一片。其中有牛肋骨刻辭一版，前此從未見過。遺物方面，除常見的陶、骨、蚌、石外，還有殘石磬、雕石皿、花骨、金頁等。遺跡方面，首先是"村中發掘證明地下堆積為廢棄狀況，不是如先前所説漂流來的。這當然又是洪水説的一個新的反證"。又知道"甲骨原在地，顯係堆積而非漂没"①。一至三次所假定的殷墟甲骨漂流淹没的學説，第四次發掘後已經修正，到這次發掘，才根本推翻了。其次又發現"版築為比較晚期的建築，夯土下面，另有一種居住的遺址大圓坑。這些圓坑，往往兩兩相套，重疊排列，或作葫蘆形，這或者就是古時的陶復，挖土為穴，上加覆蓋的制度"②。黄土台基亦為本次的新發現。又發現藏骨料的方窖、廢棄而改造過的豎穴、淺小特異的方穴及寶藏甲骨文的地方。又獲墓葬九，其中八個都是隋代的。

　　前次發掘後岡，正在工作中，因軍事停止，這次才繼續把它作完。一九三一年十一月十日開工，十二月四日停止，共作二十五天。發掘工作由梁思永主持，實習人員為劉燿和張善。分為東南、西南、西北三區，繼續作上次未完的工作，開坑二十個，佔地約三百八十五平方公尺。繼續發現了龍山時期的"白灰面"，又新發現了同時期的夯土牆。而小屯龍山與仰韶三層文化的上下堆積更為明晰，其先後堆積所代表的時代，乃成為毫無問題的定論。遺物方面，重要的有仰韶期的彩陶鼎和石器，龍山期的黑陶盆、罐、鬲、盌等，上層的灰陶則多與小屯相同。

　　關於第五次發掘的初步報告，有李濟的《安陽最近發掘報告及六次工作之估計》。分區的報告，有郭寶鈞的《B區發掘記之二》③。關於殷墟前五次發掘所得銅器的研究，有李濟的《殷虛銅器五種及其相關之問題》④。

　　關於後岡的發掘報告，有梁思永的《後岡發掘小記》和《小屯龍山與仰韶》。

　　一九三二年春季，舉行第六次發掘。四月一日開工，到五月三十一日停止，共作六十一天。發掘工作由李濟主持，工作人員還有董作賓、吳金鼎、劉嶼霞、石璋如、王湘、李光宇、周英學等，共八人。工作地點集中BE兩區。B區作小規模的"平翻"，E區則密集開坑。用工人六十名，開坑八十二，佔地約九百平方公尺。

　　這次發掘注意集中所在為版築下面的方圓坑以及它們的構造和排列。方坑中發現上下用的腳窩，作小洞形，上下排列成一條直綫，比第四次發掘的更為整

---

① 李濟：《安陽最近發掘報告及六次工作之總估計》，載一九三三年《安陽發掘報告》第四期。
② 李濟：《安陽最近發掘報告及六次工作之總估計》。載同上刊。
③ 載一九三三年《安陽發掘報告》第四期。
④ 載《慶祝蔡元培先生六十五歲論文集》上册，一九三三年。

齊。又發現了長約三十公尺寬約十公尺的殷代版築基址,其上並有行列整齊的柱礎石。另外還有"三座門"的痕跡,現在也僅存柱礎。這裏無疑是殷代的宫殿遺址。而這種建築基址和礎石排列的方向,均爲磁針的南北,尤爲耐人尋味之事。又發現殷人炊爨的爐灶,亦爲前五次發掘所未有。又"這季發掘所得,與殷墟歷史最有關係的事實爲坑内套坑的現象。這是殷墟曾經過長久居住的最好的物證"①。墓葬發現五座。甲骨文只發現字骨一片。此外,遺物以陶片居多,重要的器物則較少。不過在黑陶叢中找到字骨,在灰土坑裏發現墓葬,這説明殷墟遺址的問題也相當複雜。

爲了"由外求内"和"兼探四境",這次除小屯村外,又發掘了小屯西北洹河北岸的侯家莊高井台子和小屯西南的王裕口霍家小莊。

侯家莊高井台子的發掘,一九三二年四月八日開工,十六日停止,共作九天。工作人員爲吴金鼎和王湘。工作地帶在侯家莊西北靠近洹河的北岸。開坑三十三,佔地約三百平方公尺。結果發現了幾層文化堆積的情况,有的上層爲灰陶,下層爲黑陶;有的上層爲灰陶,下層爲彩陶;有的上層爲灰陶,中層爲黑陶,下層爲彩陶。在後岡發現的"三層文化"的時代先後,又得到了另一地區的證明。又發現各期的小灰坑和規模較大的漢磚墓。遺物方面,則有仰韶期的彩陶、紅陶、沙陶,不甚精緻的骨、角、石器。龍山期的刻紋、方格紋、條紋黑陶,精緻的骨、蚌、石器和卜用的獸骨。

王裕口和霍家小莊的發掘,一九三二年四月十四日開工,至五月十日停止,共作二十七天。工作人員先爲李濟,後爲吴金鼎。工作地點在王裕口之北,霍家小莊之東,花園莊之西的一帶平地。計開十公尺的坑八個,三十公尺的坑一個,佔面積約一百十六平方公尺。遺跡方面,發現有殷代的居住遺址和墓葬。居住遺址有和小屯相同的穴窖,在灰土中時見大小石卵,吴金鼎説"此類石卵或爲當時建築材料之一"②。墓葬爲數最多,計在所掘百餘公尺中,共發現完整墓葬八座,内有俯身葬二、銅器葬一,另外還有不完整的墓葬四五座,其密度之大可知。墓的形制和殉物,和四盤磨相仿。此處大約均爲殷墟之外郊。"就出土物而論,灰土層中,多出灰陶片,與小屯略同。無文字之甲骨等物亦相似。其深處之緑灰土中,時見厚片之黑陶,並有帶刻紋者。"③

---

① 李濟:《安陽最近發掘報告及六次工作之總估計》,載一九三三年《安陽發掘報告》第四期。
② 吴金鼎:《摘記小屯迤西之三處小發掘》,載一九三三年《安陽發掘報告》第四期。
③ 同上。

關於第六次發掘的初步報告，有李濟的《安陽最近發掘報告及六次工作之總估計》。關於侯家莊高井台子和王裕口霍家小莊發掘的報告，有吳金鼎的《摘記小屯迆西之三處小發掘》。

以上四至六次發掘，是殷墟發掘的第二個階段。

從一九二八年秋到一九三二年春，五年之間，前歷史語言研究所在殷墟作了六次發掘。李濟對這六次發掘作了一個總估計，他的説法約略如下：

總計六次發掘所搜集的出土品，以陶類為最多。前後運回的有三百餘箱，其中完全無缺的不到十件，能對成整器的不到百件，其餘的都是不成器的碎片。

就陶質説，殷墟出土的有灰陶、紅陶、彩陶、黑陶、白陶和釉陶。灰陶為小屯龍山仰韶所共有，紅陶為小屯仰韶兩期所共有，彩陶為仰韶式，黑陶為龍山式，白陶、釉陶為殷墟所特有。就形制説，圈足與平底類為最多；圓底三足類次之；圓底單足、凸底、四足又次之。種類有鬲、甗、皿、盤、尊、爵、洗、壺、瓿、釜、盆、碗、杯、罐、缸和没有舊名的"將軍盔""喇叭器"。附著品最顯著的為蓋與耳，蓋之形狀甚多，有時刻字；耳或作獸頭形，有可穿繩的，很少能容手的。間或有流，皆平行。就文飾説，除一塊仰韶式陶片以彩色顯著外，均為刻劃。粗陶文飾最簡單，黑陶與白陶最複雜。文飾之母題有兩類，動物形和幾何形。也有介於二者之間的符號化之動物形。

次多的出土品為動物骨，已認定者為牛、豬、鹿、羊、馬、兔、狗、虎、熊、象、龜、鱉、鯨、鷹、雞等，尤以豬牛之骨為最多。骨料多用作製器，有武器、用器和裝飾品。用器中最多者為簪髮之筓與食用之柶，兩種均刻有富麗的花紋。武器以鏃為多，間有矛頭。此外多為滿雕文飾的裝飾品。牛與鹿的角，豬與象的牙，均為重要之製器料；角製者多為武器與用器，牙製者多為裝飾品。

石器之多，不亞於骨器。用器有皿、刀、斧、杵臼、磨石等。武器有鏃、矛頭與槍頭。禮器有瑗、戚、璧、琮等。樂器有磬，並刻作豬、鳥、人像以作祭祀建築或裝飾之用。或琢成特種花紋鑲嵌於他物作裝飾品。石器之原料不一，有似玉者。

金屬品有黃金塊及小片金葉，成塊的錫及製成器物之合金類的青銅器。青銅武器有鏃、矛、戈、瞿等，用器有刀、斧、錛等。禮器殘片甚多，無完整者，但有作禮器用的大批銅範。裝飾用品饕餮、蚌殼等亦有青銅鑄成者。

貝蚌多琢成嵌飾，亦為當時的通用貨幣。貨幣多用鹹水貝，裝飾多用淡水貝。

占卜用甲骨，遺留下來的以無文字記載者為多，有文字的不過十分之一。除占卜用的甲骨外,陶器骨器與獸頭亦有刻劃文字者。

發現的遺跡,大都是關於建築方面的,也非常重要。由版築的存在可以推想那時建築的性質,由長坑圓坑及黃土台的研究可以推想那時建築的形態。以這些建築遺址爲準,各種遺物在地下原來的位置及其相互的關係就都是有意義的了。

由這六次發掘的發現以及甲骨文字的研究,首先我們可以推斷殷墟文化層是一個長期的堆積。大約版築以前爲一期,版築以後又爲一期;或者把它分爲方圓坑時期和版築時期。其次我們認識到殷墟文化是多元的。它除了承襲仰韶文化和龍山文化之外,還受了一些南方文化的影響。殷墟文化實爲一種極進步的文化[1]。

四 第七、八、九次發掘的擴展和"殷虛文字甲編"

前中央研究院歷史語言研究所由於在一九三〇年、一九三一年發掘山東城子崖發現了黑陶文化,提供了研究殷墟問題一批重要的比較資料,又由於相信"要了解小屯,必須兼探四境",乃在小屯附近四盤磨、後岡、侯家莊、高井台子、王裕口和霍家小莊等發發掘,結果解決並提出了一些新的問題。因此在一九三二年,也仿山東古蹟研究會之例,與當時的河南省政府合組河南古蹟研究會,以濬縣爲試辦區,進行發掘工作。

一九三二年春,舉行濬縣第一次發掘,計發現辛村黑陶文化遺址一、大賚店彩陶文化遺址一、衛侯殘墓二。同年,舉行第二次發掘,清理衛殘墓十一。一九三三年春,舉行第三次發掘,計發現劉莊彩陶遺址一,清理衛殘墓二十一、漢墓一。同年秋,舉行第四次發掘,計清理衛殘墓五十一,單銅器就發現千餘件。一九三四年春,舉行廣武第一次發掘,計發現陳溝彩陶遺址一。同時分隊發掘鞏縣塌坡彩陶遺址一。同年秋,舉行廣武第二次發掘,得青苔彩陶遺址一,同時分支又發掘黑陶遺址之一部[2]。

一九三三年秋,前中央研究院與當時的山東省政府合組的山東古蹟研究會也在山東發掘了滕縣的安上村、曹王墓,前者爲龍山和小屯文化遺址及春秋時代的古墓,後者爲漢墓。又試掘了王墳峪。

發掘工作不但從小屯村擴展到它周圍的村落,而且從安陽縣擴展到輝縣,從

---

[1] 參看李濟:《安陽最近發掘報告及六次工作之總估計》,第五節,載一九三三年《安陽發掘報告》第四期。

[2] 參看郭寶鈞《河南古蹟研究會成立三年工作概況》,一九三五年。

河南省擴展到山東省。發掘範圍，既然超出了安陽，《安陽發掘報告》這一期刊就失去了它繼續存在的意義。前中央研究院歷史語言研究所乃另外發刊《田野考古報告》，後來又改名爲《中國考古學報》。

一九三二年秋季，前中央研究院歷史語言研究所舉行第七次殷墟發掘。十月十九日開工，到十二月十五日停止，共作了五十八天。發掘工作由李濟主持，工作人員還有董作賓、石璋如、李光宇，共四人。工作地點在小屯村北。過去幾次發掘，都是集中在 BE 兩區，這次則於 BE 兩區之外又擴充到 AC 兩區，即集中於 ABCE 四區工作。平均用工人六十名，開坑一百七十三，佔地約一千六百十二平方公尺。

這次較重要的發現，在遺跡方面，爲更多的版築基址，有矩形，有凹形，有條形，普通皆長二十餘公尺，最長有達六十公尺者。基址之上或基礎的前邊，都有排列勻整的柱礎石，南北都成準確的子午方向。居穴和基址的分佈和關係，也較前幾次更爲明晰，在小屯村北六百公尺的面積內，就有版築基址幾處，窨穴寶窖，散佈其間。穴的形狀有渾圓，有橢圓，有心形，有長方形，有方形。有的有台階可以上下。又有窖，可以深到七八公尺。這些地方，確爲殷代宗廟宮室的所在。又有墓葬十六處，早期者三座，餘爲隋唐之墓。

遺物方面，以灰坑及深窖中出土者居多。如 E 一六一坑有成層的鹿角。E 一八一窖出土陶、骨、蚌、石、龜、貝、金、銅、玉等類器物凡五十七種，達五千八百零一件。其中尤以字陶一片最爲珍貴，上邊有一墨書"祀"字，鋒芒畢露，知殷代必已有了毛筆①。此外還有石用器、石兵器、石磬、松綠石珠、松綠石飾、黑陶、灰陶、白陶、"將軍盔"、鳥獸骨、骨器、卜骨、花骨、鹿牛羊角、牙飾、貝、蚌、蚌器、蚌飾、龜版、銅鏃、銅鈴、銅泡、銅飾、銅範、金飾等。又發現字甲二三、字骨六，共計二十九片。

關於第七次發掘 E 區的初步報告，有石璋如的《第七次殷墟發掘 E 區工作報告》②。

一九三三年秋季，舉行第八次發掘，十月二十日開工，到十二月二十五日停止，共作六十七天。發掘工作由郭寶鈞主持，工作人員還有石璋如、劉燿、李景聃、李光宇，參加人員有當時的河南省政府的馬元材，共六人。工作地點在小屯

---

① 參看董作賓《殷人之書與契》，載《中國藝術論叢》，商務印書館一九三八年版。
② 載一九三三年《安陽發掘報告》第四期。

村北。集中全力於 D 區，目的在溝通 B、E 兩區，並窺察黑陶、灰陶文化的關係。用工人四十九名，開坑一百三十六，佔地約三千平方公尺。

這次的重要發現，在遺跡方面，有版築基址東西兩座，東長三十公尺，寬九公尺，除石礎之外，還有銅礎十個；西長二十公尺，寬八公尺。版築之下，又發現龍山期穴居之圓坑四，與連年發掘 B、E 兩區建築居住基址，得到了相當的聯繫。又發現小屯期的穴一，隋代的墓九。在地層上有清晰的小屯期與龍山期上下兩層的堆積的情形。遺物多為習見之石斧、鹿角、貝、蚌及各種陶類。又發現字甲二五六片、字骨一片，共計甲骨二五七片。並有大批龍山期盆、罐、杯、盤、鬶、陶、環、蚌刀等。

在第八次發掘的同時，又繼續發掘四盤磨一次。一九三三年十一月十五日開工，至二十一日停止，共作七日。工作人員為李光宇。開坑兩個，佔地約二十平方公尺。發現墓葬一，隨葬物有陶觚爵，均在腳頭身旁，並有小玉器一件。其他遺跡遺物與第一次所發現的相仿。

在後岡也作了第三次發掘。一九三三年十一月十五日開工，至一九三四年一月三日，又從一月十五日至二十四日，共作了六十天。發掘工作由劉燿主持，工作人員還有石璋如李景聃尹煥章，共四人。工作因大雪分為兩回進行。地點分為兩區，以岡頂為東區，以河神廟附近為西區。第一回東西兩區同作，第二回僅作西區。開坑共五十七個，佔地約三百平方公尺。

這次的重要發現，除了版築土牆之外，在東區發現殷代的夯土墓葬兩座，其中的一座，還發現銅甗一個，通耳高四・一公寸，口徑約二・六五公寸，就大而完整的銅器來說，這還是八次發掘以來第一次的發現。在西區發現殷代大墓一座，墓室長方，並有南北兩個墓道。通道南北長三八・六公尺，東西寬六・二公尺。木槨成亞字形。這墓曾經早晚兩期盜掘，僅在未經翻動的四隅發現殉葬的人頭二十八個，在墓道及亂土中發現殘餘的陶、石、金、玉、銅、骨、蚌、貝及車馬裝飾雕石獸形等物不少。由它的規模雄偉看來，知為殷代統治階級奴隸主的墓葬無疑。二十八個人頭，尤為殺人殉葬的確證。

關於第八次發掘的初步報告，有石璋如的《小屯後五次發掘的重要發現》和《小屯的文化層》①及內容略同的《殷墟最近之重要發現附論小屯地層》②。關於

---

① 載一九四五年《六同別錄》上冊。
② 載一九四七年《中國考古學報》第二冊。

後岡的發掘和殷墓的研究,有石璋如的《河南安陽後岡的殷墓》[①]。

一九三四年春季,舉行第九次發掘。三月九日開工,到四月一日停止,共作二十四天。發掘工作由董作賓主持,工作人員還有劉燿、石璋如、李景聃、祁延霈、尹煥章,參加人員有當時的河南省政府的馮進賢,共七人。工作地點在小屯村北,集中D、G兩區進行。預計先將D區未完的工作清理完畢,再集中力量作G區。先後開坑二十八,佔地約三百多平方公尺。重要的發現有殷代版築基址一、圓穴一、小灶一、隋墓四。又發現字甲四三八片、字骨三片,共計甲骨四四一片。此外就是一些普通的陶、骨、蚌、石之類了。

當前中央研究院的第九次發掘工作正在洹河南岸小屯村北進行時,北岸盜掘古物的遍地都是。侯家莊的農民侯新文於三月二十九日在侯家莊南地掘出幾十片甲骨,要秘密的去古董店"求善價而沽之"。事爲董作賓知曉,趕緊找他把掘到的甲骨交出,計字甲一、字骨三十及無字卜骨數十片,付以代價十元,並讓他指出出甲骨的地方。於是馬上停止了小屯村的工作,把全體人員都調往侯家莊南地發掘。從四月二日開始到五月三十一日停止,共作六十天。發掘工作由董作賓主持,工作人員還有石璋如、劉燿、李景聃、祁延霈,參加人員有馮進賢,共六人。按照侯新文所指出甲骨的地方,把工作分成東西兩區進行,都開南北縱溝。共開坑一百二十,佔地約一千二百七十一平方公尺。

重要的發現,遺跡方面,有基址兩處,周圍排列有柱礎。又有穴窖十五,其中有徑約五公尺、深約四·五公尺的大圓穴;有東西長五公尺、南北寬三公尺、深四公尺的橢圓穴;有徑約八公尺、深四公尺的多邊大圓穴。有徑約二公尺、深約四公尺的圓窖;有南北長一·八公尺、東西寬一公尺、深入水面尚未到底的長方窖。又有墓葬十九,其中有仰身的,殉葬物有陶鬲、碗、爵、觚等;有俯身的,除以上殉葬物外,還有白石短劍及銅鏃、鈴等;有瓦罐葬,多埋小孩,殉葬物有白石短劍及石魚等。一切多與小屯情形相同。遺物方面,以刻紋陶和綠石蟬爲最精。另外的特異處,則以鬲、紅繩紋罐、盆、盂等四種陶器爲最多。此外最重要的發現爲"大龜七版",腹甲六、背甲一,大體完整,滿版都是文字,爲廩辛康丁時同一史官狄貞卜並記錄的大龜。另有小片字甲一、字骨八,連向農民徵購的較重要的甲骨二十六片,共計大小四十二片。關於大片整版的甲骨文,這是一九二九年第三次發掘得到"大龜四版"之後更重要的一次發現。從這次以後,在安陽出甲骨文的

[①] 載一九四五年《六同別錄》上冊。又載一九四八年《歷史語言研究所集刊》第十三本。

地方，除了小屯和後岡兩處之外，又增加了這第三個地方侯家莊。

第九次發掘，除小屯村北和侯家莊南地之外，也發掘了後岡和洹河北岸武官的南霸台。

後岡的發掘，已經算是第四次了。這次前後分爲兩回，前一回自一九三四年三月十五日到四月一日，後一回自四月十日到二十日，兩回共作二十九天。發掘工作由劉燿主持，工作人員還有尹煥章，共二人。這次主要是繼續一九三三年在後岡舉行第三次發掘未完的工作。仍分爲東西兩區進行，目的在找版築土牆的盡端，並清理大墓。用工人七十名，開坑三十，佔地約三百零八平方公尺。結果找清楚了龍山期的圍牆，牆寬二至四公尺，長七十餘公尺，圍繞着黑陶遺址的西南兩面，牆基版築中有彩陶的遺存，其上多爲銅器墓葬所破壞。又發現殷代夯土小墓兩座，並有殉葬的銅爵觚等。殷代大墓挖到底，墓室南北長七公尺，東西寬六‧二公尺，深八‧七公尺。亞形槨下並有腰坑，在墓底的正中心，南北長一‧二公尺，東西寬一‧一公尺，深五公寸，埋的狗骨已被擾亂。南墓道長二十公尺，寬二‧五五公尺，作爲斜坡，由道口直通墓底。北墓道長一一‧六公尺，寬二‧二五公尺，作爲台階，尚殘存三十級。石璋如在《河南安陽後岡的殷墓》中說：

> 殷代的墓葬是這兩次發掘後岡的絕大收穫，雖然被擾亂了，雖然沒有殘遺，但是給我們以巨大的啓示和肯定的信念，認識安陽這個地方不僅是殷都所在，而且也有爲殷陵所在的可能。從此便精心調查，到處尋找，洹北侯家莊西北岡殷代墓地的發現與發掘，便是這個種子的發芽。①

由於這兩次後岡殷墓的發現，才有以後在殷墟發掘第十至十二次時侯家莊西北岡殷陵的發現與發掘。殷陵的發現與發掘在殷墟學和商代史的研究上，提供了豐富而寶貴的資料。

南霸台的發掘，從一九三四年四月三十日到五月二十二日，共作二十三天。南霸台在洹河北岸武官村南，爲一高地，與對岸四盤磨相平，其上多殷代遺跡。這次既由小屯調侯家莊南地開工，乃就近由石璋如前往發掘。以遺址高處爲發掘的起點，向東西南北伸展，作成大字形狀，開坑八，佔地約九十三平方公尺。發現有龍山小屯兩期的堆積。龍山期遺存，僅有灰坑，內有方格、條紋、細繩紋陶片

---

① 載一九四五年《六同別錄》上冊。又一九四八年《歷史語言研究所集刊》第十三本。

及獸骨等。小屯期遺存則遍佈整個遺址,遺跡有穴窖墓葬。遺物與侯家莊南地同,卜用甲骨甚多,惟有字的還沒有發現。

關於第九次發掘的初步報告,有石璋如的《小屯後五次發掘的重要發現》和《小屯的文化層》及内容略同的《殷墟最近之重要發現附論小屯地層》。關於侯家莊南地發現的甲骨文,有董作賓的《安陽侯家莊出土之甲骨文字》①。關於後岡殷墓的,有石璋如的《河南安陽後岡的殷墓》。

總上九次發掘,共發現字甲四四一一片、字骨二一〇二片,總計六五一三片。已選出字甲二四六七片、字骨一三九九片,共三八六六片,編爲《小屯》第二本、《殷虛文字甲編》。所著録的乃是拓本,計甲拓二五一三號、骨拓一四二五號,共計三九三八號②。又附録牛頭刻辭一、鹿頭刻辭二、鹿角器款識一,共爲三九四二片。圖版爲董作賓主編,已於一九四八年由商務印書館出版。釋文爲胡厚宣作,尚未印行。

以上自第七至第九次發掘,爲殷墟發掘的第三個階段。

五　第十、十一、十二次的殷陵發掘和豐富的遺跡遺物的發現

由於殷墟第八、九次發掘,在後岡發現了殷代的大墓,由它規模的雄偉看來,知爲殷代統治階級奴隸主的墓葬無疑。這就啓示了發掘工作者一個新的綫索,安陽這個地方,不但是殷都,而且有發現殷陵的可能。劉燿石璋如兩君懷着這一信念,各處調查偵察,結果認定侯家莊西北岡必有大墓,應該發掘③。這樣就從一九三四年秋到一九三五年秋,展開了殷墟第十次至十二次的規模宏大的發掘工作,證實了這裏真是殷代的"皇陵"。

殷墟第十次發掘,在一九三四年秋季舉行。一九三四年十月三日開工,到一九三五年一月一日結束,共作九十一天。發掘工作由梁思永主持,工作人員還有石璋如、劉燿、祁延霈、尹煥章、胡厚宣,參加人員有當時的河南省政府的馬元材,共七人。工作地點在侯家莊西北岡,以岡頂爲起點,分東西兩區發掘。平均用工人約三百名,開掘面積約三千平方公尺,佔地約在二十畝以上。

---

① 載一九三六年《田野考古報告》,第一冊。
② 參看董作賓《殷虛文字甲編自序》,商務印書館一九四八年版;又載一九四九年《中國考古學報》第四冊。
③ 參看石璋如《殷墟最近之重要發現附論小屯地層》,載一九四七年《中國考古學報》第二冊。

結果發現侯家莊西北岡地區正是殷代的墓地,就探溝的情形看來,其範圍約有五六十畝。

　　這次在西區發現了四個大墓。最大的是一〇〇一墓,墓室平面作亞字形,佔面積四百六十多平方公尺,東西南北四邊各有一個墓道,挖至深七公尺半尚未到底。其次一〇〇二、一〇〇三兩墓,墓室平面皆作方形,均佔面積約四百平方公尺,東西南北各有墓道。一〇〇二墓掘至八公尺深,距到底尚有三四公尺。一〇〇三墓,僅將墓形找出。最小的一〇〇四墓,墓室平面作長方形,佔面積約三百二十平方公尺。東西南北各有墓道,南道最長,達三十二公尺,也僅將墓形找出。四墓的南北軸方向差不多都是北偏東十四至十六度,又都經過古代及近代的兩次盜掘。

　　在東區發現了密集的小墓叢,本季共發現小墓六十三座,其中三十二座已發掘。就其形制內容,可分爲六種:

　　(一) 長方形,南北長約三・三公尺,東西寬約一公尺,底深一・七公尺,南北軸方向北偏東約十度。埋葬完全的人骨架,頭向北,隨葬有較大件的銅器。

　　(二) 長方形,南北長約二・三公尺,東西寬約一・二公尺,底深四・七公尺,南北軸方向北偏東約十度。埋葬無頭的肢體骨,隨葬有銅刀、銅戚和砂岩製磨石。

　　(三) 長方形,南北長約二公尺,東西寬約八公寸(間有較大及較小者),底深四・三公尺,南北軸方向北偏東十度。埋葬無頭的肢體骨,無隨葬物。

　　(四) 方形,南北長約一公尺,東西寬約九公寸,底深三公尺,南北軸方向北偏東十度。埋葬無肢的頭骨十個,排列整齊,除一座外,皆無殉葬物。

　　(五) 方形,南北長約一・六公尺,東西寬約一・八公尺,南北軸方向北偏東十度。埋葬完全的人骨架,頭向南,面向上,無隨葬物。

　　(六) 沒有清楚的墓形,俯身葬,多無隨葬物,一座有牙飾。

　　這些大小墓葬,雖然重要的多經過古今幾次盜掘,但本季發現的遺物仍然極爲豐富,可以分成十類述之:

　　(一) 銅製品　東區小墓出成形銅器一百二十四件,完整的在半數以上,精品二十七件,皆前所少見或前所未有。根據同出的器物,知爲殷代之物無疑。這種發現,不但提供了大批新的資料,而且使我們研究殷代銅器有了確實可靠的標準。西區大墓,僅出銅器殘片三百多塊,以及與小屯出土相同的銅鏃九個。

　　(二) 石製品　全出在西區大墓中。完整及殘缺者共計在千件以上。其中最寶貴最重要者，爲一白色大理石雕刻的立體神話動物，形狀似虎，但其曲膝跪坐的姿態，可以表現出其離真實動物的形象已經很遠。大約就是我國古書上所說的"饕餮"①，高三十六公分，全身雕着花紋，背部有長方形深槽，和一九二九年第三次發掘時在小屯發現的所謂"半截抱腿而坐的人像"爲同類性質的東西，應爲建築物的一部分。這一石雕的發現，不但糾正了過去"人像"的假說，而且使我們對於殷代物質文化發達的情形得到更深刻的印象；在中國藝術史上，也增加了最古的重要資料。

（三）玉製品　得四件，皆出西區大墓中。二作魚作，極活潑生動。二作長方形。

（四）骨製器　除極少數外，皆出西區大墓中。其中最寶貴者爲雕花的骨器，得二百餘件，惜多殘碎。這種"花骨"以前僅發現於小屯村，花紋精細，呈與銅器花紋相類而又不完全相同的種種圖案形；在殷代美術的研究方面，這是極寶貴的資料。此外還發現沒有花紋的骨柶七百多件、骨鏃三千多件、殘骨器百多件，都和小屯村出土的相同。

（五）松綠石製品　得千餘件，皆出西區大墓中。大部分爲鑲嵌的裝飾片，形式不同，約有幾十種之多。

（六）牙製品　共得八百多件，多數出自西區大墓中。大部分都是鑲嵌用的裝飾片，牙是野豬的大牙，也有象牙。用它鑲嵌成的圖案形狀不同，約有幾十種之多。在東區一個俯身葬的旁邊，發現這種牙飾排列成"饕餮"形，可惜鑲嵌着這種飾片的原來東西已經腐化無遺。

（七）蚌製品　得五百餘件，皆出西區大墓中。大部分都用作鑲嵌的飾片，形式不同，約有數十種。這種蚌飾，和前面所說的松綠石飾、牙飾，對於殷代紋飾的研究，都是極重要的資料。

（八）白陶　得千餘片，皆出西區大墓中。其中最重要的是帶有刻紋的六七十片白陶，這種刻紋的白陶，以前僅發現於小屯村。其餘大部分都是帶有繩紋的。

---

① 關於這一件饕餮的照片，見梅原末治《河南安陽與金村之古墓》，載一九三八年《支那考古學論考》第八三圖之三；又《河南安陽遺寶》，第六〇頁，第三十二圖；又《支那殷代之文化》，《東亞之古代文化》圖版八之三；又鄭振鐸《中國歷史參考圖譜》，第二輯，《偉大的藝術傳統——殷代的藝術》下，插圖六，載一九五一年《文藝報》第四卷第三期；又陳夢家《殷代銅器》圖版三六，第六〇圖，載一九五四年《考古學報》第七册。

（九）龜版　本季雖然没有發現刻有文字的甲骨，但在西區大墓中發現了多塊一面塗有朱色的龜版，其意義值得研究。

（十）人骨　這次發現人頭骨一百多個，完整的約佔三分之一，又有肢體骨數十副，此爲殷代人體資料第一次的重大收穫。有了這一批資料，我們就可以研究殷代一部分人的體格及其與現代華北居民的異同，甚至可以進一步研究殷代一部分人的來源問題。

由於以上遺跡遺物的發現，我們至少可以斷定下列兩點：

（一）西北岡實爲殷人之墓地，西區的四座大墓應爲殷代統治階級帝王之"陵"。因爲這種墓葬規模宏大，内容豪奢，絕非一般平民甚或王公所能有。且墓中所出遺物，像銅器、花骨、白陶、石刻、蚌、牙、石飾等類，前此僅發現於殷代帝王首都宫室所在地之小屯村，都是殷代帝王所單獨享用之物。殷代帝王陵墓之所在，在過去不見於記載，不聞於傳說。這次不但發現了一部分殷代墓葬之所在，並且得以知道它的形制和内容，這是考古學對於古代文化史的極大貢獻。

（二）殷代有殺人殉葬之風習。在西區大墓道中，發現有排列整齊的無肢體的人頭骨和無人頭的肢體骨。在東區小墓叢中發現有專埋人頭骨的小墓和專埋肢體骨的小墓，這些人骨當爲殉葬的犧牲者無疑。過去很多人都不曉得殷代會殺人祭祖先和殺人殉葬。就連去古未遠的孔子都說："始作俑者，其無後乎。"①他都不相信古代殉葬會用活人。吴其昌作過《殷代人祭考》②，以爲甲骨文的伐祭就是用刀斫人頭以祭祖，很多人也還不大敢相信。現在證實了殷代人祭人殉的風習，這對於研究殷代社會的形態實具有重大的意義。

本次發掘附帶發掘了秋口同樂寨。同樂寨的遺址爲劉燿、石璋如等所發現，位於洹河北岸，在侯家莊西北約三里餘。從一九三四年十一月一日到十二月五日止，共作三十五天。發掘工作由梁思永主持，工作人員還有石璋如、胡厚宣。工作地點在寨牆以内，以關帝廟爲中心，在其西南、東南、東北三處發掘，開坑六，佔地約二百二十三平方公尺。

結果發現了仰韶龍山小屯等期文化之堆積。仰韶期遺存在遺址的最下層，以紅砂質碎陶居多，亦有石器。龍山期遺存在遺址之中層，爲本遺址的主要堆積。有穴、灶、白灰面，有石刀、石鏃和石斧，還有黑光方格和條紋等黑陶器以及

---

① 見《孟子·梁惠王》上。
② 載一九三二年《清華週刊》第三十七卷九、十號《文史專號》。

很多蚌刀、骨器。小屯期出有銅器隨葬的墓葬,銅器有銅觚爵等。上層亦或有漢墓,殉葬的東西有銅鼎和陶器。灰土坑中亦或有鐵器、磚瓦和粗大的灰陶。此遺址中的重要發現,爲龍山期的手掌形窰、幾種前所未見的黑陶和多量的琢製石器。在長城以南的新石器時代遺址中,琢製石器本來極爲罕見,這次在同樂寨龍山文化層中發現多量琢製石器,不但增加了黑陶文化的內容,並可進而研究長城南北琢製石器之文化的及時代的關係,其重要實不可忽視[①]!

關於第十次發掘的概要,見石璋如的《小屯的文化層》。

一九三五年春季,繼續舉行第十一次發掘。三月十五日開工,至六月十五日止,共作八十三天。發掘工作仍由梁思永主持。工作人員還有石璋如、劉燿、祁延霈、李光宇、王湘、尹煥章、胡厚宣,參加人員有當時的河南省政府的馬元材,實習人員有清華大學考取留英學生夏鼐,共十人。工作地點仍在侯家莊西北岡,分東西兩區繼續上次未完的工作。

西北岡殷代墓地的整個範圍,根據本季新開的探溝,西南、東南和東面都擴充到上次所知範圍以外,總的面積約六十餘畝。本季工作連同上季工作合計佔地約四十餘畝,實際開掘面積約八千平方公尺。發掘工作仍分爲東西兩區進行。

西區繼續發掘上次所開的四座大墓,全部挖掘到底,其情況如下:

(一) 一〇〇一墓　墓室平面作亞字形,佔面積約四百六十餘平方公尺,東西南北四邊各有一個墓道。南道成斜坡,從地面直通墓底;東西北三道作有台階,由地面通到槨頂二層台。向下掘到地面下八公尺,在墓室中心發現亞形槨,槨高四公尺,由整木砌成。地面下十二公尺到底。墓底的中心,有一個方形的"腰坑",內埋一人一犬,八角各有一個殉葬坑,內埋一個蹲踞張口的人。這墓雖經古今幾次盜掘,但仍發現很多遺物,石刻、雕骨、白陶、花土等物多出在這個墓裏邊[②]。

(二) 一〇〇二墓　墓室平面作方形,佔面積約四百平方公尺,東西南北四邊各有一個墓道。南道成斜坡,東西北三道成台階形,都是直通墓底。地面下九公尺始到槨層,但槨的本身已腐化無痕跡。地面下十三公尺到底,底的中心有方

---

① 參看《國立中央研究院二十三年度總報告》歷史語言研究所部分。
② 關於一〇〇一號大墓槨底照片,見梅原末治《河南安陽與金村之古墓》,載《支那考古學論考》第三六七頁,第八二圖;又《河南安陽發現之遺物》,載《東亞考古學論考》圖版二九之二;又《河南安陽遺寶》,第二〇頁,第九圖。又陳夢家《殷代銅器》插圖一。

形"腰坑"。這個墓裏的遺物已經被盜一空,但墓形保存得最完好①。

（三）一〇〇三墓　墓室平面作方形,佔面積約四百平方公尺,東西南北四邊各有一個墓道,地面下八公尺露槨痕,槨高四公尺,地面下十二公尺到底,底的中心有"腰坑"。這個墓也被盜一空,但西墓道北壁發現石殷斷耳一個,有銘文兩行,十二字,説：

　　　　辛丑,小臣㠱入羍,囲才𠭯,𠂤殷。②

字體頗類銅器銘文,甚爲精美。

（四）一〇〇四墓　墓室平面作長方形,佔面積約三百二十平方公尺,東西南北四邊各有一個墓道。南墓道最長,達三十二公尺,作成斜坡,從地面直通墓底；東西北三道,都作有台階,只通到槨頂二層台。地面下九公尺露槨痕。地面下十三公尺到底,已達水面。底的中心有"腰坑"。這個墓室本身已被盜一空。但在南墓道與墓室相接連的地方,發現了未經擾動的大銅方鼎一對：一牛鼎,一鹿鼎；又玉磬一組計三個。在南墓道又發現帶木柄的戈一層,成捆的矛一層,包括六、七種不同形式的銅盔一層。

又在一〇〇二墓的西邊,發現大墓一座,即一二一七墓。又在一〇〇四墓的北邊,發現漢代磚墓一座,出壺、倉、井、灶等類陶器數十件和漆器殘片若干。

東區繼續發掘小墓叢,本季共發掘四百十一座。連同上次發掘的三十二座,合計共發掘四百四十三座。這次發掘的四百十一座小墓,除上次發現的六種類型外,又發現下列九種：

（一）長方形,南北長二・五公尺,東西寬〇・九公尺,底深二・三公尺。埋葬肢體完整的人骨一具,隨葬有銅製的兵器、用器等。

（二）長方形,南北長二・二公尺,東西寬〇・六公尺,底深二・〇五公尺。埋葬肢體完整的人骨一具,隨葬有一犬一戈。

---

① 關於一〇〇二號大墓墓形的照片,見梅原末治《河南安陽與金村之古墓》,載《支那考古學論考》第三六四頁,第八一圖；又《河南安陽發現之遺物》,載《東亞考古學論考》圖版二九之一；又《支那青銅器時代再論》,載《東亞考古學論考》圖版三六之二；又《支那殷代之文化》,《東亞之古代文化》圖版五之二；又陳夢家《殷代銅器》圖版四四之四和五。

② 參看胡厚宣《武丁時五種記事刻辭考》,載《甲骨學商史論叢》初集第三册；又《殷代卜龜之來源》,載《甲骨學商史論叢》初集第四册。又《五十年甲骨文發現的總結》,商務印書館一九五一年版,第七四頁。

（三）長方形，南北長一·六五公尺，東西寬〇·八五公尺，底深四·四五公尺，埋葬肢體完整的人骨一具，隨葬有銅戚、蚌飾、貝飾等。

（四）長方形，南北長二公尺，東西寬〇·九公尺，底深四·一公尺。埋葬無頭的人肢體骨，隨葬有大銅刀九柄。

（五）長方形，南北長一·七公尺，東西寬〇·九公尺，底深四·一公尺。埋葬無頭的人肢體骨，隨葬有銅戈十柄。

（六）車坑，不規則的長方形，南北寬約三公尺，東西長約六公尺，底深二·五公尺。車的各部分，大約是拆散了放進去的，木質已朽，僅得馬絡頭飾和車飾數百件。

（七）馬坑，多作長方形，但亦不甚規則。最小的一座，南北長二·三公尺，東西寬〇·八公尺，底深一·七五公尺，埋馬一匹。最大的一座，南北寬二·五公尺，東西長七·七公尺，底深二·八公尺，埋馬三十七匹。其餘南北長約在二·四至二·七公尺之間，東西寬約在一·一五至三·六公尺之間，底深約在一·三至二·一公尺之間。其中有一坑埋馬四匹，有八個坑各埋馬二匹。馬多帶着絡頭，有銅飾。

（八）獸坑，多作長方形，但亦不甚規則。最小者南北長一·八公尺，東西寬〇·六公尺，底深一·七公尺。多數的獸坑，南北長度都在二·一至二·四公尺之間；東西寬度都在〇·八至〇·九公尺之間。所埋獸，少者一架，多者三架。最大的一座，南北寬三·一公尺，東西長五·七公尺，底深四·六公尺，埋象一匹。皆未發現隨葬物。

（九）器坑，不規則長方形，南北長二公尺，東西寬〇·九公尺，底深一·九公尺，埋有大圓鼎一件、小圓鼎二件。

至於遺物方面，重要的發現比上次更多。仍分類述之如下：

（一）銅製品　東西兩區，都有大量收穫，而且極精。如用器有一〇〇四墓的大方牛鼎，口長六四公分，口寬三八公分，連耳高七四公分，底有象形牛字，身上就刻有牛的圖案，另外配上夔龍夔鳳和雲紋①。又有大方鹿鼎，口長五二公分，口寬三八公分，連耳高六二公分，底有象形鹿字，身上就刻有鹿的圖案，另外配上夔龍夔鳳和雲紋②。又有一四三五墓的大圓鼎③。皆製作精巧，規模雄偉，

---

① 大牛鼎照片，見陳夢家《殷代銅器》圖版一圖一。
② 大鹿鼎照片，見上文插圖三，又圖版二圖三。
③ 大圓鼎照片，見上文圖版四圖五。

紋飾壯麗。這說明殷代的青銅文化已經發展到了最高峯。兵器有一〇〇四墓數以百計的銅灰層，就其紋飾來分，至少約在六、七種以上①。又如一三一一墓的馬頭刀、一三五五墓的大刀以及一〇〇一墓的大矛頭，皆前所未見之物。車器有一一三六墓、一一三七墓的車飾。樂器有一〇八三墓的鐃②。此外還有許多實物以外的發現，例如由馬絡頭銅飾的排列知道殷代絡頭的形制與現代的無異；由腐化了的戈柄的痕跡知道殷代戈的裝置方法和它的全形；由矛頭的裝把和用繩索每十個一捆的情形③，知道殷代兵器保存的制度，這些都是極爲重要的發現。

（二）金製品　一〇〇一墓和一〇〇四墓都發現有金葉，大概是作鑲嵌用的。一〇〇四墓又有用黃金作的裝飾品幾件。殷人除了青銅，還發明了黃金，這是大可注意的一個問題。

（三）石製品　都出在西區大墓中。比較完整的有二十多件。最寶貴的是大理石的立體雕刻。形狀有鳥④、獸、牛頭、魚、蛙、蟬、雙臉面具和雙獸⑤等。最小的是蟬，大小形狀和真的蟬一樣。最大的是雙獸，長約一公尺餘。一部分像魚、蛙、蟬、牛頭等，是完全寫實的作品；一部分像鳥、獸等，是半寫實的作品；一部分像面具等，就完全是想像的作品。其中有的是裝置在建築物上的，有的是用器，有的是陳設，有的是玩具，製作都非常精美。此外用器還有石皿、石毀和"門臼石"，禮器有石斧、石戚、石戈等，樂器有像玉的石磬。

（四）玉製品　東西兩區都有發現，皆屬佩玉，種類極多，樣式不同，有管、珠、玦、環、璧，或雙龍相對成一圓形，或兩魚相對成一半圓形，或雕成各種立體，如人面獸頭、各種禽鳥動物，而最多的是種種樣式的活潑生動的魚。

（五）松綠石製品　都是作鑲嵌的裝飾片用的，零片以萬數。鑲嵌所在的原物以及鑲嵌的原形，這次也發現不少。如一一三六和一一三七車坑裏鑲嵌松綠石的車飾、一〇〇三墓裏鑲嵌松綠石的雕花骨柶和一〇〇一墓裏鑲嵌松綠石的

------

① 銅盔照片，見鄭振鐸《中國歷史參考圖譜》圖版三第七圖；又《偉大的藝術傳統——殷代的藝術》上，插圖六，載一九五一年《文藝報》第四卷第二期。又陳夢家殷代銅《器》圖版三四五五。實物除運走的以外，故宮博物院歷代藝術陳列室商周室還陳列着一件。南京博物院也有收藏。

② 銅鐃照片，見陳夢家《殷代銅器》圖版三二、三三圖五二至五四。

③ 一〇〇四號大墓出土的成捆的矛頭的照片，見陳夢家《殷代銅器》圖版四四圖六五之一。

④ 大理石雕鴞的照片，見梅原末治《河南安陽與金村之古墓》，載《支那考古學論考》第八三圖之一，又《河南安陽發現之遺物》，載《東亞考古學論考》圖版三〇；又《河南安陽遺寶》，第二五頁，第十一圖；又《支那殷代之文化》，《東亞之古代文化》圖版八之二；又鄭振鐸《中國歷史參考圖譜》，第二輯，圖版十二第六十一圖；又《偉大的藝術傳統》圖錄第一輯，圖版三第十一圖；又陳夢家《殷代銅器》插圖四。

⑤ 石雕雙獸的照片，見陳夢家《殷代銅器》圖版三八圖六二。

雕花象牙梳,都是非常精緻的。

（六）骨製品　皆出西區大墓中。雕花骨器,約得千餘件,惟以殘破片居多。這次發現前所未見的花紋圖案很多種。成器或能看出全體形狀的標本,以一個完整的骨壎爲最珍貴,以一個管形骨筒爲最大,以一個鑲嵌松綠石的雕花骨柶爲最美觀。

（七）牙製品　象牙器亦不少,皆出西區大墓中。其中以一個鑲嵌松綠石的雕花象牙碗和一個雕花的長齒高背象牙梳爲最珍貴。

（八）陶製品　在西區大墓中發現刻紋白陶數十片,刻紋極精細。在東區一三八〇號小墓中出帶釉陶器一件,形式質量與小屯出土者完全相同。

（九）儀仗　在西區四個大墓中,在槨頂的一層,都發現送殯行列所用儀仗的痕跡。原物已全部腐化,所餘者惟原物上所塗的顏色,所鑲嵌的石片、蚌片、牙片、松綠石片以及所刻浮雕花紋的印痕。顏色以朱紅者居多,間有白黃黑色。石片、蚌片、牙片和松綠石片,都以鑲嵌的部位製作成種種不同的形式。保存最好的,還可以看出原物的大概輪廓,如旗牌槓等。花紋有龍、虎、鳥、獸、饕餮和雲紋,爲殷代文化價值極高的藝術作品①。

（十）文字　在這次發現的不少銅器、陶器、石器、玉器、骨器和角器上,常發現有一個或幾個所謂"款識文字"。這就可以證明殷代不只有甲骨文字,而且文字的應用也已經非常普通。最重要的是一〇〇三號大墓裏所發現的那一個白大理石殷的斷耳銘文,共有十二個字。在殷代石器上刻有這麽長的銘文,這還是第一次發現。

關於第十一次發掘的概況,見石璋如的《小屯的文化層》。

一九三五年秋季,又繼續舉行第十二次發掘工作。九月五日開工,至十二月十六日止,共作九十九天。發掘工作仍由梁思永主持,工作人員還有石璋如、劉燿、李景聃、祁延霈、李光宇、高去尋、尹煥章、潘慤,臨時工作人員有王建勛、董培憲,參加人員有當時的河南省政府的李春岩,共十二人。工作地點仍在侯家莊西北岡殷代墓地。這次發掘大體上仍爲前兩次工作的延長。

這次工作仍分東西兩區進行,開掘面積共約九千六百平方公尺,佔地約五十六畝左右。

---

① 關於儀仗殘留的痕跡,所謂"花土",沒有被運走了的,現南京博物院尚有保存,清楚的並印成了彩色的明信片。

在西區發掘了上次和本次發現的三座大墓、一座假墓，其情況如下：

（一）一二一七號大墓　上次發現。全墓佔面積約一千二百平方公尺。墓室平面作方形，佔面積約三百八十平方公尺。東西南北四邊各有一個墓道，各個墓道接近墓室的十公尺長的一段較其餘部分大約寬了一倍。西道台階在離墓室約二十一公尺的地方折九十度向北升至地面。地面下九·七公尺到達水面，一三·五公尺到底。這墓裏遺物很少，也沒有什麼特殊之物。

（二）一五〇〇號大墓　本次發現。全墓佔面積約八百平方公尺。墓室平面作方形，佔面積約三百二十平方公尺。東西南北四邊各有一個墓道，北道中部東西兩壁有台階直通地面。這墓裏遺物不多，較重要者爲大理石雕刻和殉葬的人頭骨。

（三）一五五〇號大墓　本次發現。全墓佔面積約六百七十平方公尺。墓室平面作長方形，佔面積約二百三十五平方公尺。東西南北四邊各有一個墓道。在地面下九·五公尺墓室中部發現槨的朽木痕跡，十公尺到水面，一〇·九公尺到底。墓底的中心有"腰坑"，内埋一人一犬。四角各有一個小殉葬坑，内各埋一人。北墓道近墓室口有每行十個的人頭數列。在與槨頂相平的北二層台上有祭祀用的犧牲的腿骨。這墓裏遺物較多，有石刻、雕骨、銅器、玉器等。

（四）一五六七號沒有葬人的假大墓　本次發現。墓室平面作方形，佔面積約五百十平方公尺。無墓道。地面下四·三公尺到底，底的中部有木炭痕跡。這墓裏遺物較多，有石刻、骨器、銅器等。

在西區也發現了少數小墓，都在一五五〇號大墓的西邊，有人葬、馬葬兩種，排列整齊，當爲附屬於一五五〇號大墓的小墓。

在東區也發掘了兩座大墓，其情況如下：

（一）一四〇〇號大墓　上次發現。全墓佔面積約五百五十平方公尺。墓室平面作亞字形，佔面積約二百六十平方公尺。東西南北四邊各有一個墓道。地面下九公尺到水面，十二公尺到底。墓中遺物不多，但極重要，有銅器、玉器等。

（二）一四四三號大墓　本次發現。全墓佔面積約三百平方公尺。墓室平面作長方形，佔面積約五十六平方公尺。南北兩邊各有一個墓道。地面下八·四公尺到底，現有長方形的槨底腐木痕跡，底的中心有殉葬"腰坑"。這墓遺物發現很少，但極精。

同時在東區仍繼續對小墓叢進行發掘。本次發掘的小墓連同西區少數的小墓,共有七百八十五座。加上前兩次發掘的四百四十三座,合計一千二百二十八座①。這次發掘的七百八十五座小墓,其形制内容,除前兩次已有的十五種類型外,尚有前所未見而爲本次新發現的類型九種,列之如下:

（一）長方形,南北長約二・八公尺,東西寬〇・九公尺,深二・七公尺。埋葬肢體完整的人骨多具,隨葬有銅製的鼎彝和兵器、陶器等。

（二）長方形,南北長約一・九公尺,東西寬〇・六公尺,深一・七公尺。埋葬肢體完整的人骨一具或二具,隨葬有銅製兵器。

（三）長方形,南北長約一・四公尺,東西寬〇・六公尺,深二・二公尺。埋葬肢體完整的人骨多具,隨葬有銅製的用器和兵器。

（四）長方形,南北長約二・四公尺,東西寬〇・七公尺,深二・四公尺。埋葬的人骨已經完全腐化。坑底有紅色土,紅色土中埋有隨葬的石製和玉製的器物。

（五）長方形,南北長約二・二公尺,東西寬一公尺,深二・六公尺。埋葬肢體完整的人骨一具,隨葬有犬多隻。

（六）方形,南北長〇・九公尺,東西寬〇・七公尺,深三・六公尺。埋葬無肢體的人頭骨十個,隨葬有銅製的小鈴十個。

（七）方形,南北長〇・九公尺,東西寬一公尺,深二・三公尺。埋葬無肢體的人頭骨二十七至三十九個,無隨葬物。

（八）長方形,南北長五・二公尺,東西寬三・五公尺,深四・二公尺。埋葬大象一匹,象奴一人。

（九）方形,南北長〇・九五公尺,東西寬〇・九五公尺,深一・九公尺。埋葬鳥獸多隻。

這次發現的遺物在數量上雖然不及上次發掘的多,但種類多有不同,且有極重要者,述之如下:

（一）銅製品　最精美的有一四〇〇號大墓南墓道裏出土的斝和尊②。同墓東墓道裏出土的壺、盂、勺、盤、陶搓和人面具③。盂的蓋和底上都鑄有"寢小室

---

① 《國立中央研究院二十四年度總報告》歷史語言研究所部分統計三次發掘共獲小墓一二四二座,合三次數目看來,計算有誤。陳夢家統計共小墓一二五九座,實則第十次小墓共發現六三,只發掘三二,陳氏多算了三一墓,所以成了一二五九座了。

② 一四〇〇號大墓南墓道裏所出尊和斝的照片,見陳夢家《殷代銅器》圖版一九、二〇圖二五、二六。

③ 一四〇〇號大墓東墓道裏所出盂、盤、人面具的照片,見上文圖版五、六、七圖六至八。

盂"四字。這個墓道的出土物是殷王寢室盥洗間的一套用具。壺以汲水，盂以盛水，勺以取水，盤以承水，陶搓用以去垢，面具爲盥洗室的裝飾品，猶如近代的造像和照片。由此可以看出殷代奴隸主的起居情形。面具自頂至頷長二二公分，頂上有耳高三‧四公分，爲一完全寫實的作品。其人吊眼角，高闊顴骨，塌鼻，濃眉，無鬚，和今天的中國人相同。這更是一個極重要的發現。又有一八八五墓的鴞尊，身有龍紋，極生動[1]。一：二〇〇六墓的牛爵，鋬上飾以牛頭[2]；一：二〇二〇墓的鼎；一：二一二四墓的弓背飾；一：二〇一七墓的馬飾。製作都很精。一〇二二墓的提梁卣，周身刻有精細的花紋，全器共分四段，下爲卣身，上有一觚，觚上有蓋，蓋繫於提梁，行旅時可以提着提梁，喝酒時，打開蓋，取下觚，就可以酌飲。洵爲銅器中希見之品[3]。

（二）石玉製品　精緻的立體雕刻有一五五〇號大墓的白大理石坐獸臥虎，與上次發現的所謂"饕餮"，形制完全相同，但稍大。又有一五〇〇號大墓的白大理石夔龍、牛、虎、綠石蟬，一五六七號假大墓的碧玉象。用器有尊、皿、短几、門臼石。禮器有琮、璧、璜、玦等。樂器有一二一七號大墓及一五六七號假大墓的石磬，一五〇〇號大墓的石塤。裝飾品有笄、冠飾及各種形狀的佩玉。本次所發現的小件石玉製器不下二百多件，其中最珍貴者爲透雕側視帶冠跪坐人形的璜，顯示着形式極爲複雜的高冠的輪廓。最常見者爲各式魚形把柄的短刃和小刀。

（三）松綠石製品　皆爲鑲嵌的飾片。仍依附於原物者有東西兩區小墓中出土的鑲嵌松綠石的馬飾、弓背飾，一四四三號大墓中出土的鑲嵌松綠石的礪石，一：二〇〇六墓中出土的鑲嵌松綠石的銅爵杯，一五五〇號大墓中出土的陪葬貴婦的冠飾等。

（四）骨製品　本次所得骨製品數量極少，雕花骨器尤爲罕見。比較重要者爲一五五〇號大墓中出土的陪葬貴婦頭上所戴雕花骨笄叢，一人頭戴骨笄幾十隻，上刻有獸骨花紋很多種；頭上的裝飾比頭還要高大。又一四四三號大墓的雕花骨梳，一五六七號假大墓的骨柶叢，亦極爲重要。

（五）儀仗　原物已全部腐化，所餘者惟有原物所塗的紅白等色和所鑲嵌的石片、蚌片以及所刻浮雕花紋的印痕。保存最好的有一二一七號大墓西墓道中

---

[1]　一八八五墓的鴞尊的照片，見陳夢家《殷代銅器》圖版二五圖三五。
[2]　牛爵照片，見上文圖版二七圖三八。
[3]　提梁卣的照片，見上文圖版一六、一七圖二一甲乙。

的蟒皮鼓及其附屬物件。該鼓現在只剩下爲細砂土淤積成的模型,鼓腔的木質和鼓面的皮質都已腐化成泥,但腔面的紋飾仍大略可辨,鼓面蟒皮紋理清晰,如原物一般。這真是一件意外的重大收穫①。又有一五〇〇號大墓西墓道中的鳥飾槨和虎飾槨,原物已朽,而飾紋宛存。

(六)文字　本次所得銅器中有字者約十餘件,銘文多者四字,即一四〇〇號大墓東墓道中的"寢小室盂",餘皆一字或二字。

殷墟第十二次發掘,在發掘侯家莊西北岡殷代墓地的同時,也發掘了侯家莊對岸的范家莊的北地和廣益紗廠西邊的大司空村的東南地。

范家莊的發掘,一九三五年十月二十日開工,到十一月七日止,共作十九天,工作人員爲祁延霈,工作地點在村北。開坑二十一,面積二百二十平方公尺,佔地約二畝半。僅獲被盜掘過的殘墓一座,遺物不多。但由土質知此地爲一銅器時代的葬地。

大司空村的發掘,一九三五年十月二十日開工,到十二月五日止,共作四十七天。工作人員爲劉燿。工作地點在村的東南,最初在村東、村南進行輪廓的探尋,繼則集中村南發掘。開坑一百十一,面積一千一百平方公尺,佔地約六畝半。發現灰土坑三十七、墓葬十四。墓葬除隋墓一座外,都是殷墓,或仰身,或俯身,頂向則四方都有。殉葬遺物以陶器居多,有的殉陶爵、陶觚,有的殉陶鬲、豆、盌,有的殉陶鬲、盌、罐,各墓出土共得完整的陶器百餘件。間或也有殉銅器者,以戈鏃爲多。灰坑的遺物,多與小屯同。

關於第十二次發掘的概況,見石璋如的《小屯的文化層》。

以上第十至十二次發掘,是殷墟發掘的第四個階段②。

總計這一個階段的三次發掘,在侯家莊西北岡共發現十個大墓,其中包括假墓一座。單就墓室來講,其形有三:亞字形、方形和長方形。佔面積由五十六平方公尺到四百六十平方公尺。墓道一般有東西南北四個,間或有南北兩個墓道者,假大墓則沒有墓道。南墓道比其他三個墓道寬而長,最長的有三十二公尺。墓室墓道全部面積最多有達一千二百平方公尺者。南墓道都作平的斜坡,由地面直通墓底。東西北三個墓道一般都作成台階,有的直通墓底,有的只通到槨頂

---

① 參看徐中舒《關於銅器之藝術》載《中國藝術論叢》,商務印書館一九三八年版,第一二七頁。
② 參看《國立中央研究院二十三年度總報告》和《國立中央研究院二十四年度總報告》歷史語言研究所部分;梁思永《國立中央研究院參加第二次全國美術展覽會出品目錄》,一九三七年單行本;胡厚宣《中央研究院殷墟出土展品參觀記》,載《中國藝術論叢》。

的二層台。一二一七墓東西南北四個墓道，接近墓室十公尺長的一段，較其餘部分大約寬一倍，西墓道台階在離墓室二十一公尺處折九十度向北升至地面；及一五〇〇墓北墓道中部東西兩壁有直升地面的台階，情形都比較特殊。在地面下深八公尺至九・五公尺處，露出木槨，槨有亞字形、方形兩種，高一・四公尺到四公尺，都用整木叠累而成，四角木頭相接的地方都向外多出一段，如井字形，《儀禮士喪禮》稱爲"井槨"，甲骨文"死"字作"𣨛"，井即像槨形。墓深八・四公尺至十三公尺半到底。墓底的正當中爲小的方形中心坑，又稱"腰坑"，内埋一人，或一犬，或一人一犬，或一人及兵器。墓底的四角，有的有八個小方坑，有的有四個小方坑，小方坑内各葬一個活埋的張口蹲踞的人，也有的没有。墓深差不多都到水面下，《禮記・檀弓》說"葬於贏博之間，其坎深不及泉"，《左傳》隱公元年說"不及黄泉，無相見也"。這或者是古人的一種風尚。墓室上口略大，下口略小，四壁微斜，斜度在九十五度至一百度左右，好像今天北方用的方升。其方向大體由北偏東十四度到十六度，而以北偏東十五度爲最普通。殉葬器物通常放在棺槨之間，也有的放在槨頂的二層台上。二層台上除了殉葬的器物外，一般又放置與墓主親近的殉葬人，殉葬人或分男女成行排列，其本身有的也有殉葬品。送殯的儀仗，一般也是放置在二層台上。墓室的前後墓道，則放置一些隨葬的車馬兵器等。由二層台往上，則隨着填土打夯，同時埋一些殉葬的奴隸，常常是十個一排，有的只有頭顱，有的身首切斷，有的雖全人而背縛雙手，一個大墓被殺殉的人，多的有到一二百人以上者。這十個大墓都經過古今幾次盜掘，每次盜坑都打中中心，墓内精華都已罄盡。但所剩殘餘，仍有不少有價值的東西。

又發現小墓一千二百二十八座：第十次在東區發現小墓三十二座，第十一次在東區發現小墓四百十一座，第十二次在東西兩區共發現小墓七百八十五座。這些小墓，就其形制内容可以分爲二十四種。就墓形來說，或方，或長方，或不規則的長方，或根本没有清楚的墓形。南北長度由〇・九公尺到五・二公尺，東西長度由〇・六公尺到七・七公尺。面積由〇・六三平方公尺到一九・二五平方公尺。底深由一・三公尺到四・七公尺。方向一般差不多都是北偏東十度左右。墓内或爲俯身葬，或埋全人一具，或埋全人二具，或埋全人多具，或埋無頭的人肢體骨，或埋無肢體的人頭骨十個，或埋無肢體的人頭骨二十七到三十九個，或人骨腐化，只有紅土尚存。人葬墓中亦有隨葬器物，或爲銅兵器，或爲銅刀戚及砂磨石，或爲銅戈十把，或爲銅刀九柄，或爲銅用器及銅兵器，或爲銅彝器、銅兵器及陶器，或爲一戈一犬，或爲犬多隻，或爲小銅鈴十個，或爲牙飾，或爲蚌飾及貝飾。亦有無隨葬遺物者。又有車葬，大約係將一整車拆散放入坑中者，木質已朽，今只存車飾及馬飾。又有馬葬，內埋馬一匹到三十七匹。馬頭上多帶滿裝飾的絡頭。又有象葬，內埋大象一匹，或埋象一匹及象奴一人。又有鳥獸葬，內埋鳥獸多具。又有獸葬，內埋獸一至三頭。又有器葬，內埋大小圓的銅鼎三隻。

在這些大小墓葬裏出土的遺物，重要的可以分成十四種。在銅器方面，有成套的盥洗品、烹飪器、飲食器、兵器、樂器和車馬飾器。有成層的盔、戈和矛。有氣魄雄偉的大方牛鼎、大方鹿鼎、大矛和大刀。有製作極精的方彝、提梁卣、方罍、圓罍、牛爵、鴞尊，用松綠石鑲嵌成種種花紋的馬當盧①、馬頭刀和弓背飾。有形制最特殊的人面具、中柱旋龍盂②、有銎三足器、角、盉、箸、鏟、斗和漏勺。在金器方面，有金葉和金飾器。在石器方面，最精的是大理石立體雕刻，其種類有饕餮、鳥、獸、雙面、雙獸、獸頭、牛頭、夔龍、鴞、虎、蟾、蛙、蟬、魚等。禮器有石斧、石戚、石戈。樂器有石磬、石塤。用器有石尊、石皿、石設、石方座、石短几和門臼石。在玉器方面，有管、圈、珠、環、琮、璧、璜、玦、釧鐲。有種種不同樣式的佩玉，或透雕跪坐人形，或雙龍相接，或兩魚相對，或雙獸對成饕餮。或雕成各種人物鳥獸蟲魚的立體，如人面、獸頭、虎、象、兔、鴞、燕、鴿、蛙、蟬、長尾鳥、蝙蝠以及各種不同的魚類。或作成冠飾，或雕成戈矛、矢鏃、短劍和小刀。在松綠石器方面，以鑲嵌飾片爲多，片以萬類，類有幾十。又有鑲嵌松綠石的銅爵、花骨、花土、冠飾、車馬弓背飾、象牙梳。在骨器方面，有骨盉、骨塤、骨梳、骨鏃、雕成種種不同禽鳥獸頭的骨笄及刻有種種花紋圖案的骨柶。在牙器方面，豬牙多用於鑲嵌飾片，尤其常用於儀仗花土。象牙則除用爲鑲嵌飾片之外，又雕爲象牙杯、象牙碟和象牙梳。在蚌器方面，也用作鑲嵌飾片，樣式有數十種。在白陶方面，刻精緻花紋者極多，且有完整的盤、殷、缶、甑，爲殷代陶器中的珍品。在釉陶方面，則除碎片之外，亦有完整帶碗形蓋的罍，爲中國瓷器最早的淵源。除此之外，又有一面塗朱的龜版。豐富的人骨，爲殷代人體研究的寶貴資料。又大墓二層台上的儀仗，雖然已經腐朽，但尚有清楚地鑲嵌和雕繪着龍虎鳥獸饕餮的旗牌槓等。最難得的是還有清楚的蟒皮鼓及其附屬的物件。至於文字，則許多銅、陶、

---

① 鑲嵌松綠石花紋的馬當盧的照片，見陳夢家《殷代銅器》圖版三五圖五九。
② 中柱旋龍盂的照片，見梅原末治《河南安陽遺寶》，第二四頁圖十；陳夢家《殷代銅器》圖版八、九圖一〇甲乙；鄭振鐸《中國歷史參考圖譜》第二輯，圖版七圖三十。

石、玉、骨、角器上普遍的寫刻有款識文字，而一石毁斷耳銘文，且有十二字之多，爲前此未見之例①。

就整個形勢和分佈情況看來，這一千多個成叢的小墓，都埋在大墓的附近，又往往成排，或單埋人頭，或僅葬肢體，人頭肢體又常是多具，此外又有車馬鳥獸器物葬坑，知其必爲大墓的附屬無疑。而這些大墓，觀其規模的宏大、氣魄的雄偉、内容的豪奢以及殺人殉祭的殘暴，可知絕非平民甚至一般貴族所能有。且墓中所出遺物，無論銅、石、玉、骨，前此僅發現於小屯村的殷代帝王的首都宮室，而今之所出，其精粹又遠過之。乃知此大墓必爲殷代帝王的埋葬之所。此小墓必爲殉祭於此殷代帝王的奴隸之墓。而由當時殺人祭殉的殘暴來看，又知殷代奴隸主不僅剥削了奴隸的勞動，而且佔有了奴隸的本身。"奴隸主佔有生產資料和佔有生產工作者"，這便是殷代生產關係的基礎。

這一階段的發現，在中國考古學上，在殷墟學上，在中國古代史上，都是非常重要的發現。因爲過去九次發掘的是殷都，而這三次發掘，却發現了殷陵，殷陵出土的東西比殷都出土的更豐富，更珍貴，由於這些重要的遺跡遺物的發現，我們就可以解決考古學、殷墟學、古史學上的一些問題。

侯家莊西北岡殷墓發現遺物的重要部分，曾於一九三七年四月在南京參加第二次全國美術展覽會。梁思永編有《國立中央研究院參加第二次全國美術展覽會出品目錄》，這個目錄又節要轉載在《燕京學報》第二十一期《國内學術消息第二次全國美術展覽會》中，胡厚宣作有《中央研究院殷墟出土展品參觀記》②，徐中舒作有《關於銅器之藝術》③：這些文章都對展覽的這三次發現的器物作了一些介紹和解說。後來胡厚宣作《關於殷代奴隸社會的論證問題》④，郭寶鈞作《致郭沫若函》⑤及《記殷周殉人之史實》⑥，又對侯家莊西北岡的大小墓葬作了叙述。最近陳夢家作《殷代銅器》第一篇《安陽西北岡殷陵墓區的銅器》，並把一些重要的銅器石刻的照片發表⑦。

---

① 參看梁思永《國立中央研究院參加第二次全國美術展覽會出品目錄》，一九三七年單行本。胡厚宣《中央研究院殷墟出土展品參觀記》，載《中國藝術論叢》。
② 載《中國藝術論叢》，商務印書館一九三八年版。
③ 同上。
④ 原載《甲骨學商史論叢》初集第一册，一九四四年。修訂本改爲這樣的題目。
⑤ 收入郭沫若《奴隸制時代發掘中所見的周代殉葬情形》，一九五二年。
⑥ 載一九五〇年三月十九日《光明日報》及一九五〇年《新華月報》第一卷第六期。
⑦ 載一九五四年《考古學報》第七册。

侯家莊西北岡殷墓發掘的重要發現,曾引起了世界各資本主義國家學術界的注意,他們寫了很多的論文和專書。重要的如下:

1. 梅原末治　《河南安陽與金村之古墓》,《史學雜誌》47卷9號,1935。又收入《支那考古學論考》,東京,1938。
2. 梅原末治　《河南安陽發現之遺物》,《東方學報》,京都第七冊,1936。又收入《東亞考古學論考》第一,京都,1944。
3. 梅原末治　《河南安陽遺寶》,京都,1940。
4. 梅原末治　《河南安陽遺物之研究》,京都,1941。
5. 梅原末治　《支那青銅器時代再論》,《史林》27卷4號,1942。又收入《東亞考古學論考》第一。
6. 梅原末治　《河南省彰德府外侯家莊古墓羣之概觀》,《寶雲》29—31冊,1942—1943。
7. 梅原末治　《支那殷代之文化》,《東亞之古代文化》,1946。
8. 梅原末治　《殷時代之文化》,京都,1952。
9. Sueji Umehara, Antiquities exhumed from the Yin Tombs outside Chang-te-fu in Honam Province, Artibus Asiae Vol. VIII, 1950.
10. H. J. Timperley, The Awakening of China in Archaeology, Illustrated London News, April 4 1936.
11. Paul Pelliot, The Royal Tombs An-Yang, Independence, Covergence and Borrowing in Institutions, Thought and Art, Havard 1937.
12. Paul Pelliot, The Royal Tombs of An-Yang, Studies in Chinese Art and Some Indian Influences London 1938.
13. I. Le Roy Davidson, Notes on Some An-Yang Finds, Artibus Asiae Vol. XIII 1950.
14. 京都大學人文科學研究所,《殷代青銅文化之研究》,京都,1953。

六　第十三、十四、十五次的"平翻"工作和完整甲骨坑及古建築的遺存

自從殷墟第十次至十二次在侯家莊西北岡殷墓的發掘暫時告一結束後，到一九三六年春季，進行第十三次發掘時，就又從洹北轉到洹南，後西北岡轉到小屯村，從殷陵轉到殷都，繼續一九二八年以來前九次發掘未完的工作。

第十三次發掘，於一九三六年三月十八日開工，到六月二十四日止，共作九十九天。發掘工作由郭寶鈞主持，工作人員還有石璋如、李景聃、祁延霈、王湘、高去尋、尹煥章、潘愨，參加人員有當時的河南省政府的孫文青，共九人。工作地點在小屯村北，集中在 BC 兩區。以一千六百平方公尺爲一工作單位①，每個單位中央設測量儀器一套、工作人員兩人、工人四十名，實行歷次所希冀的平翻政策，以一百平方公尺爲一小單位，打破了歷次坑位的限制。共用長工十名、短工一百二十名，開坑四十七，掘地面積四千七百平方公尺，佔地約一萬平方公尺。

遺跡方面，發現版築基址四處、穴窖一百二十七個、墓葬一百八十一座。基址之上，有礎石，這些礎石都排列整齊，並有一定的距離。基礎之下，有測量水平的水溝，水溝全長約六十公尺。穴的大者，長約二十餘公尺，寬約十餘公尺。窖的深者，到水面以下。墓葬有車、馬、牛、羊等坑。又有無頭的俯身葬羣，東西成排，南北成列，每坑三四具至十二具不等，多爲被殺，雖在同坑，已身首異處。

遺物方面，除常見的陶、骨、蚌、石外，有銅質車馬飾、刀戈、石質戈鏃、玉質佩帶、金葉和松綠石的裝飾品，又有用朱筆書寫的陶皿、大批的銅範、帶釉陶豆和精美的白陶。其他重要發現，還有二十墓的戰車和武士，一六四墓的武士和戰馬。武士和戰馬同坑，足以證明騎射之術可能在殷代即已有之②。

尤其重要的是一二七坑未經翻擾的整坑的甲骨的發現。坑爲圓形，徑約一·八公尺，上口距地面一·二公尺，深約六公尺。坑內堆積分三層，上層灰土〇·五公尺，下層綠灰土二·七公尺，中間一層一·六公尺即滿裝着的甲骨。甲骨的排列並不整齊，有反有正，有大有小；這些甲骨有的完整，有的殘缺，有的比

---

① 參看石璋如《殷墟最近之重要發現附論小屯地層》，載一九四七年《中國考古學報》第二册；石璋如《小屯的文化層》第七頁："以一百六十平方公尺爲一工作單位"，恐有錯誤，載一九四五年《六同別錄》上册。

② 參看石璋如《小屯後五次發掘的重要發現》四，載一九四五年《六同別錄》上册，第九至十二頁；又《殷墟最近之重要發現附論小屯地層》，載一九四七年《中國考古學報》第二册。

較堅硬,有的已經腐朽;甲骨上的文字,有寫的,有刻的,有的塗墨,有的塗朱,有的不塗,彼此叠壓,相互枕藉,由北而南,堆成斜坡形。這些甲骨可能就是從坑的北邊傾入的,所以才能發生北高南低的斜坡的現象。在堆積的甲骨中,又有一架拳曲而側置的人骨緊靠坑的北壁,大部分已被埋在甲骨中,僅頭及上軀還露出甲骨以外。這個人可能就是當時管理甲骨的人員①。

這坑甲骨有幾個特點。(一)時代屬於盤庚到武丁,尤以武丁時的為多,知為武丁時所埋藏。(二)多有朱筆書寫的卜辭,知甲骨文是先寫後刻,殷代確已有書寫的顏料和毛筆。(三)文字刻劃裏塗朱墨的例子特別多。(四)卜兆有許多曾經用刀子刻在甲骨上。知道甲骨刻辭在當時不但記實,而且要求其美觀。(五)有很多把背甲改造成有孔的橢圓片。從這點可以知道甲骨也可能穿成書册。(六)記龜甲來源的刻辭特別多。(七)又多特大的龜甲,當為南方所入。這就使我們解決了殷代龜甲來源於南方的問題②。(八)這坑甲骨,統計起來,龜甲一七〇八八片,牛骨八片,共計甲骨一七〇九六片。在這巨大的數量中,牛骨卻只有八版,這一坑幾乎全是龜版了。把過去第三次發掘所得的"大龜四版"、第九次所得的"大龜七版",這次本坑以外的 B 區一號小穴的骨版,以及以後第十五次二五一坑的龜多骨少、三四四坑的骨多龜少與這一二七坑幾乎全是龜版等情形合而觀之,可知殷人卜用甲骨或有分別,埋藏起來,也或者是甲骨異地③。(九)殷墟甲骨文字發現雖多,然大部分都是"字紙簍中的碎紙與垃圾堆中的廢物"之類,有意埋藏的不過數坑,而像這次一二七坑的甲骨不但是有意埋藏的,而且其數量之多,實為前此所未有。(十)因甲骨大部分都是當時用過後的廢棄之物,所以多是碎片,出在灰土坑中。完整的龜甲,以前只有第三次發掘所得的大龜四版和第九次發掘所得的大龜七版。現在這一二七坑一七〇九六片中,完整的龜甲將近有三百版之多。這是從殷墟發掘,甚至從甲骨文字出土以來空前未有的盛事!

第十三次發掘出土的甲骨,除了一二七坑的一七〇九六片之外,還有很多坑也出零碎的甲骨,連一二七坑所出,共計字甲一七七五六片,字骨四八片,總共甲

---

① 參看石璋如《小屯後五次發掘的重要發現》;又《殷墟最近之重要發現附論小屯地層》;又同文《後記》載一九四九年《中國考古學報》第四册。

② 參看胡厚宣《武丁時五種記事刻辭考》,載一九四四年《甲骨學商史論叢》初集第三册;又《殷代卜龜之來源》,載同集第四册。

③ 參看石璋如《小屯後五次發掘的重要發現》,載一九四五年《六同別錄》上册;又《殷墟最近之重要發現附論小屯地層》,載一九四七年《中國考古學報》第二册。

骨一七八〇四片①。

關於第十三次發掘的初步報告,有石璋如的《小屯後五次發掘的重要發現》、《小屯的文化層》及內容略同的《殷墟最近之重要發現附論小屯地層》和《殷墟最近之重要發現附論小屯地層後記》。

一九三六年秋季,又舉行第十四次發掘。九月二十日開工,到十二月三十一日止,共作一百〇三天。發掘工作由梁思永主持,工作人員還有石璋如、王湘、高去尋、尹煥章、潘愨,臨時工作人員有王建勳、魏鴻純、李永淦、石偉,參加人員有當時的河南省政府的王思睿,共十一人。工作地點仍在小屯村北,繼續第十三次發掘未完的工作。先想集中全力發掘 C 區,將殷代的建築遺跡情形清理出一個大概,後以新的問題發生,發掘區域遂又擴充到 I 區。I 區又分爲南北二區。用工人百餘名,開坑六十,挖掘面積約三千五百九十平方公尺,佔地約萬餘平方公尺。

遺跡方面,計發現版築基址二十六處、穴窖一百二十二處、墓葬一百三十二座,前次發現的水溝,這次又繼續發現它曲折地經過若干地區的情形。又如一八八墓二三二墓的大批銅器、一五六坑的兩面台階、一九六坑的十幾件完整陶器以及二四三號隋墓的瓷器瓷俑,亦均爲本季最重要的發現。

遺物的最精者有方彝、鼎、甗、觚、爵、斝、毁、壺、罐、罍、盤、刀、戈、矢、弓等銅器;陶牛頭、陶鴞、及盆、罐、鬲等陶器;簪、笄、佩帶等類玉器以及刀、戈等類精美的石器等。字甲僅發現兩片。

在第十四次工作中,除了重點的發掘小屯村外,又發掘了在第十二次曾經發掘過的大司空村。發掘工作者爲高去尋和石偉。自一九三六年十月二十四日開工,至十二月十日止,共作四十八天。工作地點仍在村南,在南岡的南坡上發掘。共開坑六十三,挖掘面積約一千一百平方公尺,佔地約二千平方公尺。

重要的發現,在遺跡方面,有穴窖二十九處。穴之大者,徑約四‧八公尺,深約一‧一公尺。窖之深者,口長一‧三五公尺,寬六公寸,深三公尺餘,兩邊並有上下的腳窩。又獲墓葬九十一,係殷代和戰國兩期的墓,殷代墓形長方,俯身、仰身葬的都有,殉葬的銅器有觚、爵、刀、斧,陶器有觚、爵、鬲、豆。戰國墓形近方,人骨拳屈,殉葬物多屬陶器,有鼎、壺、豆、盤。遺物方面,有卜骨、銅範,大體與小

---

① 參看董作賓《殷虛文字乙編序》,載一九四九年《中國考古學報》第四冊;或商務印書館一九四九年版。

屯的殷文化層相似。

關於第十四次發掘的初步報告,有石璋如的《小屯後五次發掘的重要發現》、《小屯的文化層》及内容略同的《殷墟最近之重要發現附論小屯地層》和《殷墟最近之重要發現附論小屯地層後記》。關於大司空村的屈肢葬的問題,有高去尋的《黄河下游的屈肢葬問題》①。

一九三七年春季,又舉行第十五次發掘。三月十六日開工,至六月十九日止,共作九十六天。發掘工作由石璋如主持,工作人員還有王湘、高去尋、尹焕章、潘愨,臨時工作人員有王建勛、魏鴻純、李永淦、石偉,參加人員有當時的河南省政府的張光毅,共十人。工作地點仍在小屯村北,按照第十四次發掘的坑位依次向南發掘,集中於C區。因爲這裏是基址的中心區,所以希望在最短期間把這裏弄清,找出基址和墓葬的關係。用工人一百二十名,開坑三十七,挖掘面積爲三千七百平方公尺,佔地約一萬平方公尺。

重要的發現,在遺跡方面,有基址二十處、穴窖二百二十處、墓葬一百○三座。基址二十處,均較整齊,最大的一處東西長四十餘公尺,南北寬十餘公尺,南面有距離相等的三個大門,後面排列着成行的石礎。門的兩旁和前邊埋有跪着的人架,門内埋有小孩的骨架。基址的前方埋有車坑和牛羊坑,基址的側方埋有殺頭的人架,其人數多少不等。穴窖二百二十處,方圓大小不同,深淺也不一樣。圓而大的有徑約十公尺者,小的有徑約一公尺者。方的大半爲長方形,最常見的長約二公尺,寬約一公尺。小而深的窖,兩邊有脚窩可以上下,大而淺的穴,間或也有台階。墓葬一百○三座,就種類來説,有人、馬、牛、羊、猴、犬葬的不同。人葬有仰身,有俯身;人骨從一架到十架不等。多數無殉葬物,但亦間有殉葬物者。牛、羊、猴、犬、馬葬的架數亦不相同。並有犬羊同葬,一坑多至八十餘架;牛羊同葬,一坑多至三十餘架。這些或與祭祀有關。

遺物方面,重要的發現,有三三一墓的銅器、玉器和白陶,三三三墓的大理石雕,三一八墓的白陶和漆器。而三五八坑的陶奴俑,尤爲前所未有②。此外銅器有鼎、罍、尊、斝、觚、爵、盉、錛、刀。白陶有罍、豆。其他方面有大理石雕鳥獸和玉的笄、魚、佩帶。再有就是一些陶、骨、蚌、石。

---

① 載一九四七年《中國考古學報》第二册。
② 陶奴俑的摹本,見董作賓《摩些象形文字字典序》,一九四四年。照片見鄭振鐸《中國歷史參考圖譜》第二輯,圖版三,第八至十一圖,一九五○年;又《偉大的藝術傳統——殷代的藝術》下插圖五,載一九五一年《文藝報》第四卷第三期。

又獲字甲五四九片、字骨五〇片，共計甲骨五九九片。

關於第十五次發掘的初步報告，見石璋如的《小屯後五次發掘的重要發現》、《小屯的文化層》和內容略同的《殷墟最近之重要發現附論小屯地層》及其《後記》①。

第十三次、十四次、十五次發掘，共發現字甲一八三〇七片、字骨九八片，合計一八四〇五片。由董作賓編爲《殷虛文字乙編》，上中兩輯，已於一九四八年出版。上輯四〇〇頁，收拓本三四七二片，編號是從一到三四七二，甲骨登記編號是從一到七二七五。中輯四〇〇頁，收拓本二八〇〇片，編號是從三四七三到六二七二，甲骨登記編號是從七二七六到一三三四九。尚未出版的下輯照甲骨登記編號還有五〇五六號。胡厚宣作有《殷墟第十三次發掘所得龜甲文字舉例》，未出版。

以上第十三至十五次發掘，是殷墟發掘的第五個階段。

第五個階段的三次發掘，吸取了前一階段在侯家莊西北岡發掘殷陵的經驗，回到小屯，又發掘殷都，在方法上有了相當大的改進。因爲實行"平翻"，結果發現了很多極重要的遺跡。

首先是發現了殷人居住和儲藏的穴窖達四百六十九處之多。大而淺者爲穴，小而深者爲窖，都是挖入地下的遺存。穴以圓者爲多，長者次之，不規則者又次之。窖則以長方形者爲多，圓者次之。大穴有長至二十餘公尺、寬至十餘公尺者。小穴的口徑有僅約一公尺者。窖的口徑，長方形的普通以長二公尺餘、寬一公尺餘者爲多；圓的以一公尺餘者爲多；也有較大或較小者。穴的深度多半在五公寸至四公尺以內，也有少數較深的。窖的深度，則由四公尺至九公尺不等，甚至有深到水面尚未到底的。穴窖都是挖成的，牆壁分修飾的與不修飾的兩種。不修飾的壁甚粗糙，修飾的又有用泥塗和用木棒拍打兩種。有的窖有上下的脚窩，有的穴有台階可以出入。穴爲居住之用，窖爲儲藏之所。就考古學的發現看來，挖穴的技術源於新石器時代，挖窖的技術或者始於殷人，由這些穴窖的遺跡可以知道殷代穴居的制度②。

---

① 關於前後十五次發掘的簡要報道，見前中央研究院各年度的總報告，歷史語言研究所部分。《燕京學報》第八、九、十七期，《國內學術消息》；第十九期，《殷墟發掘工作近況》；第二十一期，《第十四殷墟發掘近況》、《第十五次殷墟發掘近況》。董作賓胡厚宣《甲骨年表》，商務印書館一九三七年版。胡厚宣《五十年甲骨文發現的總結》，商務印書館一九五一年版。石璋如《小屯的文化層》，載一九四五年《六同別錄》。

② 見石璋如《殷墟最近之重要發現附論小屯地層》插圖二十《安陽小屯Ｃ區現象圖》。

其次又發現了殷代建築的基址五十處。基址係由夯土即版築土作成，土色約分褐色、灰色、黄色等數種。每層厚度，約有一公寸。建築程序有二種：一種是先平了早期的坑，然後再來建造；一種是現挖坑，然後就在坑上建造基址。前者厚度三至四公尺，後者厚度一至二公尺。基址面積大的長四十餘公尺，寬十餘公尺。小的長約五公尺，寬約三公尺。方向有南北長的，有東西長的。東西長的似爲正房，南北長的似爲偏房。基址的上邊，又有柱礎。柱礎是柱下的墊石，普通都是徑約三公寸至五公寸、厚約一公寸至三公寸的不加琢磨的天然石卵。亦有用銅礎者。排列在基址的周邊，整齊有序。有的基址並用石卵排列成門洞，門洞多在基址的一角或前邊，數目不等。基址是殷都宮室的遺存，是殷人繼穴窖之後，另一種建築術的創造，儘管基址上的牆柱棟樑都已毀壞無餘，有的即基址也僅賸殘跡，但整個宮室門樓的形勢，有時還是看得出的。這對研究殷代的建築，是非常重要的資料[①]。

第三則在基址的上下周圍，又發現了與基址密切相連的墓葬四百一十六座。這些墓葬，就其内容來說，有人獸兩種。人葬又有跪葬、倒葬、單人仰身、單人俯身、無頭多俯、無頭亂葬等情形。獸葬亦有牛葬、羊葬、犬葬、牛羊合葬、羊犬合葬、豬葬、猴葬等情形[②]。

就其位置來說，可分爲三種形式：

（一）埋在基址周圍的墓葬。埋在基址前後面的墓葬，方向多與基址相適合。如埋在南北長基址的後面的，多爲南北向。埋在東西長基址的前面的，多爲東西向。東西長的基址似爲正房，南北長的基址似爲偏房。埋在正房前的墓葬少，埋在偏房後的墓葬多。正房前的墓葬多爲牛羊犬等獸，偏房後的墓葬多爲殺過頭的人。

（二）壓在基址上面的墓葬。多半是小坑，方的居多，長方的次之。這些墓或沿着基址的邊緣，或埋在門的前面。沿着基址邊緣的墓，多在門的兩旁，面向前。埋在門的前面的墓，面向後。墓内有的單是一個人，有的除人以外還隨葬一把戈，有的戈盾都有，有的除戈以外還隨葬一犬。人都作跪形。

（三）壓在基址下面的墓葬。爲數較少，都在東西長的基址即正房基址的下面。或埋在基址的前面，多爲牛羊。或埋在基址的中間、下層的黄生土裏，多爲

---

① 見石璋如《小屯後五次發掘的重要發現》，插圖七，《C區北部之一部》。
② 見石璋如《小屯的文化層》插圖四及五，《殷墓》一（人）及《殷墓》二（獸）。

一犬,亦有五犬者①。

第三種壓在基址下面的狗坑,是殷代建築宫室舉行"奠基"儀式時用的。由於"奠隅""奠門""奠中"等部位的不同,所用的犧牲品也不同。第二種壓在基址上面的方坑,是舉行"安門"典禮時用的,門旁的四個男人,當如《周禮》的掌王之門禁的"閽人",另有五個女性,或如《周禮》掌内禁的"寺人"。第一種埋在基址周圍的墓葬,即基址前面的牛羊犬葬和旁邊的殺頭葬,則都是"置礎"典禮時的犧牲②。

第四又發現了車馬葬。車坑共發現五處,四處經過擾亂,一處尚保存完整,可以看出殷代戰車的制度。一車駕四馬,乘三人:一主人,另外一御一射。兵器三套,即爲三人所使用的東西③。

又發現人馬合葬一,内埋一人、一馬、一犬、另一動物和四件破爛的陶器。人的骨盤下壓着一套兵器,計戈一、刀一、弓背飾一、礪石一、鏃十和精美的有刺有柄的器物一件。就整個現象看來,犬爲獵犬,另一動物爲獵物,陶器是餵養馬犬的用具,而由馬的裝飾和人的武器看來,這匹馬不像是用以駕車,很像是供人騎的,而這個人便是騎士④。

車坑在北,人馬合葬在南。北部除五個車坑以外,還有全身葬五、跪葬二、孩兒葬二、羊葬一、有銅器的墓葬三、殺頭葬二十七,共四十墓。南部除一人馬合葬外,還有十排殺頭葬,因爲經過擾亂,數目不詳。另外在南部的西南角上有一規模較大的墓,内有棺槨兩層。槨内棺外有陪葬的八人,分列東西南三面,並有殉葬的銅器鼎、盤、罍、盉、爵、觚、刀、戈、矢等,玉器魚、獸、簪、笄等,石製的鳥、壁、戈等,骨製的笄、鏃以及松緑石、蚌飾等。在墓的上層和下層都有殉葬的狗架。就整個情形看來,北爲車兵,南爲騎士和步卒,大墓主人或爲領兵的頭目。在巨大宫室建築工程完成的時候,他們就都成了落成典禮的犧牲⑤。

第五在基址的下邊又發現了支流交錯的水溝蔓延全區,縱橫交織於房基之下。其形狀很像是地下水道,推測它的用途,又好像是建築房基時的水平,如果房基是殷都宗廟所用,則這也許是故意造成的人工的"百川大海"。發掘者雖還

---

① 見石璋如《殷墟最近之重要發現附論小屯地層》插圖九,《墓葬與基址的關係》。
② 參看石璋如《殷墟最近之重要發現附論小屯地層後記》一,《關於基址墓葬與殷代宗教儀式》。
③ 見同①文插圖五,《車馬坑》。
④ 見同①文插圖六,《馬坑》。
⑤ 參看石璋如《殷墟最近之重要發現附論小屯地層後記》一,《關於基址墓葬與殷代宗教儀式》。

没有得出最後的結論,但無論如何,這種水溝總是與基址有關的①。

總之,在遺跡方面,這一階段最重要的發現,是豐富的殷代宮室、宗廟、居住遺址的遺存。

至於遺物方面,亦有重要的發現。三次發掘,所得重要器物能看出原來形狀的共約七百件,計銅類佔三分之一,陶類佔三分之一,骨、蚌、石等佔三分之一。

這三次所發現的銅器,就小屯來講,其總數超過了過去九次發掘所得到的。除大量車飾、馬飾銅泡、銅件之外,還有很多兵器和禮器。舉其要者,兵器像刀、戈、鏃等,出在一八六墓。工具像刀、馬頭刀等,出在一八一坑,尤以馬頭刀爲精。飲食器像鼎、甗、斝、罍、殷等,出在一八八墓,其中尤以甗、罍、殷爲精②;像鼎、罍、斝、盤、觚、爵等,出在二三二墓,其中尤以鼎、罍、斝爲精③。又從二三八墓裏的碎銅片知道有壺、卣、罐、方彝等殘器,從第三三一墓裏知道有尊、方卣、方爵等。又在一八六墓裏發現了兩把龍形小刀,在一條生動活躍的龍的口裏吐出一把小刀,非常鋒利,龍身便是柄,這應該就是雕刻甲骨文或銅、石、骨、玉器物的工具④。

陶器方面,完整的器物比以前更多。重要的如 B 一二五坑出土的陶盆,紋飾分爲兩段,上段爲方格紋,下段爲繩紋,非常少見⑤。在 C 區版築層下一〇七窖中發現釉陶豆,它的質料與釉子比從前發現的釉陶更爲進步,酷像"瓷器",這應該算是中國瓷器的起源。三三八墓出土的白陶豆,有四層精細的花紋。一七一坑出土的陶鴞,圓眼鈎嘴⑥;陶水牛頭,口鼻眼角俱極生動⑦。在 B 區又發現了許多鑄銅器的陶範,計有觚、爵、殷、罍、鏃、矛、車飾、銅泡等類殘片。此外還發現了鑄銅器的陶模,計有殘方彝模和殘銅壺模二種,爲前此稀見之物⑧。

至於其他工藝方面,則骨、角、牙、蚌均可做成精緻的工藝品。骨是牛象的腿骨和肋骨,角是鹿角,牙是象和豬的牙,蚌是比較厚的蚌殼。在這些骨料上,發現有鋸銼的痕跡。此外,並有許多磨製東西用的礪石和雕刻用的小刀。在有些花

---

① 見石璋如《小屯後五次發掘的重要發現》六;又《殷墟最近之重要發現附論小屯地層》圖版五之二。
② 見《殷墟最近之重要發現附論小屯地層》圖版十二之一及圖版十四。
③ 見上文圖版十二之二及圖版十三。
④ 見石璋如《小屯後五次發掘的重要發現》插圖十三《龍形銅刀》。
⑤ 見②文圖版十一之一。
⑥ 見②文圖版十上。
⑦ 見②文圖版十下。
⑧ 見石璋如《小屯後五次發掘的重要發現》插圖十、十一。

骨上畫着紅色的紋飾，有些是雕刻的紋飾，還有些在雕刻的紋飾中鑲嵌着松綠石。石玉製作爲殷代工藝中之最精者。這三次發掘所得的石製品有鏃、戈、皿、盒等，又有用白大理石雕成立體的鳥獸等形狀的。玉製品中有璧、小人頭、獸頭、魚、鳥及其他佩物。在車坑裏發現了一根長約一・七八公寸、徑約〇・一四公寸的細長玉管，外面刻着很精美的花紋，中間有一條兩端相通的小孔。外邊的紋飾是怎樣雕的，中間的小孔是怎樣鑽的，這些都是值得思索的問題[①]。又發現了幾個璧，全體光滑，中間有一個極圓的大孔。這孔是怎樣挖的，器的表面是怎樣磨的，也是值得思索的問題。銅柄石戈上，每有上下一致的小圓孔，其作風與石刀上的兩面大、中間細，由兩面鑽成的孔迥然不同。石或玉製品上，或陰紋或陽紋，綫條極爲勻整。此外如金葉的飛薄、魚形刀的快利、松綠石牙飾品的美麗，等等，所有這些都需要極高的技術才能製成。

　　總計從一九二八年到一九三七年，十年之間，共發掘殷墟十五次。關於殷代帝王都城的發掘，即小屯村的發掘，共作了十二次（自第一至九次，又第十三至十五次）。關於殷代帝王墓葬的發掘，即侯家莊西北岡的發掘，共作了三次（自第十至十二次）。關於殷都近郊殷代遺址的發掘，在大司空村共發掘兩次（第十二次和第十四次），在侯家莊南地發掘一次（第九次）。關於殷都近郊殷代墓地的發掘，在范家莊發掘一次（第十二次）。關於殷都近郊殷代遺址及墓地的發掘，在四盤磨，共發掘兩次（第四次和第八次），在王裕口及霍家小莊發掘一次（第六次）。關於殷都近郊仰韶龍山和殷代小屯三層文化堆積遺址的發掘，在後岡共發掘四次（第四次、五次、八次、九次），在侯家莊高井台子發掘一次（第六次），在秋口同樂寨發掘一次（第十次）。關於殷都近郊龍山和殷代小屯兩層文化堆積遺址的發掘，在武官南霸台發掘一次（第九次）。發掘殷墟十五次，計在安陽洹河兩岸發掘了十一個地方[②]。

　　可恨的是，關於這些發掘工作的全部記錄、圖表、拓本、照像等等和所發現的全部珍貴的器物，在解放前夕，都被運到臺灣去了。

七　殷墟以外殷代諸遺址的調查

　　前中央研究院歷史語言研究所除了發掘殷墟之外，還做了一些考古調查的

[①] 參看鄭振鐸《偉大的藝術傳統序》及《圖錄》，載一九五一年《文藝報》第四卷第一至三期。
[②] 參看石璋如《殷墟最近之重要發現附論小屯地層附表》。

工作①。

　　在一九二八年曾調查過河南的安陽和洛陽以及山東的龍山。在龍山,從一九二八年到一九二九年,曾經調查過六次。一九三〇年,曾經調查過南京的棲霞山,山東的臨淄、龍山,內蒙的查不干廟、林西、雙井、陳家營子和赤峯。一九三一年調查過河南的汲縣山彪鎮、濬縣辛村、偃師西亳、安陽洹河兩岸,河北的磁縣、彭城和山東的膠東、濰縣一帶。一九三二年調查過河南的洛陽、輝縣、汲縣、淇縣、濬縣、內黃、獲嘉、修武、新鄉,山東的曲阜、濟寧、嘉祥、鄒縣、嶧縣、滕縣。一九三三年調查過河南的安陽董福營和南陽、淇縣、汲縣、濬縣、淇河兩岸,山東的淄川、濰縣、臨淄、滕縣。一九三四年調查過河南的鞏縣、廣武、新鄭、安陽洹河兩岸及上游,山東的諸城、即墨、日照和安徽的壽縣。一九三五年調查過河南的湯陰、武陟、沁陽、孟縣、濟源、獲嘉、輝縣、新鄉、林縣、內黃、汲縣、偃師、禹縣,河北的涉縣、武安、臨漳和江蘇的蘇州。一九三六年調查過河南的商邱、永城、洛陽、登封、安陽西鄉龍岩寺,河北的磁縣、彭城和南京的附近。一九三七年調查過河南的登封和安陽以東的洹河下游,浙江的杭州良渚一帶,湖南長沙的城關,西康的康定、道孚和內蒙的呼和浩特、包頭、固陽、五原以及山西的太原一帶。從一九二八年三月到一九三七年十二月,十年之間約共有五十次調查,凡歷八省一自治區,約六十個縣市。

　　其中發現有殷代遺址的地方,在河南安陽縣,除了前舉已經發掘過的小屯村、侯家莊西北岡、大司空村、侯家莊南地、范家莊、四盤磨、王裕口、霍家小莊、後岡、侯家莊高井台子、秋口同樂寨和武官南霸台等十一處之外,還有花園莊、五道溝、四面碑、小方山、西麻水西、西麻水東、東麻水、南彰武、洪岩村、北固現、夏寒寨、車村、梁村、劉莊、白家墳、韓家王度、三家莊、城西北關、洪河屯、李家莊、安家莊、霍家村、三官廟、晁士莊、大士莊、小八里莊、大八里莊、四權村、蓋津店、東官員、園村、小吳村、小張村、西小韓、大吳村、大定龍、韓何固、東瓦定、小屯村二、西羊店和溝武城等,共四十一處,連已發掘的十一處,合共五十二處。屬於河南湯陰縣的有姜台、文王廟、長塚、邺城和霸台等五處。屬於河南內黃縣的有河亶甲墓一處。屬於河南淇縣的一處。屬於河南滑縣的有莊丘寺一處。屬於河南新鄉縣的有魯堡一處。屬於河南沁陽的有西向村一處。屬於河南孟津的有蘭家寨一

---

　　① 本節的統計,係根據前中央研究院各年度總報告、《安陽發掘報告》、《中國考古學報》、各期《歷史語言研究所集刊》、《城子崖》、《周公測景台調查報告》等書和個人的一些筆記、日記作成。爲了節省篇幅,以下僅舉地名,不再作詳細敘述。

處。屬於河南南陽的有望城岡一處。屬於河南商丘的有青崗寺一處。屬於河南永城的有曹橋一處。屬於河北省涉縣的有先農壇、沿頭村等二處。屬於河北武安縣的有小河底一處。屬於山東日照的有臭杞園、秦官莊、劉家樓、小柳莊、臧家荒等五處。屬於安徽壽縣的有魏家郢子、彭家郢子、楊林橋、古城子、陶家祠、江黃城、張羅城、廟旭子、酒流橋、劉備城、張飛台、鬥雞城等十二處。屬於山西大同的有古城村、雲岡等二處。屬於內蒙呼和浩特的有金必崖、白塔車站等二處。屬於內蒙包頭的有加爾平一處。

計在調查中發現有殷代遺址的地方，在河南省有十一縣六十六處，河北省二縣三處，安徽省一縣十二處，山西省一縣二處，內蒙二縣三處，總計四省、一自治區、十七縣、八十六處。

八　前河南博物館的發掘和發現

一九二九年十月二十一日，當前中央研究院在安陽小屯村作第三次發掘時，當時的河南省政府也派前河南博物館的何日章前往安陽小屯村搶着發掘，爲期凡經兩月。

一九三〇年二月，何日章又往小屯村作第二次發掘。自二月二十日到三月九日，又自四月十二日到月底，共發掘三十七日。

兩次發掘，計獲字甲二六七三片、字骨九八三片，共三六五六片。另外，也獲得很多古器物。甲骨文字，曾由關百益選拓爲《殷虛文字存真》，共出了八集，每集一百片。又由孫海波選編爲《甲骨文錄》，共收錄了九三〇片。其他的古器物，由關百益編爲《殷虛器物存真》，只出了一集①。

這些古物，在一九三七年抗日戰爭爆發後，曾選出五千多件，分裝六十八箱，運往重慶寄存。解放前不久，其中的精品三十八箱，包括甲骨、銅器、玉器、陶器、石器等，已被運至臺灣了②。

九　解放前發掘工作的局限

解放前從一八九九年到一九四九年，五十年中，前三十年的甲骨出土和後來

---

① 參看董作賓胡厚宣《甲骨年表》，商務印書館一九三七年版，第二三頁；又胡厚宣《五十年甲骨文發現的總結》，商務印書館一九五一年版，第四五、四六頁。

② 參看《河南省人民政府文物保管委員會工作報告》，載一九五一年《文物參考資料》第二卷，第十二期。

的殷墟發掘,雖然有了相當重大的成績與收穫,但由於"自從一八四〇年的鴉片戰爭以後,中國一步一步地變成了一個半殖民地半封建的社會。自從一九三一年九一八事變日本帝國主義武裝侵略中國以後,中國又變成了一個殖民地、半殖民地和半封建的社會"①,反映在文化方面的,就是半殖民地的文化,買辦階級的文化。學術研究工作也滲透了半殖民地買辦階級的色彩②,殷墟發掘工作也不例外。

前三十年甲骨的蒐集和研究,多少還沿襲着從宋到清的古董金石文字之學,另外也受了歐美日本資產階級史料學的一些影響。解放以前,中國的考古學家大多受資產階級科學影響,在研究中也沒有注意到社會經濟關係的發展。阿爾奇浩夫斯基曾說,"革命以前俄國科學中的那些活動家的世界觀都是唯心主義的或機械論的,實物的古物都被形式主義地加以研究"③。這些情形在中國也有着同樣的表現。甲骨學雖然是新發現的學問之一④,雖然也有了相當的成就,但是所謂研究,只限於文字和考據,不能從整體上了解古代器物;當時又只注意甲骨的價值,不知甲骨出土的情況和同時出土其他方面的物品;還有,古物的商品化造成了古物的買賣和盜掘,得了甲骨,毀了其他⑤。尤其是帝國主義者大量的劫掠搜羅,更引起了極大規模的盜掘和破壞。

後來的殷墟發掘,比起以前的盜掘亂挖來,固然是大爲進步了。但由於帝國主義者的侵略和反動政府的不支持,其發展就受了極大的局限⑥。

在半殖民地半封建的社會中,不但帝國主義者可以自由地深入我國內地邊區,以考古調查爲名陰謀探取我國機密,並掠奪我國古物,使我國文化遺產遭受巨大損失;就是我國考古的機關,事實上也多爲帝國主義者所操縱。即以殷墟發掘而言,前幾次的發掘,經費都是美國福利爾美術陳列館所"協助"的,以後則始終是美國操縱的中華教育文化基金董事會"津貼"的⑦。

---

① 《毛澤東選集》,第二卷,人民出版社一九五三年版,第六二〇頁。
② 參看向達《過去圖書館博物館及考古工作的檢討》,載一九五〇年一月十五日上海《大公報》;又《新華月報》第一卷第四期轉載。
③ 阿爾奇浩夫斯基:《考古學》,人民出版社一九五四年版,第一三頁。
④ 王國維有《最近二三十年中國新發現之學問》,載一九二五年《學衡》四十五期。又收入《靜安文集》續編。
⑤ 參看裴文中《新中國五年來考古事業的成績》,載一九五四年《新建設》十一月號。
⑥ 參看竺可楨《中國科學的新方向》,載一九五〇年《科學通報》第一卷第二期。
⑦ 參看李濟《安陽發掘報告編後語》,載一九三三年《安陽發掘報告》第四期。又石璋如《殷墟最近之重要發現附論小屯地層》,載一九四七年《中國考古學報》第二册。

當時的反動政府，對於帝國主義的侵略不但熟視無睹，而且與帝國主義者相勾結，以考古工作爲逢迎獻媚的工具。對於國內的考古工作，不但絲毫不予重視，而且經常給考古工作以阻礙和打擊①。

　　反映到考古工作上的，一方面是迎合外國人，以博得外國資産階級學者稱道爲榮，一方面是繼承了封建社會的行會制度，儘量封鎖技術和成果。既不爲作育人材之計，也不想改進本身工作。自己不研究，也不肯讓別人研究。發掘的正式報告，積壓二十多年不曾發表，所得器物以及記錄等等，也幽閟隱藏，不讓本國人知道，而照像以及平面圖等等，却欣然邀請外國學者參觀，在外國的刊物上發表②。

　　就研究工作者來説，一般大都是"爲科學而科學""爲考古而考古"的，"很少對社會經濟關係的歷史發生興趣，他們也不從社會自身發展方面去研究社會"③。他們更"不一定要爲人民服務，也不一定要與實際配合。説好一點，叫作埋頭苦幹；説老實一點，不免是自私自利。偶有一得，瞞這瞞那，唯恐別人或者別的機構偷去他的寶貴秘密，或者妄自吹嘘，以爲那是大不得了的科學上的發明"④。這樣，就大大地阻礙了殷墟考古學的發展。

十　抗日戰爭後殷墟遺物的破壞和損失

　　一九三七年，日本帝國主義發動了侵略戰爭，前中央研究院的殷墟發掘工作被迫停止。華北淪陷，繼以安陽，敵人先後組織了不少的"調查團"和"研究班"，在東北、華北一帶考古。其人數最多、經歷最廣、規模最大的要算東京帝國大學；其專在河南考古的，則有華北綜合調查研究所等機關。至於私人的史蹟探察和考古旅行，那就更難計算⑤。

　　據我們曉得的，一九三八年春慶義應塾大學文學部組織了北支學術調查團，曾由大山柏率領來安陽考古⑥。同年秋，東方文化研究所水野清一、岩間德也等

————————
　　① 參看夏鼐《考古工作在新中國的蓬勃發展》，載一九五四年《科學通報》十月號。
　　② 參看向達《過去圖書館博物館及考古工作的檢討》；又裴文中《總路綫光輝照耀下的考古工作》，載一九五四年三月十一日《光明日報》。
　　③ 阿爾奇浩夫斯基：《考古學》，人民出版社一九五四年版，第八頁。
　　④ 李四光：《新中國的科學研究》，載一九五〇年《科學通報》第一卷第五期。
　　⑤ 參看宿白《八年來日人在華北諸省所作考古工作紀略》，載一九四七年一月十一日天津《大公報》；梅原末治《殷時代之文化》，載一九五二年黑川古文化研究所《研究叢刊》第一。
　　⑥ 參看日本大山柏《北支調查行》，載一九三八年《史前學雜誌》第十卷第五號。大給尹《河南省安陽郊外後岡高樓莊兩遺跡發掘調查豫報》，載一九三九年《史學》第十七卷第四號。

人曾來安陽侯家莊考察發掘①。一九四〇年至一九四一年，東京帝國大學考古學教室曾來安陽發掘。一九四二年至一九四三年，駐河南的日本軍隊也曾利用奸匪大事盜挖，出土古物不少，都運往日本去了②。

一九四五年，日本投降，抗戰結束。但是由於國民黨反動政府勾結美帝國主義，發動了危害人民的內戰，殷墟發掘工作就一直不能恢復。

美帝國主義的軍政酋首以至海陸空軍士兵，在中國到處橫行霸道，古物損失更多。反動政府以大量文物運往美國；一些美國空軍的所謂"將軍"，有時也用飛機向美國運古物。抗戰勝利後，在南京、上海和北京等地，經常駐有美國各博物館、圖書館、高等學校和研究機關的人員，無限制的搜購中國的古物和圖書。反動政府表面上也有禁止古物出口的法令，但通過免驗的特許，成千百箱的書物一批批的偷運了出去。

在以前，美國有時還通過日本搜劫中國的文物，譬如在紐約等地就有"山中商會"，這是日本人開的名聞世界的中國古董行。到一九四五年以後，日本投降，美帝國主義與反動政府相勾結，更直截了當，為所欲為。新發現的最精的古物，幾乎都到了美國③。

不但如此，就連日本劫去的中國古物，美帝國主義佔領日本後，也在打着主意。美軍總部文物部門的主持人郝利思，他是以克利夫蘭美術館東方部主任的身分調去日本的，去日本後不久，他就常帶着一些古物，僕僕往來於東京、紐約之間。其野心可想而知④。

據報載，就連劫往臺灣的古物，美帝國主義看到中國人民一定要解放臺灣，就假借展覽為名，把最精的部分運到美國去⑤。

美國早年所得，一部分曾見著錄於梅原末治的《支那古銅菁華》⑥、陳夢家的《海外中國銅器圖錄》第一集⑦及其他圖錄。其概況又見梅原末治的《美洲博物

---

① 參看水野清一《殷墟侯家莊記》，載一九四〇年《史林》第二十五卷第二號。
② 參看第199頁註⑤；胡厚宣《美日帝國主義怎樣劫掠我們的甲骨文》，載一九五一年四月二十七日上海《大公報》及天津《進步日報》。
③ 參看陳夢家《中國古代銅器怎樣到美國去的》。
④ 參看王世襄《記美帝所攫取的中國名畫》，載一九五〇年《文物參考資料》十一期。
⑤ 參看一九五四年十月十一日《光明日報》。又邱挺《蔣介石賣國集團是破壞盜賣歷史文物的罪人》，載一九五四年十一月二十八日《光明日報》。
⑥ 梅原末治：《支那古銅菁華》七冊，一九三三年。
⑦ 陳夢家：《海外中國銅器圖錄》第一集二冊，一九四六年。

館裏的中國古美術》①、袁同禮的《我國藝術品流落歐美之情况》②和陳夢家的《中國古代銅器怎樣到美國去的》③等文。抗日戰爭以後，尤其日本投降以後，他們所劫掠的就應當更多，惟迄今還未見發表。

總之，抗戰以後，由於日美帝國主義者的盜掘和搜購，殷墟遺物已經受到了極大的破壞，有了很大的損失。

當時安陽當地的人又乘機盜挖起來。先後出土的青銅、石、玉、骨、蚌、白陶器物，除流到國外的以外，也略見著錄於黄濬的《鄴中片羽》初二三集、《古玉圖録》初集④、于省吾的《雙劍誃古器物圖録》⑤、李泰棻的《癡庵藏金》⑥、梁上椿的《巖窟吉金圖録》⑦及其他書中。

還有一個重要的發現，就是"司母戊鼎"的出土。原來在安陽侯家莊西北岡東區有個"吴家柏樹墳"，墳有五座，周圍栽着柏樹一百多棵。當一九三四年、一九三五年前中央研究院發掘西北岡時，曾探得在這柏樹墳地下會壓着"殷陵"，只因阻於習俗，未曾動手。在日本侵略時期，墳上柏樹被砍伐净盡。一九三九年，就在一九五〇年發掘武官大墓西南隅約八十餘公尺武官村吴玉瑶家的田中，發現了一個殷代的大銅方鼎，俗呼爲"馬槽鼎"，意思是鼎大得可以作馬槽⑧。

這個鼎出土後，因太大太重，當地的人曾擬鋸斷運出，但鋸了一足，鋸不下了，就悄悄的又把它埋起來⑨。消息走漏出去，日寇聽説，勒索未成，又説願出七十萬元僞幣收買，也没有挖出。據説另外送出了一個小的才算把它保留了下來，但那個小的究爲何物，則不得而知。勝利後，一九四六年重新挖出，因主權發生糾葛，遂歸了當時的安陽縣政府⑩，今存南京博物院。這個鼎失去一耳，未掘出，鼎重一千四百多斤，連耳高一三七公分，長一一〇公分，寬七七公分。鼎的周圍以雷紋爲地，上有龍紋蟠繞，四角爲饕餮紋。鼎内有"司母戊"三個字的銘文。爲

---

① 梅原末治《美洲博物館裏的中國古美術》，刊《佛教美術》第十六至十七册，一九三〇年。又收入《支那考古學論考》。
② 袁同禮《我國藝術品流落歐美之情况》，收入《中國藝術論叢》，一九三八年。
③ 陳夢家《中國古代銅器怎樣到美國去的》，載一九五〇年《文物參考資料》十一期。
④ 黄濬《鄴中片羽》初集二册，一九三五年；二集二册，一九三七年；三集二册，一九四二年。又《古玉圖録》初集四册，一九三九年。
⑤ 于省吾《雙劍誃古器物圖録》二册，一九四〇年。
⑥ 李泰棻《癡庵藏金》一册，一九四〇年。
⑦ 梁上椿《巖窟吉金圖録》二册，一九四三年。
⑧ 參看郭寶鈞《一九五〇年春殷墟發掘報告》，第四、五頁，載一九五一年《中國考古學報》第五册。
⑨ 參看陳夢家《殷代銅器》，第二九頁，載一九五四年《考古學報》第七册。
⑩ 參看邵慎之《安陽探古殷代祭器出土記》，載一九四六年十月二十七日上海《申報》。

出土大鼎中最大最重者①。

此外也發現了甲骨。這些甲骨除流到國外者以外，其落在北京者，重要的有北京圖書館得了二百片，輔仁大學得了一百九十五片，李泰棻得了一千片，于省吾得了一千片，謝午生得了五百片，徐宗元得了三百片，孫海波得了二百片，陳保之得了一百片。其落在上海者，孔德研究所得了一千五百片，郭若愚得了八十片，孫師匡得了五十片。我自己也略有所獲。此外藏家還多，不備舉。

把新出的材料編印成書②，重要的有：

一、黃　濬　《鄴中片羽》三集　　　　　一九四二年　二一五片
二、于省吾　《雙劍誃古器物圖錄》　　　一九四〇年　四片
三、李旦丘　《殷契摭佚》　　　　　　　一九四一年　一一八片
四、胡厚宣　《元嘉造像室所藏甲骨文字》　一九四六年　二七〇片
五、胡厚宣　《頌齋所藏甲骨文字》　　　一九四六年　一三片
六、胡厚宣　《雙劍誃所藏甲骨文字》　　一九四六年　二五四片
七、李亞農　《殷契摭佚續編》　　　　　一九五〇年　三四三片
八、胡厚宣　《戰後寧滬新獲甲骨集》　　一九五一年　一一四五片
九、胡厚宣　《戰後南北所見甲骨錄》　　一九五一年　三二七六片
十、郭若愚　《殷契拾綴》　　　　　　　一九五一年　五六〇片
十一、郭若愚　《殷契拾綴》二編　　　　一九五三年　四九五片
十二、胡厚宣　《戰後京津新獲甲骨集》　一九五四年　五六四二片

共約萬餘片。若連沒有著錄的和流到國外的算起來，那就更多了。

---

① 參看《我們偉大的祖國》，載一九五一年三月十三日《人民日報》。
② 書中所收，不一定全部為戰後出土，也有的是戰前所出，今始編印的。

第三章　新中國人民的殷墟考古學

一　新中國人民的考古學

一九四九年,中國共產黨領導的中國人民革命的勝利,結束了中國半殖民地半封建社會的局面,建立了以工人階級爲領導以工農聯盟爲基礎的人民民主國家:中華人民共和國。五年以來,中華人民共和國在各方面都取得了偉大的成就。

帝國主義者們爲所欲爲的時代,在中華人民共和國成立後,已一去不復返了。新中國人民已經不再容許他們盜竊一針一綫了。中國共產黨一向就留心保護古代的民族文化遺產。中央人民政府成立後,即積極研究如何保存保護古代的文物。一九五〇年五月,政務院頒佈了"禁止珍貴文物圖書出口暫行辦法",保護我國文化遺產,防止有關革命的、歷史的、文化的、藝術的珍貴文物及圖書流出國外。這個命令,基本上制止了近百年來帝國主義者盜竊我國文化遺產和奸商盜運文物出口的不法行爲。同時又頒佈了"規定古蹟珍貴文物圖書及稀有生物保護辦法"的命令,並頒發了"古文化遺址及古墓葬之調查發掘暫行辦法",防止了對古墓與古文化遺址的盜掘,防止了"挖寶式"的非科學的發掘,防止了對名勝古蹟、珍貴文物圖書和稀有生物的無意或有意的破壞①。經過"三反""五反"和"反盜寶"運動之後,可以說已經制止了近百年來大規模盜掘古物的行爲。

中央人民政府文化部爲了領導全國的文物工作,成立了文物局,後改爲社會文化事業管理局。這是領導全國各級政府文化部門執行保護文物政策、進行清理發掘的總機關。各省市的文化局,也設有文物處,後改爲社會文化事業管理處。各省市都成立了文物管理委員會。重要的古蹟地區像小屯和龍門,都成立

---

① 參看鄭振鐸《基本建設人員應有的古文物知識》,載一九五三年《文物參考資料》第十二期。又《基本建設與古文物保護工作》,中華全國科學技術普及協會單行本,一九五四年。

了保管所。中國科學院成立了考古研究所,以進行考古學的專門研究,並領導全國的考古研究和考古技術①。好些綜合大學,也都計劃培養考古學的專門人才。中央文化部、中國科學院和北京大學又合辦了考古工作人員訓練班,調集全國的文物幹部,加以短期訓練,使他們能夠在全國各地隨時作緊急的考古工作。到一九五四年為止,已辦了三屆,差不多已有近三百名經過考古訓練的文物工作者,散佈在全國,担當着考古工作的任務②。

五年來主要的調查發掘的單位有考古研究所(在西安、洛陽並設有工作站)、考古工作人員訓練班、華東文物工作隊(又分蘇北、皖北、浙江、山東、福建各組)、河南文物工作隊(又分鄭州組、洛陽組)、湖南文物工作隊(又分長沙組、衡陽組)、西北文物勘察清理隊(又分蘭新路清理組和新疆文物調查組)、鞍山地區古墓清理隊、雁北文物勘察團、炳靈寺石窟勘察團、麥積山勘察團及其他各種文物工作隊和文物勘察清理的組織。又大部分的博物院、博物館、文管會和比較個別的文化局、科或社會文化事業管理處、科有時也都參加考古調查和發掘的工作。

五年來主要的發掘地點,有河南的安陽、輝縣、鄭州、洛陽、郟縣、禹縣、成皋、澠池,河北的房山、唐山、望都、北京,山西的汾城、大同、榆社、保德,遼寧的鞍山,吉林的西團山,黑龍江的依蘭,山東的濟南、梁山、沂南,江蘇的徐州、新沂、淮安、南京,浙江的杭州,湖南的長沙、衡陽,陝西的西安、咸陽、岐山,甘肅的永登、古浪,四川的成都、德陽、資陽,福建的泉州、閩侯,廣東的廣州以及西南西北的成渝、寶成、蘭新等鐵路的沿綫各地。根據報刊作的極不完備的統計,解放以後,新中國五年來大小規模發掘的地方,包括二十四個省區二百三十個縣市。其中屬於舊石器時代者十處,屬於新石器時代者九十五處,屬於殷周時代者六十九處,屬於漢及漢以後者一百八十一處。這所謂處,係指縣市一類大的地方而言。若以每處的小地方統計起來,總數約在萬處以上。

特別是隨着國家的社會主義工業化的發展,配合各地區大規模的基本建設工程,在全國範圍內,開展了搶救"地下博物館"的清理發掘工作。截止到一九五三年,共發現了珍貴的文物,達十四五萬件之多③。在安陽一清理就是三百個古墓,在白沙一清理就是八百個古墓。在鞍山,僅一九五三年內,就發現了共有一

---

① 參看裴文中《總路綫光輝照耀下的考古工作》,載一九五四年三月十一日《光明日報》。
② 參看裴文中《新中國五年來考古事業的成就》,載一九五四年《新建設》十一月號。
③ 參看一九五四年五月十九日《人民日報》;又二十一日《光明日報》。

千餘座古墓的四處大墓羣。在長沙，已經發掘的古墓就有一千零六十五座①。在洛陽西郊的建校區的八分之一的地方，就有五百多個漢墓，全部至少也有兩千多②。又據洛陽文管會的報告，估計一九五四年在洛陽建設的一個工廠的地基下，就可能有七千個古墓③。此外在西安市區的基建工地中，已鑽探出的古墓達一萬餘座，即將進行發掘④。偉大的國家經濟建設，替我們的考古事業開闢了廣闊的道路。現在已經不是幾個人幾十個人在某一遺址打探溝，而是成千成萬的勞動者為了奠定基本建設的基地，為了清理我們祖先遺留下的"地下博物館"，而大規模的翻動祖國的地層。現在已經不是一個兩個遺址和墓葬的發掘問題，而是數以百計的遺址，數以千計乃至一萬以上的古墓的發掘問題⑤。這種現象，只有在今天，才有可能，這是史無前例的事。

　　解放以後，全國許多地方的文管會和博物館，除了一般經常性的陳列外，都曾利用考古學的材料，舉行了從猿到人、社會發展史、偉大祖國、歷代藝術等類的展覽會。在北京，考古研究所和歷史博物館合作，舉行過安陽殷墟發掘、河南輝縣發掘、北京西郊明墓發掘、陝西鬥雞台發掘、唐山賈家莊發掘以及新疆古物、楚文物等展覽。歷史博物館除佈置了經常展覽的中國原始社會陳列室、夏商周陳列室和秦漢陳列室之外，也舉行過敦煌文物展覽、偉大祖國的建築展覽、炳靈寺石窟圖片展覽和望都漢墓壁畫展覽。故宮博物院除一般的陳列之外，也佈置了中國古代藝術陳列館、中國歷代藝術綜合陳列館和陶瓷館。市文教委員會舉行過北京市出土文物展覽會。中國科學院古脊椎動物研究室在周口店成立了中國猿人產地陳列室⑥。在南京，南京博物院除佈置了經常的社會發展史展覽之外，也舉行過南唐二陵發掘、中國歷代陶瓷、史前彩色陶器和華東兩年來基本建設出土文物等展覽會。在西安西北歷史博物館舉行過新疆文物展覽會。在重慶西南博物院舉行過寶成鐵路出土文物展覽會。蚌埠的治淮陳列館，也陳列了治淮工程中出土的大批古物。此外，長沙舉行過楚墓出土文物展覽會，衡陽舉行過出土

---

① 參看一九五四年《全國基本建設工程中出土文物展覽會說明》。
② 參看裴文中《考古工作者目前的任務》，載一九五三年三月二十三日《光明日報》。
③ 參看裴文中《總路綫光輝照耀下的考古工作》，載一九五四年三月二十一日《光明日報》。
④ 參看一九五四年《全國基本建設工程中出土文物展覽會說明》。
⑤ 參看翦伯贊《考古發現與歷史研究》，載一九五四年五月二十二日《光明日報》。又《文物參考資料》一九五四年第九期。
⑥ 參看周明鎮《周口店中國猿人的產地》，載一九五三年《科學通報》十一月號。賈蘭坡《由中國猿人產地談到周口店新建立的陳列室》，載一九五三年《生物學通報》十二月號。楊鐘健《周口店世界最古的文化寶庫》，載一九五三年《人民畫報》十二月號。

文物展覽會,柳州舉行過歷代文物展覽會,本溪和撫順都舉行過歷代文物展覽會,烏魯木齊舉行過新疆文物展覽會,鞍山舉行過漢墓出土文物展覽會,洛陽舉行過配合基建保護文物展覽會,合肥舉行過一九五三年基建出土文物展覽會,廣州舉行過一年來生產建設中出土文物展覽會。如此之類,不能備舉。

一九五四年五月,在北京舉行的大規模的全國基本建設工程中出土文物展覽會,尤爲空前的創舉。這個展覽會包括除了少數地區之外的全國各地四、五年來在基本建設工程中出土的十四、五萬件文物中的精品三千七百六十件。這些文物,以地域而論,北自松花江,南到珠江,東自海邊,西到甘肅走廊,幾乎包括了全國;以時間而論,上自舊石器時代,下迄明代,幾乎是通貫歷史的全時代;以種類而論,自石、骨、陶、銅以至漆、瓷、玉、金、銀、鐵、琉璃等,幾乎無所不有。在過去,不可能有這樣大規模的有計劃的清理和發掘,不可能有這樣有系統的科學的整理與保護,更不可能這樣及時的全面的公開展覽出來。只有在今天,我們才能在全國範圍内,結合着基本建設工程的進行,有計劃的從事於古墓葬古遺址的科學的發掘清理工作,才能把祖國古代的燦爛的物質文化遺產全面的陳列在廣大的人民羣衆和科學工作者的面前①。

在發掘工作進行中,隨時都發表消息和簡訊,工作告一段落,先發表簡報,正式報告則規定在一年内作成。幾年來發表這些消息簡訊和報告的,除一般報刊之外,經常發表的有《南博旬刊》、《科學通報》、《考古學報》和《文物參考資料》。單刊的報告有南京博物院的《南京附近考古報告》、社會文化事業管理局的《雁北文物勘查團報告》和《炳靈寺石窟》、《麥積山石窟》等。文化藝術的圖錄,有鄭振鐸的《偉大的藝術傳統圖錄》、考古研究所的《輝縣出土器物圖案》和歷史博物館的《楚文物展覽圖錄》及《長沙出土古代漆器選集》等。《一九五○年春殷虛發掘報告》,已在一九五一年出版,《輝縣發掘報告》在印刷中,在編寫中的還有很多種。在一九五五年一月又創辦了《考古通訊》。

五年來的發現,無論就數量上、地域上或内容上講,都超過了解放前的任何一個時期②,給中國考古學、古代史及人類學的研究提供了許多新的資料。如四川"資陽人"頭骨化石和山西丁村舊石器時代人類化石和石器的發現,對於古代

---

① 參看鄭振鐸《在基本建設工程中保護地下文物的意義和作用》,載一九五四年《文物參考資料》第九期;又載一九五四年《科學通報》九月號。

② 參看向達《參觀了全國基本建設工程中出土文物展覽會以後》,載一九五四年《文物參考資料》第九期。

人類體質進化的研究增加了珍貴的資料。全國新石器時代遺址,新發現了九十五處,兩百個以上的地點。這使我們對於新石器時代東西南北幾種文化的分佈和綜合,有了新的綫索。漢代陶器和竹簡的發現,使我們對於漢代社會生活有了新的了解。炳靈寺石窟和天梯山石窟的發現,使我們對於隋唐藝術增加了新的認識。此外在安陽、長沙、輝縣和唐山等地的發掘,發現了許多早晚期殷周文化和戰國時代的楚國和燕國文化的新材料①。

新中國的考古學,在黨和人民政府的領導下,在馬克思列寧主義的教導下,學習了蘇聯的先進經驗,已經有了根本性質的改變②。新中國的考古學,不再是爲考古學而考古,它乃是馬克思列寧主義歷史科學的有機部分。它是把考古發現當做物質資料生產者的歷史資料和古代勞動人民創造的文化遺產來研究的。從這些考古發現的物質資料,來研究已經滅跡的社會經濟形態,來研究生產力生產關係的發展,來研究歷史發展的客觀規律。這不但與舊中國買辦氣息的考古工作有異,而且與資本主義國家由欣賞美術古董到利用考古調查以達到政治侵略目的,替種族主義帝國主義的思想理論服務的考古學也是迥然不同的。

二　一九五〇年春季的殷墟發掘工作

一九四九年十月,中華人民共和國誕生,十一月就成立了中國科學院。一九五〇年春,中國科學院成立了考古研究所,當即作了一次小規模的殷墟發掘。

發掘工作由郭寶鈞主持,工作人員還有趙銓、馬得志、魏善臣;院外參加的有北京大學研究生安志敏和當時的平原省文物管理委員會的裴毓明、王興之、王珍卿等,共八人。自四月十二日開工,到六月十日停止,共作六十日。

發掘的地點,分爲洹南洹北二區:

洹北區在前中央研究院歷史語言研究所發掘的侯家莊西北岡殷代陵墓的東部邊緣,武官村北八一五公尺至一〇五〇公尺處。共開了四個方形探坑,四條長的探溝,並打了二百多個探洞,結果發現了殷代奴隸主的大墓葬一座、砍殺奴隸以祭殉大墓的排葬坑十七座、散葬坑八座。

洹南區在前中央研究院歷史語言研究所發掘小屯村殷代都城宮廟的西邊外

---

①　參看郭沫若《新中國的科學研究工作》,載一九五四年《科學通報》十月號。

②　參看吉謝列夫《吉謝列夫講演集》,新華書店一九五〇年版。又《蘇聯的歷史科學與歷史教學》,時代出版社一九五三年版。又尹達《認真學習蘇聯考古學者的寶貴經驗和工作作風》,載一九五四年《科學通報》八月號。

圍,以四盤磨爲中心,發掘到萬金渠、五道溝、花園莊北地。共開了探溝三十一條,探洞一百多個,計掘得居住遺址三處、灰土坑四個、中小墓葬十七座。

洹北武官村大墓,是一個南北長方中字形墓葬。墓室南北長十四公尺,東西寬十二公尺。南北各有一個墓道。南墓道長十五·五五公尺,寬六·一公尺。北墓道長十五公尺,寬五·二公尺。通墓室及南北墓道,共長約四十五公尺。在地面下四·七公尺露出木槨,槨南北長六·三公尺,東西寬五·二公尺,深二·五公尺。槨用整木疊成,底舖整木三十根,四壁向上共疊九層,四角接頭的地方,都向外伸出一些,成井字形,槨頂仍用整木平舖蓋好。槨的四周,與墓壁中間,用夯土填平,成爲二層台。槨內有棺,棺內葬死者。槨下中心有腰坑,腰坑南北長一公尺,東西寬〇·〇八公尺,深一·二公尺。自地面至腰坑底共深八·四公尺,已到水面以下。

腰坑裏埋有一人和一把銅戈。可能是怕地下有什麼妖魔,就埋一武士以爲警備。殉葬器物,大約都擺在棺槨之間。可惜這墓已經多次盜掘,焚燒過甚,棺木和墓主的骨骼已經損壞無餘。殘餘的殉物,尚有貝、玉、松石、花骨、骨器、骨簇、雕石盤皿、獸面、銅戈、銅斧、銅刀、銅鏃、銅爵、銅鼎、銅斝之類,皆極精美。二層台上滿舖着送殯的儀仗,用竹木皮革作成,雕花塗朱,現在都已朽爛,成了花土。另外還放置一些陪葬的人,現存可見的東側男性十七人、西側女性二十四人,共四十一人。這些人都沒有被殺和捆縛的痕跡,而且有的也有木棺殉物或殉葬的人或小獸,知當爲墓主的親信或侍從。在南北兩墓道則分佈着駕車的馬,守門的犬和警衛的武士。北墓道有馬坑三,成品字形,共十六馬,以一駕四馬算來,當有四乘。墓道兩旁,各有二犬,取其守門。又有兩人對面而蹲,一有銅戈,一有銅鈴,當爲警衛之義。南墓道因礙於現代墳地,沒有全部清理。就已發掘的部分看來,也有馬坑二,馬六匹,犬一,又有跪葬人,駕車守衛,與北道全同。在墓室的中層,隨時封土,隨時也埋葬一些禽獸,在東側有犬骨四架,猴鹿骨各一架,他獸九架,共十五架。西側犬骨二架、猴骨二架、他獸六架,共十架。還要把在墓外殺殉的人頭提取一部分,佈置在墓室內的四周,共得三十四個,皆上下直立,面向中央,作爲拱衛。

總計這一大墓,隨葬人頭三十四、全人四十五,共人七十九;馬二十二、犬十一、猴三、鹿一、其他獸類十五,共獸五十二。如果不是古今多少次的盜掘破壞,那就還要更多。這當與解放前一九三四、一九三五年前中央研究院第十至十二次發掘殷墟在侯家莊西北岡所發現的十個大墓(其中有假墓一座)同爲殷代奴隸主或即爲帝王的墓葬。主持發掘工作者郭寶鈞說：

> 像這樣佈置的一座墓葬，上自地面，下及黃泉，深達八‧四公尺，它墓頂上面有拱衛，腰坑下面有埋伏，一邊有侍從，一邊有姬妾，前後有警衛，有犬馬，中間土周於槨，槨周於棺，棺周於衣，衣周於身，珠玉珍寶，充塞其間，當日統治階級爲死者謀，可謂無微不至了！①

在大墓偏南五三公尺偏東七公尺的地方，又發現了排列成序的小墓葬四排十七座。周圍未完全發掘，料想一定還有很多小墓葬。發現的這些小墓，除一墓骨架已零亂外，其他十六墓皆俯身無頭，亦無明器，除二坑各九具、一坑八具、一坑六具之外，皆埋人骨十具。各坑面積相若，深淺相若，方向相若，距離相若，排列位置相若，從各方面比較，知爲同時所葬。由大墓上層殉葬的骷髏，有首無身，而這裏小墓人骨，又有身無首來看，知此小墓中所葬的人，或當爲大墓奴隸主的殉葬者。

在排葬坑的南邊，又發現了排列無序的葬坑八座，也可以說是散葬坑或亂葬坑。它們彼此之間，無一定距離，面積大小，掘土深淺也不等。埋葬人數，多寡不定，有些還把割去的頭顱，同埋在一坑內。不過同排葬坑一樣，也是斬頭俯身。埋葬在這些散葬坑內的，是奴隸主死後子孫年年祭他所殺的人，在甲骨文裏稱爲"伐"祭。因爲分年陸續埋葬，所以坑的相互位置，就沒有次序，頭骨也多附葬在本坑。

在洹南四盤磨及其附近一帶，發現了中小墓葬十七座。根據發掘情形，可以分爲二種：一種平均面積二‧五平方公尺，深五公尺上下，墓多南北向，間或也有東西向的，有棺無槨，十九經過盜掘，現在或殘存少許銅器，有些並附有一嬰兒遺骸。一種面積略大而不規則，無棺槨痕跡而有蓆紋，屍體俯身，沒有殉葬的銅器。此外還有以陶罐爲棺，內葬未成年人骨的，也是古代葬式的一種。

洹南的居住遺址，這次發現了三處。一處在四盤磨西北，有夯土基、石柱礎、石子路、灰土穴等遺存。石子路長六‧三公尺，寬一‧三五公尺，厚〇‧二公尺。石柱礎爲大石卵，共十八個，有些還排列成行。二處在村正西，也有夯土、柱礎、灰土穴遺存，並有甲骨文字的發現。三處在萬金渠西岸，深厚的灰土穴，內含大

---

① 郭寶鈞：《一九五〇年春殷墟發掘報告》，載一九五一年《中國考古學報》第五冊，第三二頁。

量陶片獸骨牛角及少量的石骨蚌器,均帶粗樸厚大作風,當爲一般貧民所用的器皿。

重要的遺物,在洹北武官大墓裏的,大理石製品有虎紋大石磬、雕花殘破的石盤、石盂、石皿、石柱頭、石獸面和其他殘破的石戈、石柄、石錯、石燕等碎片多種。尤其這一件虎紋大石磬,"它是一塊白而帶青色的大石琢成,長八四公分,寬四二公分,厚二・五公分。正面雕着一個似虎形動物,作張口欲吞狀,綫條剛勁而和柔,看起來令人生壯美之感。背面光平,但也有幾處塗紅色與小部分極細的劃紋,似乎是欲刻尚未刻成的。若把它懸掛起來,它的上面斜邊,與自然垂直綫成三一度的角度,微微敲擊,音韻悠揚清越,近於銅聲,是這座墓葬中出土的最可寶貴的一件東西,也是中國現存的最古最完整的一件樂器。"①現在北京故宮博物院太和殿中國古代藝術陳列室展覽。松綠石飾片不少,最大的一片長四・五公分,寬四・四公分,厚〇・五公分。玉製品有玉璧、玉戚、玉斧、玉"琴撥"。而碧玉刻刀一件,尤爲精美。"長九・一公分,徑〇・六——〇・八公分,刃長三・三公分,寬〇・六公分。"②"顏色碧綠,玉質精瑩,形狀好像今天用的鋼筆,可以繫佩。它是仿照當日刻契的刀筆製造的,上半扁圓,篆作竹節紋,夾在兩指間,刀刃與扁長方向一致,尖端自然向前,頗見巧思,它是三千年前,我們的勞動人民石工方面的精美製造品。"③陶器製品有白色陶器殘片數十,別其形制可得卣、皿、盤、罍、尊等五種凡十器,其他碎片甚多。又有方格紋硬胎陶缶,火候硬度較高,爲後代瓷器的淵源。銅製品亦多爲殘片,其中可以辨出器形的,有鼎足、鼎耳、斝腹、斝柱、簋口、方彝、罍腹、鸞刀、戈柄、戈援及銅鏃等。較完整者有銅錛,或稱銅斤。骨製品有雕花骨笄、雕花骨匕和雕花骨版。其他雕花的骨器,還有骨鏃、骨柱、骨柄等。又有獸牙方片、蚌飾、自然蚌和自然貝很多。木製品則發現了很多雕花木器,惟木質已朽,只留下貼在土裏的花紋和顏色的印痕。

在大墓中隨葬人的隨葬遺物,比較完整,約計玉石器十六件,銅器五十六件及其他零碎各品。石製品有石戈、石管、石柄飾、石璧、石璜、石蛙和石虎。松綠石小片極多,有鑲嵌成茶菊瓣形者。玉製品有玉鏃、玉柄飾、玉獸面以及各種樣式的玉鳥和玉魚。銅製品帶銘文的銅器有鼎、卣、簋、爵、觚和殘銅器片。無銘文的銅器有鼎、觚、爵、戈、刀、削、犬鈴、馬鈴、銅泡、馬鑣、馬當盧和弓形銅器。

---

① 郭寶鈞:《一九五〇年春殷墟發掘報告》,載一九五一年《中國考古學報》第五冊,第二五頁。
② 郭寶鈞:《一九五〇年春殷墟發掘報告》,載一九五一年《中國考古學報》第五冊,第二六頁。
③ 《一九五〇年春殷墟發掘展覽說明書》,第五、六頁,一九五一年。

在大墓的南北墓道車馬坑以及腰坑的遺物,有腰坑上口守衛者所用和北墓道守門人所用的銅戈。守門人所用戈,背面有用松綠石鑲嵌的饕餮,内面有用松綠石鑲嵌的一個"埶"字。"埶字从幸从丮,丮象以手執木枝,幸象械手的刑具,與執字所从之幸同。説文執,捕罪人也。此戈銘既象手執木棍與手鐐,則拿此戈的人,可能以此爲表示有逮捕職責的意思。"①又有南北墓道出土的銅鈴十九個,其中犬鈴四,馬鈴十五。馬鈴分大中小三型。犬鈴較扁而短,有偏稜雙稜兩式。銅馬當盧十個。銅馬鑣八個。十字形的節約七個,用於彎帶結節處。十字形梁銅泡七十六枚,一字形梁銅泡四百一十二枚,用於兩個結節之間,或居節約當盧或鑣之地位。

在洹南四盤磨、五道溝、花園莊等地中小墓葬裏發現的重要遺物,銅器有戈、矛、鑿、斧、削、鈴、簋、觚,並有帶銘文的爵。玉器有戈、璧和蚱蜢。陶器有鼎、甗、尊、卣、罍、盉、斝、簋、觚、爵等十器,出六號墓中;都帶黑色外衣,形制模仿銅器。

在洹南居住遺址的重要遺物,陶器有灰、紅、棕、黑色的鬲及甗、簋、罐、缶、罍、皿、盆等,還有陶質的紡專和彈丸。另有帶四個窗格的陶製薰火手爐,裏面還存有木炭,是殷陶的一種新型。石器有臼、刀、鐮、斧和礪石。蚌器有蚌鐮、蚌戈和天然蚌、天然貝。骨器有骨笄、骨錐、骨匕、骨鏃、骨鑿。角器有牛角、鹿角、角觿和角器。而早晚期的卜龜和卜骨,尤爲常見。在四盤磨四號探坑内並發現字骨一版,橫列三行十六字,和一般的卜辭行款辭例不同,大約係學徒習刻者所爲。過去發現的十六萬片甲骨,絶大多數都出在小屯村,另外侯家莊南地出四十二片,後岡出一片,甲骨出土,只在安陽,安陽出甲骨,也只有這三個地方。現在的四盤磨乃是出甲骨的新的第四個地點②。

中國科學院考古研究所的這一次殷墟發掘工作,規模雖然不算太大,但它的貢獻,不只在使用正確的科學方法,發現了豐富的殷代墓葬居址裏的遺跡和遺物,而尤其重要的,是能把這些發現的成果,及時的公佈於整個學術界以及廣大的人民羣衆。

在六十天的發掘工作當中,除了報刊經常刊載發掘消息之外,發掘簡報,在

---

① 郭寶鈞:《一九五〇年春殷墟發掘報告》,載一九五一年《中國考古學報》第五册,第三九頁。
② 以上參看郭寶鈞《一九五〇年春殷墟發掘報告》,載一九五一年《中國考古學報》第五册;又《一九五〇年春殷墟發掘展覽説明書》。

科學通報連續發表了四篇①。發掘工作結束後，就地在安陽公開展覽三天，同時由郭寶鈞作了三次總結報告，聽講者及參觀者很多，廣大羣衆普遍的受到了一次深刻的具體的形象化的愛國主義歷史教育②。遺物運到北京，經過研究整理，又與歷史博物館聯合舉行了為期幾個月的一九五〇年春季殷墟發掘展覽③，發刊了詳細的說明書，並編印了器物明信片，以供大家研究。而郭寶鈞的正式發掘報告，在發掘工作結束後一年，就已經編印出版。這比起解放前，發掘二十年，作不出正式報告的作風來，就不可同日而語了。

　　正由於這些發掘的成果，能够及時的向廣大學術界公開，尤其是關於殷代統治階級殺人殉葬的事實的公開，因此引起了學界極大的注意，大大的幫助了歷史科學自由討論的開展。就在一九五〇年春天，由郭寶鈞的《記殷周殉人之史實》④和郭沫若的《讀了記殷周殉人之史實》⑤兩篇文章開始，由殉人的問題到殷周社會性質的問題，引起了熱烈的自由討論。散見於《光明日報》的《學術》和《歷史教學》、《大公報》和《進步日報》的《史學週刊》、《工商導報學林》等副刊和《文匯報》等報章上的以及《新建設》、《文史哲》、《歷史教學》等期刊上的，先後有郭寶鈞、郭沫若、楊紹萱、陸懋德、陸宗達、楊向奎、王世芳、童玉瑛、李景春、周谷城、翦伯贊、呂景先、陳正飛、徐中舒、胡鑑民、嵇文甫、范文瀾、王毓銓、王玉哲、張政烺、童書業、日知、楊寬、王亞南等的論文；一直到郭沫若的《奴隸制時代》和范文瀾最近在中國科學院《歷史研究所第三所集刊》發表的《關於中國歷史上的一些問題》，以及最近的《歷史研究》和《教學與研究》上的好多篇文章，還針對這一問題，有所商討。討論的結果，自然還沒有得到最後的結論，但對於殷代為奴隸社會，大家的意見已漸漸的差不多了。討論的引導，是由於殺人殉葬的史實。而這一史實，却正是殷墟發掘所發現的。這便是考古發掘為歷史科學服務的具體事例。

　　一九五二年，因為安陽的一個殷代墓葬區，被劃為基本建設工地，經主管部門與中國科學院聯繫，考古研究所就組織發掘隊前往清理，截至一九五三年春

---

① 參看前中央研究院歷史語言研究所北京圖書史料整理處考古組《赴安陽發掘的初步報告》，載一九五〇年《科學通報》第一卷第一期；又《中國科學院殷墟調查發掘組工作近況》，載同刊第一卷第二期；《中國科學院殷墟調查發掘組工作續報》，載同刊第一卷第三期；又《殷墟調查發掘組春季工作結束》，載同刊第一卷第四期。
② 參看《殷墟調查發掘組春季工作結束》，載一九五〇年《科學通報》第一卷第四期。
③ 參看蕭離《面向人民的考古工作》，載一九五一年七月二十六日《光明日報》。
④ 載一九五〇年三月十九日《光明日報》。
⑤ 載一九五〇年三月二十一日《光明日報》。

季，一共清理了三百多個墓葬，發現古物有玉器一百餘件，銅器數十件，最重要的是發現了殷代車輛的遺跡，前有二馬骨架，後有一人骨架，都很完整。這個發現，爲殷代車制提供了實物例證①。又發現了銅製鏟形的農業生產工具，也是從前所從來沒有發現過和注意過的東西。

三　殷墟以外殷代遺址墓葬的發掘和調查

解放以後，由於配合國家大規模的基本建設，全面地展開了"地下博物館"的清理和發掘工作。除了安陽殷墟及其附近地區以外，在很多地方，如河南的輝縣、鄭州、洛陽、湯陰、新安、陝縣、靈寶，安徽的亳縣、太和，山東的濟南、曲阜、滕縣、鄒縣，陝西的岐山，和河北的曲陽，都發現了殷代的墓葬和遺址，因而大大的擴大和充實了殷代文化的資料。

一九五〇年至一九五二年間，中國科學院考古研究所在河南輝縣連續作過三次發掘，在輝縣的趙固、褚邱和琉璃閣三處，都發現了殷代的文化遺存，而尤以琉璃閣一處爲最多。在那裏共發掘殷代早期的灰土坑三處，晚期的墓葬五十三座。有些灰土坑深達十一公尺半，再下去兩三公寸，便到水面了。灰土坑裏出土有石刀、石斧、石紡輪以及稍加磨製的骨鏃和骨匕。也有銅箭頭。卜骨鑽鑿不整齊，製作保存着原始形式。陶器如尊、盉、盤、鬲、罍，多留有製造過程的繩印紋。墓葬裏出土的以青銅器比較多，有觚、爵、鼎、鬲、斝及戈、刀、戉、鈎、鏃等。玉矛、玉鏃只具有形式而不是實用品。又有石獸頭、石蚌、石珠串、石戈、石斧和玉鳥、玉璧、玉珠。陶壎六孔，音剛而濁。陶器有觚、爵、豆、盤、鼎、鬲、瓿、簋等，表面多留繩印紋，也有磨光的，也有印製他項圖案的。白陶皿殘片，是殷代珍品，刻紋極精②。

發掘的遺物，從一九五四年一月起，就在北京歷史博物館展覽；迄今仍在展覽中。發掘的概況和重要的發現，見考古研究所輝縣考古發掘團的工作報導《輝縣考古發掘紀略》③、《輝縣考古發掘續記》④、《輝縣考古發掘三記》⑤，蕭離的《記

---

　　① 參看鄭振鐸《基本建設與古文物保護工作》，中華全國科學技術普及協會單行本，第二三、二四頁。
　　② 參看郭寶鈞《輝縣發掘展覽說明書》，一九五四年。又一九五四年二月六日《光明日報》。
　　③ 載一九五〇年《科學通報》第一卷第八期。
　　④ 載一九五一年《科學通報》第二卷第二期。
　　⑤ 載同上刊第二卷第三期。

考古研究所在安陽輝縣的發掘工作》①和郭寶鈞的《輝縣發掘展覽說明書》。正式的發掘報告在印刷中。

一九五四年，在輝縣澗頭村挖渠工程中，又發現殷代文化遺址一處，面積約在二百畝以上②。

在鄭州，解放後發現了範圍廣大的殷代遺址，東西長約十七里，南北寬約六里③，主要地區是二里崗、鳳凰台、靖王廟、龍抓地、紫荊山、白家莊、彭公祠、碧沙崗、七里沿、七里河等處④。這些遺址，都先後經過中央文化部社會文化事業管理局、中國科學院考古研究所和河南文物管理委員會的調查了解，證明了這些遺址的重要性。在一九五二年以前，鄭州市人民政府曾先後配合市政建設，蒐集了一部分遺物並保護了一些遺址。一九五二年，中央文化部文化事業管理局、中國科學院考古研究所和北京大學合辦的第一屆考古工作人員訓練班在二里崗作過發掘的實習工作。一九五三年，第二屆考古工作人員訓練班又在該地作了一次實習的發掘，都有相當豐富的收穫。一九五三年，鄭州市設置了專門的文物工作機構——鄭州市文物工作組，以配合基本建設，逐步的展開清理發掘工作。工作組重點的發掘了二里崗，另外在人民公園即彭公祠，也配合挖河工程，進行了遺址和墓葬的清理工作⑤。

在二里崗的重要發現：

（一）建築的遺址。在二里崗北部發現一道由西南向東北的夯土層，長約三百餘公尺，寬約七公尺，深約五公尺，每層夯土厚約十公分⑥。

（二）長方坑、圓坑和套坑。在二里崗殷代遺址範圍內，散佈着很多的坑。最稠密的地方，在一百平方公尺內，就有二十多個。長方坑每坑長約二公尺，寬約一公尺，深約十公尺。圓坑直徑一·五公尺，深約五公尺。坑壁或上下垂直，或兩壁微向外凹，成弧形，或成口大底小的斜直壁。坑的兩壁上，一般都有五對或六對對稱的"腳蹬"。出土遺物有銅鏃、陶鬲、陶罍、陶簋、石刀、石斧、石鏃、骨

---

① 載一九五一年二月二十日天津《進步日報》。
② 參看一九五四年《文物參考資料》第四期。
③ 參看裴明相《鄭州基本建設中的文物發現》，載一九五三年《新史學通訊》十一月號。又一九五四年《南博旬刊》第一四二、一四三期。
④ 參看安金槐《一年來鄭州市的文物調查發掘工作》，載同②刊。
⑤ 參看一九五四年《文物參考資料》第一期。又安志敏《鄭州市人民公園附近的殷代遺存》，載同刊第六期。
⑥ 參看同上刊第二期。

錐、骨針、骨笄、卜骨、蚌器、鹿角、獸骨等。套坑或兩個相連，或三個兩連，一般也都為圓形，深約二公尺。在坑的附近有紅燒土、陶鬲、陶罐、紅方格紋大陶器、大口尊及獸骨等①。似為住居儲藏之用。

（三）煉銅遺址。在二里崗大道西頭殷代灰坑內，發現了煉銅的遺址，深約二公尺，灰土中摻雜著許多碎銅塊及附有銅渣的"將軍盔"殘片，以及紅燒土、木炭末、陶罐、骨簪、獸骨等。尤其值得注意的是還有做銅矛的範②。

（四）無頭葬。一九五三年，在二里崗發現土坑墓一座，南北長一‧九公尺，東西寬〇‧八公尺，深約二‧五公尺。根據出土的繩紋陶片和骨簪看來，應該是殷代的墓葬。墓分三層，上層人骨三架，中層人骨豬骨各一，下層為無體的人頭骨四個。發掘者以為"脫離人體的這四個頭骨或者是古代奴隸社會殺害奴隸的殘酷事實"③。

（五）俯身葬。一九五三年，在二里崗又發現俯身葬兩座，頭皆向北。一座隨葬灰繩紋陶鬲、紅陶皿及石鐮各一件。一座隨葬白色石戈一件，並帶有圓穿④。

（六）青銅器。在二里崗其他的殷墓中，發現有青銅器鬲、斝、爵、觚及刀、戈等⑤。

（七）釉陶。在二里崗殷代遺址中，發現有很多帶釉的陶片。在一九五三年並發現差不多算是完整的褐綠釉陶尊。器形侈口小底，腹稍膨大，略似現在的大口痰盂。高約一三公分，口徑約二三公分。質地堅硬，內外有釉，有不吸水性，為中國瓷器的濫觴⑥。

（八）卜骨、卜龜和骨文。在二里崗殷代遺址中發現卜骨極多，有牛骨、羊骨和鹿骨，也有少量的卜龜。占卜的方法，鑽多而鑿少，甚至有不鑽不鑿而灼的。一九五三年四月，又發現牛肋骨習刻文字一片，十字，不成文，字亦有不識者。又

---

① 參看安金槐《一年來鄭州市的文物調查發掘工作》，載一九五四年《文物參考資料》第四期；裴明相《鄭州基本建設中的文物發現》，載一九五三年《新史學通訊》十一月號；及一九五四年《文物參考資料》第五期。
② 參看同①刊第五期。
③ 參看裴明相《鄭州基本建設中的文物發現》，載一九五三年《新史學通訊》十一月號。
④ 參看安金槐《一年來鄭州市的文物調查發掘工作》，載同①刊第四期。
⑤ 同上。
⑥ 參看《全國基本建設工程中出土文物展覽會說明》，一九五四年。陳萬里《寫在看了基建出土文物展覽的陶瓷以後》，載同①刊第九期。李文信《關於找陶瓷器的幾種新資料》，傅振倫《全國基本建設工程中出土的瓷器》並載同①刊第十期。

一胛骨殘片,一個字①。

（九）早晚兩期相叠的文化層。在二里崗大道東發現有新石器時代晚期和殷代早期兩叠的文化層。在殷代文化層有圓形和長方形的灰土坑,其中出土有較小屯期爲原始的遺物。在新石器時代晚期的文化層內,有袋形灰土坑,出土有龍山文化期的黑陶等②。就是殷文化層,也可以分爲早晚兩期,早期較安陽小屯爲早,晚期與小屯同時,兩期文化層有相互打破的關係,在文化遺物上表現了一些變化,但並不完全相同③。

一九五三年,在人民公園的殷代文化層中,曾發現很多紅色粗砂質厚陶片,厚度從一、二公分至四公分。器形同安陽小屯出土的"將軍盔"一樣,陶片內部,粘有成層的銅渣,在接近銅渣部分的陶胎,顏色灰藍,似經高熱,可能就在煉銅時形成。而由同層出土的灰繩紋陶片、鬲足、石鏟、卜骨等,知爲殷代之物無疑④。

一九五四年三月,配合着人民公園的挖河工程,又清理了一些殷代的文化遺存,計有墓葬十九個,灰土坑八個;在這些墓葬和灰土坑中,並且有了重要的發現。

這裏有很厚的殷代灰層和灰坑。灰坑代表着兩個時期,早期的灰坑和二里崗一帶的同時;晚期的大約和安陽小屯的同時,在文化遺物上也表現了顯著不同的性質。

早期灰坑的形狀是長方形,在這裏是被壓在晚期灰層或灰坑的下面,有的被墓葬打破。主要的遺物,陶器中如大口尊、周壁近直的簋、高足鬲等,另外在卜骨上只有圓形的鑽而沒有鑿的痕跡。

晚期的灰坑,多作圓形或橢圓形,它的灰層一般是壓在墓葬的上面,有的灰層和灰坑更打破了墓葬。主要遺物和早期有一些差別。陶器中的鬲都是矮足鬲,簋是腹底向裏收縮的,這些都代表了晚期的性質。卜骨比較少見,但出現了好多的卜龜,卜龜有鑽有鑿,和早期單純用鑽的不同。另外還發現了一隻骨笄,笄頂刻成人形的裝飾,和早期的圓頭笄不同。

這裏的殷墓都是小型的,其中最大的也不過長三公尺,寬一·四公尺,一般

---

① 參看趙全叚《鄭州二里崗的考古發現》,載一九五三年《新史學通訊》六月號。又安金槐《一年來鄭州市的文物調查發掘工作》,載一九五四年《文物參考資料》第四期;又同刊第七期及第十期。

② 參看一九五四年《文物參考資料》第五期。

③ 參看安志敏《鄭州市人民公園附近的殷代遺存》,載同②刊第六期。又《一九五二年秋季鄭州二里崗發掘記》,載一九五四年《考古學報》第八冊。

④ 參看裴明相《鄭州基本建設中的文物發現》及安金槐《一年來鄭州市的文物調查發掘工作》。

都是長二公尺,寬一公尺,平均深度約兩公尺左右。墓室都是豎井土坑,棺槨俱已腐朽,僅留痕跡。方向東西,人頭東向,人骨多已腐朽,葬法有仰身俯身二種,也有殉葬的風氣。用人殉葬的發現一座,殉一青年女子,好像是在墓主的棺木放進槨室後,再把殉葬的人塞入槨內的。至於用狗殉葬的,幾乎每個墓都有,方式有二:一種是把狗放入腰坑,一種是把狗放在二層台上。

殷墓中的隨葬品多少不等,有的墓没有,有的墓却多到十幾件。陶器除鬲是夾砂粗灰陶,壺是泥質黑陶外,其餘的罐、罍、簋、豆等,都是灰陶。銅器多是兵器,有戈、刀、戈、矛、鏃等。戈上帶有精美的花紋。另有一觶,高三二公分,頸上兩耳和圈足上都有花紋,質地也非常精美,是鄭州最近發現殷代銅器中最大的一件。玉器有用作明器的斧、戈和用作裝飾品的環、璧、璜、魚形飾和柄形飾。骨蚌器較少,有骨鏃、貝、蛤。

殷墓的年代,據地層關係看來,當早於晚期的灰坑。但從隨葬陶器和晚期灰坑陶器相似的一點來觀察,它們中間所距離的年代也不會太遠①。

從一九五〇年在鄭州二里崗首先發現殷代文化遺址後,到一九五四年以來,鄭州市文物工作組在配合基本建設工程所進行的文物調查發掘工作中,已發現文物兩萬多件,陶片四百多箱,墓葬七百多座,遺址和墓葬分佈範圍達一二十里,這實是我國豐富的文化遺址之一,其中又以商代遺址分佈最廣,它對於解決殷代歷史考古學上的問題,將是一個極重要的地帶。中央文化部社會文化事業管理局有鑒於此,乃於一九五四年十一月調華東文物工作隊前往鄭州與鄭州市文物工作組共同組成河南省文物工作隊第一隊,有計劃的來進行鄭州市的文物發掘②。

河南省文物工作隊第一隊組成後,混合編組,每組五人,共成立七個工作組,在一九五四年十二月前,進行的工作如下:(一)白家莊工地,主要發現有殷代殘存的建築地基和水溝。(二)省府工地,主要發現有殷代建築地基"白灰面"和牆頭。又根據殷代骨料灰坑綫索,有計劃的開坑探求殷代的骨器工業。(三)二里崗工地,根據殷代煉銅遺跡的綫索,探尋煉銅範圍,已發現製銅爵、銅斧的陶範和內外塗草拌泥的大口陶器以及銅煉渣、木炭、燒土、銅渣硬土面,這些都出在殷代的文化層。(四)在二里崗隴海馬路東端高堆處,發現多數卜骨、骨梳、骨簪、獸

---

① 以上據安志敏《鄭州市人民公園附近的殷代遺存》。又一九五四年《文物參考資料》第五期。
② 參看一九五四年《南博旬刊》第一四二、一四三期。

骨，除用牛胛骨灼卜外，還有用羊胛骨的，這是殷代早期的遺物。（五）省立醫院工地，發現有殷代的井式地窖。發掘工作現尚在進行中①。

一九五二年十月到十一月，第一屆考古工作人員訓練班在河南洛陽東郊的泰山廟、東嶽廟、糧食公司、擺駕路口等四個地方，作古代墓葬的發掘實習工作，發掘了殷代的墓葬和灰坑。雖然大部分的墓葬都已經過盜掘，但仍獲得了一些殘餘的銅器、玉器和陶器。灰坑裏除了陶片以外，還發現了銅範碎片和有方鑿帶"火號"的卜龜②。另外據調查，在洛陽周成王洛城附近一帶，是殷周時代的墓葬羣，而且這裏的墓，大部都沒有經過盜掘，將配合修建工程，逐步展開清理發掘的工作③。

一九五三年秋季，考古研究所組織河南調查隊，調查了洛陽專區的陝縣和靈寶，自十一月十一日到十二月一日，共計二十天。在陝縣主要是沿蒼龍澗的中下游、澗河的下流、子路溝的兩岸及黃河南岸等地區進行的；共發現了四十八個地點，其中有關殷代的地點三處。所採集的遺物，有帶同心圓的花紋的陶鬲和帶釉的硬陶。在靈寶主要是沿弘農澗和好陽河的兩岸進行調查的，共發現了二十個地點，其中也有少數是屬於殷代的④。

一九五三年十一月河南省安陽專員公署調查湯陰縣的后營村，在村北從湯河起向北一里半向東一里的土崗上，發現了殷代的遺址，獲得了不少的灰繩紋陶、"將軍盔"、豆把和方格紋陶片⑤。

又在河南新安玉梅水庫出土的陶鬲、陶甑、石鐮等，也屬於殷文化系統。

山東的古代遺址，由於華東文物工作隊和山東文物管理委員會的調查發掘，我們知道，大體分佈在濟南、歷城、濟寧、鄒縣、滕縣、日照、即墨、青島等地。這些遺址以新石器時代的黑陶文化為主，而上層往往都是殷代文化，也有春秋、戰國及漢代的文化遺存。後期的文化層多半破壞了新石器時代的文化層，或者是兩層文化有前後承襲的關係。例如濟南東北九里的大辛莊古遺址，長約二里，高出地面五公尺，上層有陶墊、紡輪、灰陶鬲、簋、尊等殘片，特別是有銅刀、銅鏃、骨製小工具、蚌片、鑽灼過的龜甲等，純然是小屯文化作風。下層

---

① 參看尹煥章《鄭州寬廣的古代文化遺存地區》，載《南博旬刊》第一四五期。
② 參看安志敏《一九五二年我國考古學的新發現》，載一九五三年五月十六日《光明日報》。又一九五四年《文物參考資料》第三期。
③ 參看裴文中《考古工作者目前的任務》，載一九五三年三月二十三日《光明日報》。
④ 參看一九五四年《科學通報》一月號。又一九五四年《文物參考資料》第二期。
⑤ 一九五四年《文物參考資料》第二期。

有龍山文化遺存，有標準黑陶，並有石器和卜骨發現。從地層看來，上下層文化是相銜接的。

這種殷商文化層下有黑陶文化層的遺址，過去在河南安陽小屯以及靠近魯西的內黃、湯陰和山東曹州一帶，發現很多；最近在滕縣的宮家莊和崗上村、鄒縣的七女城、濟寧的楊家莊、洗府河畔發現的一些遺址，也都是這種情形①。

一九五四年七月，曲阜文物管理委員會在修整孔府花園的工程中，發現了殷代的墓葬，出土有陶鬲、陶甗、陶豆、玉器二十餘件和蚌器二十餘件。玉器有珠形、龜形、核形、長方形和扁方形幾種，可以穿起來，大約是裝飾品。蚌器多爲刀形②。

一九五四年二月，陝西省岐山縣青化鎮賀家鄉禮村農民在村外北壕內發現了殷代的墓葬，出土有殷代的玉刀一、銅器六。銅器中鼎一、尊一、觶二、觚一、爵一，都有花紋和文字③。

一九五四年五月，河北曲陽曲陽中學的教員，在城西北馮家岸和白家灣南發現了殷代的文化遺址④。六月，中國科學院考古研究所派人前往作了調查。在馮家岸發現有陶、石、骨器和銅鏃，時代約屬於殷末。在白家灣南發現有陶片和石刀，同輝縣琉璃閣和鄭州二里崗所出土者相近似，也屬於殷代，時代當早於馮家岸所出。這個發現，特別指出了殷人活動的範圍，已到了河北境內⑤。

解放以來，在安徽亳縣城東偏南武家河下游的江莊村及趙王河的旁邊，太和縣倪邱集東端的倪王廟和倪邱集東的名利店和灣張莊等處，都發現殷代晚期的遺址。

倪邱集在太和縣北六十里，在這裏茨河舊道由西向東流，緊靠着倪邱集的東西長街，到東端茨河轉而向北，流約六百公尺，又向東轉，形成河灣地區。倪王廟遺址在河水轉灣處高出來，和河南安陽洹水沿岸的殷墟遺址相似。在這裏河水急流由遺址西部冲刷而過，治淮工程又曾在這裏取土，造成高約十公尺的斷崖。

---

① 參看一九五三年《南博旬刊》第九十七期。又尹煥章《從發現的文物中談華東區古文化概況》，載一九五四年《文物參考資料》第四期。又曾昭燏尹煥章《四年來華東區的文物工作及其重要的發現》，載同刊第八期。

② 參看一九五四年《文物參考資料》第十期。

③ 參看一九五四年四月七日《羣衆日報》。又《全國基本建設工程中出土文物展覽會說明》，一九五四年。

④ 參看趙印堂楊劍豪《曲陽縣附近新發現的古文化遺址》，載一九五五年《考古通信》創刊號。

⑤ 參看安志敏《河北曲陽調查記》，載同上刊。

從斷崖上看出文化層極清楚,灰土堆積約四公尺,下層即爲殷代後期文化層。有灰陶甗、瓿、帶繩紋的甑、鬲、鼎、罐及方格紋罐等殘片,還有陶紡輪、陶磨光箭頭、帶小孔的骨棒及蚌片、蛤壳、野豬牙、鹿角、獸骨等。

皖北淮北的古遺址,主要是殷代後期的文化,這和文獻記載是相合的。《呂氏春秋古樂》說:"商人服象,爲虐于東夷,周公以師逐之,至于江南。"殷人之遷,實由山東經徐淮而到南方。這一帶在春秋戰國時爲宋國,宋爲殷人的後裔。它和河南商邱、永城、鹿邑等地的殷代遺址,有密切的關係①。

總起來說,解放以後幾年來,在安陽殷墟以外地區,在河南、山東、陝西、河北、安徽五省的許多地方,這些殷代遺址和墓葬的發現,首先是擴大了我們對於殷代文化的領域的觀點。過去一提到殷代,就只想到安陽殷墟;對於殷墟以外的地區,雖然也作過一些調查,但從沒有作過什麼大規模的發掘,所以事實上是知道得很少。現在我們知道在殷墟以外,在河南、山東、陝西、河北、安徽五省,至少還有四五十處,曾經是殷代文化繁榮的地方。其次是找到了殷代早於小屯和晚於小屯的文化遺存。在河南輝縣的琉璃閣、鄭州的二里崗和人民公園,都發現早於小屯的灰土坑。在皖北淮北的亳縣太和,則有許多晚於小屯的殷代遺址。這可以使我們更進一步追溯殷文化的起源並研究它後來的發展。而山東和陝西發現的殷代遺址,等材料增多、時代確定以後,也將提供我們一個綫索,幫助我們來解決殷族的來源問題。過去我們對於殷代的知識,只限於盤庚遷殷至紂的亡國,二百七十三年。現在我們至少得到一個啓示,可以去找它的來龍和去脈。

鄭州二里崗發現了兩片甲骨文,這是安陽殷墟以外頭一次重要的發現。這說明了甲骨文並不單出在安陽。如果能證明這兩片甲骨,也早於小屯,那就是早期的甲骨文字了。二里崗發現的釉陶,是受了南方印陶的影響的,是我國瓷器的前身,在我國陶瓷史上,具有極重要的意義。濟南大辛莊發現了刻紋白陶,這說明了白陶也並不單出在殷墟。湖北黃石市在新石器時代遺址中發現白陶,山西臨汾白陶和彩陶同出,這說明白陶並不如過去所認識的是殷代特有的東西。湖南衡陽蔣家山漢墓裏,發現了殷代的銅甗和爵杯等,更是一件有意思的事。此外

---

① 參看一九五二年《南博旬刊》第七十四期。又華東文物工作隊及南京博物院《華東區兩年來生產建設中出土文物展覽特刊》,一九五三年。又載一九五四年《文物參考資料》第四期。又尹煥章《從發現的文物中談華東區古文化概況》,殷滌非《安徽地區四年來發現的考古資料》,並載一九五四年《文物參考資料》第四期。又曾昭燏尹煥章《四年來華東區的文物工作及其重要的發現》。

還有很多重要的發現,這些發現都大大的豐富了我們對於殷代歷史文化的理解和認識①。

四　未來的展望

解放以來,考古工作在我們國家大規模經濟建設日益發展的形勢下,已經得到了空前的發展。但目前的考古工作,主要的還在配合全國範圍大規模的基本建設,作好清理搶救已經暴露出來的"地下博物館"的工作。重要的考古地區,如像"殷墟",在目前還在保管的階段。主動的大規模的計劃發掘,不久將要陸續的展開。因此未來的考古事業,其飛躍輝煌,必將百倍於今日的局面。預見到這一燦爛的遠景,讓我們考慮如何適應這一新的發展的方針吧!

---

① 參看夏鼐《中國考古學的現狀》,載一九五三年《科學通報》十二月號,又一九五四年《文物參考資料》第一期。又《考古工作在新中國的蓬勃發展》,載一九五四年《科學通報》十月號。又《清理發掘和考古研究》,載一九五四年《文物參考資料》第九期。鄭振鐸《在基本建設工程中保護地下文物的意義與作用》,載一九五四年《科學通報》九月號,又一九五四年《文物參考資料》第九期。翦伯贊《考古發現與歷史研究》,載一九五四年五月二十二日《光明日報》,又一九五四年《文物參考資料》第九期。向達《參觀了全國基本建設工程中出土文物展覽會以後》,蘇秉琦《我從這個展覽會看到些什麼》,並載一九五四年《文物參考資料》第九期。尹達《四年來中國考古工作中的新收穫》,載同刊第十期。裴文中《新中國五年來考古事業的成就》,載一九五四年《新建設》第十一期。傅振倫《全國基本建設工程中出土文物展覽會簡介》,載一九五四年《歷史教學》第七期。

圖版壹

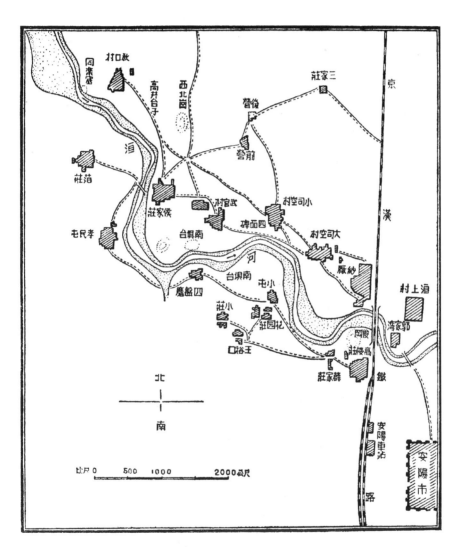

圖一　殷墟位置及歷次發掘工作圖

(據《中國考古學報》第五册)

圖版貳

圖二　河南安陽小屯村、洹水及殷墟遺跡圖
（據《中國歷史參考圖譜》）

圖版叁

圖三 《殷虛書契菁華》著錄的武丁時牛胛骨卜辭拓本之一

圖版肆

圖四 《殷虛書契菁華》著錄的武丁時牛胛骨卜辭拓本之二

圖版伍

圖 版 377

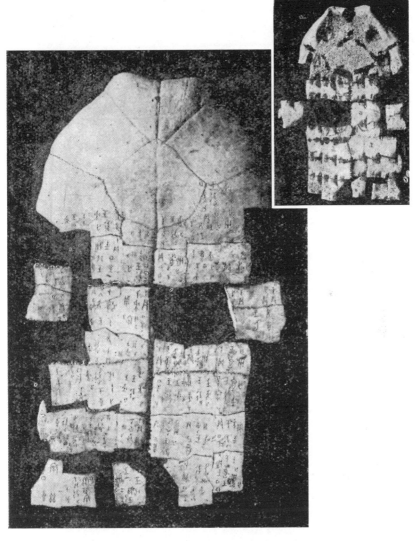

圖五　日本岩間德也藏帝乙、帝辛時龜腹甲卜辭
（據《河南安陽遺寶》）

圖版陸

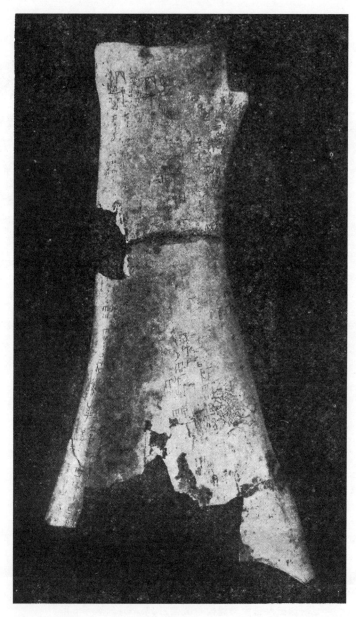

圖六　日本京都大學人文科學研究所藏廩辛、康丁時牛胛骨卜辭

（據 1954 年版《書道全集》卷一）

圖版柒

圖七　加拿大多倫多博物館藏帝乙、帝辛時雕花骨版刻辭
（據《骨的文化》）

380　殷墟發掘

圖版捌

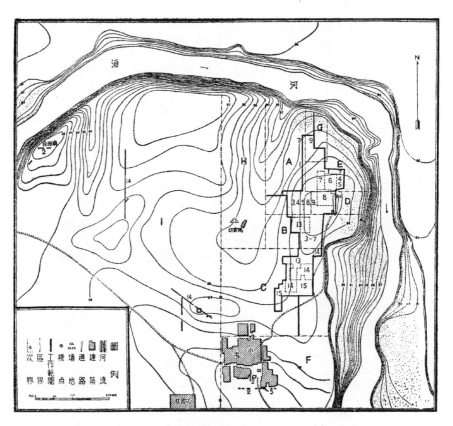

圖八　安陽小屯發掘分區圖

（據《中國考古學報》第二冊）

圖版玖

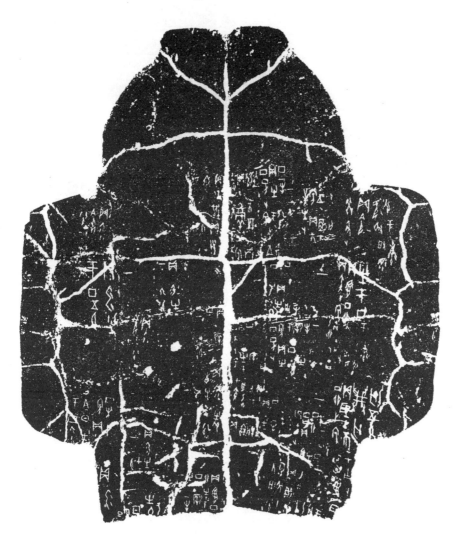

圖九　1929年第三次發掘殷墟所得武丁時"大龜四版"之一
（據《殷虛文字甲編》）

382　殷墟發掘

圖版拾

圖一〇　1929年第三次發掘殷墟所得武丁時"大龜四版"之二
（據《殷虛文字甲編》）

圖版 383

圖版拾壹

圖一一　1929年第三次發掘殷墟所得帝乙、帝辛時牛頭刻辭
（據《殷虛文字甲編》）

圖版拾貳

圖一二　1929年第三次發掘殷墟所得帝乙、帝辛時鹿頭刻辭
（據《殷虛文字甲編》）

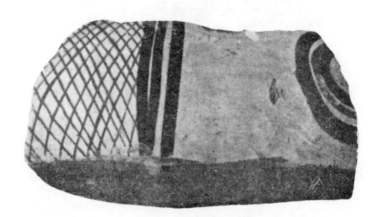

圖一三　1929年第三次發掘殷墟所得的彩色陶片
（據《安陽發掘報告》第二期）

圖版拾叁

圖一四　1929年第三次發掘殷墟所得的抱膝石像
1. 前面　2. 後面　3. 右面　4. 左面
（據《安陽發掘報告》第二期）

圖版拾肆

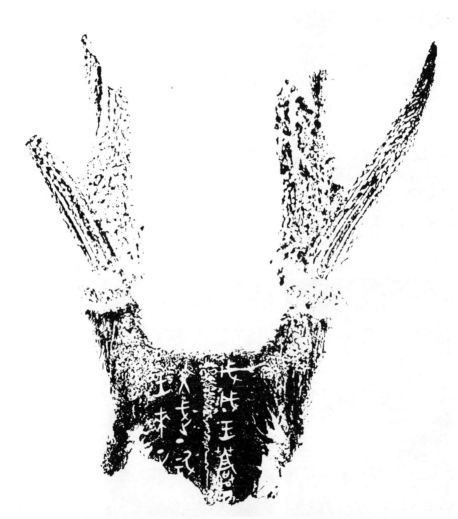

圖一五　1931年第四次發掘殷墟所得帝乙、帝辛時鹿頭刻辭
（據《殷虛文字甲編》）

圖版拾伍

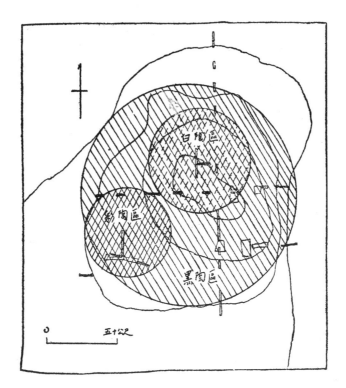

圖一六　1931年安陽後岡發現的三文化期堆積的平面分佈
（據《安陽發掘報告》第四期）

圖一七　1932年第七次發掘殷墟所得的墨書陶片

圖版拾陸

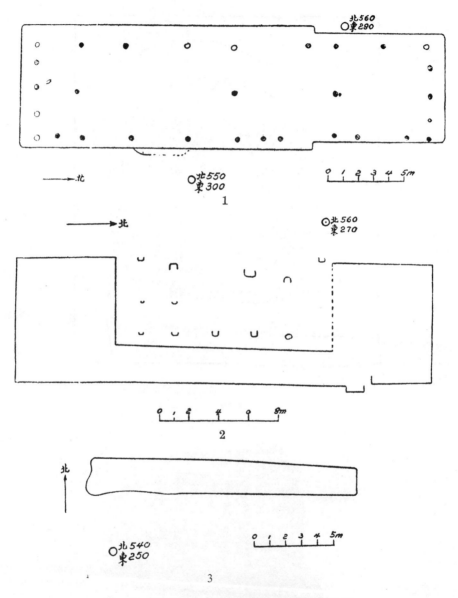

圖一八　1932年第七次發掘殷墟所得建築基址圖
1. 矩形圖　2. 凹形基　3. 條形基
（據《安陽發掘報告》第四期）

圖版拾柒

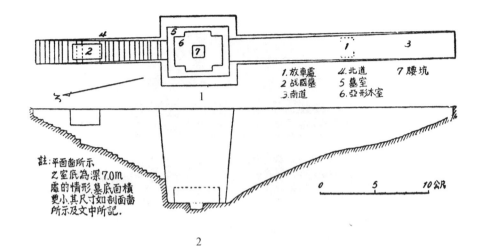

圖一九　1934年後岡發現的殷代大墓圖
1. 平面　2. 剖面
(據《歷史語言研究所集刊》第十三本)

圖二〇　同前大墓底部的亞形槨和腰坑
(據《歷史語言研究所集刊》第十三本)

圖版拾捌

圖二一　1934年第九次發掘殷墟所得廩辛、康丁時"大龜七版"之一
（據《殷虛文字甲編》）

圖版拾玖

圖二二　1934年第七次發掘殷墟所得廩辛、康丁時"大龜七版"之二
（據《殷虛文字甲編》）

圖版貳拾

1

2

圖二三　安陽侯家莊西北岡殷墓的發掘
1. 探坑找邊　2. 墓內起土
（據《東亞考古學論考》及《河南安陽遺寶》）

圖二四 侯家莊西北岡殷代大墓墓形之一
1. 發掘到墓底　2. 墓道的階梯
（據《考古學報》第七冊及《東亞考古學論考》）

圖版貳壹

圖二五　侯家莊西北岡殷代大墓形之二
1. 墓室墓道　2. 墓底亞形槨和腰坑
（據《東亞考古學論考》）

圖版貳叁

圖二六　1934年第十次發掘殷墟侯家莊西北岡1001號大墓出土的大理石饕餮
(據《考古學報》第七册)

396　殷墟發掘

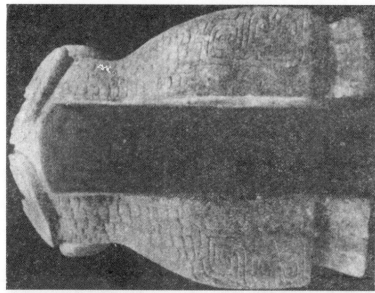

圖二七　同前大墓出土的大理石鴞
1. 前側側面　2. 背面
(據《東亞考古學論考》)

圖版貳肆

圖版貳伍

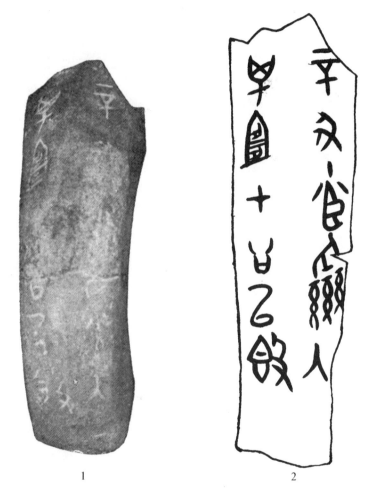

圖二八　1935年第十一次發掘殷墟侯家莊西北岡
　　　　1003號大墓出土的石殷斷耳銘文
　　　　　1. 影本　2. 摹本

398　殷墟發掘

圖版貳陸

圖二九　1935 年第十一次發掘殷墟侯家莊西北岡 1004 號大墓出土的銅牛鼎
（據《考古學報》第七冊）

圖版貳柒

圖三〇　同前大墓中出土的銅鹿鼎

(據《考古學報》第七册)

圖版貳捌

圖三一　同前大墓南墓道出土的銅矛層
（據《考古學報》第七冊）

圖三二　同前大墓南墓道出土的銅盔層中完整的一個
（據《考古學報》第七冊）

圖三四 1935年第十一次發掘殷墟侯家莊西北岡 1083墓出土的三個銅鏡之一
（據《考古學報》第七冊）

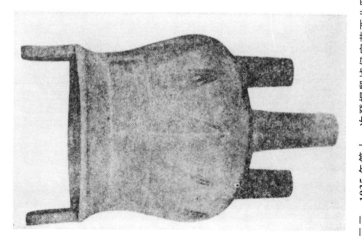

圖三三 1935年第十一次發掘殷墟侯家莊西北岡 1435墓出土的大銅圓鼎
（據《考古學報》第七冊）

圖版貳玖

圖版叁拾

圖三五　1935年第十一次發掘殷墟侯家莊西北岡1001號大墓出土的雙獸石刻
（據《考古學報》第七册）

圖三六 同前大墓出土木器雕刻的虎形泥土印紋
（據南京博物院印片）

圖版叁壹

圖版叄貳

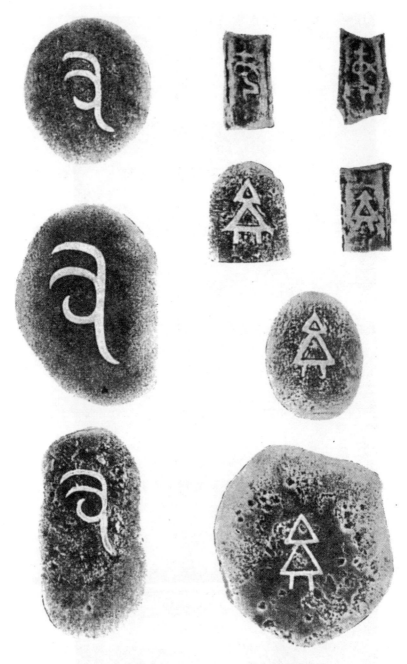

圖三七　1934 至 1935 年第十至十二次發掘殷墟侯家莊西北岡殷墓內出土銅器文字之一

圖版叁叁

圖三八　同前殷墓內出土銅器文字之二

圖版叁肆

圖三九　同前殷墓內出土銅器文字之三

圖版叁伍

圖四〇　同前殷墓內出土銅器文字之四

408　殷墟發掘

圖四二　同前大墓出土朱書的石牌文字

圖四一　1935年第十一次發掘殷墟侯家莊西北岡1001號大墓出土的角器甲文字
（據《殷虛文字甲編》）

圖版叁陸

圖版叁柒

圖四三　1935年第十二次發掘殷墟侯家莊西北岡1400號
　　　　大墓東墓道出土的銅寢小室盂
（據《考古學報》第七冊）

圖版叄捌

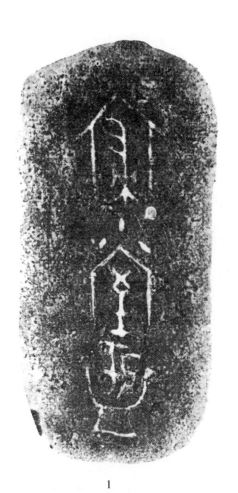 

1　　　　　　　　　　　　2

圖四四　同前寢小室盂底和蓋的銘文
1. 底銘　2. 蓋銘

圖版叁玖

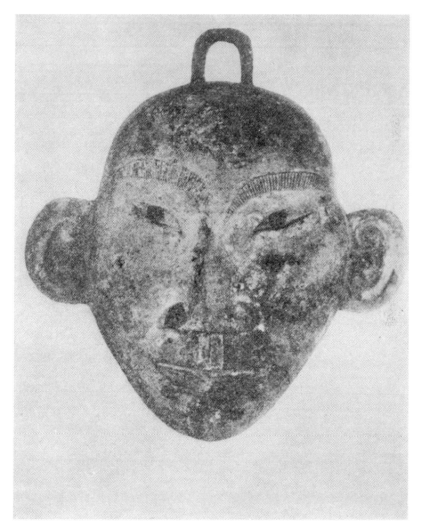

圖四五　同前大墓東墓道出土的銅人面具

（據《考古學報》第七册）

圖版肆拾

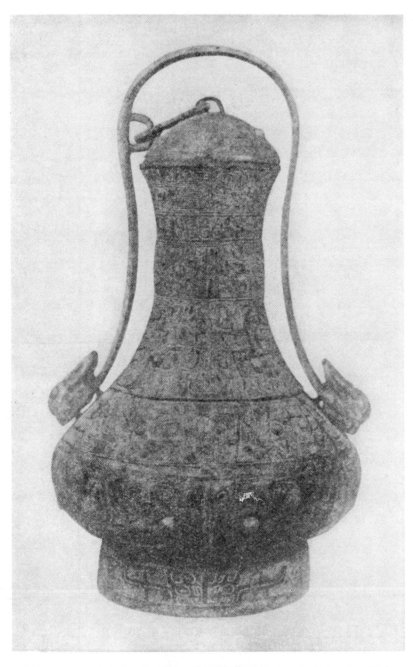

圖四六　1935年第十二次發掘殷墟侯家莊西北岡 1022 墓出土的銅提梁卣

（據《考古學報》第七册）

圖版肆壹

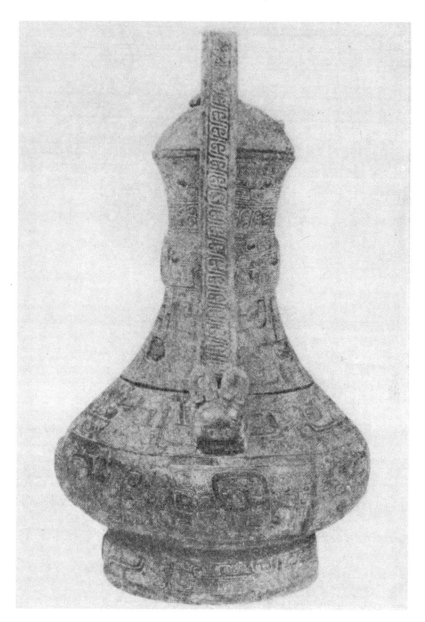

圖四七　同前提梁卣的側面觀

（據《考古學報》第七冊）

圖版肆貳

圖四八　同前 1022 墓出土的銅角

（據《考古學報》第七冊）

圖版肆叁

1

2

圖四九　1934年第十次發掘殷墟侯家莊西北岡1005墓
　　　　出土的中柱旋龍盂形銅器兩件之一
　　　　　　1. 正面　2. 內部
　　　　　（據《考古學報》第七冊）

416　殷墟發掘

圖版肆肆

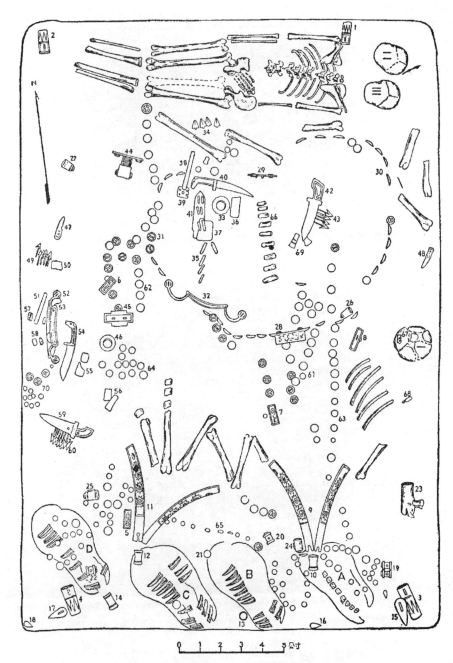

圖五〇　1936年第十三次發掘殷墟發現的戰車

（據《中國考古學報》第二冊）

圖版肆伍

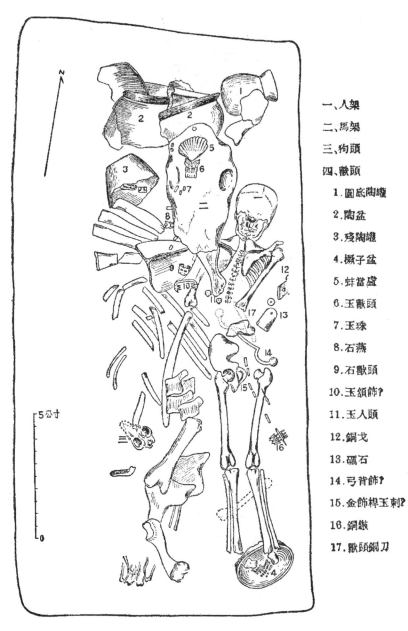

一、人架
二、馬架
三、狗頭
四、獸頭
　1. 圓底陶罐
　2. 陶盆
　3. 殘陶罐
　4. 撇子盆
　5. 蚌當盧
　6. 玉獸頭
　7. 玉珠
　8. 石燕
　9. 石獸頭
　10. 玉領飾？
　11. 玉人頭
　12. 銅戈
　13. 礪石
　14. 弓背飾？
　15. 金飾桿玉剌？
　16. 銅鏃
　17. 獸頭銅刀

圖五一　1936年第十三次發掘殷墟發現的騎士和馬

（據《中國考古學報》第二册）

圖版肆陸

圖五二　1936年第十三次發掘殷墟所得完整甲骨坑中出土龜背甲的正面

圖版肆柒

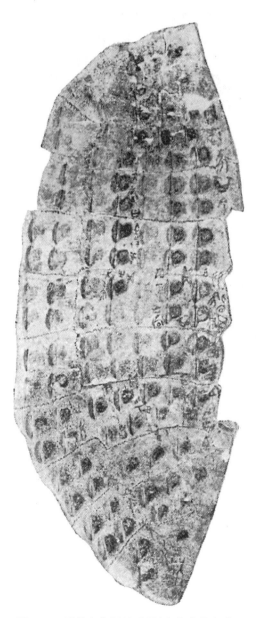

圖五三　同前龜背甲的反面(有朱書的卜辭)

圖版肆捌

圖五四　同前完整甲骨坑中出土龜腹甲的正面

圖版肆玖

圖五五　同前龜腹甲的反面(有甲橋刻辭)

圖版伍拾

圖五六　同前完整甲骨坑中出土龜腹甲上半的正面（大字塗朱，小字塗墨）

圖版伍壹

圖五七　同前龜腹甲上半的反面(大字塗朱,小字塗墨)

圖版伍貳

圖五八　1936至1937年第十三至十五次發掘殷墟所發現的水溝

（據《中國考古學報》第二册）

圖五九 1936至1937年第十三至十五次發掘殷墟所發現的版築基址和石卵
（據《中國考古學報》第二冊）

圖版伍叁

圖版伍肆

圖六〇　1936年第十三次發掘殷墟188墓出土的銅器

（據《中國考古學報》第二册）

圖版伍伍

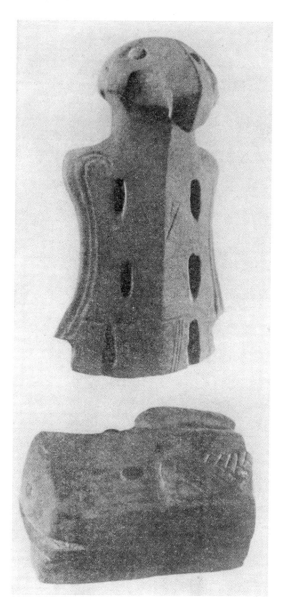

圖六一　1936年第十三次發掘殷墟171坑出土的陶器
(據《中國考古學報》第二册)

圖版伍陸

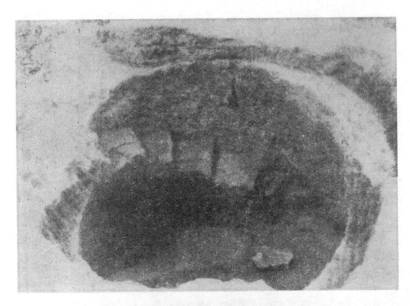

圖六二　1936年第十三次發掘殷墟所發現居住用的有台階的灰土坑

（據《中國考古學報》第二冊）

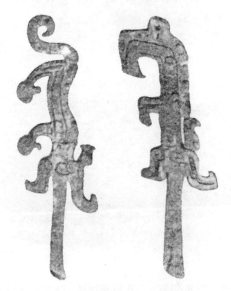

圖六三　1936年第十四次發掘殷墟所發現的龍形小刀

（據《中國考古學報》第四冊）

圖版伍柒

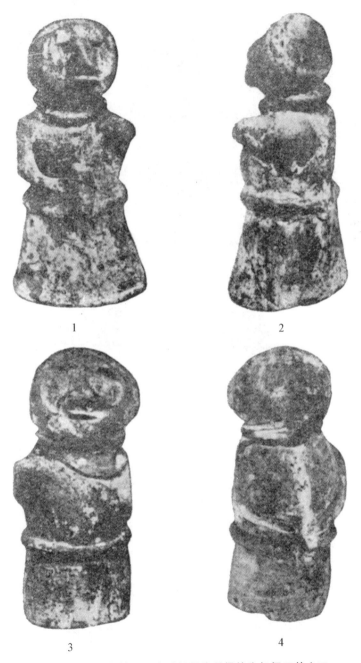

圖六四　1937年第十五次發掘殷墟所得的陶奴俑三件之二
1. 女俑正　2. 女俑反　3. 男俑正　4. 男俑反
（據《中國歷史參考圖譜》）

圖版伍捌

圖六五　1929年河南博物館發掘所得祖庚、祖甲時完整的牛胛骨卜辭
（據《甲骨文錄》）

圖版伍玖

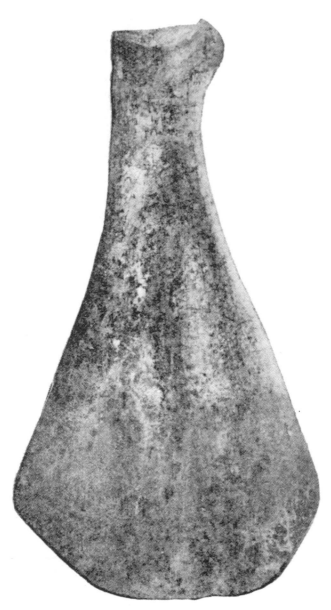

圖六六　劉晦之舊藏武乙、文丁時完整的牛胛骨卜辭正面

圖版陸拾

圖六七　同前牛胛骨卜辭的反面

圖版陸壹

圖六八　顧巨六舊藏帝乙、帝辛時雕花骨版宰丰刻辭

圖六九 日本住友友成藏銅饕餮食人卣
1. 前面 2. 側面
（據《海外吉金圖錄》）

圖版陸貳

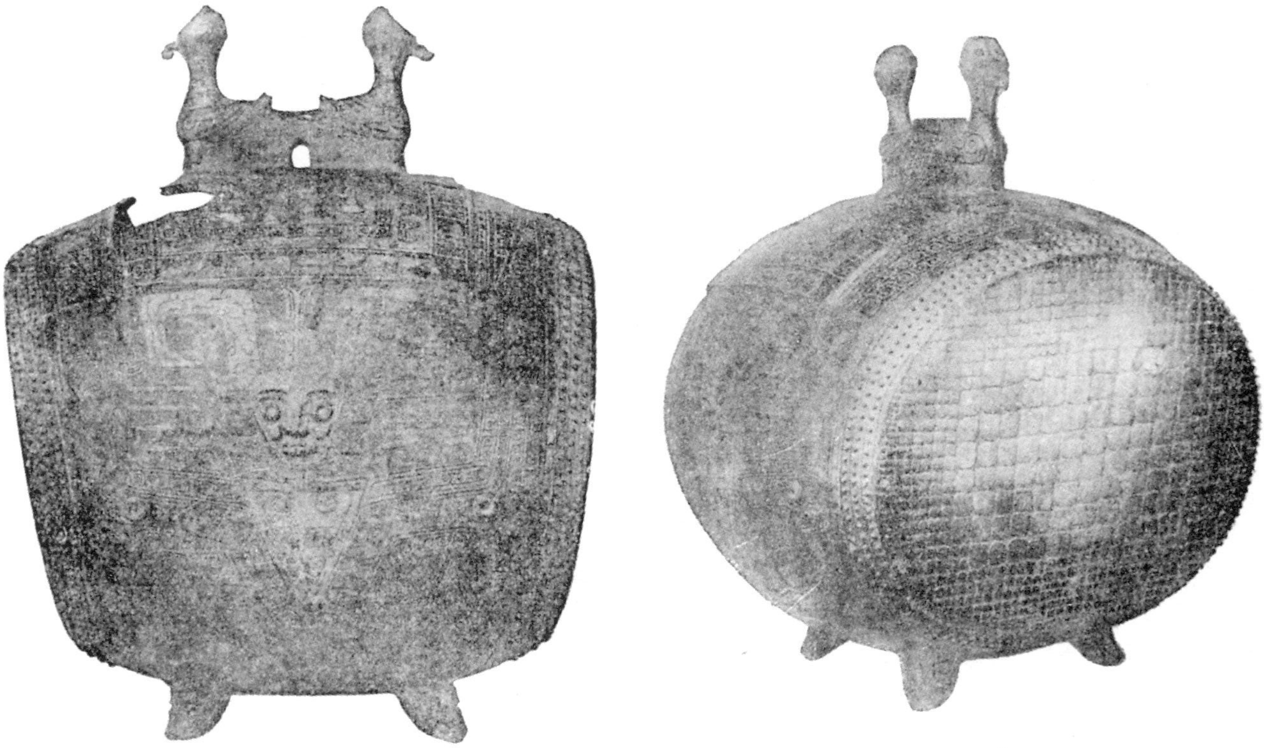

圖七〇　日本住友友成藏雙鳥饕餮紋銅鼓
1. 正面　2. 側面
（據《海外吉金圖錄》）

圖版陸肆

圖七一　日本白鶴美術館藏鳥紐蓋饕餮夔鳳紋銅方卣
（據《河南安陽遺寶》）

圖版陸伍

圖七二　日本白鶴美術館藏象蓋饕餮紋銅觥
（據《河南安陽遺寶》）

438　殷墟發掘

圖版陸陸

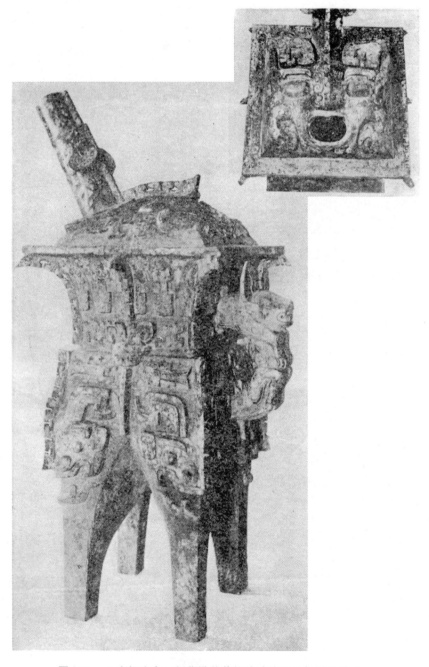

圖七三　日本根津嘉一郎藏犧首夔龍饕餮紋四足銅盉三件之一
（據《河南安陽遺寶》）

圖版陸柒

圖七四　日本淺野楳吉藏白陶豆

（據《河南安陽遺物之研究》）

圖版陸捌

圖七五　日本淺野楳吉藏白陶殷

（據《河南安陽遺物之研究》）

圖版陸玖

圖七六　日本淺野楳吉藏白陶罍

（據《河南安陽遺物之研究》）

圖版柒拾

圖七七　美國福利爾美術館藏白陶罍

（據《河南安陽遺物之研究》）

圖版柒壹

圖七八　美國福利爾美術館藏嵌松綠石虺龍紋銅戈

（據《河南安陽遺物之研究》）

圖版柒貳

圖七九　英國拉斐爾藏嵌松綠石銅柄玉矛
（據《河南安陽遺物之研究》）

圖版柒叁

圖八〇　日本江口治郎藏虺龍蟬紋象牙容器
（據《河南安陽遺物之研究》）

圖版柒肆

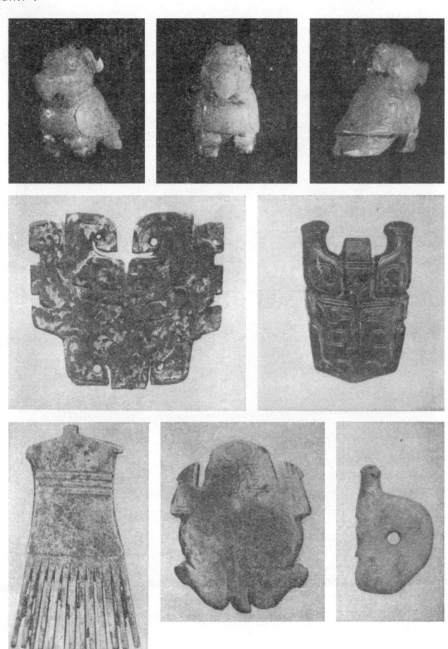

圖八一　日本八木正治及江口治郎所藏玉器
（據《河南安陽遺物之研究》）

圖版柒伍

圖八二　美國福利爾美術館所藏玉器

（據《河南安陽遺物之研究》）

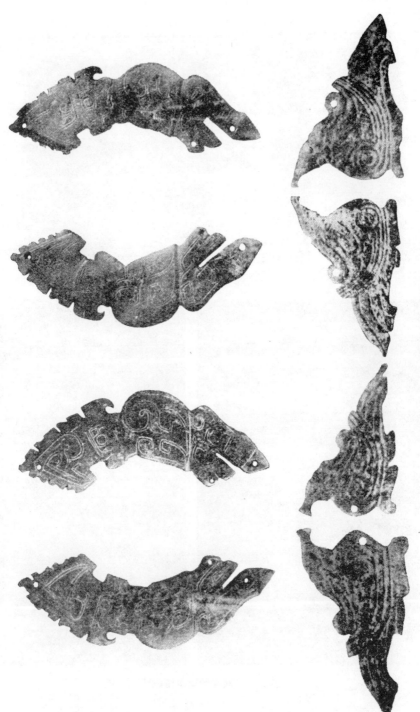

圖八三 《衡齋藏見古玉圖》所著錄的鳥形玉飾

圖版柒陸

圖版柒柒

圖八四 《鄴中片羽》所著錄的獸形玉飾

圖版柒捌

圖八五 《鄴中片羽》所著錄的魚形玉飾

圖版柒玖

圖八六 《古玉圖錄》所著錄的玉龜和蟾蜍

圖版捌拾

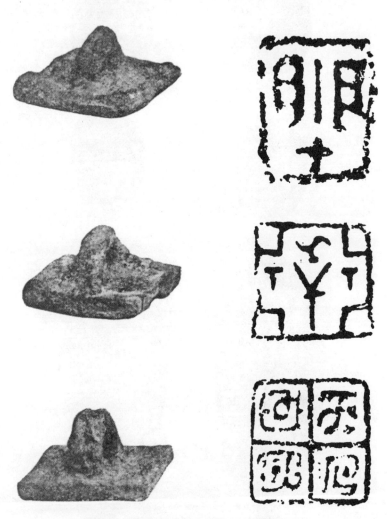

圖八七 《雙劍誃古器物圖錄》所著錄的銅鉨

圖版捌壹

圖八八　《雙劍誃古器物圖錄》所著錄的玉磬

圖版捌貳

圖八九　南京博物院所藏的"司母戊鼎"(缺一耳)

(據南京博物院贈照片)

圖版捌叁

圖九〇　同前"司母戊鼎"的銘文
（據《考古學報》第七册）

圖版捌肆

圖九一　武官大墓模型影片

（據《中國考古學報》第五冊）

圖版捌伍

圖九二　武官大墓所屬的排葬坑

(據《中國考古學報》第五册)

圖版捌陸

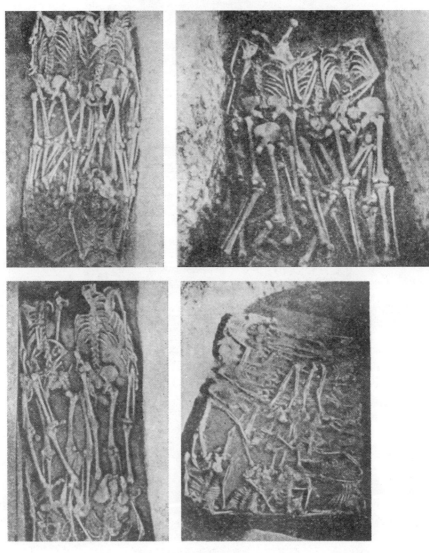

圖九三　武官大墓附屬的無頭葬

（據《中國考古學報》第五冊）

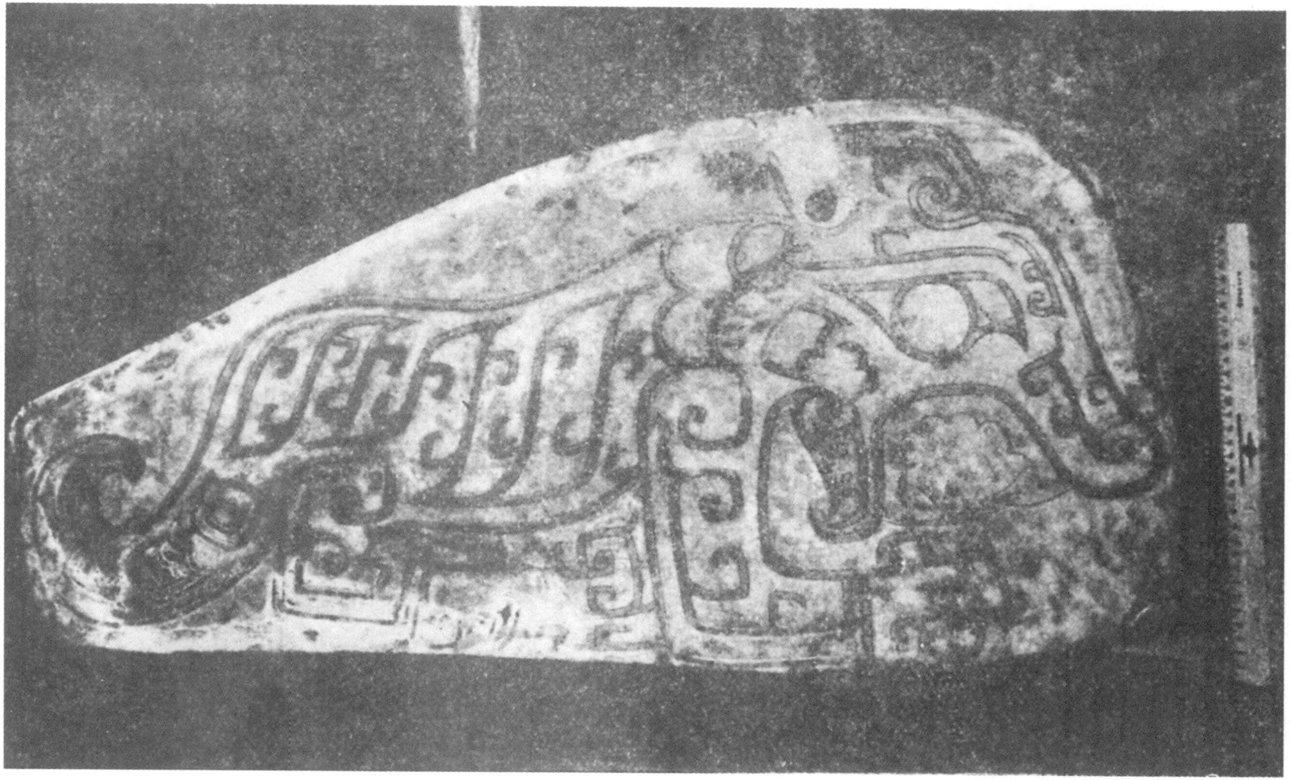

圖九四 武官大墓出土的虎紋大石磬
（據《中國考古學報》第五冊）

圖版捌捌

圖九五　武官大墓出土馬轡飾復原模型影片

（據《中國考古學報》第五册）

圖版捌玖

圖九六　安陽四盤磨出土的字骨拓本
（據《中國考古學報》第五册）

圖版玖拾

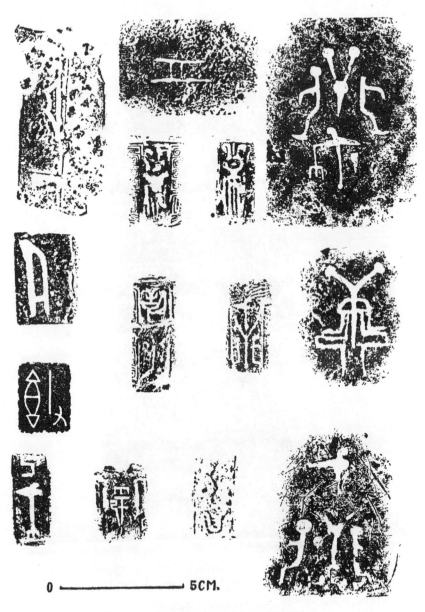

圖九七　1950年發掘殷墟所得的銅器銘文
（據《中國考古學報》第五冊）

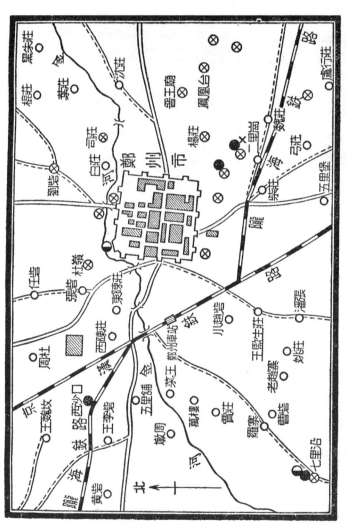

圖九八 河南鄭州附近新石器時代及殷代殷代遺址分佈圖
（據《考古學報》第八册）

圖版玖貳

圖九九　鄭州二里崗出土殷代的釉陶尊

（據《文物參考資料》1954 年第九期）

圖一〇〇　鄭州二里崗出土殷代的硬陶尊

（據《文物參考資料》1954 年第九期）

圖版玖叁

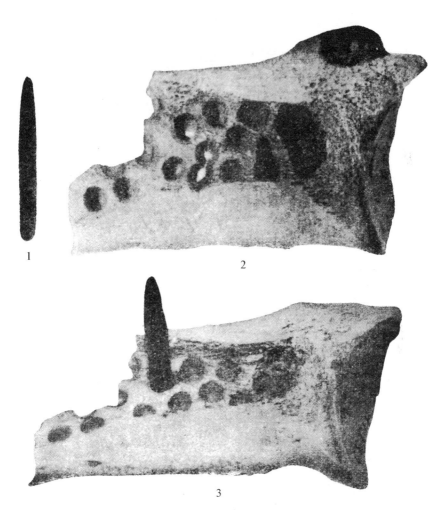

圖一〇一　鄭州二里崗出土殷代的銅鑽和卜骨
1. 銅鑽　2. 卜骨正　3. 卜骨反
(據《考古學報》第八册)

466　殷墟發掘

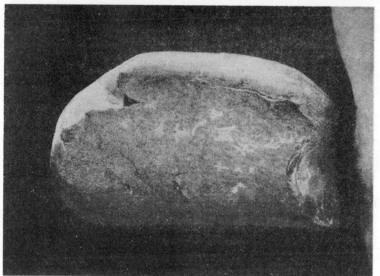

圖一〇二　鄭州二里崗發現殷代的字骨
1. 影本　2. 拓本
（據河南文物工作隊贈照片）

圖版玖肆

圖一〇三 山東濟南大辛莊出土殷代的卜龜和卜骨
（據山東文管會贈照片）

圖版玖伍

圖版玖陸

圖一〇四　陝西岐山青化鎮出土的殷代銅器

（據《文物參考資料》1954年第十期）

圖一〇五 河南新鄉人民圖書館所藏的殷代玉器

圖一〇六 安陽小屯保管所所藏的殷代玉器

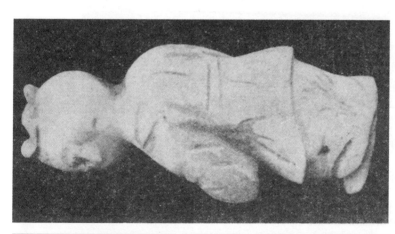

圖一〇七 安陽小屯保管所所藏的殷代玉人
1. 正面 2. 背面

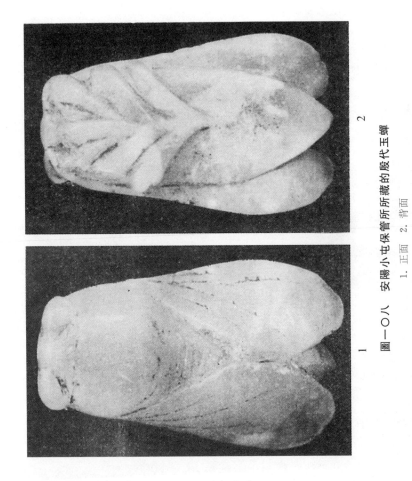

圖一〇八　安陽小屯保管所所藏的殷代玉蟬　1. 正面　2. 背面

附　　錄

承先以啟後，繼往爲開來

——胡厚宣先生學術生涯述略

胡振宇

胡厚宣先生一九二四年小學畢業，考入保定培德中學。培德中學特別注重國文，設有必修國學一課。一年級讀《曾文正公家書》和《論語要略》，二年級讀國學概論，三年級讀中國文學史，四年級讀《説文》部首和諸子百家之書。又遇到天才的國文教員繆鉞先生，繆先生幼承庭訓，耽學文史，博聞强記，在保定有才子之稱。一九二四年，先生二十歲時，父親逝世，遂從北京大學輟學，回保定，在培德中學任教，以贍養家人。繆先生開課，材料充實，分析明確，口齒清俐，語言生動簡潔，深受同學歡迎。又指導同學課外讀書，根據梁任公所開書目，凡先秦經子、《説文解字》、四史、《通鑒》、《昭明文選》和詩詞選集等等，無不研習。中學四年在國學方面就打下了一定的基礎。

胡先生深受繆先生賞識，繆先生教國文、國學概論和中國文學史三課，胡先生經常得滿分。發作文時，常把胡先生的文章寫在黑板上，爲全班同學講，在文章後面，繆先生再用朱筆寫上長批，對胡起了極大的鼓舞作用。繆先生不斷鼓勵學生盡可能多讀一些基本的古書。在中學幾年，少年胡厚宣曾讀了《資治通鑒》、《文選》和不少的子書、經書，學會做詩填詞。作文學過柳宗元、韓非子和莊子，又曾讀過《甲寅週刊》，模仿章行嚴的文章，發揮所謂"文章貴有騷意"。加上各科成績都還不錯，每一學期放榜，總是名列第一。因此畢業時學校破格給胡先生一筆獎金，幫助考取大學預科本科六年畢業。

這樣一九二八年胡先生便於北上故都，如願考入北京大學預料，這年剛好是中央研究院和歷史語言研究所成立，董作賓先生奉命發掘殷墟，出土了一批甲骨文字。

當時北京有所謂京派，講切實，重證據，爲新樸學、新考據。京派主要在北大，北大以胡適爲魁楚，他常説少談政治多讀書，拿證據來。表現在史學方面的是整理國故的國故學、疑古學、古史學。

在北大預科，范文瀾先生教國文，胡先生常去他家，他還拿出剛預約到的一部《說文詁林》給胡看。在預科，胡先生也曾與同學合組"禮社"，專攻"三禮"名物之學。也曾鑽研過《老子》和《莊子》。一九三〇年，胡先生升入本科，讀的是史學系，那時北大盛行一種研究古史之風，一些所謂有名的教授和專家，差不多都在史學系授課。胡先生選修了文史各系所有名教授的講課，很快就接受了當時最流行的所謂托古改制的古史觀、層累造成的古史觀的疑古之學。讀過胡適《中國哲學史大綱》，景仰胡適提倡的清代學者的治學方法，還讀過梁任公的《先秦政治思想史》、梁漱溟的《東西文化及其哲學》和李石岑的《人生哲學》。又曾愛讀郭沫若的《中國古代社會研究》、摩爾根的《古代社會》、恩格斯的《家庭、私有制和國家的起源》。讀過四輯《中國社會史論戰》，聽過陳豹隱教授的經濟學，參加過所謂"中國社會史的論戰"。讀了王國維的《王忠愨公遺書》，崇尚所謂"古史二重證據"的考古之學。

那時史學系主任先是朱希祖，後是陳受頤，其間傅斯年曾代理。新成立的中研院史語所剛由廣州遷到北京，在北海公園辦公。史語所長傅斯年請所內研究員來北大兼課。胡適先生開"中古思想史"，接著他的《中國哲學史大綱》上卷講中古的哲學思想；傅先生開中國上古史擇題研究，從上古史中選擇一些重要問題來作研究；李濟、梁思永兩先生合開"考古學、人類學導論"，在北海蠶壇上課；董作賓先生開"甲骨文字研究"，董先生去安陽殷墟，則由唐蘭先生代課，除了"甲骨文字研究"之外，還教過"先秦文化史"和"古籍新證"等課；徐中舒先生開殷周史料考訂。這些課程，胡先生都去聽了。他們講課有一共同的精神，就是發揮王國維的"古史二重證據"思想，要用地下發現的新史料來考證古文學。由於王國維的影響和史語所發掘殷墟，"大龜四版"、"大龜七版"不斷發現，一時古文字之學大倡，甲骨文字頓時成了一科熱門之學。那時在北大教甲骨文的教授有好幾位，常常是幾門甲骨文的課程在中文、史學兩系同開。此外容庚先生在燕京，商承祚先生在師大，輔仁有於省吾，清華有吳其昌，北京圖書館有劉節，一流的學者，幾乎雲集北京，經常在中山公園水榭聚會，大學高年級的學生有時也參加，轟轟烈烈，盛極一時。

北圖有個金石部，主任時由劉節代理，劉先生同繆先生在河南大學同事過，經繆先生介紹，胡先生認識了劉節，去北圖可以不經過普通借書手續直接找他，並受到特別照顧，可以坐在金石部梁任公紀念室大桌椅上縱覽郭沫若於日本出版剛剛寄來的《卜辭通纂》、《古代銘刻匯考》、《兩周金文辭大系》、《金文叢考》等一些甲金考古書籍。胡先生日後談及，自己學習甲骨文並非趕時髦，因爲上課人多，都聽聽，就發生了興趣。

一九三四年從北京大學史學系畢業，胡先生在傅斯年"拔尖主義"的政策下，進入中央研究院歷史語言研究所考古組。先在北京，後到南京，先後做了兩年研究生，四年助理研究員。

史語所是京派的深化、專化，由國故學到史料學，由疑古學到考古學，由季刊發刊到集刊旨趣，傅斯年爲其訂下了目標。十幾年來，胡先生由新文化到舊國學，由《通鑒》、《文選》諸子群經到歷史的批判，由舊文學到新史學，由《老子》、禮社、社會史到古代史，由信古、釋古、疑古到考古考證，及到史語所後，則由殷墟發掘到殷代史到甲骨學，走上史料考證的道路。

史語所考古組主任是李濟，組內研究員有董作賓、梁思永二人，徐中舒本來是歷史組的研究員，也參加考古組的工作。胡先生到考古組，先從梁思永先生帶隊，去安陽殷墟發掘團工作一年。先同石璋如發掘同樂寨的小屯龍山與仰韶的三層文化，後去侯家莊在梁先生的指揮下，發掘西北岡的王陵，胡先生分工是西區一〇〇四墓的發掘工作。一〇〇四墓爲一亞字形，有四條墓道的大墓，占地面積約三二〇平方公尺，東南西北四邊各有一個墓道。南墓道最長，達三十二公尺，作成斜坡，從地面直通墓底。東西北三道，都有臺階，只通到槨頂二層台。地面下九公尺露槨痕，從地面以下十三公尺到底，已達水面。底的中心有腰坑。這個墓室本身已被盜一空，但在南墓道與墓室相接連偏東的地方發現未經擾動的大銅長方鼎一對，一牛鼎，一鹿鼎，又有玉磬一組計三個。在南墓道入墓室口上，又發現帶木柄的戈一層，成捆的矛一層，又包括七種不同形式的銅盔一層計二百餘個。總共出土遺物一九〇八筆。

從一九三一到一九三五年侯家莊西北岡殷代王陵發掘共三次，共發掘大墓十座：一〇〇一、一〇〇二、一〇〇三、一〇〇四、一一二九、一二一七、一四〇〇、一四四五、一五〇〇、一五五〇，小墓一二二八座。梁思永主持，年輕的有李景聃、石璋如、李光宇、尹達、尹煥章、祁延霈、胡厚宣、王湘、高去尋、潘愨共十人，號稱"十兄弟"。墓葬掘土，堆積如山，每日工人總有幾百。這三次殷王陵的發掘，成績輝煌，在國內國外，引起轟動。爲此特別還拍了電影，法國的著名漢學家怕希和還專來參觀，所長傅斯年先生和領隊梁思永先生陪他，特別在一〇〇四墓坑照了像。

一九三五年胡先生回到南京本所,整理殷墟第一至九次發掘所獲甲骨,真正開始了甲骨文研究的歷程。先是協助董作賓先生編輯《殷墟文字甲編》,然後根據拓本,對照實物,撰寫《殷墟文字甲編釋文》,並有簡單的考證。等到抗戰結束,史語所回到南京,夏鼐代理所長,曾計畫付印,後來研究所遷臺灣,因爲胡先生已經離開,就由屈萬里以考釋名義出版了。

一九三六年殷墟第十三次發掘,在小屯村北地C區發掘出編號爲一二七坑的一大整坑甲骨,在工作地清理不方便,就連泥帶土做成大木箱,將甲骨運到南京所裏,放在圖書館樓下大廳,在董作賓先生領導下,由胡先生帶着技工做室內發掘工作,剔剥、繪圖、清洗、拼合、編號等,前後八個月,方告完成,共得一萬七千○九十六片。胡先生爲此特寫下《第十三次發掘所得甲骨文字舉例》,後來又寫了《殷墟一二七坑甲骨文的發現和特點》一文。這時候胡先生還完成了三篇文章,比較引人注意,一是《甲骨文材料之統計》,二是《論殷代的記事文字》,三是《中央研究院殷墟出土展品參觀記》。另與董作賓先生合編一本《甲骨年表》,又翻譯了日本梅原末治博士的《中國青銅器時代考》一書。

一九三七年"七七"事變,抗戰軍興,"八一三"事變日寇炸上海,十四日炸杭州,十五日炸南京,十九日史語所機關從南京遷長沙,半年後經衡陽遷桂林,不久又經柳州、南寧、龍州,繞道越南遷昆明。在昆明爲避敵人轟炸,疏散到離城三十里的鄉下龍頭村,在一座叫回應寺的破廟內辦公。這時期胡先生主要發表了《卜辭下乙說》、《釋牢》、《卜辭雜例》、《釋丝用丝禦》、《卜辭同文例》、《卜辭記事文字史官簽名例》等文,還寫了一篇長文《卜辭中所見之殷代農業》。

那時顧頡剛先生正在雲南大學任教,也在昆明,住在鄉下的浪口村。他方應齊魯大學之聘,將去成都主持國學研究所,他邀請了西南聯大的錢穆和胡先生任研究員。他對胡先生說,齊魯大學有明義士所藏甲骨,需要整理,約胡同去。胡先生向史語所長請了假,從龍頭村鄉下搬到昆明城裏,準備上路。傅先生聽說胡去齊魯,不再回來,就先後派了汪和宗、石璋如、王崇武三位先生去昆明城裏對胡加以勸說和挽留,說你有什麼困難,都可以解決。胡先生因爲東西都寄走了,最後還是沒有留下。這樣一九四○年正當史語所從昆明要遷南溪的時候,胡先生終於離開了工作七年的史語所,到成都齊魯大學國學研究所任研究員,並在大學部教課。擔任過一年的中文系主任,後由高亨接任,胡先生則改任中國歷史社會系主任。在研究所胡先生爲研究生開"甲骨學"課,在大學部開"商周史"和"考古學通論"。

在齊魯大學七年間，胡先生除了在《責善》半月刊、《學史叢刊》、《大學月刊》、《學術與建設》、《中央日報》、《大公報》和《新中國日報》發表過十六篇長短不同的文章之外，主要是編寫《甲骨學商史論叢》一書。自一九四四至一九四六年共出版四集，初集四冊，收論文二十篇；二集二冊，收論文四篇；三集一冊，收論文六篇；四集二冊，收論文三篇，共四篇九冊收論文三十三篇。一九四二年《甲骨學商史論叢》剛印出幾篇文章，經馬衡先生向教育部推薦，結果獲得教育部全國學術審議委員會的科學發明獎。

　　日後《論叢》初二集傳至日本，日本愛知大學內藤戊申教授評價此書："《論叢》不是通史，但幾乎包含了殷代的主要方面，確可稱為殷代研究的最高峰。由於此書，一舉而確定了胡氏在甲骨學界的地位，與王國維、董作賓先生並稱為三大甲骨學者之一。"立命館大學著名甲骨金文學者白川靜教授評價，《論叢》一書乃是："這一學科空前的金字塔式的論文集，是繼董先生《甲骨文斷代研究例》之後，又一劃時代的著作。"又說："甲骨學自孫詒讓以其淵博學識，創篳路藍縷之功，羅、王、郭、董，建其規模。如今羅、王已故，董、郭兩氏，在其研究中，亦有困難很多的情況下，胡氏在中共統治地區在甲骨學界已處於這一學科第一人者之地位。所謂'堂堂堂堂，郭董羅王，觀堂沈淵雪堂北，彥堂入海鼎堂忙，君不見胡君崛起四君後，丹甲青文彌複光'，並非溢美之辭。猶如徐中舒氏以王、董、胡三人為甲骨學的正統一樣。"因此這書在香港、臺灣都有翻印本問世。

　　一九四五年抗戰勝利。因為在成都的齊魯大學是分校，明義士的甲骨並沒有遷出。胡先生仍想趁日本投降，回濟南齊魯本校，採訪一下這批東西。來到北平設法去濟南，但飛機、火車都不通，只得留在北平和天津，乘機搜集一下抗戰期間流散的甲骨。胡先生遍訪北平琉璃廠、前門、東四、西單和天津天祥商場和文廟一帶的古書鋪、古玩鋪、碑帖鋪、舊貨攤等，凡是戰後新出或未經著錄過的甲骨材料，無論實物標本，有見必收。一些公家或私人收藏的珍品，亦多方設法借拓或鉤摩。計得甲骨實物，拓本共約萬片而強。一九四六年秋，回到濟南校本部，得悉明義士甲骨還留在學校，由醫學院外籍院長代管，但需函詢明氏，等有回信，便可參觀。不料城外炮聲隆，戰事又起，只好放棄夙願，乘飛機南旋，在南京上海一帶，採訪甲骨。往來寧、滬，于商肆藏家，零零碎碎，亦收到一些。

　　一九四七年在上海，胡先生去暨南大學訪問老友丁山、陳述兩教授，他們約好同去復旦大學看望周谷城教授。周時任歷史地理系主任，同胡初次見面，相談甚歡。他同丁、陳兩位教授說："咱們留下他好不好？"於是找了文學院長伍蠡甫，又找了校長章益，三言兩語，就把胡先生留下了。

一九四七至一九五六年，胡先生在復旦整十年，在歷史地理系後改歷史系任教授兼中國古代史教研室主任。開過"史料學"、"考古學"、"先秦史"、"商周史"、"春秋戰國史"等課。陳子展教授主持中國文學系，也讓胡先生在中文系開課，先後開過"文字學"、"古文字學"和"甲骨學"等。另外，孫蜀丞先生任暨南大學文學院長，新任院長，總要請幾位新人，在杭州的浙江大學他請的是蕭璋和譚其驤，在復旦大學請的是胡先生。結果在暨南大學歷史系做了一年兼任、一年專任教授。

在復旦十年，胡先生在上課忙迫之中，還出了八本書。有對甲骨文的發現發掘、收集流傳、整理研究、著錄出版等進行了全面的總結研究的《古代研究的史料問題》、《五十年甲骨文發現的總結》、《五十年甲骨學論著目》、《殷墟發掘》四書，有將於京、津、寧、滬搜獲的材料編輯出版的甲骨文資料集《戰後寧滬新獲甲骨集》、《戰後南北所見甲骨錄》、《戰後京津新獲甲骨集》和《甲骨續存》。四書合計收錄甲骨一萬三千八百一十四片，連在成都所著錄的一千二百四十二片，總共收錄甲骨一萬五千〇五十六片。以一個人的力量，能搜集出版這樣的一些材料，胡先生自認爲是盡了心的了。楊樹達先生有言："憶甲骨初出，羅叔言編印《殷虛書契》前、後、續編及《菁華》，其傳佈之勤，士類莫不稱之。今君（指胡厚宣先生——宇注）既擅靜安考釋之美，又兼叔言播布之勤，以一人之身，殆欲並兩家之盛業，何其偉也！抑羅氏諸書，編次凌雜，散無友紀，而君則分時代，別門類，條理井然，于學者尤便。此又突過羅君，後來居上者也。"（楊先生所云後半系指胡先生于《寧滬集》中所創之先分期後分類的編撰體例。）

此次"復旦百年經典文庫"之胡先生著述分冊，收入胡先生關於甲骨研究著作四種，現據這四種著述初版時間之先後次序略作介紹。

《古代研究的史料問題》一冊，上海商務印書館，一九五〇年出版。

本書原擬"站在新的立場，應用新的觀點方法，對甲骨文字另作一番新的研究"的幾部著作之一部分。後經出版社要求先爲結集發行。

本書分量雖似小册子，但指出的問題十分重要。也就是"考古史料的徵引和解說"。到二〇〇五年十二月，雲南人民出版社將其再版，作爲"二十世紀學術要籍重刊"，復旦大學傅傑教授于當年七月二十四日《文匯報》第八版著有《沒有正確史料，不能成其爲歷史科學——重溫建國後第一部討論學術規範的專著》一文,說明他作爲特約編輯主持此書重印的緣由。"在五十年代初期,更出現了一部討論學術規範的專著,這就是一九五〇年六月由上海商務印書館出版的當時任教于復旦大學的古史與甲骨學家胡厚宣教授的《古代研究的史料問題》。""該書共十二章:一、三十年來中國的新史學,二、新史學的新時代,三、史料和史觀,四、典籍史料的真僞和年代,五、考古史料的徵引和解説,六、甲骨文不同的解釋,七、甲骨文錯誤的學説,八、甲骨文被揚棄了的論斷,九、甲骨文成語和單字的研究,十、粗心的援引,十一、非法的推論,十二、不要太忽略了材料的問題。"而胡先生批評的主要對象,則是"解放後所出唯一的一大部古史著作"《中國歷史大系·古代史》。

　　傅傑感歎道:"時間過去了半個多世紀,如今胡先生的《古代研究的史料問題》已經很少見人提及,倒是《中國歷史大系·古代史》,則在前兩年被編入作者四卷本文集的第一卷重新行世。作者在代序《我的治學歷程》中只自我肯定了他的大著'對殷代的社會經濟、國家組織、政治形態和文化藝術諸方面,都作了具體而微的討論',卻無一字自劾史料的疏失或齒及所受的批評。而胡先生的這部書實在是不應該被遺忘的,因爲這是建國以後第一部討論學術規範問題的專著,無論是對幫助我們瞭解既往的學術史,還是對幫助我們創立學術規範,顯然至今都還沒有失去現實的意義。"

　　二〇〇六年七月十九日北京的《中華讀書報》第十版"書評週刊·社科"也刊出王子今先生《"史料"也許不僅僅是"木材磚瓦"》一文,說明"回顧和重溫學術史上有意義的論著,實在是很有意義的事",進而指出:"其實,客觀地說,'史料'也許不僅僅是'木材磚瓦'。如果取'史學若是房屋'這樣的比喻,應當說'史料'就是地基。"他還特別引出胡先生的話"史學若是房屋,那麼,史觀是工程師,史料是木材磚瓦。只有工程師而沒有木材磚瓦,和只有木材磚瓦而沒有工程師,是同樣蓋不成房子的。只有正確的史觀,沒有正確的史料,和只有正確的史料,沒有正確的史觀,是同樣寫不出正確的歷史來"。王子今認爲胡著其實是一部史學批評的論著。而"胡厚宣的批評雖然並不明確點名,卻依然是相當嚴厲的"。只是王君據傅傑回憶他和胡先生言及本書,胡笑道:"那時我年輕啊,要是現在我就不寫這種書了。"傅推測:"胡的意思,大概是如《中國歷史大系·古代史》這樣的著作,未必值得專門寫一本書來批評吧。"而王又作另外的推想:胡厚宣說"要是現在我就不寫這種書了",是考慮到"現在"的學界氣候和學術風氣已經與他尚"年輕"的"那時"有所不同了。此卻近乎"大膽假設"了。胡意乃應對日後有學者評論道：胡一小册子將吳書批得體無完膚而來。王文進一步指出胡著還有另外的學術卓識值得我們重視，即肯定了"疑古"思潮的學術意義："現代疑古學最大的貢獻，一個是康有爲的'托古改制的古史觀'，一個是顧頡剛的'層累造成的古史觀'。疑古學説，固然也有一些偏向，但這一條追求真理的科學道路是不錯的。"胡還寫道："疑古的潮流，遠在十多年以前，早就成了尾聲了。雖然現在我們不必再朝那條路上走，但前人所作大部分的成績，我們必須批判地接受和學習。"同時，胡再談到"疑古"之後的"新證"和"糾矯"："辨僞的階段，現在已經進到'古籍的新證'和'疑古的糾矯'了。過去疑古學者不但辨出了僞書，並且真書的時代，也往往懷疑，而儘量拉後。現在則從甲骨金文予以證明，考出有的材料，時代並不太晚。像諸多的《新證》，都是這方面的好書。""辨僞的現階段，已經由辨別僞書，進到鑒定真書的著作時期，又由時代的過晚，進到其中也有早期的成分。""疑古"以及"新證"和"糾矯"，也都是關於"史料"的重大的學術問題。而胡厚宣關於"疑古"之後學術進步的論説，又可以看作今天有關"疑古時代"討論中某種意見的先聲。

而有另一位王東傑先生在《"故事"與"古史"：貫通二十世紀二三十年代"疑古"和"釋古"的一條道路》（載《近代史研究》二〇〇九年第二期），卻稱"胡厚宣寫在一九四九年底致力於表彰歷史唯物主義和辯證唯物主義的《古代研究的史料問題》一書"，看來此一王先生沒有讀懂胡先生的書，引用史料出了問題。

雲南人民出版社于《古代研究的史料問題》再版後附有胡先生的《關於商周史學習問題》、《甲骨文和今文》、《我和甲骨文》三篇文章。此前位於臺灣省中和市的"谷風出版社"曾在一九八六年二月翻印過此書。

《五十年甲骨文發現的總結》一册，上海商務印書館，一九五一年出版，一九五二年再版。

從前連殷人之後的孔子都歎爲不足難證的商代文獻，今天依據甲骨文可以深入研究。本書講到甲骨文發現的歷史，和出土材料的統計。書共分八章：一、引言，二、甲骨文的名稱，三、甲骨文的認識，四、甲骨文出土的地方，五、甲骨文的蒐購和流傳，六、科學發掘的甲骨文字，七、戰後甲骨文的出土和採訪，八、五十年甲骨文出土的統計。

本書充分肯定了甲骨文發現的重大意義，記述了甲骨文的認識、蒐購、流傳和整理研究的狀況，指出王懿榮是最先認識甲骨文的，同時也充分肯定了王襄、孟定生、劉鶚、羅振玉及一些外國學人對甲骨整理研究的貢獻。日後有人卻以爲是王、孟首先發現了甲骨文,這是作者當年意想不到的的結果,此是後話。書中還對中央研究院歷史語言研究所對殷墟所學發掘成果作了充分的肯定。

由於抗戰爆發,中央研究院對安陽殷墟大規模的科學發掘被迫中斷。抗戰期間,敵僞漢奸互相勾結,經常對殷墟進行盜掘,當地居民也有趁機零星挖掘,致使甲骨及其他文物大批散失。胡先生統計,一九三八年秋日本東方文化研究所曾派人來安陽殷墟發掘;一九四〇至一九四一年東京帝國大學考古學教室也曾在殷墟發掘;一九四二至一九四三年駐安陽日軍指使漢奸土匪在殷墟大肆盜掘。面對珍貴文物遭到破壞,學人莫不心急如焚。一九四五年抗戰剛一勝利,胡先生很快就由後方來到京津,對戰後出土流散的甲骨進行調查、收集。胡先生憶及當時情景:"我在京津一共住了四十幾天,曾訪遍了北京琉璃廠、前門、東四、西單和天津天祥商場一帶的古玩鋪、碑帖鋪、書店、寄賣行、舊貨攤,以及各地公家機關和私人的收藏。凡是戰後新出,沒有著録過的材料,無論實物、拓本,有見必購,不能買的,也總要托人設法或借拓、或鉤摹。計得甲骨實物二千餘片,拓本六千張,摹寫二千片,共約萬片强。"這項工作,得到學者及友人的大力支持。胡先生記述説:"于(省吾)先生曾把所藏甲骨,都讓我借回寓所,一片片,一條條,仔細地抄録,慢慢的研究,並且答應我自由引用和發表。其中有一片牛骨記事刻頭,反面是干支表,正面是一百七八十個字的記事刻頭。記的是帝乙、帝辛時打仗俘虜的卒師車馬盾矢和用俘首祭祀祖先的事情。在我們所見到的已出土的十多萬片甲骨之中,這是最長的一條,也是殷末最重要的一段戰爭文獻……他不但借給我甲骨,並且把所藏全部甲骨拓本也都借給了我,讓我一一的都抄録了下來。其中最重要的是明義士所藏的全部甲骨拓本,共有二十三大本之多,我已全都摹了。"

這批所得甲骨,後來被胡先生收入《戰後京津所獲甲骨集》、《戰後寧滬所獲甲骨集》、《戰後南北所見甲骨録》、《甲骨續存》四部著作。《戰後寧滬所獲甲骨集》二册,一九五一年由上海來薰閣書店出版;《戰後南北所見甲骨録》三册,一九五一年由上海來薰閣書店出版;《戰後京津所獲甲骨集》四册,一九五四年由上海群聯出版社出版;《甲骨續存》三册,一九五五年由上海群聯出版社出版。香港九龍的"華夏出版社"在一九五七年曾翻印此書。

《五十年甲骨學論著目》一册,上海中華書局,一九五二年出版;北京中華書局,一九八三年九月再版;一九九九年八月再版。

殷墟甲骨文字,自從一八九九年開始發現,到一九四九年已經是整整五十年了。胡先生寫道:"舊的時代死去了,新的中國誕生了。五十年來的甲骨學,給它一個小小的結束吧!從今以後,在這個新時代中,我們應該站在新的立場,應用新的觀點方法,對甲骨文字另做一番新的研究。我們應該發奮努力,毅然地擔負起這一椿偉大時代的偉大任務來!"又説:"現在要問甲骨學上的問題是不是就完全解決了呢?我們的回答是,絕對没有。真正科學的甲骨學研究,至多是剛剛開始,也許還尚待起頭。"

甲骨文資料數量繁多,且收藏分散,已著録的資料往往有重複錯誤之處,這就給甲骨文資料的利用和研究帶來很大不便。新中國的成立之初,胡先生就曾表示過重新集中、全面整理的願望,他指出:"我們更希望殷墟能够繼續發掘,根據過去的經驗,小屯地面下的寶藏是無窮無盡的。在以後的甲骨學研究中,應該不會再有壟斷包辦剥削和榨取、應該不會再有'怠者不能修,忌者畏人修'的現象。因此我們希望有機會能把所有有興趣、有毅力的同志們集合在一起,從事於集體的學習商討與研究。在光明的新時代中,爲大衆人民服務。"(《序言》)

本書按年代順序,列出了當時所能見到的五十年來研究甲骨文的全部學者及論著。計有包括中國、日本、加拿大、英國、美國、德國、法國、蘇聯等國家在内的中外學者二八九人;論著包括有甲骨文的發現、著録、考釋、研究、通説、評論、彙集、雜著等項在内的專書一四八種,論文七二八種。合共八七六種。

《總結》和《論著目》,條理清晰、深入淺出,全面概括了甲骨學五十年的狀况,並指出甲骨學以後發展方向。既有很高的學術價值,也有廣泛的普及意義,是研究者很好的工具書,也是初學者很好的入門書,至今雖已又過去五十餘年,但仍不失其重要意義。

或許有人認爲本書把"有些與學術無關的遊戲之作也收入在内,未免失之於濫"(見吴小如《中國文史工具資料書舉要》,世界圖書出版公司北京公司,二〇一一年六月版)但亦有學人"對胡先生撰文資料竭澤而漁、解説不厭其煩的風格有很深的印象"(見吴振武《記一張胡厚宣先生寫于一九五四年的甲骨文釋文》,待刊)。吴振武教授並指出:當然,我們偶爾也會聽到前輩學者批評胡先生爲文繁瑣的議論,但我自己並不覺得這是個問題。早年我之所以喜歡看胡先生的文章,是因爲覺得從資料搜集到解説,胡先生的文章特别適合初入甲骨之門者。後來看到錢穆先生私下評論王國維先生的考據文章"病在不盡不實"(一九六〇年五月二十一日致余英時信,見余英時《錢穆與中國文化》第二三〇頁,上海遠東出版社,一九九四年),方悟出"盡"、"實"二字對於作考據文章的重要性。而回過頭來看,這二字在胡先生那裏是真正做到了的,我們只要舉出他的名文《釋殷代求年于四方和四方風的祭祀》(《復旦學報》人文科學版一九五六年第一期),就不難理解這一點。如果與同時代的古文字學者相比較,胡先生的這一治學風格也是十分突出的。這一風格與影響,我們從胡先生的弟子及其再傳弟子所寫的考據文章中也能看得很清楚。

香港太平書局一九六六年十月曾翻印此書。一九七五年十二月臺灣華世出版社曾將此書與邵子風著《甲骨書録解題》和彭樹杞著《甲骨學專書提要及論文目録》一道編爲《甲骨學論著提要目録三種》出版。

《殷墟發掘》一册,上海學習生活出版社,一九五五年出版。

中國近代考古學的建立是以二十世紀三十年代殷墟科學發掘爲標誌的,因此殷墟發掘的學術史意義是永恒不朽的。

殷墟發掘因日寇侵華戰爭爆發而被迫中斷,此前一共進行了十五次,其中關於殷代帝王都城的發掘,即小屯村的發掘共作十二次,關於殷代帝王陵墓的發掘,即侯家莊西北岡的發掘共作三次。此外關於殷都近郊殷代遺址的發掘,計在後岡發掘四次,在大司空村、四盤磨各發掘二次,在侯家莊南地、侯家莊高井臺子、武官南霸台、武官四面碑、秋口同樂寨、范家莊、王裕口及霍家小莊各發掘一次。總共在洹河兩岸屬於殷墟的範圍,共發掘了十二個地方。它不僅是中國學術界的一次壯舉,在世界考古學歷史上也是爲數不多的重要考古發掘之一。國際學術界對其成就給予高度評價,認爲它是可以與十九世紀希臘特洛伊古城的發掘和二十世紀初克里特島諸薩斯青銅文化遺址的發現相媲美的重大事件。安陽發掘的成就使中國信而可證的歷史拓展了一千多年,並且把歷史期間的史料和先史時代的地下材料作了強有力的鏈環。在科學發掘的指引下,使前此一向對中國古代文化抱懷疑態度的西方學者,啞然無語。發掘出土的華麗絕倫的青銅器,雕鑿精美的玉器、石器、骨器以及造型優雅的陶器,這些文化遺產都充分地顯示了中華民族的智慧和才能。此外,更重要的是大批有字甲骨的發現,這一發現使得中國文字的起源,至少可以上溯到三千多年以前的殷商時代,有了確實可靠的證據。像這樣數千年來一脈相傳的文字體系,在世界上,恐怕只能在中國才能找到。

但當年我們追溯起這段歷史時,總不免生出兩點遺憾:一是發掘所得大批實物被運到了臺灣,其詳情大陸學界不得而知;二是當年參加發掘的學者,多已星散,無法再通過他們瞭解當年的實況。胡先生曾親自參加過殷墟發掘,後在復旦大學教書。爲了教學參考的需要,寫下本書,頭版四千冊,一售而空,出版社要再版,胡先生因爲要補充解放以後的發掘,須要增訂,所以未允再印,一拖幾十年過去了。他的這本書對於殷墟科學發掘的時間、地點、參加者、出土品以及有關的整理研究工作都進行了盡可能詳細的描述評價,其中提供的寶貴資料和提出的獨到見解,特別是書後所附一百版圖版,加深了讀者對於殷墟遺跡遺物的感性認識。爲歷年來出版的各種甲骨學殷商史著作所廣泛採用。特別是商周考古工作者,可謂人手一冊。古文字學家于省吾曾擬借書中圖版編入其金文著作,並言容庚先生亦有此意;張政烺先生也稱,看到許多金文拓片,令人有恍如隔世之感。

在臺灣的李濟之先生,于臨終前的一九七七年出版有《安陽》一書,應該説是他所領導的安陽殷墟考古的一個總結性的回顧。這部書包括了史語所考古組五十年來整個殷墟發掘的歷史敍述,對安陽遺址及其發現物的各種研究也都作了簡要的説明。此前,同樣參加殷墟發掘的石璋如先生于一九五二年出版了一冊《中央研究院歷史語言研究所考古年表》,其中羅列有對殷墟的十五次發掘。

胡厚宣先生學術小傳

胡振宇

胡厚宣,河北省望都縣人,1911年12月20日出生,1995年4月16日逝世。

胡先生1928年考入北京大學文預科,1930年昇入本科史學系,1934年北京大學畢業後,即入中央研究院歷史語言研究所考古組工作,參加著名的殷墟發掘。1940年離開史語所到成都齊魯大學任國學研究所研究員,大學部教授兼中國文學系主任,歷史社會學系主任。1947年轉入上海復旦大學任歷史系教授、中國古代史教研室主任。還曾兼任暨南大學教授。1956年奉調北京中國科學院(現爲中國社會科學院)歷史研究所工作,歷任研究員、所學術委員、學位委員會委員、先秦史研究室主任、中國社會科學院甲骨學殷商史研究中心主任、研究生院教授、博士生導師,以及中國史學會、中國殷商文化學會、中國先秦史學會、中國古文字研究學會、中國考古學會、中國訓詁學會、北京語言學會、郭沫若研究學會、北京國際漢字研究會的理事、會長、副會長、顧問、名譽會長等職務。曾任北京大學、復旦大學、華中師大兼職教授。

胡厚宣先生學術研究之深廣當以甲骨學和殷商史爲最。在蒐集、整理和刊布甲骨文資料方面的成就,超過前人,有力地促進了甲骨學的發展。他對於甲骨學的規律,諸如卜龜來源、卜法文例、卜辭同文、卜辭雜例、記事刻辭、分期斷代、殘辭互補、辨僞綴合等方面,或有所匡謬,或有所發明。他在甲骨著錄的編纂體例方面,創造了綱目清晰、科學性強、使用方便的"先分期、再分類"的新體例,這對於日後大型甲骨著錄的編纂和出版產生了很大的影響。他歷來主張"綜合所有甲骨,作一全面的徹底整理,以期解決甲骨文中的一些問題",並帶頭深入探討,利用甲骨文材料解決了殷商史上農業生產、奴隸暴動、方國戰爭、四方風名、圖騰崇拜、曆法氣象等重要問題。

胡厚宣先生著述宏富,已出版和發表的論著有:《甲骨學商史論叢》初二三四集、《古代研究的史料問題》、《五十年甲骨文發現的總結》、《戰後寧滬新獲甲骨集》、《戰後南北所見甲骨錄》、《五十年甲骨學論著目》、《戰後京津新獲甲骨集》、《殷墟發掘》、《甲骨續存》、《蘇德美日所見甲骨集》及《甲骨續存補編》等百餘種。其中《甲骨學商史論叢》在國內外學術界引起強烈反響，被認爲是當時這一學科的最新成果，貢獻大，影響深遠。日本漢學家白川静教授把《論叢》譽爲"這一學科空前的、金字塔式的論文集，是繼董作賓教授《甲骨文斷代研究例》之後的又一劃時代的著作。"《論叢》初集第一册面世後，曾被教育部全國學術審議會授予著作發明二等獎。胡先生任總編輯的《甲骨文合集》共十三巨册，是對 80 多年來出土甲骨材料的總結，先後獲得多種獎勵：獲國務院古籍整理出版規劃小組的書面表彰和獎勵；吳玉章獎金"歷史學特等獎"；全國首屆古籍整理圖書獎特別獎；中國社會科學院 1977—1991 年優秀科研成果獎；第一屆國家圖書獎榮譽獎。《合集》的出版，被學術界譽爲甲骨學史上里程碑式的著作。

　　胡厚宣先生注重資料的收集，注重學史的總結，撰有論著 130 多種。

　　胡厚宣先生從事甲骨文的研究和教學半個世紀以上，桃李滿天下，在復旦大學期間，開設過甲骨學、商代史和古代歷史研究等課程。

　　胡厚宣先生學術成績卓著，誠爲一代宗師而受到國內外學者的推崇與敬仰。

復旦百年經典文庫書目

第一輯

修辭學發凡　文法簡論	陳望道著/宗廷虎、陳光磊編(已出)
宋詩話考	郭紹虞著/蔣　凡編(已出)
中國傳敘文學之變遷　八代傳敘文學述論	朱東潤著/陳尚君編(已出)
詩經直解	陳子展著/徐志嘯編(已出)
文獻學講義	王欣夫著/吳　格編(已出)
明清曲談　戲曲筆談	趙景深著/江巨榮編(已出)
中國土地關係史稿　中國土地制度史	陳守實著/姜義華編(已出)
中國經學史論著選編	周予同著/鄧秉元編(已出)
西方史學史散論	耿淡如著/張廣智編(已出)
中外歷史論集	周谷城著/姜義華編
中國問題的分析　荒謬集	王造時著/章　清編(已出)
中國思想研究法　中國禮教思想史	蔡尚思著/吳瑞武、傅德華編(已出)
長水粹編	譚其驤著/葛劍雄編(已出)
古代研究的史料問題　五十年甲骨文發現的總結　　五十年甲骨學論著目　殷墟發掘	胡厚宣著/胡振宇編(已出)
古史新探	楊　寬著/高智群編(即出)
《法顯傳》校注　我國古代的海上交通	章　巽著/芮傳明編(已出)
滇緬邊地擺夷的宗教儀式　中國帆船貿易與對外　　關係史論集　男權陰影與貞婦烈女：明清時期　　倫理觀的比較研究	田汝康著/傅德華編(已出)
諸子學派要詮　秦史	王蘧常著/吳曉明編(即出)
西方哲學論譯集	全增嘏著/黃頌杰編(即出)
哲學與中國古代社會論集	胡曲園著/孫承叔編(已出)
儒道佛思想散論	嚴北溟著/王雷泉編(即出)
《浮士德》研究　席勒	董問樵著/魏育青編(已出)

圖書在版編目(CIP)數據

古代研究的史料問題　五十年甲骨文發現的總結　五十年甲骨學論著目　殷墟發掘/胡厚宣著;胡振宇編.—上海:復旦大學出版社,2015.8
(復旦百年經典文庫)
ISBN 978-7-309-11368-6

Ⅰ.古… Ⅱ.①胡…②胡… Ⅲ.甲骨學-研究　Ⅳ.K877.14

中國版本圖書館CIP數據核字(2015)第069119號

古代研究的史料問題　五十年甲骨文發現的總結　五十年甲骨學論著目　殷墟發掘
胡厚宣　著　胡振宇　編
責任編輯/張旭輝

復旦大學出版社有限公司出版發行
上海市國權路579號　郵編:200433
網址:fupnet@fudanpress.com　http://www.fudanpress.com
門市零售:86-21-65642857　團體訂購:86-21-65118853
外埠郵購:86-21-65109143
山東鴻君杰文化發展有限公司

開本 787×1092　1/16　印張 31　字數 492 千
2015 年 8 月第 1 版第 1 次印刷

ISBN 978-7-309-11368-6/K・529
定價:90.00圓

如有印裝質量問題,請向復旦大學出版社有限公司發行部調換。
版權所有　侵權必究